# 中国少数民族设计全集

## The Design Collection of Chinese Ethnic Minorities

佤族

中国少数民族设计全集编纂委员会 编

图书在版编目（CIP）数据

中国少数民族设计全集.佤族／中国少数民族设计全集编纂委员会编；熊微，王蕾著.—太原：山西人民出版社，2019.9
ISBN 978-7-203-11011-8

Ⅰ.①中… Ⅱ.①中… ②熊… ③王… Ⅲ.①佤族-民族文化-研究-中国 Ⅳ.① K28

中国版本图书馆 CIP 数据核字（2019）第 171382 号

**中国少数民族设计全集.佤族**

| | |
|---|---|
| 编　　　者： | 中国少数民族设计全集编纂委员会 |
| 著　　　者： | 熊　微　　王　蕾 |
| 责任编辑： | 魏美荣 |
| 复　　审： | 秦继华 |
| 终　　审： | 阎卫斌 |
| 装帧设计： | 谢　成 |

| | |
|---|---|
| 出 版 者： | 山西人民出版社　人民美术出版社 |
| 地　　址： | 太原市建设南路 21 号 |
| 邮　　编： | 030012 |
| 发行营销： | 0351－4922220　4955996　4956039　4922127（传真） |
| 天猫官网： | https://sxrmcbs.tmall.com　电话：0351－4922159 |
| E — mail： | sxskcb@163.com　发行部 |
| | sxskcb@126.com　总编室 |
| 网　　址： | www.sxskcb.com |

| | |
|---|---|
| 经 销 者： | 山西出版传媒集团·山西人民出版社 |
| 承 印 者： | 山西出版传媒集团·山西新华印业有限公司 |
| 开　　本： | 889mm×1194mm　1/16 |
| 印　　张： | 28 |
| 字　　数： | 350 千字 |
| 印　　数： | 1—1 000 册 |
| 版　　次： | 2019 年 9 月　第 1 版 |
| 印　　次： | 2019 年 9 月　第 1 次印刷 |
| 书　　号： | ISBN 978-7-203-11011-8 |
| 定　　价： | 350.00 元 |

**如有印装质量问题请与本社联系调换**

# 中国少数民族设计全集编纂委员会

**总 主 编**（按年龄排序）
张夫也　王立端　戴晋明　廖　军　王　琥　李豫闽　过伟敏　顾　平
王　强　李　岗

**执 行 主 编**　王　琥

**编 务 统 筹**　张明山

# 中国少数民族设计全集编辑工作委员会

**主　　　任**　刘伟冬

**编　　　委**（排名不分先后）
王　琥　王　峰　王　强　王立端　王浩滢　白　波　过伟敏　许　星
许边疆　李　岗　李　丽　李豫闽　成光虎　肖　飞　余　强　汪传跃
罗　力　杨明朗　陈　述　陈见东　邱　珂　胡万明　顾　平　郑　静
郭立忠　姬　莹　张夫也　张泽国　张明山　张秋平　张耀引　梁盛平
樊　进　谢　玮　熊　伟　熊　微　熊建新　蔡克中　葛　芳　鞠　斐
魏　洁　廖　军　戴晋明

# 中国少数民族设计全集出版工作委员会

**主　　　任**　胡彦威　周　伟

**执 行 主 任**　姚　军　欧京海

**编 务 统 筹**　阎卫斌　周小龙

**编　　　辑**（排名不分先后）
王新斐　史美珍　冯　昭　冯灵芝　吉　昊　吕绘元　刘小玲　任秀芳
孙　琳　孙宇欣　李广洁　李建业　李　靖　员荣亮　张小芳　张志杰
张书剑　何赵云　陈俞江　吴春华　武　静　周小龙　柳承旭　郝文霞
赵　玉　赵晓丽　席　青　秦继华　高　雷　郭向南　阎卫斌　崔人杰
傅晓红　蔡咏卉　翟丽娟　樊　中　薛正存　魏　红　魏美荣

**整 体 设 计**　谢　成

# 中国少数民族设计全集·佤族

**本册著者**　　熊　微　王　蕾

**参与撰写**　　毕登程（哈尼族）　刘丽文　王思行　闫铭砚
　　　　　　　张瑾婷　温　馨　王　凯　倪　成　潘舒婷
　　　　　　　袁彦峰　姜晨菡　林露怡　丁　稳　孙繁飞
　　　　　　　侯雨薇　姜飘飘　王馨子　曹海青　李煜天
　　　　　　　李　婷　卢　杰　张苑哲　肖　磊　杜金洋
　　　　　　　杨春锁　胡宏伟

# 求同存异　和合共荣

刘伟冬

中华民族，是一个由56个民族组成的大家庭。在漫长的文明发展史中，汉族和各少数民族都为中华文明的繁荣发展贡献了自己的聪明才智。纵观中华文明史，其实就是一部各族群之间"求同存异，和合共荣"的文化演进史。

从根子上讲，4000年前的"中国"，仅指北方中原地区，居住在这里的相传是上古时期黄帝部落和炎帝部落的后裔，故而自称"炎黄子孙"。其时的"中国"，不过是黄河中下游（西起陇山，东至泰山）区域。在千年发展与民族融合之后，尤其是晋末"衣冠南渡"，南迁的中原汉族与南方百越民族彻底融合，来自北方的鲜卑等民族融入汉族，使汉族前所未有地壮大发展，逐渐形成后来疆域辽阔、人口众多、物产繁盛、文化昌明的中华民族的主体族群。特别值得强调的是，自从作为一个民族整体之后，中华民族就从未中断过自己的民族发展史——这在世界历史上是硕果仅存、独一无二的。

中华民族具备兼容并蓄、虚心好学的民族天性。仅以设计学范畴的事例讲：在数千年文明发展历史中，中华民族在不断向外输出优秀的文明成果（如烧造之陶瓷砖瓦、营造之榫卯斗拱、织造之丝绸刺绣、锻造之"失蜡"分模等），影响全人类的日

常生活与生产方式的同时，也不断地吸纳域外各民族的优秀文明成果，如汉魏之印度佛教和西域音乐、隋唐之西亚服饰和家具、宋元之东洋印染和漆艺、明清之西洋机器与建筑……在中华民族内部，这样的文化交流更是从未停止过，而且是风生水起、枝繁叶茂，愈发流畅、深入，中华民族各族群之间"求同存异，和合共荣"的文化大演进，共同创造了中华民族极为灿烂辉煌的造物文明历史。仍以设计学范畴为例：原本是匈奴人发明的单足绳圈，被晋代的汉族人设计成铁质双镫；最早是鲜卑人原创的毡毯卷边，被晋代的汉族人改造成"高桥马鞍"，这宗中国式马具设计案例，被誉为"13世纪中国传入欧洲的最重要文化成果"（李约瑟语）。再如，西域（今新疆地区）是全世界最早的皮靴生产地，哈尼族为主的红河地区出现了全世界最早的梯田。再如，全世界最早的"干栏式建筑"和全世界最早的稻米人工育种、栽培，均起源于长江中下游的百越地区；全世界最早的竹藤编结器物起源于闽越地区……由中华民族共同创造、发明，后来又影响了全人类文明进程的优秀造物设计案例很多，不胜枚举。几千年中华民族的文明史，就是各种文化多元融合、共同发展的最好例证。不了解中华民族内部各族群的文明交流史，就无法真正理解中国文化史，也不能理解为什么中华民族总是能在逆境中成长强大。甚至可以说，能否完整地理解中华民族的文化史，是检验每一个当代中国知识分子（特别是文史哲专业的学者）文化立场的"试金石"。

随着改革开放的逐渐深入，各民族地区的经济与社会状态已发生了天翻地覆的变化。令人遗憾和担心的是，由于各地区政策执行力度不平衡，保护措施不得力，少数民族的文化特性正在逐步衰退，有些地区的少数民族文化特征甚至已经消失殆尽，仅仅存在于徒具形式，充满口号、标语的民族文化村旅游景点中。有学者预言，再不加快整理抢救工作，中国的少数民族可能在物质形态和文化内涵的特征上，若干年后将不复存在。

从少数民族地区反映古代中国社会某些面貌的文化遗存看，这些少数民族之所以一直与汉族地区差距巨大，存在多方面的原因，其中历代汉族统治者对少数民族的歧视政策是主要原因。此外这些地区本身就处于偏僻荒地，不是沙漠就是山区，自然条件远不及汉族聚集地区，社会发展水平滞后。20世纪50年代，有相当比例的少数民族在当时仍处于原始农耕社会或奴隶制社会，不要说通电、通水、通汽车，不少人一辈子连铁器长什么样都没见过。部分少数民族聚集地的各种自然条件也较差，缺肥少水，基本生活来源，一靠老天爷恩赐的"望天收"农作物；二靠家庭手工作坊制作些竹藤编结物和土织、土陶等土特产来换取粮食；三靠养猪、兔、羊和鸡、鸭、鹅等家禽来换取日用品，如灯油、农具、衣物和油盐酱醋等；四靠为土司、头人和大户们出卖劳力（社会底层奴隶身份），年老即被抛弃。中华人民共和国成立后，党和政府在这些地区实行社会主义改造，打倒以土司、巫师和头人为首的剥削阶级，将土地和生产资料一律收归集体所有，解放了全体少数民族民众，使他们历史上第一次有了自由劳作和生活的权利。

中华人民共和国成立之初，党和政府就高度关注民族事务问题，为如何保护、关心各少数民族制定了一系列方针、政策，也为当代中国社会处理民族问题、保护民族文化树立了光辉典范。中央人民政府政务院于20世纪50年代初发布了《关于民族事务的几项决定》，为新中国民族政策奠定了最初的思想基础，其主要内容是：一、各大行政区军政委员会（人民政府）须指导各有关

省、市、行署人民政府认真推行民族区域自治及民族民主联合政府的政策和制度，并随时向政务院报告推行经验，请示者须事前向政务院请示。二、各大行政区军政委员会（人民政府）须指导各有关省、市、行署人民政府认真并有计划地实行政务院在1950年颁发的《培养少数民族干部试行方案》，并将该项工作进行情况定期加以检查，每半年向政务院报告一次。中央民族学院及西北、西南、中南各军政委员会和新疆省人民政府的民族学院，必须依计划实行，并向政务院报告。三、政务院于1951年下半年适当时间将同时召开有关少数民族的卫生、教育及贸易三个专业会议，责成政务院文教委员会、中财委指导中央卫生部、教育部、贸易部开始筹备，并责成中央民族事务委员会协助进行。有关部门如农业部、文化部也须派人参加。四、责成中央人民政府各委、部、会、院、署、行注意建立有关民族事务的业务。五、在政务院文教委员会内设民族语言文字研究指导委员会，指导和组织少数民族语言文字的研究工作，帮助尚无文字的民族创立文字，帮助文字不完备的民族逐渐充实其文字。六、扩大中央民族事务委员会委员名额，责成中央民族事务委员会提出补充名单的建议，并于1951年下半年召开中央民族事务委员会扩大会议，检查与总结关于推行民族区域自治及民族民主联合政府的经验。

20世纪50年代，中央人民政府和政务院，曾多次组织"中央慰问团""土改工作队"和"普查工作队"等，花费大量人力和物力，深入各少数民族地区，进行了大量较为翔实的社会历史调查。50年代这轮由政府统筹、由中央民委组织行政领导和人类学、社会学专家学者以及民族同志组成工作队与考察队的少数民族大考察活动，1953年正式启动，1956年结束（个别地区延期至1958年才结束）。直接成果之一，就是为1956年国务院公布的55

个少数民族的正式定名和划分,提供了可靠的依据。

从当时考察的资料看,各少数民族的社会发展水平参差不齐,不少民族呈现类似汉族曾经历过的各种历史发展状况,为我们今天考察、了解并研究过去的历史以及各学术分支问题,提供了绝好的活体范本。比如以"设计发生学"研究为例,以山寨(村落)为主的初级社会组织形态,原始手工业在农耕环境中的地位,原始造物的手工技艺与设备、工具等,都是我们极感兴趣的研究对象。

在西北、西南和东北各少数民族聚集地区,有些古时流传下来的本民族手工造物技术,迄今仍保存良好。其吸收了汉族和其他兄弟民族的技术长处之后演变出来的各时段手工造物技术,则印证了各民族互相融合、取长补短的史实。更有些原始手工艺,特别具有艺术和历史研究价值。以维吾尔族人为例,本世纪初,笔者在新疆喀什城艾格孜艾日克老街看到几样手工艺绝活:其一是整条街的维吾尔族乐器店,除了热瓦普、曼陀林和冬不拉等少数维吾尔族知名乐器外,全是些笔者叫不上名来却似曾相识的弹拨乐器和拉弦乐器,于是从心里认可了"西域古乐成就了中国传统民乐"这句话所言不谬。其二是亲眼所见一个拖着鼻涕的不到10岁的维吾尔族小男孩,拿着电砂轮在铜壶上信手飞快地刻着精美细腻的图案,一不要底稿,二没有图纸,真是佩服得五体投地,也相信了"汉族人长于热铸,西域人长于冷锻"这个说法。其三是在喀什近郊著名的大巴扎"金器一条街"上看见近百家金店生意红火,家家门前毡毯上都围坐着一群金店伙计和顾客,正在热烈讨论、共同设计着花样繁多的未来金饰嫁妆,感受到了"中国传统样式的金银首饰工艺,最富有创意的设计和最先进的工艺制作,原来在维吾尔族人手里"这句大实话。还有,笔者

求同存异 和合共荣

在云南景洪县城集市上，曾亲眼见过景颇族老乡用古老的"焖烧法"烧出的红彤彤的土陶——跟笔者一知半解的仰韶彩陶的烧制工艺几乎一模一样。还有，笔者在大西北甘陕宁各省亲眼所见的回族、保安族、裕固族和东乡族老乡巧手做出的那些花样繁多、样式复杂的面塑造型，真是个个精妙绝伦。这方面的事例实在太多了。

50年代的少数民族地区社会大普查，以及半个多世纪以来社会各界对其丰富而珍贵的考察、研究，意义深远，价值极为重大。这些地区客观上保存的较为完整的、与数千年前中国原始社会最初形态近似的许多社会特征，为我们研究社会的最初形态形成和当时的经济、文化、政治的基本状况以及"设计发生学"的相关课题，提供了珍贵的类型学"活化石"范本，价值非凡。改革开放以来，这些少数民族地区也获得了前所未有的巨大发展，人民生活日新月异；但与此同时，少数民族地区的民族性在不可避免地愈发衰减、退化，甚至消失。如果我们再不采取保护措施，若干年后，各少数民族的许多宝贵民族文化遗产将无法挽救地彻底消亡，这部分同属于全人类精神财富和中华民族集体智慧的宝藏，我们将再也看不到了。

在"设计发生学"问题上，我们一向秉持文化多元论的观点，认为人类文明是全世界人民共同创造的，各国家、地区、民族均做出过大小不一、形态各异的贡献；同理，中华民族的灿烂文明是中国的各族人民共同创造的，每个民族都对中华传统文化做出过贡献，也都应当得到尊敬和肯定。中国的各少数民族在中华文明漫长的演化过程中，都曾经以自己独特而充满智慧的文明成果，补充、完善甚至改良着中华文明。比如，古代西域的龟兹古国各民族创造或引自西亚的弹拨乐器和拉弦乐器以及音律、曲

式，彻底改造了中国古代音乐，新创作出代表中国古乐精髓的江南丝竹；南疆的维吾尔族和北疆的哈萨克、塔塔尔、塔吉克等族首创了制革术，并引进古波斯革皮书籍装帧术和制靴术、制毡术、毛衣编结术；海南岛的黎族率先种植棉花并纺织棉布，传入内地后棉织业逐渐形成中国古代手工行业的"天下第一营生"……保护少数民族的民族文化特性，就是保护我们的历史遗产，就是传承我们的文明。我们应进一步发扬文化兼容的优良传统，把振兴中华的百年民族复兴梦，逐步落实为将大中华建设成为中国各民族共同拥有的美好家园。

由上千名来自全国各高等艺术院校的教授、研究生组成的55支团队参与编撰的《中国少数民族设计全集》（55卷），正是有识之士基于对各少数民族的民族文化特性正在快速衰减、消亡的严重现实问题的深切忧虑而进行的抢救、发掘、整理中国少数民族文化遗产的重要文化工程。经过两年精心筹划，六年努力写作，在国家出版基金管理部门的支持下，在山西人民出版社和人民美术出版社的策划和组织下，目前《中国少数民族设计全集》的书稿编撰工作已基本完成，即将付梓。在长达八年的漫长过程中，全国兄弟院校各团队涌现出的各种可歌可泣的事迹经常感动着笔者，并不时鞭策着全体作者克服千难万险，一路向前。有的分卷作者身患绝症仍不眠不休地忘我工作，有的分卷作者遭遇各种意外仍坚持工作。特别是，很多民族同志公而忘私、不计较个人得失，有人不惜将自己赚钱的企业关张歇业，全身心地投入各自所负责分卷的繁重编撰工作中；有人义无反顾地将自己珍藏多年的本民族实物、资料和研究成果无偿提供给相关分卷作者。大家万众一心，克服各种复杂得难以想象的困难，以确保这部凝聚了众人八年心血的巨著，能按计划如期完成。借此机会，笔者谨

代表本丛书编委会全体成员，向领导、编辑和作者们表示衷心的感谢！

作为一项文化创举，笔者深信《中国少数民族设计全集》必将在未来岁月的长期检验中，愈发显现其非凡的、独特的文化价值。

**2017年夏季于南京**

# 前言

佤族人主要生活在云南省澜沧江和怒江之间的山地区域，这一地区山峦起伏，平坝极少，又称阿佤山区，行政上隶属于云南省西盟、沧源、孟连、耿马、澜沧、镇康等地。根据2010年全国第六次人口普查数据，我国佤族人口数为42.97万。

佤族聚居地大多地处边疆，交通不便，相对闭塞，对外交流很少，社会整体发展水平比较低，经济很不发达。所以，佤族文化风俗和设计造物一直保持着朴素的文化底蕴和古朴的原始风貌。据记载，从14世纪中叶开始，佤族社会逐渐从原始的采集、狩猎过渡到以农业为主，社会组织形态也从以血缘为基础的原始氏族公社过渡到以地缘为基础的农村公社。整体社会发展仍较缓慢，生产方式水平较低下，农业与手工业用具极其简陋原始，生活用具及器物设计制造简单粗糙。他们善于充分利用自然环境因素，物尽其用，适材而造。直到20世纪中叶，许多偏居深山的佤族人都还过着刀耕火种、衣不蔽体的原始生活。中华人民共和国成立后，在政府的帮助下，佤族从原始社会直接过渡到社会主义社会。如今，佤族人的生活早已发生了翻天覆地的变化，生产生活方式、文化艺术以及设计造物技巧也有了新的发展。

佤族是典型的山地民族，对自然环境的依赖性很强，自然条件的变化影响着他们的物质生活面貌和精神生活状态。在佤族人民的意识里，人类来源于自然，依赖于自然，最终会归于自然的观念占有重要地位。这些观念在实践过程中，成为指导佤族生活行为的准则，渗透到佤族人民的衣食住行等各个方面。

## 一、设计造物

从材质和结构方面来讲，佤族造物具有鲜明的民族特色和地域特色。佤族人民不仅在日用物品上取材山区常见的木材和竹材，而且在建筑方面，也是取材于大自然。主要用材有麻栗木、红毛树、水冬瓜树、白树、竹子、茅草等，也包括红毛树、大龙竹等地方特有的植物。其建筑材料和结构看似简易，深究起来，还是具有一定程度的严谨实用性。如树木竹草材料的搭配，有一定的讲究，桩柱之间的距离也有一定的比例和严格的要求。桩柱组合类似于穿斗式结构，非常坚固。

制作工艺上，佤族造物多以手工艺编织以及简单的切削磨制工艺见长。20世纪50年代之前，佤族还处于原始社会末期（原始公社向阶级社会过渡时期），传统手工技艺是每个佤族人的生存技能和立身之本。在那个时期，佤族民众人人都是手工艺人，围绕着衣食住行的造物活动，涵盖了佤族物质文化的方方面面。男子使刀弄斧，掌握竹、木等材料的雕刻制作工艺，能起房盖屋，也会制作手工业使用的工具和农具等；女子则擅长纺织印染布料，以及饮食制作工艺等。佤族人民这种手工技艺的传承都是通过口传身授，从小从父母、长辈那里学来，是安身立命的本领。

佤族人民日常用的器物，无一不显示出手工制作技艺的熟练和匠心的独运。如普通佤族人家最常见的工具——砍刀，整体造型简洁，没有复杂的结构，刀身用铁经过锻打，注重实用功能性，刀柄则用适合手握粗细的竹节做成，既轻巧牢固，又便于握持，符合产品的易用性。在服饰方面，佤族男人一般穿黑色短衣和宽口大裤；妇女着贯头衣和横条花短裙，饰物有项圈、项链、手镯、腰箍和脚箍等，大部分为银制品或竹藤制品，也有的涂上天然色料。这些服装（含首饰）既实用美观，又带有鲜明的民族特色，几乎为佤族男

女老少所共同喜爱。随着社会的发展，佤族的服饰也开始有了变化，出现了长裙、筒裙以及一些较为有时代感的衣着和装饰，但佤族聚居的地区仍然保持着传统的民族特色，且大多数衣服的原料是自种的棉麻，经过自纺自织成布，按其传统的方式制作的，织出的图案有孔雀、白鹇等纹样，也有灵猫、鲮鲤等图案。

佤族设计造物大多考虑到物品的实用性，具有朴素功能主义的风格。例如，佤族人民日常用的背篓，是为了尽可能多的背负物品，容量极大，造型极简，尺寸一致，风格单一。而且从人机工程学角度分析，背篓的水桶状造型并不合适，可以说，背篓的设计完全体现了朴素原始的功能性追求。又如，佤族人平时用的水具，包括取水瓢和打水筒，都是采用一节竹节，上下打通便算完成。功能上也仅限于打水取水，形制和使用方式都是根据佤族人民的具体需求而定制，解决生活中的具体问题。

在建筑方面，佤族分布的各地区风格也不尽相同。受汉族影响较大的地区，一般是四壁着地的草木房，也有土壁草房和个别的瓦房。而其他大部分佤族地区的住房构造和形状与傣族的住房相似，建筑材料均为竹子（竹藤、竹竿、竹片、竹篾等）、木材（椽子、脊檩、木板等）、茅草等材料。木柱的顶端保留树杈，用以托梁，横梁上再托上一些细竹子，然后覆以茅草，筑成架空的干栏式建筑。房屋分上下两层，上层住人，下层为牲畜、家禽活动之所，在当地，这种建筑非常具有实用性。而佤族建筑房内的陈设也非常简单，无桌椅、无被褥，只用棉毯或麻布单做被盖，木头制枕，和衣而睡。

在装饰纹样方面，佤族器物制造偏于朴素大方。由于取材皆是原始的竹木材料，所以，加工制作而成的器物，鲜有装饰元素。除服饰色彩多为佤族人民喜爱的黑色、红色或者略有其他鲜艳的色彩之外，其他器物的色彩也都是原材料本身的色泽，而没有多余的

修饰。佤族文化中保留有牛图腾的装饰元素。牛头是佤族的图腾崇拜，佤族人民认为可世代保佑他们五谷丰登，人畜兴旺，象征财富与好运。据《司岗里》记载，佤族地区以前曾发生过大洪水，是牛救了他们，使他们免于洪涝灾害，所以佤族始终对牛有一种敬畏崇拜之情。所以在佤族村寨或者镇子上，随处可见抽象化的牛头图案或者牛头装饰，这体现了佤族特殊的民族文化集体记忆。

## 二、生活习俗

佤族的主食制作方法有三种：即熬稀饭、煮烂饭、煮干饭。西盟地区的佤族都喜欢把菜、盐和米一锅煮成较稠的烂饭，其他地区佤族则多吃干饭。农忙时日食三餐，平时一日两餐。鸡肉烂饭为家常食品的上品，常用来招待客人等。在铁锅传入之前，佤族多用竹筒煮饭。主食大米是临时舂成的稻米，吃多少舂多少。具体煮法是把大米、青菜以及盐巴、辣椒、肉放进锅里一起煮，煮烂即可，味道极为鲜美诱人。按佤族习俗，主妇负责煮饭和分菜。饭熟之后，把饭盛在一个个大木盘里分给家人，每人盛给一碗汤菜，如有肉，则每人平均分得一份。全家人围蹲在主火塘边吃饭，如有外人在场，也分给一份饭菜。男女老幼全部食辣椒，所以佤族有"无辣子，吃不饱"的说法。佤族肉食的主要来源是家庭饲养，有猪和牛、鸡，此外佤族人民也有捕食鼠与昆虫的习惯。一般是把田鼠或者昆虫与米一起煮成粥，加菜和盐、拌辣椒，香辣可口。如今，佤族的饮食文化也没有了诸多限制，一般都围在桌子旁边，自取自食，渐渐地与其他民族无甚区别。

佤族一般喜饮酒，所饮用的酒都是自家酿制的水酒。水酒是热情好客的佤族人民待客的最好饮料，有"无酒不成礼，说话不算数"的说法，常饮水酒于身体无害，有益健康。水酒用小红米发酵后制成，多盛于大竹筒内，插入细竹管吮吸。由于用菌母发酵制

成，喝后清凉益神，和胃健脾。水酒与啤酒有相似之处，度数低，比啤酒稍甜，男女老幼适宜饮用。每逢喜庆佳节，家家户户都酿制水酒，尤其近年来佤族人民生活水平不断提高，村村寨寨到处飘散着酒香。佤族人豪爽好客，迎接客人以酒当先。佤族人民待客敬酒的习俗多种多样，其一是敬酒时主人首先自饮一口，以打消客人的各种戒意，然后依次递给客人饮用。敬给客人的酒，客人一定要喝，而且要尽力喝干，以表示心地坦诚，否则被认为对主人不敬。另一种形式是主客均蹲在地上，主人用右手把酒递给客人，客人用右手接过后先倒在地上一点或右手把酒弹在地上一点，意为敬祖，然后主人和客人一起喝干。佤族民间有不知心、不善良者不敬酒的习惯。每逢儿子出门，客人离去，主人还要打"送亲礼"。即给亲人或客人敬酒，届时主人用葫芦（盛酒器）盛满酒，先喝一口，然后送到客人或远离的亲人嘴边，客人需要喝到葫芦见底，以表示亲情、友谊永远不忘。

佤族人更爱饮苦茶。饮茶的方式别有特色：将自家制作的茶叶（一般是大叶茶），用小铝锅烤成金黄色，待散发出香味后，放入底大口小的土制陶缸里，茶叶约占陶缸体积的三分之二。然后倒进清水，煮到沸腾之后，会在缸口内放进一块赤红的木炭块，再慢慢用炭火煎茶，不时用木炭把茶叶压下，以防茶叶随着茶汁沸出缸外。第一遍倒进的水快煎干时，再加进第二遍清水，煎到剩二分之一时，茶汁即可斟出饮用。这样的苦茶熬得很浓，几乎成茶膏。苦茶虽味苦，但喝后有清凉感，对于处在气候炎热地区的佤族，具有神奇的舒渴解乏作用。

佤族养蜂比较普遍，但养蜂方法十分特别，先用一段掏空的圆木，两头封口，留出数个小孔，供野蜂进出，放在森林或屋檐下，使其繁殖酿蜜，每年割两到三次，与其中的蜂蛹一起食用。

佤族男女普遍有吸食草烟的习惯。各家都有一块园圃，除了

种些蔬菜外，自己也种植草烟。吸烟的方法有两种：一种是用烟斗吸，另一种是用水烟筒吸。水烟筒，就是往竹筒里灌入适量的净水（三分之一），这样能过滤烟雾，降低焦油含量。而烟斗就更常见了，佤族人一般称作烟锅，外出踏青或者下田劳动时，男女总要在腰部挂上一个烟斗，还随身携带一个用竹片编成的烟盒。烟锅还是佤族年轻男女谈情说爱的绝好信物。此外，嚼槟榔是佤族男女老少普遍的嗜好，平时劳动休息或闲谈，口里都嚼一块槟榔。所嚼槟榔是用麻栎叶和石灰煮成，据称嚼槟榔有健齿作用。

佤族大多忌食鸡蛋，不用辣椒作馈赠之物，禁止贱踏剽猪石，禁止用手抹神灶，禁止带生姜进屋，禁止在神树林中狩猎。客人进佤寨要经过允许，并赠送酒肉或甘蔗；客人进屋，只能在外屋火塘煮饭烧水；主人杀鸡，客人须劝阻；主人献鸡，客人要回报敬鸡头等，都是佤族人民特有的生活习俗。

佤族的生产方式方面，虽然脱离了刀耕火种的原始时代，但主要还是靠人力畜力。比较常见的是牛拉车，驮运重物。以前佤族人民除了种田之外，还靠打猎来维持生活，所以有捕鼠器、捕鸟器等器物的产生。日常用度方面，佤族妇女用本民族特有的一套纺织工具手工织布扎染，做成衣服及其他用品。自古以来，虽然生产力不发达，生产方式落后，但是佤族人民长期过着自给自足的闲适生活。中华人民共和国成立之后，在政府的帮助和指导下，佤族人民经过全面开发和建设，各项事业都取得了很大的成绩。他们通过治山治水，大力修筑水田，改变原始耕作方法，使农业生产迅速发展，粮食产量大幅度增加。过去完全没有工业的阿佤山区，现在也建起了水电站、拖拉机站和农具、冶铁、食品加工等地方工业，交通运输、商业、文教、卫生事业也都有十分明显的变化。

婚恋习俗方面，佤族也有自己的民族特色。佤族的婚恋比较自

由，有"串姑娘"（即谈恋爱）的习俗，小伙子到了十七八岁的时候，就开始"串姑娘"了。但佤族的"串姑娘"多是以群体方式进行的，在正式确定恋爱关系之前，单独活动的较少。"串姑娘"的活动，多以男子主动。

佤族的传统观念认为，人的吉凶祸福、生老病死都是超自然的鬼神所为，世界充满了鬼神之灵，甚至人也是由灵所组成的。一个人不论是老死、病死等，只能死在寨内。佤族人死后，实行独木棺土葬。过去佤族认为人死是由于已死去的家里人把他（她）的灵魂叫走了，他的灵魂永远离开了他的肉体。在生病垂危之时，要杀猪、剽牛看卦。如卦不吉，就认为病人的灵魂已去，要给其准备后事。人死后，需要拿茶叶、盐块或糖块放入死者口中，换上寿衣，用棉线将死者的双脚拇指拴拢，男的用白线，女的用红线。然后再用织好的新毯子或寿布裹起来，用绳索分三道捆扎好，安放在主火塘的右上方。死者是男则朝日落方向鸣枪，是女就敲锣报丧（小孩死了不报丧）。亲友和寨人（只限成年人）闻讯后，立刻带上一筒水酒、一碗米、一坨盐巴、一块茶、一包烟叶等物品，前去吊丧。死者家人杀鸡或剽牛，招待来吊丧的亲友和寨人。

### 三、宗教崇拜

佤族人信仰原始宗教，最崇拜的是人类最高主宰——"木依吉"。传说，他的五个儿子是分别掌管开天、辟地、打雷、地震和洪水的神。除此之外，还有各种各样的水鬼、树鬼等。部分佤族地区信仰大乘佛教、小乘佛教和耶稣教。

原始宗教信仰主要源于佤族先民对于自然现象的敬畏，他们缺乏足够的科学知识对种种怪异的自然现象做出合理的解释。出于对神秘大自然的膜拜心理，佤族人民折服于各种自然神，包括管地震的"格拉柔姆"、管升天的"达路安"等。现在的佤族村寨里也还

有"小窝郎"（祭司）和"魔巴"（巫师）等神职人员，在祭祀或者其他祈福活动中，发挥着不同的职责和作用。

### 四、民俗节庆

佤族重视节庆，皆有相关的食礼。如"崩南尼"（佤年）、播种节、接新水节、取新火、拉木鼓，都蕴涵着神圣的理念，同时为节庆备有丰美的食品。如播种撒谷定在布谷鸟催耕之时，村村寨寨、家家户户都要提前备好各式饭菜，集中到山坡地上，统一交给一位长者去分配。然后青年播种，儿童送水，姑娘唱歌弹琴。待到开饭时，只见地头整齐摆放着大小一样的两行饭包，都用芭蕉叶裹好，没有碗，没有筷，众人洗手后各取一包坐着吃。这类活动把劳动、音乐、情感、烹调和谐统一在一起，表现出本民族纯朴的精神风貌。

新米节是稻谷成熟、喜庆丰收的日子。因为气候的差异，各地谷物成熟时间不同，因而各地区和各村寨，甚至每家每户过节时间也不一样，但以前多在农历七、八月份（佤历九、十月间）进行。日期确定，一是根据各自粮食成熟情况选择吉日，二是以父母或祖父母去世之日为最佳。意在请先祖灵魂回来，与家人同尝新米，共享欢乐，并请他们在天之灵保佑其子孙后代家庭幸福、风调雨顺、粮食丰收。传统的"新米节"当天，主人早早地起床，准备好酒肉佳肴，之后到田里去采割新谷。割回来谷子放一束挂在门上，表示招谷魂进家。其余搓下谷粒，用铁锅微火焙干，舂出新米，做成米饭。米饭做好后，接着要举行家祭仪式：盛一碗新米饭，与各种菜肴一起摆于神台上，请巫师念咒语，祭祀其谷神，敬献其祖先。仪式结束后，以巫师与老人为首，全家人喜尝新米。之后，主人才能打开家门，把自家过节的消息告知邻里乡亲，乡亲们纷纷携带各种礼物前来祝贺，主人则杀鸡、宰猪，甚至剽牛待客，大家欢歌笑语，同享丰收喜悦。

　　佤族拉木鼓是为了祭祀莫伟神的。传说，莫伟是人类祖先的化身，平时住在天宫，不问人间之事，只有听到木鼓的声音，才会下凡为人类解危救难或共享欢乐。木鼓由此成为佤族人与天交流的象征，是佤族人民崇拜的神圣之物。佤语称"克罗克"，是佤族的传统祭祀工具、乐器和报警器具。一般以红毛树、花桃树或麻栗树树段为原料，将其腹部按一定形状掏空制成，分公鼓、母鼓两种。公鼓的音偏低，音色粗重。母鼓的音较高，音色清脆。多成对存放在村寨的木鼓房中。

　　佤族人民普遍认为，木鼓是"通神之器""通天之鼓"，"生命靠水，兴旺靠木鼓"。因此，平时不能乱动，只有祭祀、警戒或节日喜庆等重大活动时才能敲打。木鼓房是佤寨中最重要的，也是标志性的建筑物，每个村寨都有一至数个。它是用6根柱子、3根横梁及竹片或茅草搭建而成的、四周没有墙壁的小棚子。木鼓房虽然面积不大，结构简单，但由于是存放木鼓的地方，因此相当神圣，相当于其他民族庙宇的功能与地位。所谓拉木鼓，就是从寨子外森林里砍伐树木，拉入寨里制作新鼓，更换旧鼓的活动，多于农历11月(佤历1月)进行。届时，首先由村寨头人会议确定拉木鼓的时间及主祭人(出牛、承担活动费用的人)，准备好要剽杀水牛数头和取肝看卦黄牛一头，以及水酒食物等。拉木鼓当天，白天剽牛祭神，晚上由男性青壮年上山砍伐已事先选好的树木，准备制鼓材料。第二天一大早，全寨男女老少（部分女性不能参加）均身着节日的盛装，前来拉鼓，大家边歌边舞，用绳索把木鼓拖拉回寨子。木鼓拉到寨门，当天不能进寨，需要停放在寨外，杀鸡祭祀之后，另择吉日进寨。新鼓进寨日，举寨欢腾。邻寨的人们也敲锣打鼓，前来祝贺，大家载歌载舞，剽牛杀猪，饮酒娱乐。新木鼓的制作大约需要二十天。抠凿完成日，立即敲响，向全寨报喜，并举行新木鼓安放的仪式。晚上，全寨人齐聚于木鼓房周围，再一次欢歌共舞，庆祝新木鼓顺利制成。至此，整个拉木鼓祭祀活动方告结束。

佤族是一个以黑为美的民族，佤族认为黑色是勤劳的象征，是健康的象征。因此，阿佤人的服饰几乎都是以黑色为基调。早在过去，佤族人民就有染牙的习俗，他们认为黑亮的牙齿和健康的黑皮肤相配才能保持阿佤人步调一致。佤族至今有一句谚语说：步调一致我们才好一起跳舞，牙齿黑亮我们才好一起说笑。在"摸你黑"活动中，谁最黑谁就是最美的。在佤山每年的司岗里狂欢节上，当一层层"娘不洛"摸上脸时，真诚的友谊相互送达，浓浓的情意交相辉映，一切都变得那样简单安逸。肆意欢笑，恣情逍遥，长时间处于繁重生活劳动压力下的人们，在"摸你黑"狂欢节中得到不一样的精彩和释然。如今，"摸你黑"已经发展成为富有民族特色和独特韵味的东方狂欢节，受到广大少数民族地区人们的普遍欢迎。

**五、文学艺术**

佤族的口头文学丰富多彩，千姿百态，涉及人类的诞生、万物的生存、婚丧礼俗、生产生活等众多方面。口头传说非常丰富，包括神话、传说、故事、诗歌以及谜语、格言等内容，其中，以动物或动物与人之间关系的题材尤为丰富，且多喻意深刻，含蓄隽永。比较有代表性的是《司岗里》。

佤族是个能歌善舞的民族，佤族的音乐文化具有敬神、娱神和媚神的特质。在遥远的时代，佤族先民唱歌、跳舞是在祭祀的时候进行的。由于缺乏科学知识，对于自己理解不了的自然现象产生恐惧，佤族先民产生了多神崇拜，即"万物有灵"。于是不管是生老病死，四季交替，还是春耕秋收，都会进行大规模的祭祀活动。佤族的所有歌曲和舞蹈中集中反映了先民们为了生存与自然作斗争的情形，佤族的音乐文化活动一直以来都是与他的传统习俗联系在一

起的，具有鲜明的民族特色和娱乐作用。

沧源崖画是沧源地区自1965年以来陆续发现的崖画群，大约有3000年的历史。虽然尚不能肯定是完全出自佤族先民之手，但它的内容与佤族的历史习俗关系密切。崖画共有10处，集中分布在勐省河流域的半山区，方圆数十里。崖画中有一幅村落图，与阿佤山中心地区20世纪50年代某村寨的结构与分布非常相似，侧面证明佤族村寨悠久的历史。沧源崖画的内容主要有人物像、动物像、村落图、狩猎图、祭祀图、舞蹈图等。每个画面都有一个中心内容，真实地描绘了一幅幅原始生活的百态图，古朴自然，形象生动，反映了佤族先民对生活方式和生存环境的认知智慧和表现能力。沧源崖画采用平涂法，手法简练，生动传神。人体多用三角形表示，面部不画五官，但四肢却姿态多变，动感强烈。通过双臂和双足的不同姿态，可以看出人物的基本动态和活动内容。动物也是如此，虽然面目不清，但通过角、尾、足和耳部的特征，也基本可以辨认出其种属。

以上几个方面，是对佤族这个独特民族群体生活环境和生存方式的基本概述。由于一手资料的严重缺乏，笔者携研究团队于2013年9月下旬和2014年10月先后两次深入阿佤山区进行实地调研、考察和测绘，初步梳理出以下三方面的内容：首先是建筑方面的测绘、记录，其次是关于日常使用器物及生活习惯方面的观察、采访，然后是对佤族服装体系作一个详细的实地考察。

建筑方面，我们调研了沧源雪林乡左都大寨的佤族传统民居，即"干栏式"和"四壁落地式"建筑，并对其作了详尽的测绘和记录，此外，还对建筑内部的布局和规划以及一些外围建筑，如粮仓、木鼓房、撒拉房等进行了实地勘测。

干栏式楼房布局为楼上楼下，平台楼梯。正房一侧开天窗，并设计窗盖，用竹竿或木杆撑开即可纳光。楼上干爽可住人，内设

火塘、卧室、客床等，并按长幼和尊卑分配住房。楼下设牛圈或鸡圈，堆放柴禾、猪食草、农用工具等。有的在木制或竹制楼梯脚边置放整截树根凿成的大木臼，平时妇女用来舂米。房外院内搭建晒台，供晾晒谷物之用。四壁落地房结构较简单。四周房墙落地，房体矮小，房顶两端不设置类似干栏式楼房的牛角叉形或燕尾形搏风板，而是于其门上方设三角形鸡笼网罩，通风纳光。佤族有传统，刚分家出来的儿子不能建盖楼房，只能建鸡笼房，这是佤族的尊老习俗，有俗语"耳不高过角"，意思是儿女不能凌驾于父母之上。住满三年鸡笼房后，方可建盖楼房。

鸡笼房，是佤族房屋特色中比较独特的房屋形式。它与四壁落地式简易房有相似之处——都没有房屋底层的干栏。当然，两者存在的意义不同。鸡笼房是分家后，作为子女必须要住的一种房屋形式，住满三年才可以加干栏，将房屋整体抬高，变成干栏式房屋，而"四壁落地式"则更多用于家庭经济状况差的独居客或行动不便的老年人居住的简易房屋。

粮仓房是佤寨的有机组成部分，也是较有特色的佤族建筑。粮仓房一般建于离住房有一定距离的地方，寨头、寨脚或寨边是设置粮仓房的最佳位置。有的村寨粮仓房较分散，有的村寨粮仓房多间聚在一处，形成漂亮的小建筑群。粮仓房占地面积小，粮仓为方形密封木柜，置于房中。为防受潮霉坏及虫害，阿佤人用一种特殊的树叶及牛粪混合的糊状物严封粮仓缝隙。最具佤乡特色的是护栏、仓门雕刻牛头装饰的粮仓房，它体现了佤族原始图腾崇拜的文化特色及审美心理。

另外，我们还前往翁丁部落调研了另两种佤族特色建筑——寨中具有重要地位的木鼓房以及富有浪漫气息的撒拉房。

木鼓房佤语称为"捏克罗"，寨中建盖木鼓房是佤族村寨的文

化特征之一。传统时代,大部分佤族村寨都有木鼓,并设有专门的木鼓房,木鼓房里一般摆放一对木鼓,木鼓平时不准乱敲,而是在传统节日、喜庆、娱乐时使用,也是作为民族纷争械斗时的报警器及民间宗教祭祀的信号工具,被佤族视为"通天神器"而崇拜。

撒拉房既是佤族建筑文化的体现,又是佤族恋爱仪式的交流场地。居于寨中的撒拉房也称公房,它的结构并不复杂,由四根大柱、一根中梁、几根压条构架。草片或瓦片覆顶,有的设围栏,有的不设围栏,四面通风。两根柱子之间搭设粗竹木条或木板,作坐凳之用。寨中的撒拉房既是全寨人白天休息聊天的公共场所,也是年轻人晚上梳头谈情的私人场所。正式谈恋爱的时候,他们一般是边梳头边聊天,说说情话。佤族这种独有的恋爱梳头习俗,既含蓄又大胆,富有典型的民族特色。

关于产品器物以及生活习惯方面,我们在西盟县大寨进行了一次近距离的采访,并追踪拍摄了佤族特有的鸡肉烂饭以及佤族水酒的制作过程。我们一路走过沧源县、西盟县以及翁丁部落,对其日常使用的器物进行了简单的绘制和实际测量,从多个角度拍摄了照片。同时参观了当地的民俗博物馆,对其中陈列的各种器物进行了详细收集和梳理。

佤族人民日常使用的器物包括简单的生产生活用品和餐饮器具。常用的有背篓、长刀、砍斧、砍刀,以及饭盒、水酒杯、舂臼等,甚至还有佤族的特色乐器独弦琴、短笛和芦笙。

这些生活用具材质上都是用当地盛产的木材和竹子,就地取材,因材造物,功能性极强,很少使用装饰纹样或者色彩,保留着原材料本身的色泽,有种古朴自然的美感。

服饰方面,在20世纪50年代以前,佤族还处于原始社会,织锦的制作工艺在当地以言传身教的方式代代相传,配色和图案也根据

村寨的不同而有所变化。红黑横条纹长裙是西盟岳宋地区佤族年轻女性的重要服装。佤族纺织技术中最复杂的是织锦，而佤族织锦只用于裙和筒帕的制作，可以说集合了佤族纺织技术的精华，也是佤族服装体系中最精美的服装。

随着外界与佤族的交流渐渐密切，佤族织锦作为佤族纺织工艺中的瑰宝也渐渐被人熟知，广受欢迎。我们通过调研了解到，佤族服饰的分布以村寨为单位自然分布，所以不同村寨之间的服饰、筒帕样式有些许不同，佤族人民往往可以通过服饰和筒帕的颜色（装饰）分辨出各自的支系。随着经济的发展，佤族传统服装的生产方式也出现变化，当地人开始在服装铺子里买面料请裁缝制作，颜色也不再是单纯的红黑两色，其他如：黄色、粉色、绿色等丰富的颜色也开始出现在当代西盟地区的服装中，花纹及针法也吸收了周围地区的特色。

两次实地调研让我们收获颇丰，我们不仅了解到佤族的设计造物现状以及佤族地区的风土人情和生活习俗，还对佤族的原始宗教崇拜以及独有的民族文化有了更深一层的认识。造物源于生存和生活需求，佤族人民的器物设计以及建筑风格都是古朴自然、单纯诚实的。透过佤族人民绿林掩映中的袅袅炊烟，我们看到了一种弥足珍贵、质朴单纯的人生态度，一种顺应自然、安闲自得的生活哲学。

本书的编撰不仅为中国当代设计史的研究贡献了素材，而且为我们了解少数民族文化提供了一次宝贵的机会。尽管编撰工作头绪众多、繁杂细致，但笔者及研究团队已尽我们所能对佤族生活各方面的设计造物作了全面而详细的介绍。全部案例都来自于实地考察的一手资料，同时也参考了部分博物馆里的器物，希望通过这些案例图文并茂的叙述，让广大读者朋友从多个角度去了解佤族悠久的历史和灿烂的文化，并由物及人地去了解和关注当代佤族民众的生活状况，我们愿意在各民族的文化交流中献一份心，为中华民族大家庭凝心聚力、团结发展尽一份力！当然，由于本卷的资料来源全部都是现场拍摄以及软件绘制，工作量大、覆盖面广，且研究对象时间跨度和专业跨度都很大，难免存在瑕疵或者疏漏，望各位专家及读者不吝赐教，批评指正。

《中国少数民族设计全集·佤族》的编撰，涉及佤族人民的风俗习惯、宗教信仰、文学艺术和造物设计等诸多方面，特别是很多实际案例的选择，从建筑到器物，从服装到首饰，乃至日常饮食习俗，每一个环节都离不开当地社会各方面人士的热情帮助和指导。值此成果付梓之际，我们特别要感谢给予我们帮助的各方人士。感谢在实地调研期间的路线制定和全程规划方面给予莫大支持和帮助的田树生局长；感谢调研左都大寨时全程指导的沧源县雪林乡副乡长魏国强；感谢翁丁部落的赵书记，带我们参观翁丁民俗博物馆，为我们讲解翁丁的历史以及各种文化习俗；感谢昆明民俗博物馆的毕登程研究员，作为专研佤族文化的资深专家，他带我们领略了佤族文化的悠久渊源，给我们详细讲解了佤族的木鼓文化；感谢李江波师傅和魏明瑞师傅，作为司机和顾问，全程陪同我们深入佤乡；感谢所有佤族人民，你们的热情好客和豪爽性格，让我们印象深刻，使得我们不仅能顺利完成调研考察工作，而且还生发出对质朴自然生活态度的无限向往！感谢丛书总主编南京艺术学院王琥教授的信任，给予我们编撰本卷的机会。最后感谢本研究团队的全体参与者在研究工作中坚持不懈的努力和持之以恒的付出！

华侨大学　熊微<br>
江南大学　王蕾<br>
2019年9月

# 目录

**第一章　佤族传统建筑**

云南翁丁佤族村寨　002
佤族干栏式茅草屋　007
佤族干栏式瓦屋顶民居　016
佤族四壁落地式茅草屋　024
佤族茅草屋·火塘　029
佤族茅草屋·畜棚与柴房　035
佤族茅草屋·晒台（室外平台）　044
佤族茅草屋·楼梯　051
佤族茅草屋·披檐　057
佤族茅草屋·墙体　061
佤族茅草屋·梁柱　065
佤族鸡笼房　070
佤族撒拉房　076
佤族粮仓　081
佤族木鼓房　090

**第二章　佤族传统服饰**

岳宋佤族女装　096
岳宋佤族红黑横条纹长裙　102
岳宋佤族红黑横条纹短裙　106
佤族V型领紧身无袖短衣（贯头衣与开襟衫）　110
西盟佤族立领对襟男上衣　116
西盟佤族男裤　119
佤族打洛部落头人男背心　122
佤族打洛部落女装　125
佤族打洛部落女式大礼服　129
佤族打洛部落乌凹服　134

佤族打洛部落精神领袖诺门服饰  138
佤族打洛部落歌手服  142
佤族翁嘎科部落女装外套  146
佤族新厂部落女装  149
佤族马散部落女装  156
佤族长装男式外套  163
佤族中课部落女装  166
佤族岳宋筒帕  173
佤族西盟部落包头巾  177
岳宋佤族头箍  180
临沧佤族镂花银耳铛  183
岳宋佤族耳环  186
佤族项圈  192
岳宋佤族跳脱  195
西盟佤族扭丝刻花臂钏  197
佤族扭丝手镯  200
佤族手镯  202
佤族腰带  204
岳宋佤族篦环  207
岳宋佤族织锦  209
岳宋佤族牛肚被  213
岳宋佤族麻织披单  216

### 第三章　佤族传统餐饮

佤族舂臼  220
佤族端茶桌  226
佤族木刻餐盘  229
佤族传统木拉  232

  佤族水酒杯　235
  佤族水瓢和漏勺　238
  佤族圆饭盒　244
  佤族蒸饭桶　247
  佤族鸡肉烂饭　250
  佤族烤苦茶　255
  佤族水酒　258

## 第四章　佤族传统生活用具

  佤族独弦琴　264
  佤族酒杯笛　267
  佤族芦笙　270
  佤族"得"　274
  佤族水葫芦笛　276
  佤族水牛号角　279
  佤族短笛　284
  佤族儿童排箫　288
  佤族竹琴　291
  佤族木鼓　294
  佤族饮水筒和打水瓢　299
  佤族背篓　304
  佤族锅股　307
  佤族砍刀　309
  佤族砍斧　312
  佤族量米箩　316
  佤族木枕　320
  佤族木脸盆　323
  佤族长刀　326
  佤族水烟筒　329

　　佤族烟锅　333

## 第五章　佤族传统生产工具

　　佤族锄头　340
　　佤族打谷棍　343
　　佤族耙犁　346
　　佤族抓耙　349
　　佤族犁　352
　　佤族簸箕　356
　　佤族捕鸟器　360
　　佤族木榔头　363
　　佤族石磨　366
　　佤族踏碓　370

## 第六章　佤族传统手工艺

　　佤族供桌　376
　　佤族鸡笼　379
　　佤族织锦　383

## 第七章　佤族传统民俗和宗教造像

　　佤族打洛部落祭祀服　390
　　佤族诺门祭祀服　394
　　佤族祭祀服装（白色）　398
　　佤族祭祀服装（普蓝）　401
　　佤族打洛部落布拆祭祀服装头巾　405
　　佤族祭祀用酿酒　408
　　佤族祭祀标枪　410
　　佤族牛头纹样装饰　412

# 第一章 佤族传统建筑

# 云南翁丁佤族村寨

图一 云南翁丁佤族村寨主图

佤族村寨规模一般在100户左右，小的仅有几十户，大的则有三四百户之多。村寨多建于山坡或小山头上，四周有荆棘建的寨墙围绕，设有寨门。传统的佤族民居自由布局，星星点点地洒落在山峦中，构成纯朴原始的人居环境。村寨的环境是大家庭般的，一些佤族村寨中的民居私有空间与村寨的公共空间有一部分是相通的。房屋的平台是私有的，但空间是开敞的，仅从高度上区别。从村路进入自己的家即从公共空间进入到私有空间只需通过几节楼梯的转换。男人在平台上削竹编篱，女子在平台上缝衣纺线，相互之间近在咫尺，全村融为一体。

佤族村寨的整体布局是随所处的地形和习俗变化的，一般村落中具有简单的分区。水源在村口或村中，全村公用。村的周围另盖有储存粮食的粮仓，以防火灾或别的自然灾害发生时与住屋一起毁坏。旧时传统的佤族村寨中会有寨心亭、寨桩、木鼓房供寨中祭祀活动时使用。但随着剽牛等较"血腥"的祭祀活动的停止，木鼓房等带有祭祀功能的房屋也逐渐在村寨中消失了。目前少数还保留木鼓房的村寨大都将其作为旅游景观的一部分，并无实际的祭祀功能。如云南沧源县的翁丁村，隶属于沧源佤族自治县勐角乡，地处勐角乡西边，海拔1495米，年平均气温24℃，距县城39公里。现有农户261户，属于规模较大的传统佤族村寨。居民的收入主要来自茶叶等经济作物。

翁丁村分上下两寨6个村民小组，上下两寨又好似独立的两个村寨，被山间的一片树林隔开。村寨依山而建，房屋错落有致地分布在山坡上。村寨中主要的建筑形式为干栏式茅草屋，它们共同的特征就是歇山屋顶、交叉的搏风板和外撑的老虎窗。大部分房屋都有属于自己的院场，院场中会有晒台和畜栏，通常以竹篱分隔内外部空间。翁丁寨的建筑形式多样，保存较为完整，有木鼓房、撒拉房、鸡笼房（如图五）等建筑形式。村寨中位于寨中央的广场上设有寨桩（如图四），寨桩位于佤族寨子中央，是每个佤族村寨必备的刻木记事图腾柱，每逢重大节日全寨人都围着寨桩通宵打歌。寨桩上有一个寨桩台，台上有个建寨时便放置的寨心石，代表了寨子的"心脏"。翁丁村的寨心石，已有400多年的历史。粮仓坐落于寨子的西南边，村寨的水源主要来源于山上的泉水，虽然现在村寨每户都通上了自来水，但村子的南边依然保留着旧时的水利设施。

翁丁村寨保留了原始佤族民居建筑风格和风土人情，也是迄今为止保存最为完好的佤族原始群居村落之一，被国家地理杂志誉为"中国最后一个原始部落"。

**图片来源**
图一、图三至图二十一　孙繁飞　林露怡　摄影
图二　丁稳　林露怡　制图

**参考文献**
佤族社会历史调查第（一）（二）（三）辑.昆明：云南人民出版社，1983.
佤族社会历史调查第（四）辑.昆明：云南人民出版社，1986.
佤族简史.北京：民族出版社，2008.
韩军学著.佤族村寨与佤族传统文化——云南西盟县大马散寨村寨建设调查.成都：四川大学出版社，2007.

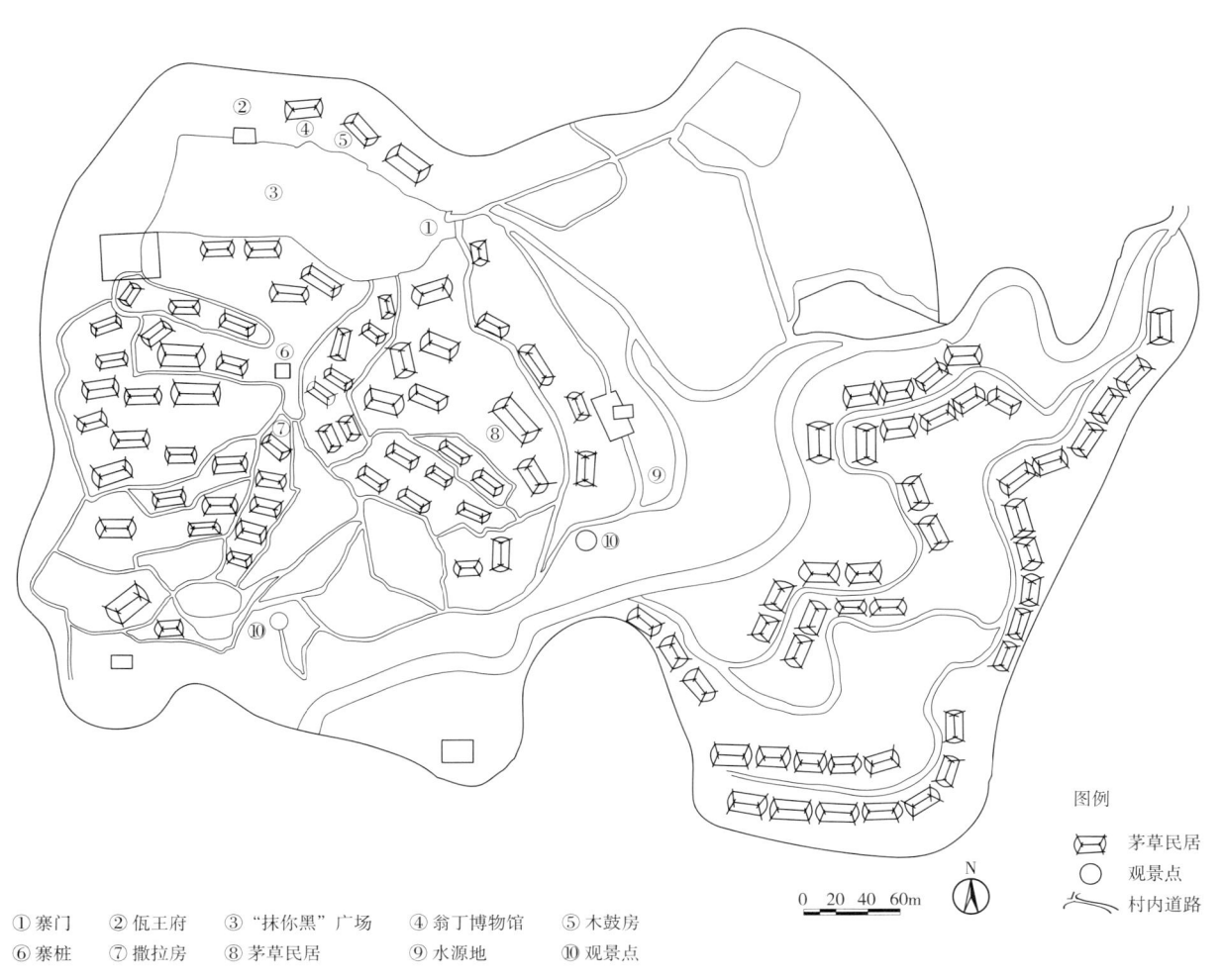

① 寨门　② 佤王府　③ "抹你黑"广场　④ 翁丁博物馆　⑤ 木鼓房
⑥ 寨桩　⑦ 撒拉房　⑧ 茅草民居　⑨ 水源地　⑩ 观景点

图二　云南翁丁佤族村寨总平面图

图三 翁丁村寨寨门

图四 翁丁村寨桩

图五 翁丁村传统鸡笼房

图六 翁丁村内道路实景图

图七 翁丁村寨局部鸟瞰图

图八 翁丁村连接晒台

图九　翁丁村茅草屋近景图①

图十　翁丁村茅草屋近景图②

图十一　翁丁村茅草屋近景图③

图十二　翁丁村生活场景图①

图十三　翁丁村生活场景图②

图十四　翁丁村寨门附近大榕树上的牛头骨①

图十五　翁丁村寨门口大榕树上的牛头骨②

图十六　翁丁村"人头桩"①

图十七　翁丁村"人头桩"②

图十八　翁丁村竹筒运水设施

图十九　翁丁村水力舂米图①

图二十　翁丁村水力舂米图②

图二十一　翁丁村水力舂米图③

# 佤族干栏式茅草屋

图一　佤族干栏式茅草屋主图

早在远古沧源崖画时期，当地的人们就居住在架空式房屋中。从崖画的房屋图中夸张的长脚、明显的房梯来看，当时房屋架空的高度是很高的。一般认为，架空式房屋最初是水稻农耕民族所特有的住房形式，主要流行于古代中国南方百越民族，目的在于防范潮湿和水患。有人曾赞美这种架空式住房，设想洪水漫野之际人们悠然无惧的生活情景。架空式房屋在云南西部的山地少数民族被广泛采用，尽管他们不是水稻农耕民族，也并非百越族群的后裔，其中有些（如景颇族）更是来源于没有架空式建筑的青藏高原。因此，架空式房屋也许并非百越族群及水稻农耕民族的专利，而是人类巢居时代记忆的一种自然延续，即使它最初是由百越农耕族群发明创造的，后来也被各个山地民族广泛采用，成为一种在亚热带潮湿山地区域广为流行的建筑形式。很可能包括佤族在内的这些山地民族，采用了架空式住房的目的，不仅是为防范水患，也是为通风防潮和防止虫蛇野兽的侵扰。

佤族目前居住的房屋仍是干栏式的，没有庭院，相对较小，一般为9×6米左右（图三与图四）。底层以木柱支撑、架空，用于饲养牲畜和堆放杂物，仅1米多高，二层住人。典型的佤族民居是椭圆形的平面，在椭圆的一端退后作平台、设门，从架空层上的平台上进屋，平台做得较大，超出屋檐的滴水线。有的还做成两层，高度相差40厘米左右，以提供更大的活动空间。入口处由于屋顶较大、屋檐较低，为进出方便在屋檐处挖有一圆洞，屋顶是类似歇山顶的椭圆形草顶，有些地区的茅草屋顶上有可开启的草窗（图五）。

如云南省澜沧县雪林乡左都村的干栏式茅草屋，居住于其中的大多是孤寡老人或家境贫寒的人，其他居民都住上了石棉瓦房或是砖砌房。草屋一般高约4.5米，长约9.4米，宽约6.4米，室内空间的布置以火塘为中心。现在佤族居民的家中大都取消了原来传统的三门或是二门的开门方式，房门开于西侧，室内东侧用木板隔成置物间，一般用来存放物品和酿米酒。又如云南省沧源县翁丁村的干栏式茅草屋（图六），翁丁村茅草屋跟左都村既很相似，又有所不同，两者均在屋顶覆上茅草，与其说是传统的延续，不如说是一种规定，这样形成了整个村落的视觉完整性。翁丁村草屋不同之处在于所有民居均开有草窗，有利于采光和通风。

干栏式建筑，是佤族乃至云南各族百姓在与大自然长期打交道、反复磨合中，创造出来的最佳住宅设计方案。特别是在湿热多雨的地方，干栏式建筑优势更是明显。住在用木头和竹子建造的房子里，底层悬空，八面来风均可从脚下吹过，最大限度地使住房干爽、透气。

**图片来源**

图一、图五至图十五　孙繁飞　林露怡　摄影、制图

图二至图四、图十六至图十八　丁稳　林露怡　制图

**参考文献**

佤族社会历史调查第（一）（二）（三）辑.昆明：云南人民出版社，1983.

佤族社会历史调查第（四）辑.昆明：云南人民出版社，1986.

佤族简史.北京：民族出版社，2008.

韩军学著.佤族村寨与佤族传统文化——云南西盟县大马散寨村寨建设调查.成都：四川大学出版社，2007.

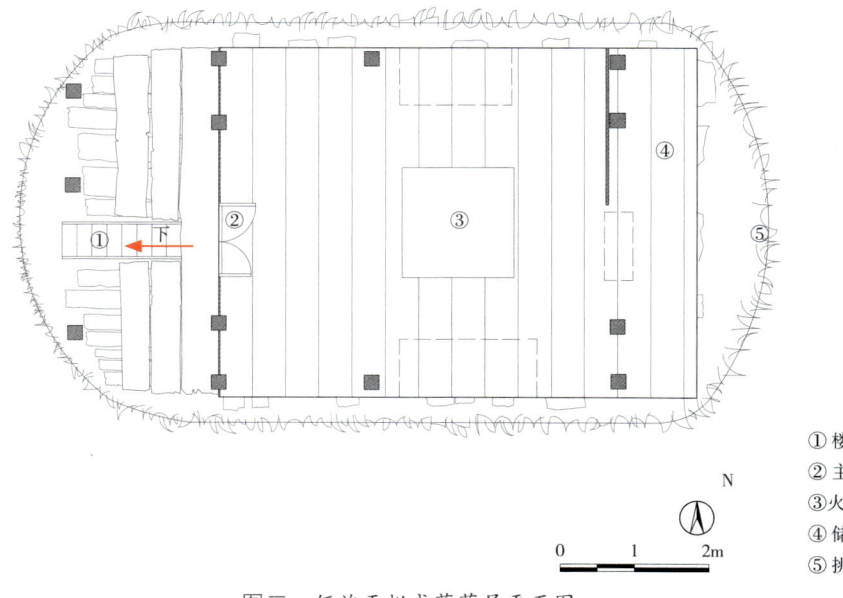

① 楼梯
② 主门
③ 火塘
④ 储物隔间
⑤ 挑檐

图二　佤族干栏式茅草屋平面图

图三　佤族干栏式茅草屋立面图

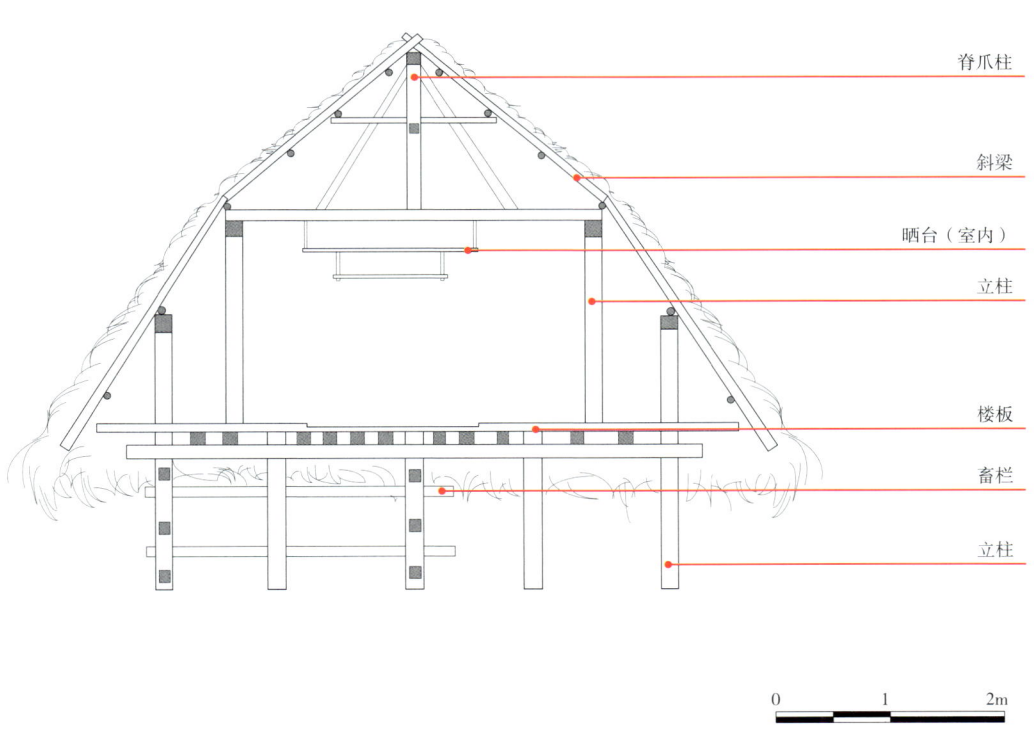

图四　佤族干栏式茅草屋剖面图

脊爪柱

斜梁

晒台（室内）

立柱

楼板

畜栏

立柱

第一章　佤族传统建筑

009

图五　云南澜沧雪林乡左都村佤族干栏式茅草屋近景图

图六　云南沧源县翁丁村佤族干栏式茅草屋近景图

图七　佤族干栏式茅草屋近景图

图八　佤族干栏式茅草屋建筑群鸟瞰图

图九　佤族干栏式茅草屋建筑群近景图

图十　佤族干栏式茅草屋室内气氛示意图

图十一　佤族干栏式茅草屋畜棚与柴禾堆放图

图十二　佤族干栏式茅草屋屋顶近景图①

图十三　佤族干栏式茅草屋屋顶近景图②

图十四　佤族干栏式茅草屋屋顶近景图③

第一章　佤族传统建筑

图十五　佤族干栏式茅草屋山墙近景图

图十六　佤族干栏式茅草屋屋内一角示意图

图十七　佤族干栏式茅草屋室内窗户示意图

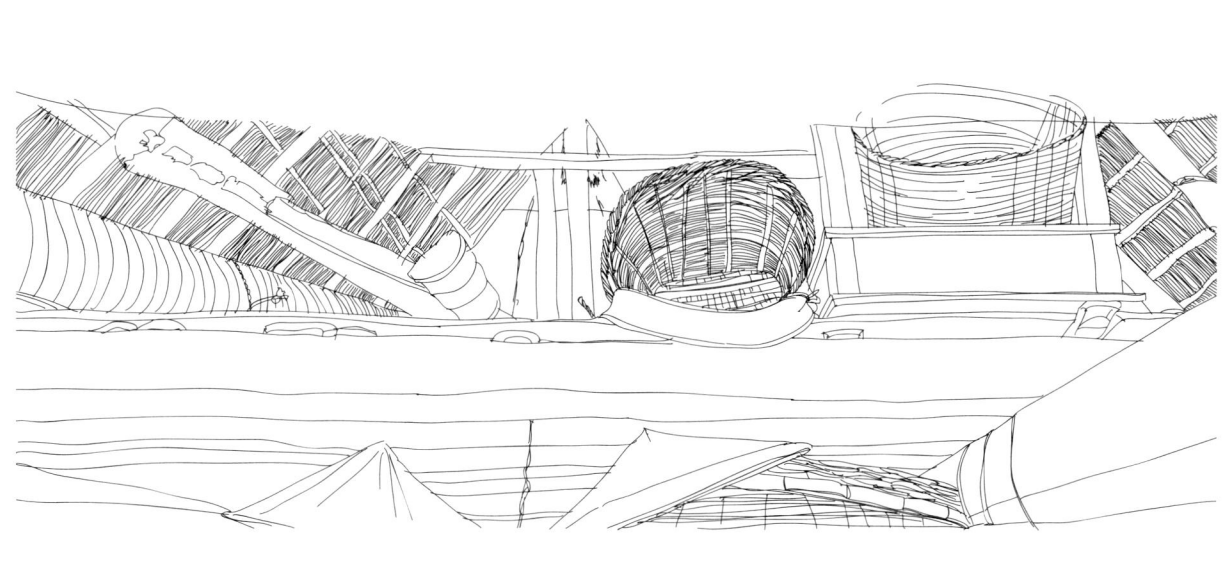

图十八　佤族干栏式茅草屋梁上方存储空间示意图

# 佤族干栏式瓦屋顶民居

图一　佤族干栏式石棉瓦民居主图

佤族大多新式住房维持了干栏式的基本结构，室内木质梁柱结构，屋顶用石棉瓦遮盖。传统的茅草屋，室内光线昏暗，需频繁维护，耐久度不高。随着生活水平的提高，人们已不仅仅满足于有个遮风避雨的场所，对采光和牢固性提出了更高的要求。新式房屋的采光更好、更耐用、更结实，空间比传统茅草屋要大出许多，而且新式民居的室内空间大都有了清晰的划分，传统佤族民居划分空间的方法是古老的，往往只作模糊划分，即由一种特定的物品所产生的场来限定空间。事实证明，这种场是存在的，如一间空屋子，若是放上一张床，它就是卧室；放上一张餐桌，它便是餐厅了。在外部空间中，比如路边有一张休息椅，在这个休息椅的前面一定范围内就被认为是休息区了；某地竖了一个纪念碑，其周围一定的空间范围内就具有了纪念性。佤族民居的内部意念性划分是以家庭日常生活为基础，用睡具放置在一角划分出睡眠区，餐具放置在另一边表示餐饮区，再放一供奉祖先的台子，也就有了祭祀区域。如云南省西盟县班母村的新式民居，最大的特点在于屋顶采用了挂瓦，且为了室内采光，大多数民居的屋顶还会留出一个放透明玻璃的位置。又如云南省澜沧县雪林乡左都村的新式住房,木质墙板上粉刷油漆,一是保护墙体,二是增加美观性。这些细微的变化都可以说明设计与时俱进,面向生活。生活中有什么样的需求,人们就会创造条件来满足需求,而且随着生活水平的提高,人们不仅仅满足于功能上的需求,对美的要求也越来越高。

**图片来源**

图一至图二十　孙繁飞　林露怡　摄影
图二十一至图二十四　丁稳　林露怡　制图

**参考文献**

佤族社会历史调查第(一)(二)(三)辑.昆明:云南人民出版社,1983.
佤族社会历史调查第(四)辑.昆明:云南人民出版社,1986.
佤族简史.北京:民族出版社,2008.
施维琳.居住建筑的活化石——佤族建筑文化.云南工业大学学报,1997,13(1).

图二　佤族干栏式石棉瓦民居建筑群鸟瞰图

图三　佤族干栏式石棉瓦民居近景图①

图四　佤族干栏式石棉瓦民居近景图②

图五　佤族干栏式石棉瓦民居室内气氛图

图六　佤族干栏式石棉瓦民居远景图

图七　佤族干栏式石棉瓦民居晒台与柴禾堆放图

图八　佤族带菜园的干栏式石棉瓦民居

图九　佤族特色屋顶的干栏式石棉瓦民居

图十　佤族干栏式石棉瓦民居屋顶近景图

图十一　佤族干栏式挂瓦民居近景图①

图十二　佤族干栏式挂瓦民居近景图②

图十三　佤族双屋顶的干栏式挂瓦民居

图十四　佤族干栏式挂瓦民居晒台、畜棚及柴禾堆放图

图十五　佤族特色屋顶的干栏式挂瓦民居

图十六　佤族干栏式挂瓦民居屋顶近景图①

图十七　佤族干栏式挂瓦民居屋顶近景图②

图十八　佤族干栏式挂瓦民居屋顶近景图③

图十九　佤族干栏式挂瓦民居屋顶近景图④

图二十　佤族干栏式挂瓦民居屋顶近景图⑤

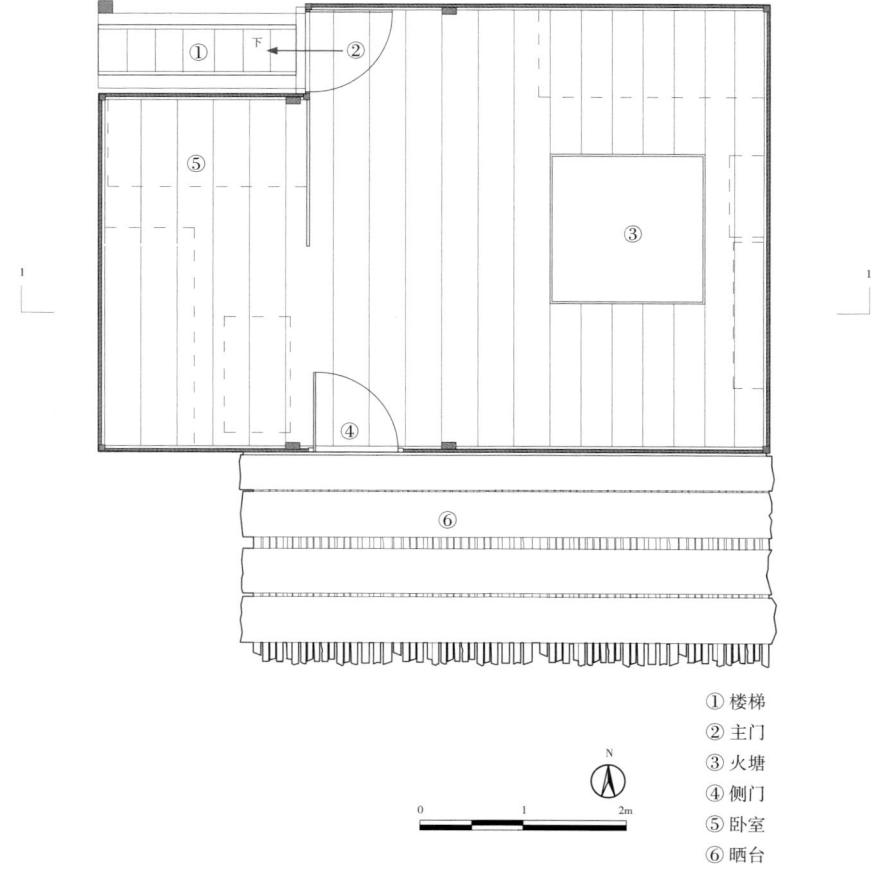

① 楼梯
② 主门
③ 火塘
④ 侧门
⑤ 卧室
⑥ 晒台

图二十一　佤族干栏式石棉瓦民居平面图

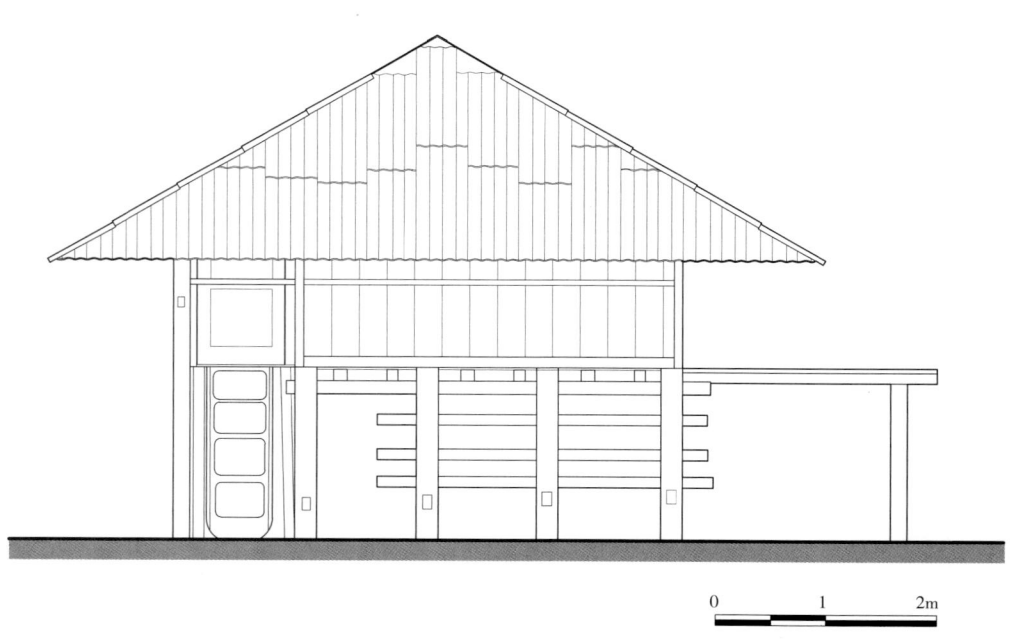

图二十二　佤族干栏式石棉瓦民居立面图

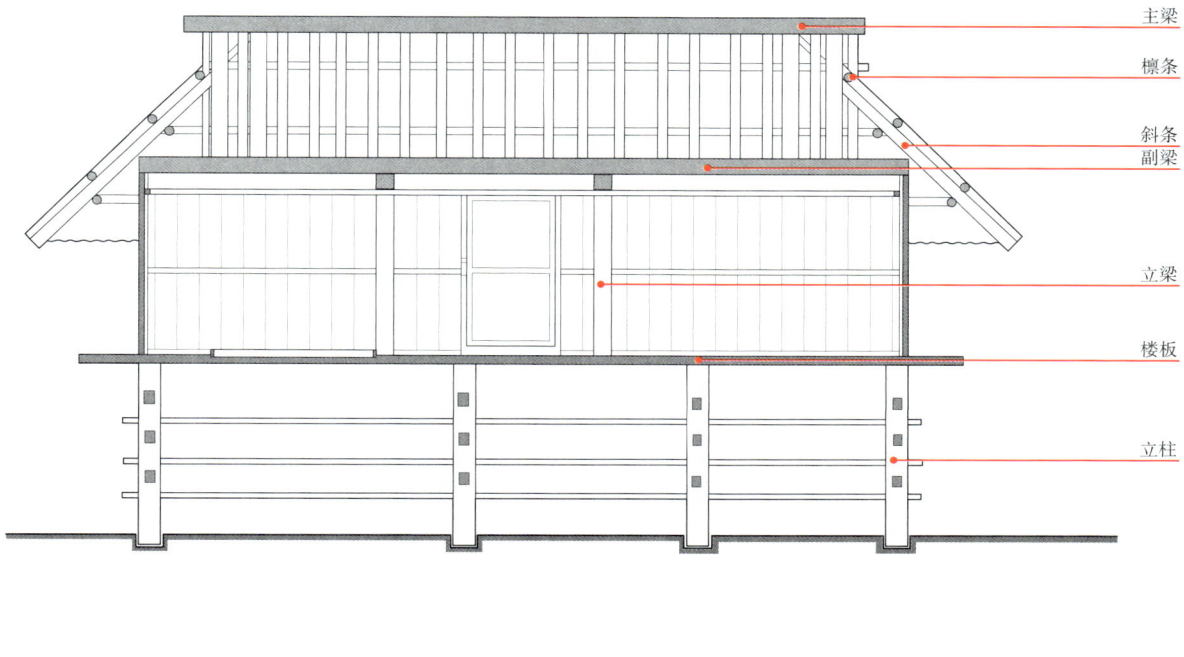

图二十三　佤族干栏式石棉瓦民居剖面图

图二十四　佤族干栏式石棉瓦民居屋内一角示意图

第一章　佤族传统建筑

# 佤族四壁落地式茅草屋

图一　佤族四壁落地式茅草屋主图

四壁落地式茅草屋结构简单，房体矮小，房顶两端不设置类似干栏式房屋的牛角叉形或燕尾形搏风板，门上方设三角形鸡笼网罩，通风纳光。佤族有传统，刚分家出来的儿子不能建盖楼房，只能建盖四壁落地式的小房子（俗称鸡笼房），这是佤族的尊老习俗，有俗语"耳不高过角"，意思是儿女不能凌驾于父母之上。住满3年四壁落地房后方可建盖楼房。调查中发现，四壁落地式的茅草屋不光只有刚分家的人才会住，一些经济贫困或年老体弱的人也会选择四壁落地的茅草屋。如云南省澜沧县雪林乡左都村的四壁落地式茅草屋，家中的住户是两位60多岁的老年夫妻。子女早年夭折，没有稳定的收入，属于村中的"五保户"。茅草屋建成约4年，是由村民帮忙搭建而成的，高约3米，长宽约为4.2米×4米。采用四壁落地式，一是因为家庭经济困窘，二是由于老人行动不便。房屋的四壁用形状不一的草席辅以木桩围成一个简单的空间，由于左都地区屋顶并无开窗习惯，室内昏暗，光热大都来自位于室内中心的火塘，室内空间格局十分简单，陈设围绕火塘设置，东侧用木板隔出一个置物间。

四壁落地式茅草屋可以说是干栏式茅草屋的简化版，它的出现或是受传统习俗的约束，或是生活所迫使然，但都是适应佤族地区生活水平的建筑形式。

**图片来源**

图一至图三、图九　丁稳　林露怡　摄影、制图
图四至图八、图十　孙繁飞　林露怡　摄影、制图

**参考文献**

佤族社会历史调查第（一）（二）（三）辑.昆明：云南人民出版社，1983.

佤族社会历史调查第（四）辑.昆明：云南人民出版社，1986.

佤族简史.北京：民族出版社，2008.

韩军学著.佤族村寨与佤族传统文化——云南西盟县大马散寨村寨建设调查.成都：四川大学出版社，2007.

图二　佤族四壁落地式茅草屋近景图①

图三　佤族四壁落地式茅草屋近景图②

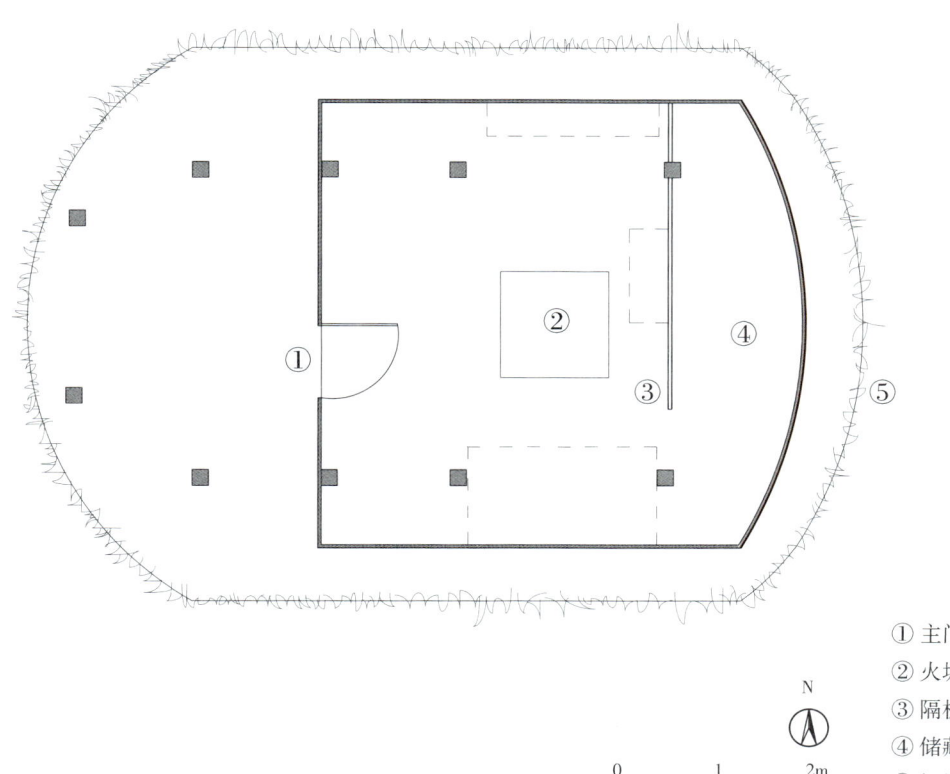

① 主门
② 火塘
③ 隔板
④ 储藏间
⑤ 挑檐

图四　佤族四壁落地式茅草屋平面图（左都）

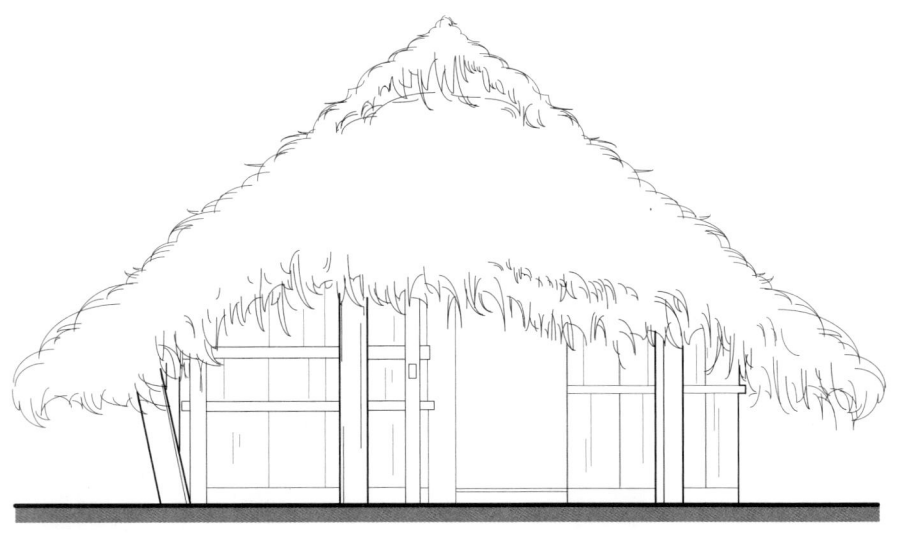

图五　佤族四壁落地式茅草屋立面图

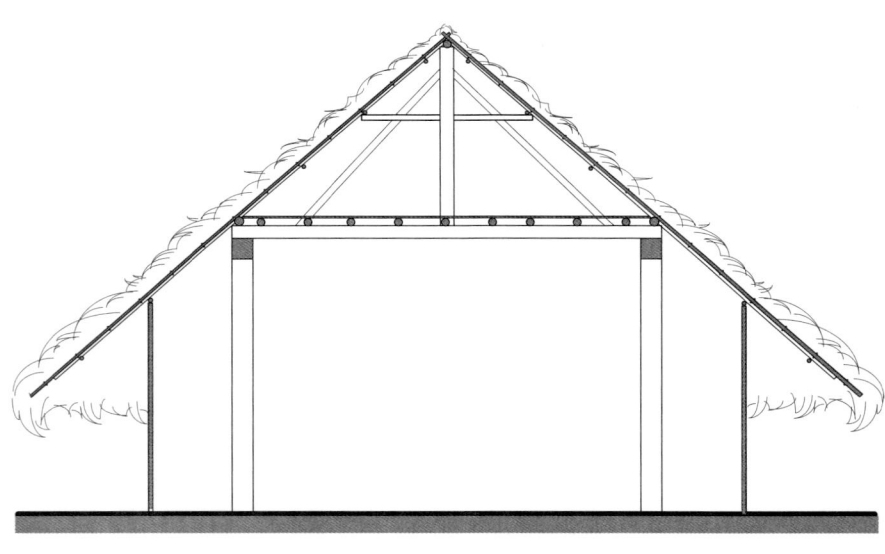

图六　佤族四壁落地式茅草屋剖面图

图七　佤族四壁落地式茅草屋平视图

图八　佤族四壁落地式茅草屋门口手绘效果图

图九　佤族四壁落地式茅草屋内一角

图十　佤族四壁落地式茅草屋屋顶

# 佤族茅草屋·火塘

图一 佤族茅草屋·火塘主图

火的应用，在人类文明发展史上有极其重要的意义，在佤族人的生活中也不例外。"主火塘"佤语叫"巴牙"，今天的佤族居室内部火塘仍是中心，并且在家庭生活中扮演重要角色，火塘集煮食、取暖、烘干，甚至照明等功能于一身。佤族民居的建造技术并不复杂，可是火塘却构造得很坚固合理，是整个建筑中最为精细的部分。具体构造做法是：在主柱之外加短柱和短梁，上面密铺竹片并盖土压实，梁就做火塘四周的围合边，火塘在楼面中占据中心的位置，一般为1.5平方米。建于房屋入口另一端的中部，以利于睡眠及其他活动围绕它进行。

从历史上来看，佤族人民生活条件普遍很差，一般来说是衣不丰、食不足，睡具也很简陋，夜晚和冬天需要依靠火塘来取暖。火塘上空，吊有一方炕笆，它是一个一米见方的木（竹）架，上面铺上篱笆，一方面是防止火塘升起的火星烧着屋顶；另一方面是用来烧烤谷物及其他东西，有时里面放一些肉类等食物，因为烟熏与火烤，能使篱笆上的食物可以保存得较为长久，并且也会变得更加美味。火塘里的火是长年不灭的。出门、下地劳动，家中无人时把火炭埋起来；回到家中需要使用时，把灰扒开，稍加引导，火很快又生起。佤族家里日常生活大多是围着火塘进行的，铁三角是家庭团结的象征，火塘里的火则是家庭兴旺的象征。另外，佤族人还以炕笆喻父亲，阁楼喻母亲。所以，佤族人家中的火塘、铁三角、炕笆、阁楼，作为佤族重要的文化象征，外人是不能随便触动的。

**图片来源**
图一、图九至图十二　孙繁飞　林露怡　摄影
图二至图八、图十三　丁稳　林露怡　制图

**参考文献**
施维琳.居住建筑的活化石——佤族建筑文化.云南工业大学学报，1997，13（1）.
中共云南省省委政策研究室主编.云南省情.昆明：云南人民出版社，1986：161.
李昆声.云南原始文化族系试探.云南省社会科学，1983（4）.
云南网.翁丁佤族原始群居村落.

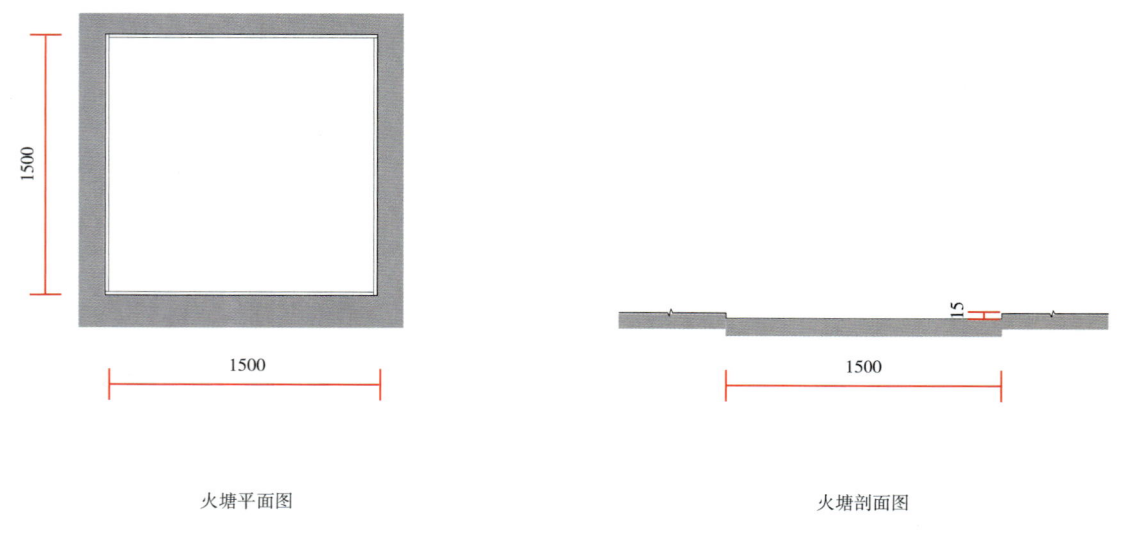

火塘平面图　　　　　　　　　　火塘剖面图

图二　佤族茅草屋·火塘平面、剖面示意图（单位：mm）

图三　佤族茅草屋·火塘与搁物架的立面关系透视图

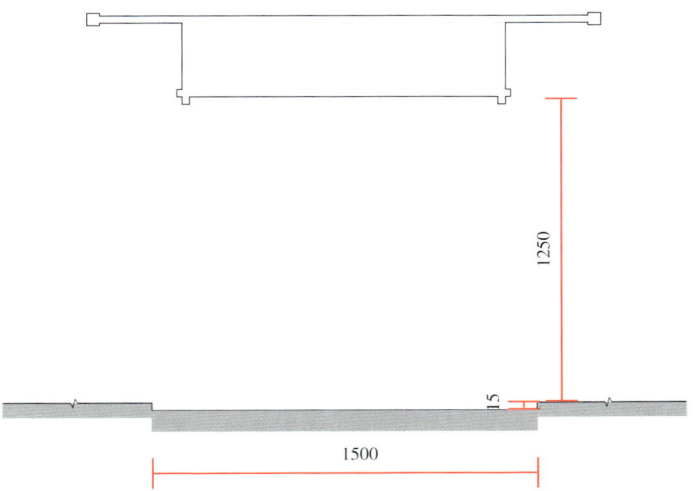

图四　佤族茅草屋·火塘与搁物架的立面位置关系图（单位：mm）

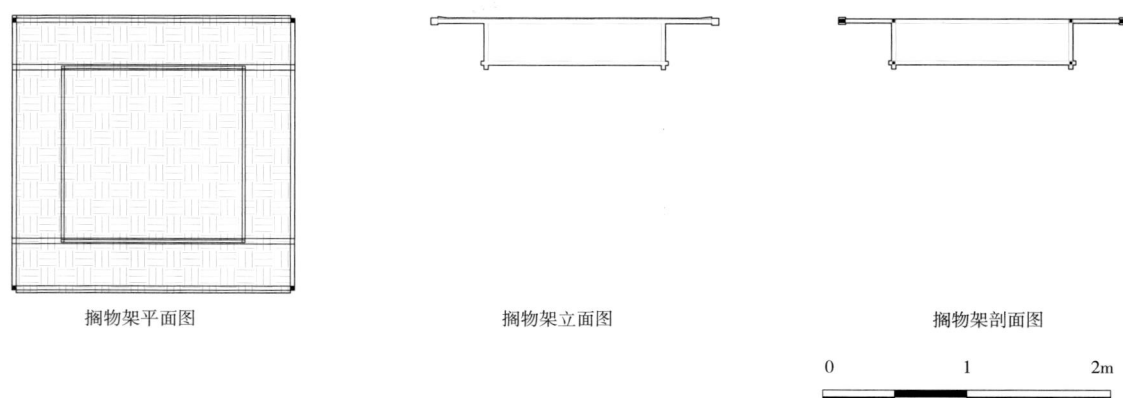

搁物架平面图　　　　搁物架立面图　　　　搁物架剖面图

图五　佤族茅草屋·搁物架解剖图

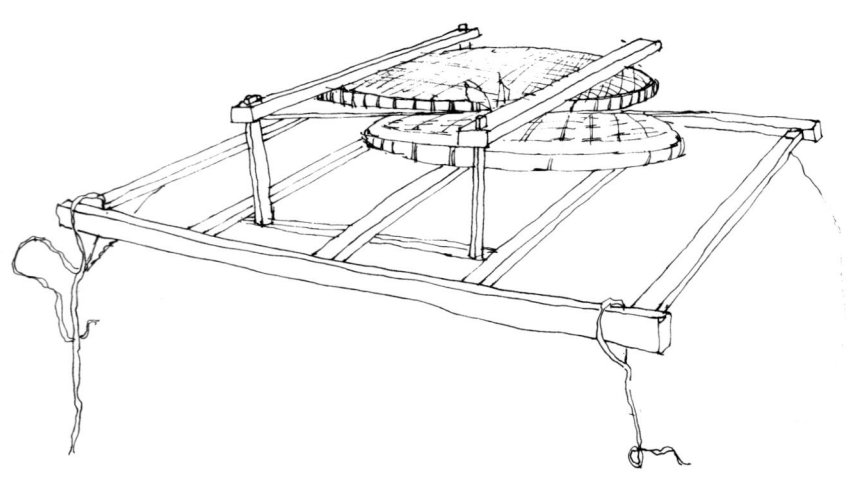

图六　佤族茅草屋·搁物架手绘效果图

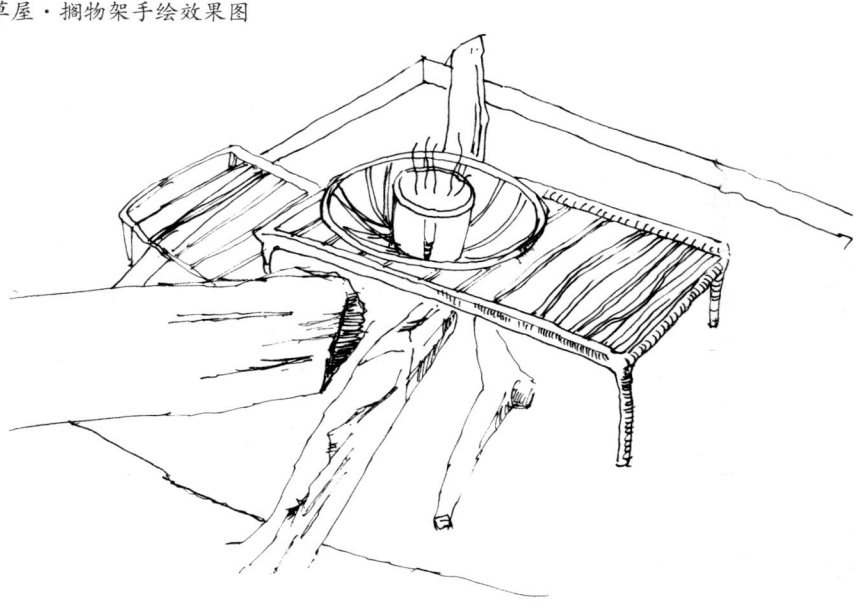

图七　佤族茅草屋·火塘手绘示意图

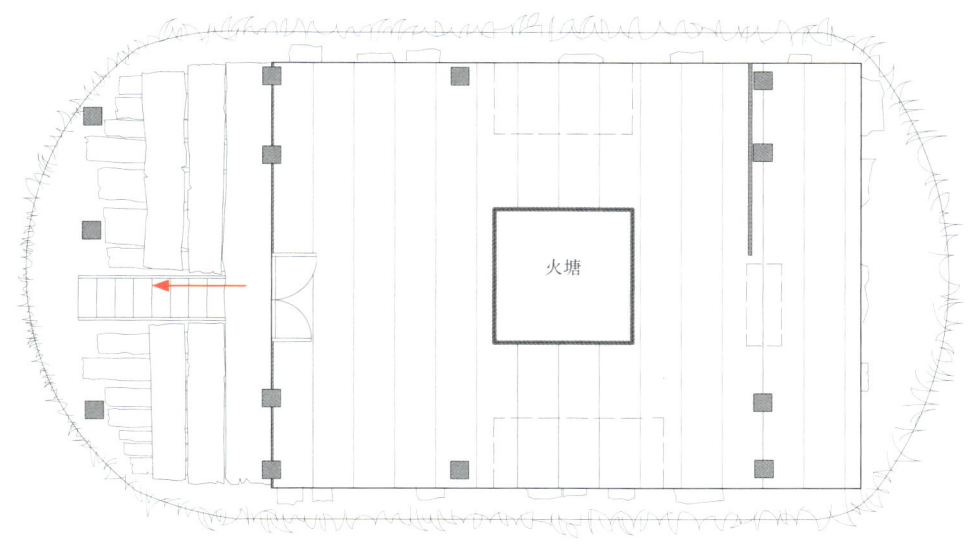

图八　佤族茅草屋·火塘位置示意图

图九　佤族茅草屋·火塘使用图①

图十　佤族茅草屋·火塘使用图②

图十一　佤族茅草屋·火塘与铁三脚①

图十二　佤族茅草屋·火塘与铁三脚②

图十三　佤族茅草屋·火塘使用情境示意图

# 佤族茅草屋·畜棚与柴房

图一　佤族茅草屋·畜棚与柴房主图

　　佤族长时期处于自给自足的自然经济，每家每户都饲养着自家的牲畜，可以说，畜棚是佤族人生活中不可或缺的一部分。原初时，人们把牲口圈养在房屋楼板下面架空的底层空间内。这样的畜棚有效利用了空间，节约了每家每户的用地面积。但是这种畜栏的缺点是显而易见的：一年四季，尤其是在夏天的时候，整个佤族房屋笼罩在牲口散发出的异味当中。同时，牲口发出的噪音在一定程度上会影响人们的休息质量。

　　随着社会的稳步发展，畜棚的形式也开始有了新的变化：人们已经把牲口按照不同的种类分门别类地圈养，有猪圈，有牛厩，有鸡笼。畜棚的位置也不仅仅局限于楼板下方的栏杆处，有的把牛厩挪到了房屋旁边，把猪圈挪到了院子里。搭建畜棚的材料也得到灵活运用，竹材、木材、石材等依据不同的牲口类型分别加以运用，改善了人畜生活环境。

　　畜棚类型的变化更加方便了佤族人民的生活，使他们的生活环境得到改善，同时也从另一个角度体现出佤族经济的发展和设计水平的提高。

　　由于佤族周边自然环境多山地及森林，

因此木材一直在佤族人民的生活中扮演着重要的角色，家家户户都会存有大量柴禾，柴禾主要堆放在房屋栏杆的后方位置。部分经济条件较为优越的人家也会把木材堆放在院里或者后院，或许这种储存形式使得木材使用起来更加便利，同时，也可降低火灾的风险。

**图片来源**

图一至图六　丁稳　林露怡　制图

图七至图二十一　孙繁飞　林露怡　摄影、制图

**参考文献**

佤族社会历史调查第（一）（二）（三）辑.昆明：云南人民出版社，1983.

佤族社会历史调查第（四）辑.昆明：云南人民出版社，1986.

佤族简史.北京：民族出版社，2008.

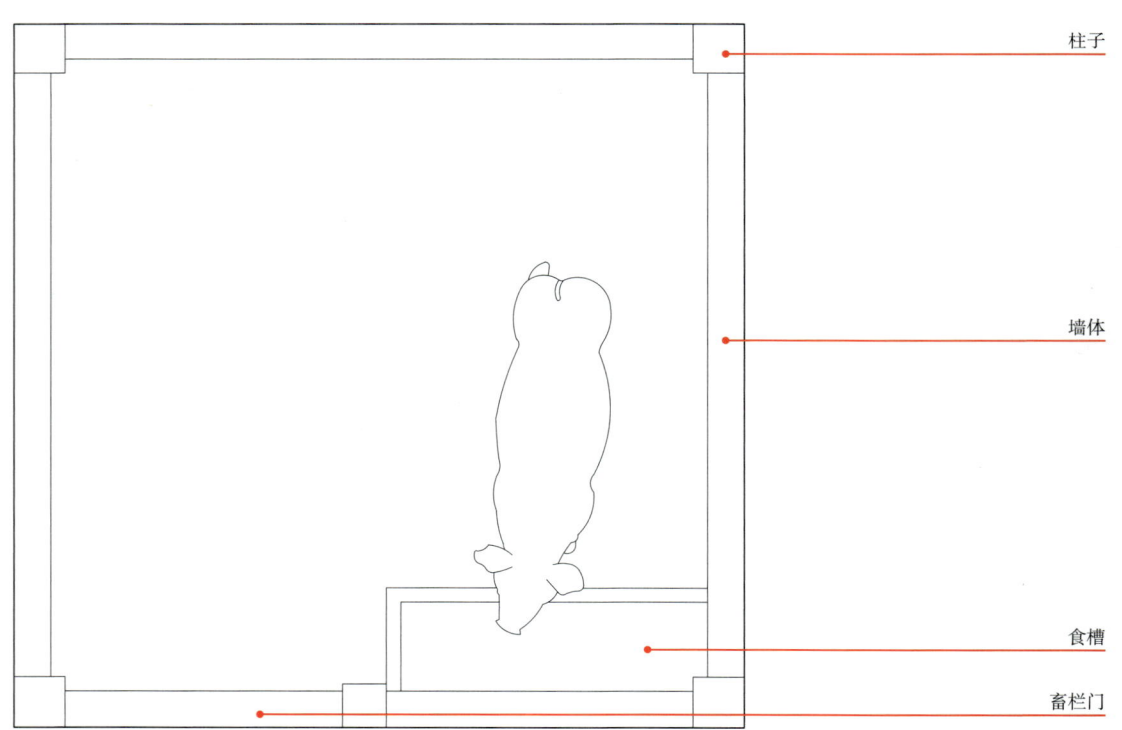

图二　佤族茅草屋·猪圈内部平面图

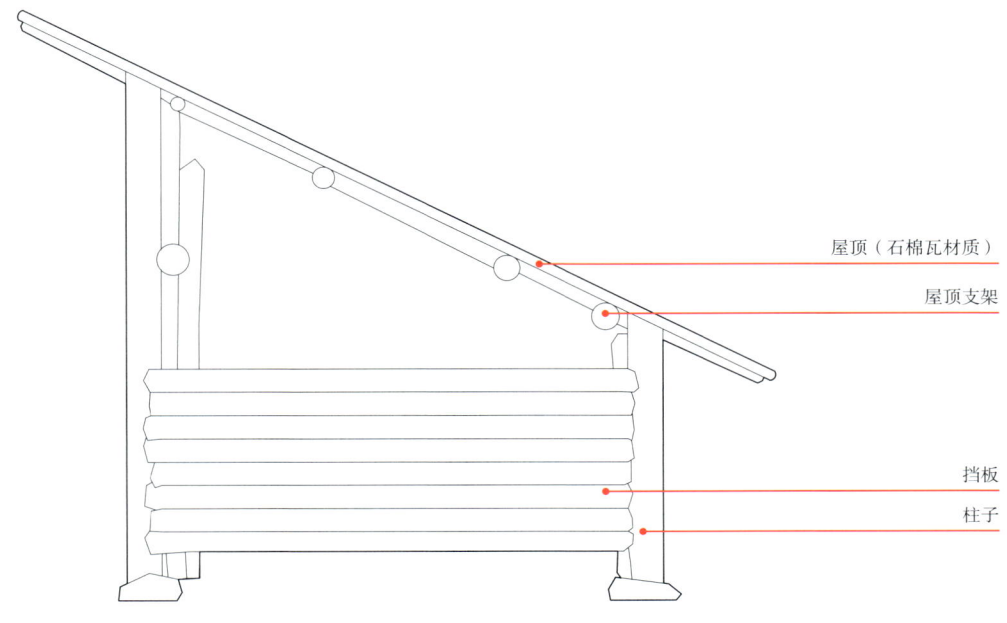

图三 佤族茅草屋·猪圈南立面图

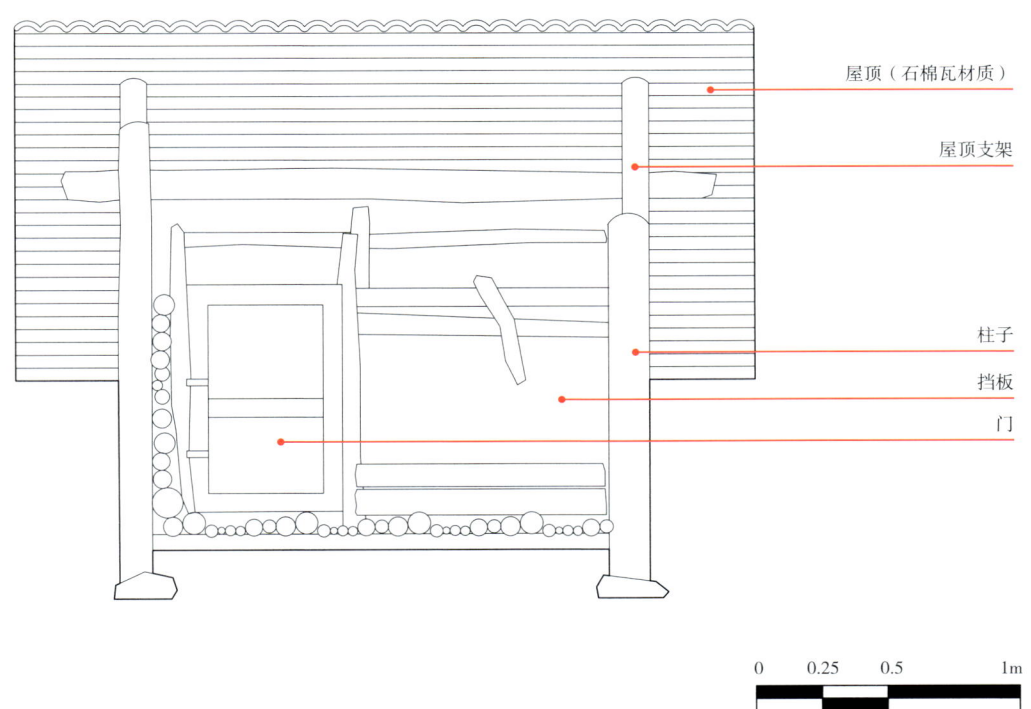

图四 佤族茅草屋·猪圈西立面图

037

图五　佤族茅草屋·猪圈俯视图

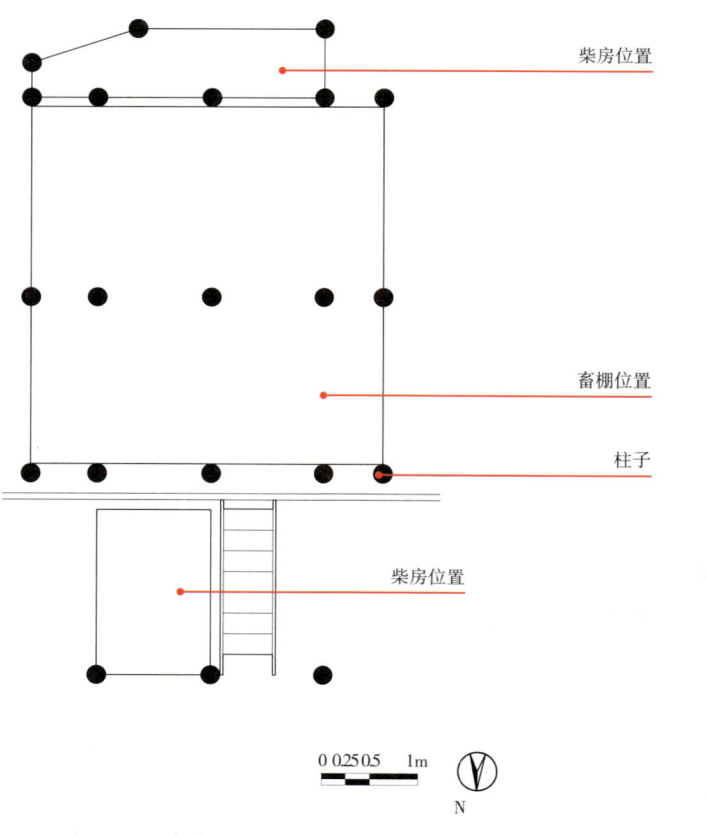

图六　佤族茅草屋·柴房与畜棚位置示意图

图七　佤族茅草屋·猪圈手绘示意图

图八　佤族茅草屋·猪圈近景图①

图九　佤族茅草屋·猪圈近景图②

图十　佤族茅草屋·猪圈近景图③

图十一　佤族茅草屋·畜棚近景图①

图十二　佤族茅草屋·畜棚近景图②

图十三　佤族茅草屋·牛厩场景图①

图十四　佤族茅草屋·牛厩场景图②

图十五　佤族茅草屋·牛厩场景图③

图十六　佤族茅草屋·佤族新式畜棚近景图

图十七　佤族茅草屋·柴禾堆放全景图

第一章　佤族传统建筑

图十八　佤族茅草屋·柴禾堆放近景图①

图十九　佤族茅草屋·柴禾堆放近景图②

图二十　佤族茅草屋·鸡笼房与柴禾堆放近景图

图二十一　佤族茅草屋·畜棚与柴房近景图

# 佤族茅草屋·晒台（室外平台）

图一　佤族茅草屋·独立晒台主图

晒台常常被看做架空式房屋的有机组成部分，在云南西部和南部都有不少民族采用架空式房屋居住。佤族传统的晒台也采用架空形式，它与住房连接在一起，主要用于晾晒粮食，也是妇女们做针线活的地方，还有跟撒拉房差不多的功能，是小情侣们闲聊看星星的地方。佤族大多数人家都有一个晒台，少数人家有两个，为架空的立方形竹编平台。晒台设于入户门之外的另一个小门外边（小门为屋内与晒台连接的唯一通道）——面积六七平方米的竹编台，当地语言称为"恩格拉涅"，意为"（家）下边的晒台"，俗称"下晒台"或"小晒台"。从前说的"左晒台"和"主晒台"在佤族房屋的演变中已逐渐消失。

佤族的晒台来源于何时已几乎不可考。在沧源崖画的房屋图中，似乎还没有晒台的形式，可能是佤族在周边民族影响下逐渐兴起的建筑设施。近代以后，随着新式落地房屋的不断增多，佤族逐渐出现了晒台与住房脱离的趋势，在一些社会发展较为缓慢的地区，还有一些传统房屋的晒台，也已不再与住房连在一起，形成了独立的建筑形式。但无论怎样变化，晒台以其鲜明的实用性，成为人们日常生活中不可缺少的设施。

**图片来源**

图一、图十至图十三　孙繁飞　林露怡　摄影
图二至图九　丁稳　林露怡　制图

**参考文献**

韩军学著.佤族村寨与佤族传统文化——云南西盟县大马散寨村寨建设调查.成都：四川大学出版社，2007.

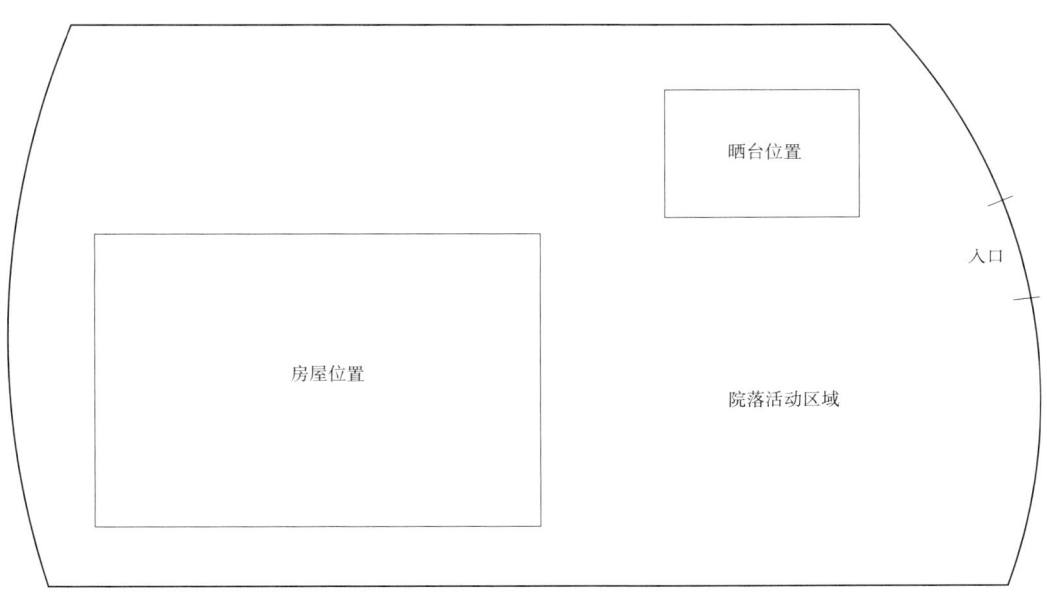

图二　佤族茅草屋·独立晒台位置示意图

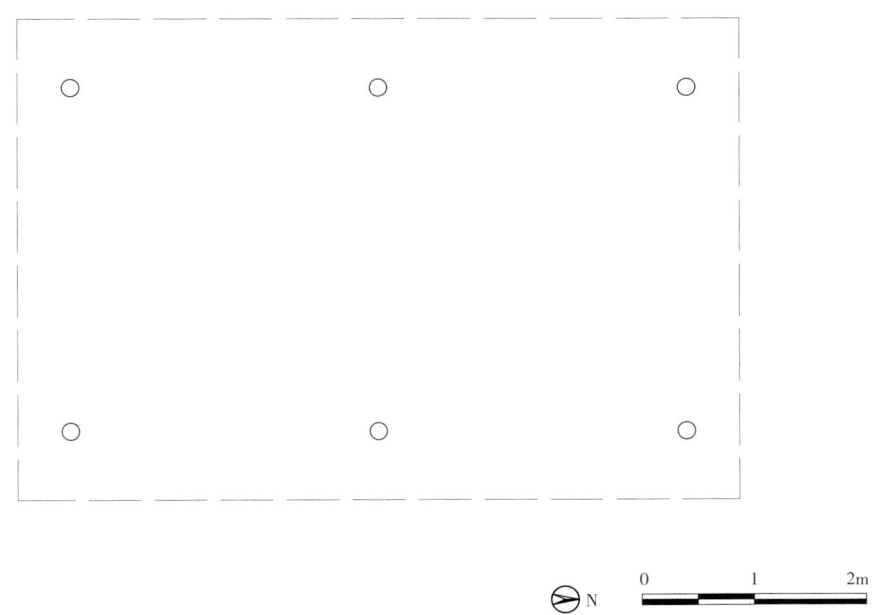

图三　佤族茅草屋·独立晒台柱网布置图

第一章　佤族传统建筑

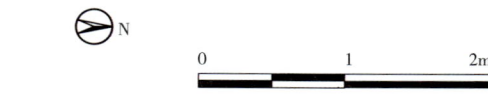

图四 佤族茅草屋·独立晒台平面图

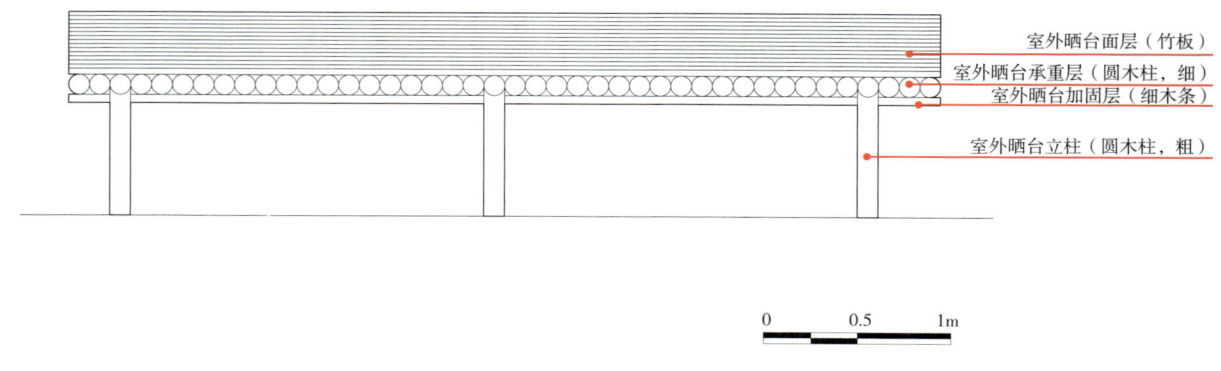

图五 佤族茅草屋·独立晒台东立面图

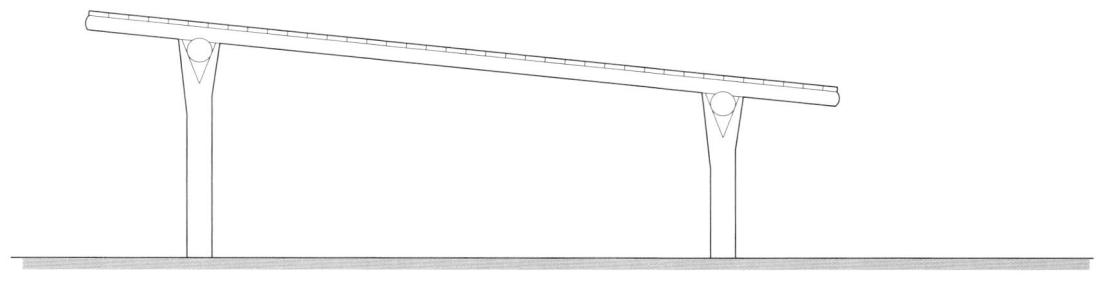
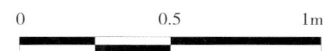

图六 佤族茅草屋·独立晒台南立面图

图七 佤族茅草屋·室外晒台手绘立面效果图

第一章 佤族传统建筑

047

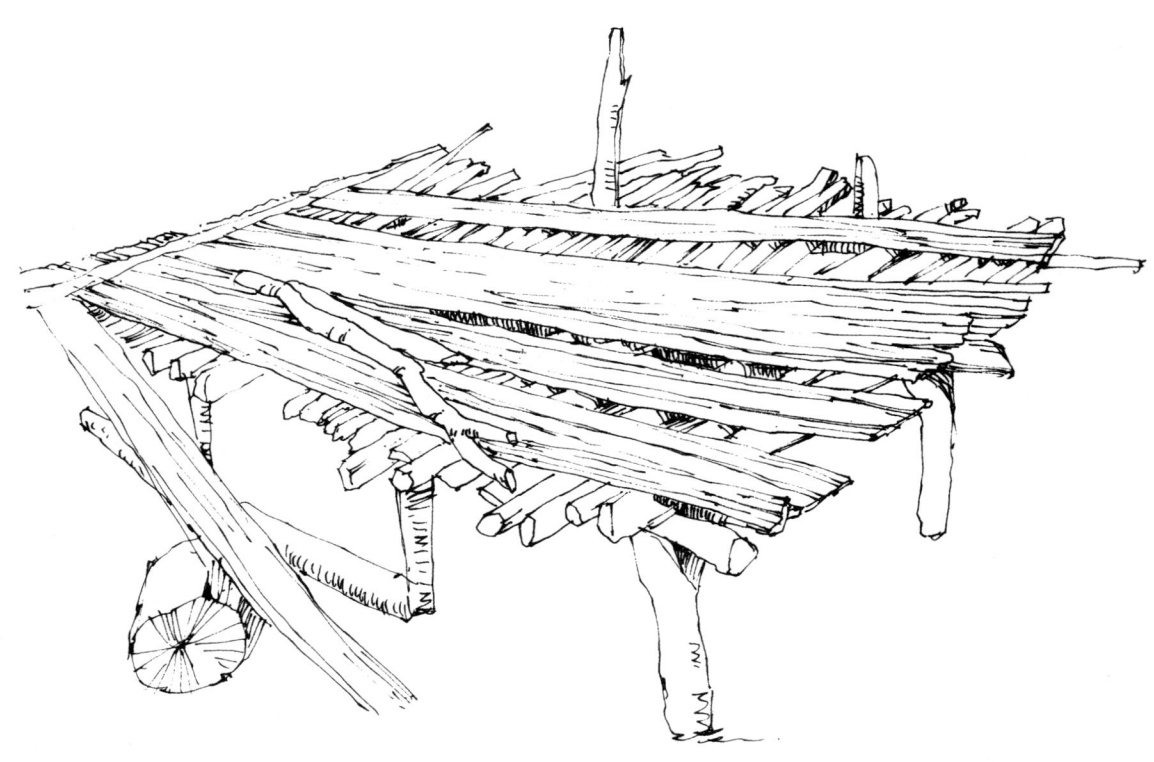

图八　佤族茅草屋·室外晒台手绘透视图

图九　佤族茅草屋·晒台气氛图

图十　佤族茅草屋·连接两间房子之间的晒台形式

图十一　佤族茅草屋·晒台场景图

第一章　佤族传统建筑

图十二　佤族茅草屋·独立晒台场景图

图十三　佤族茅草屋·晒台使用场景图

# 佤族茅草屋·楼梯

图一　佤族茅草屋·原木楼梯主图

云南的干栏式建筑中，楼梯是整个建筑一个重要组成部分。干栏式建筑上层住人，下层是牛栏、猪圈、鸡舍、厕所以及储藏杂物的地方。因此，干栏式建筑既可以抵御虫兽的侵害，也可以防潮防湿，避洪灾，同时有利于通风散热，上下分层，优势尽显。楼梯就成了连接整个干栏式建筑上层和下层的桥梁。

佤族建筑中楼梯的制作与汉族传统建筑中楼梯制作的方式不同，佤族的楼梯不是一块一块木头搭建起来的，而是用整段树桩，掏出阶梯状，斜搭在干栏式建筑中间的楼板处——有的楼梯在建筑的外面，有的楼梯嵌在建筑的内部。楼梯建造工艺技术比较原始，并没有固定的尺寸，形态有长有短，有宽有窄，不固定。楼梯的坡度有陡有缓，根据每家每户的需要来制作。整体看上去比用小木块搭建的梯子要浑圆整体一些。楼梯的材料也是就地取材，都是从山上砍下来的木头，比较普遍的是当地的红毛树，红毛树的优点是可以防止白蚁蛀蚀，做楼梯坚固耐用。

**图片来源**
图一至图八、图十三　丁稳　林露怡　摄影、制图
图九至图十二　孙繁飞　林露怡　摄影
**参考文献**
石磊著.佤族民居漫谈.思茅师范高等专科学校学报，2008，24（1）.

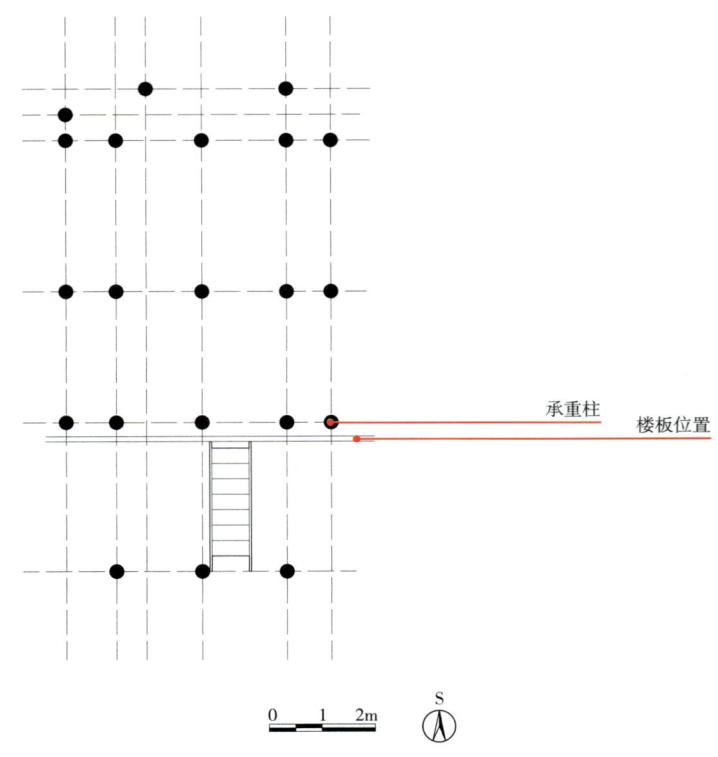

图二 佤族茅草屋·单跑楼梯位置示意图

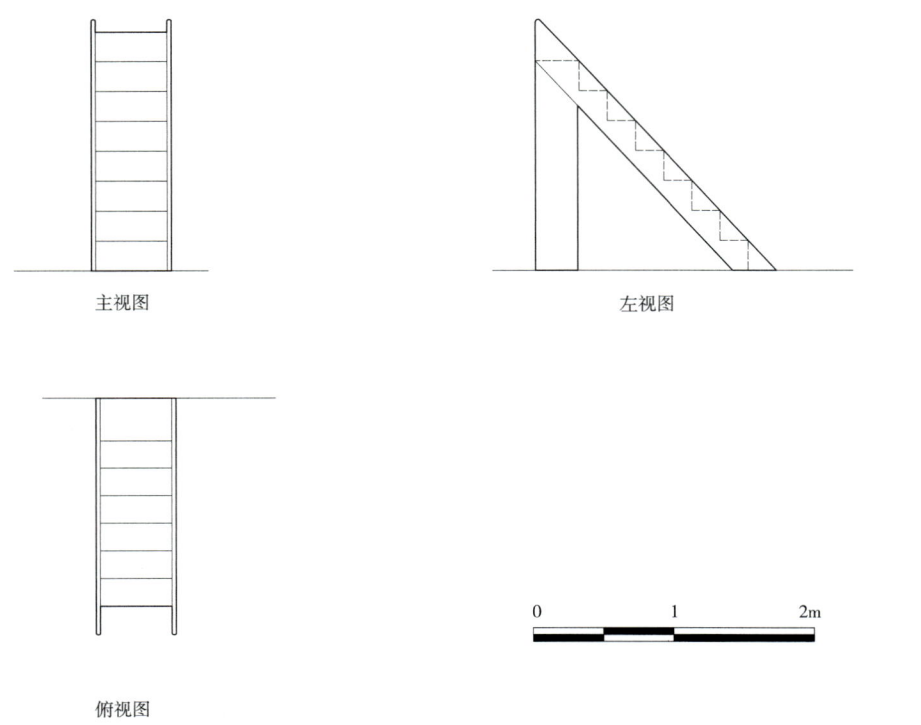

图三 佤族茅草屋·单跑楼梯三视图

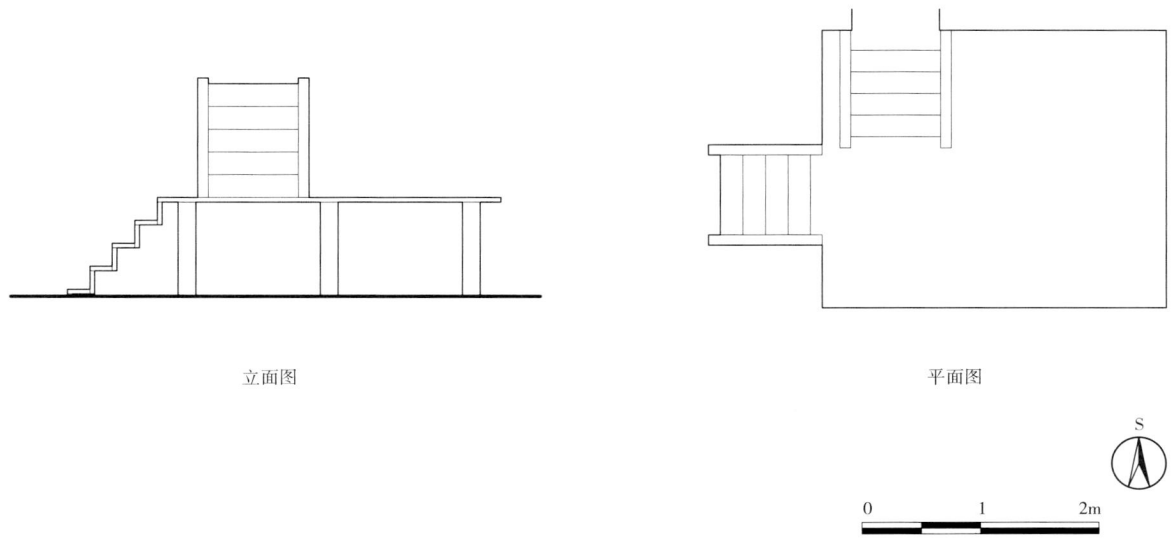

图四 佤族茅草屋·双跑楼梯

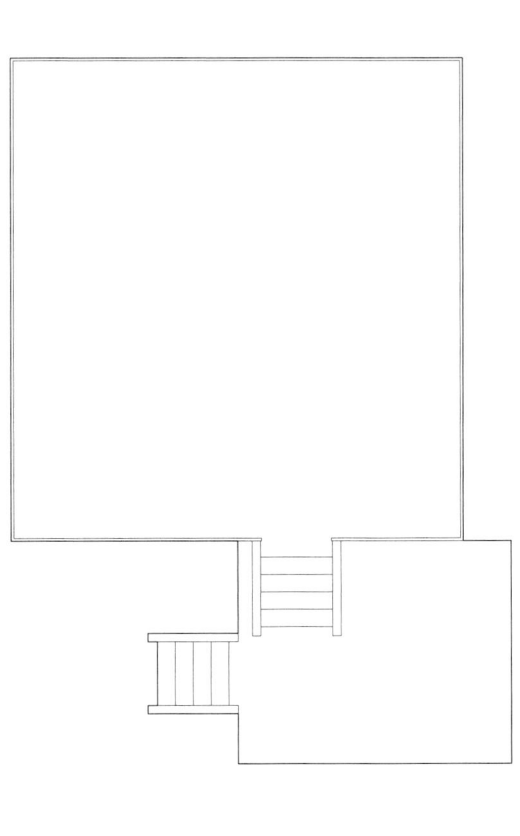

图五 佤族茅草屋·双跑楼梯位置示意图

图六　佤族茅草屋·楼梯效果图

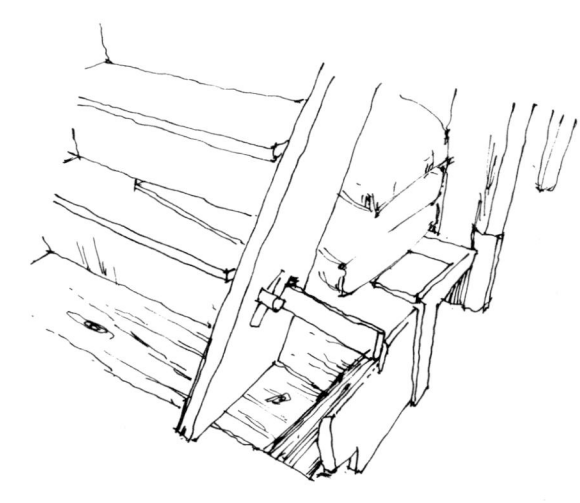

图七　佤族茅草屋·楼梯细节图

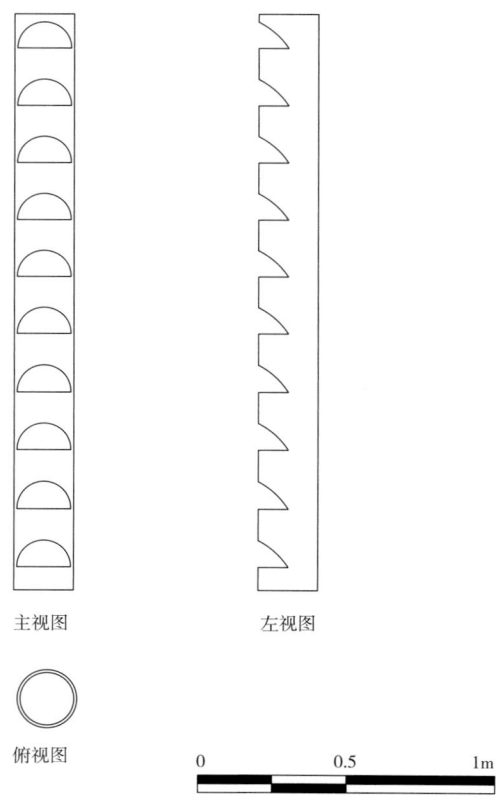

主视图　　　左视图

俯视图　　　0　0.5　1m

图八　佤族茅草屋·楼梯三视图

图九　佤族茅草屋·单跑木梯图

图十　佤族茅草屋·双跑木梯图①

图十一　佤族茅草屋·双跑木梯图②

图十二　佤族茅草屋·竹梯图

图十三　佤族茅草屋·楼梯使用情境示意图

# 佤族茅草屋·披檐

图一　佤族茅草屋·披檐主图

屋顶是佤族民居的重要组成部分。比较典型的佤族民居屋顶坡面较陡，檐面很长，一般都延伸至略低于楼面，几乎将整个住房笼罩起来。这种笼罩式的屋顶，早在沧源崖画时期就已经存在了，它不仅充当一般概念中屋顶的作用，还起到了"墙"的部分作用。佤族民居大部分是无墙的，或者墙面很矮，仅仅30厘米高，一般以竹篾编缀并固定于柱上而成，这种很矮的外墙从外观上几乎看不到。

一般认为，佤族传统房屋的扇形侧檐，是古代建筑外倾式屋顶的一种演变形式。外倾式的屋顶，曾普遍存在于多雨山地地区的民居建筑中，至今，除了东南亚一些国家和地区，仍在一定范围内保留着这种屋顶外倾的建筑，我国境内已不存在了。在我国，外倾的屋顶大多转变为披檐的形式，或在山墙上加筑短小的披檐，或在披檐下加盖偏室厢房，或将披檐与正檐合为一体，形成四楞罩式的屋顶。但在佤族传统建筑中，披檐的运用极为粗放简洁，形状也很独特。这种巨大的扇形披檐，不仅有避风遮雨、拓展空间或是储物功用，而且结构简单、建造方便，适应了当时建筑工艺水平较低、房屋使用年限较短的实际情况。由此延续至今，当前新式的落地房，仍会在一侧或两侧的山墙外加盖传统的披檐。当然也有不少人家虽然保留着传统的架空房，但随着屋顶形式的变化而完全取消了披檐。

**图片来源**
图一、图六　孙繁飞　林露怡　摄影
图二至图五　丁稳　林露怡　制图

**参考文献**
韩军学.佤族村寨与佤族传统文化——云南西盟县大马散寨村寨建设调查.成都：四川大学出版社，2007.
施维琳.居住建筑的活化石——佤族建筑文化.云南工业大学学报，1997，13（1）.

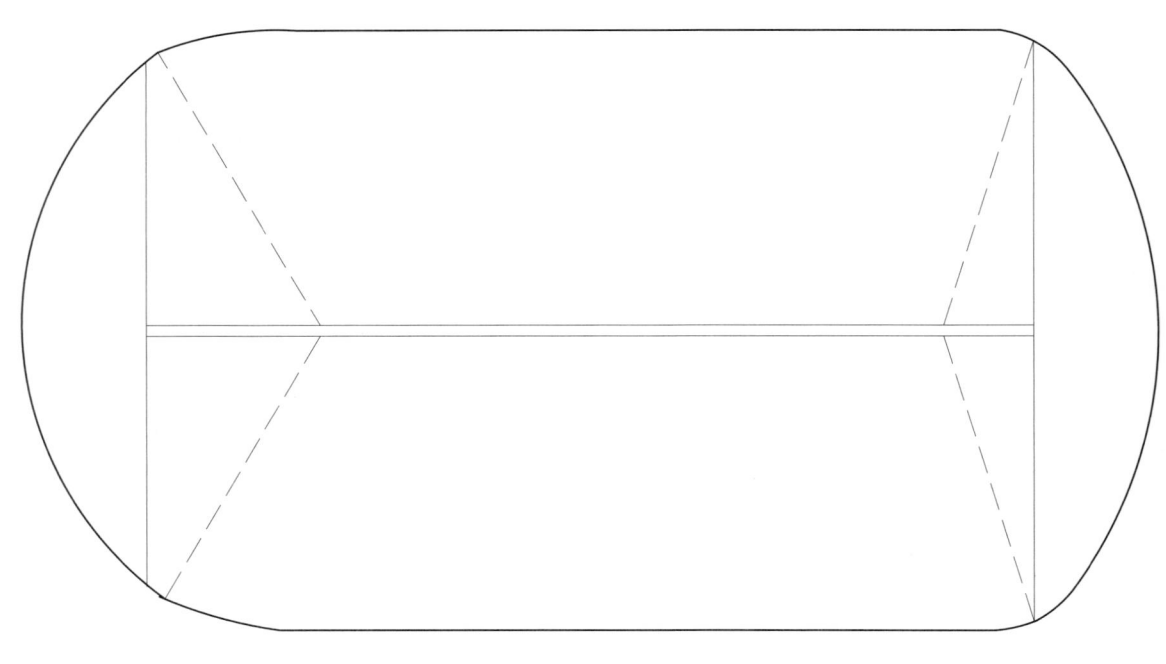

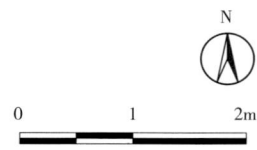

图二　佤族茅草屋·披檐位置示意图

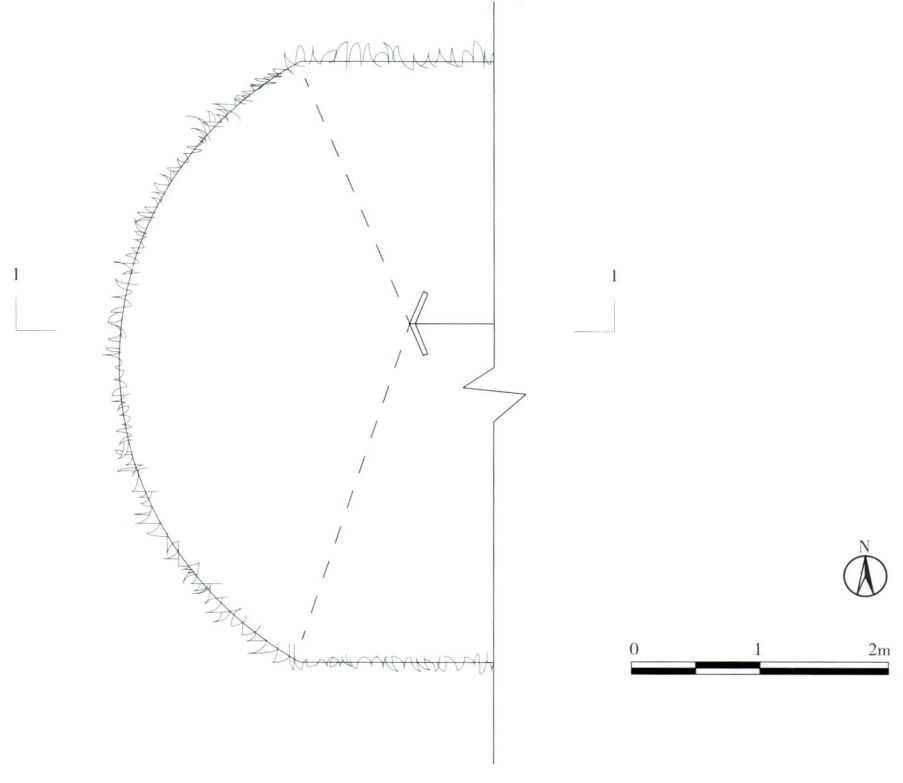

图三　佤族茅草屋·披檐平面图

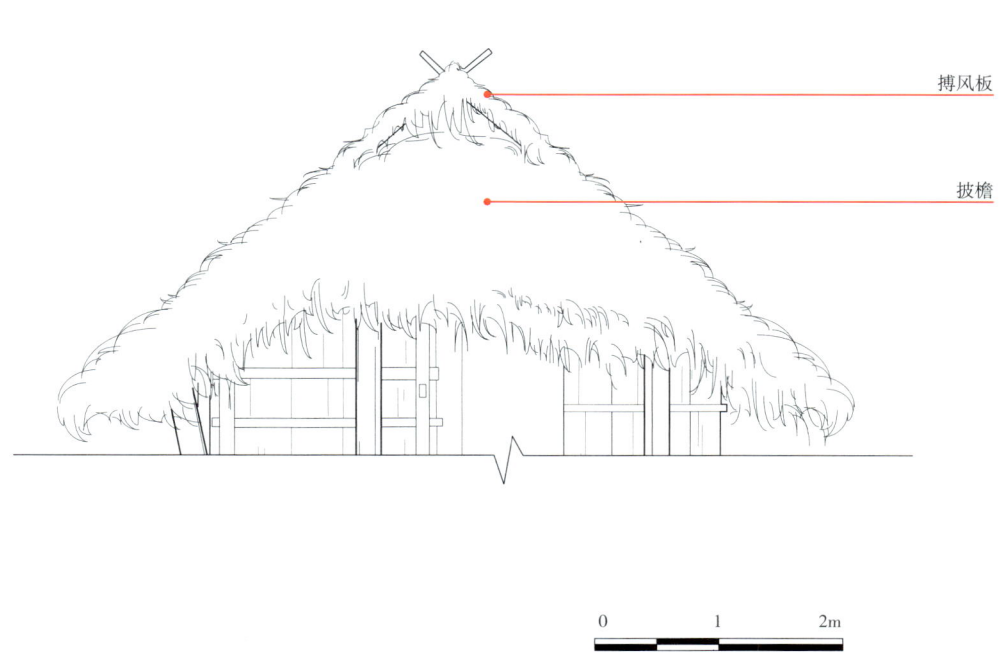

图四　佤族茅草屋·披檐立面图

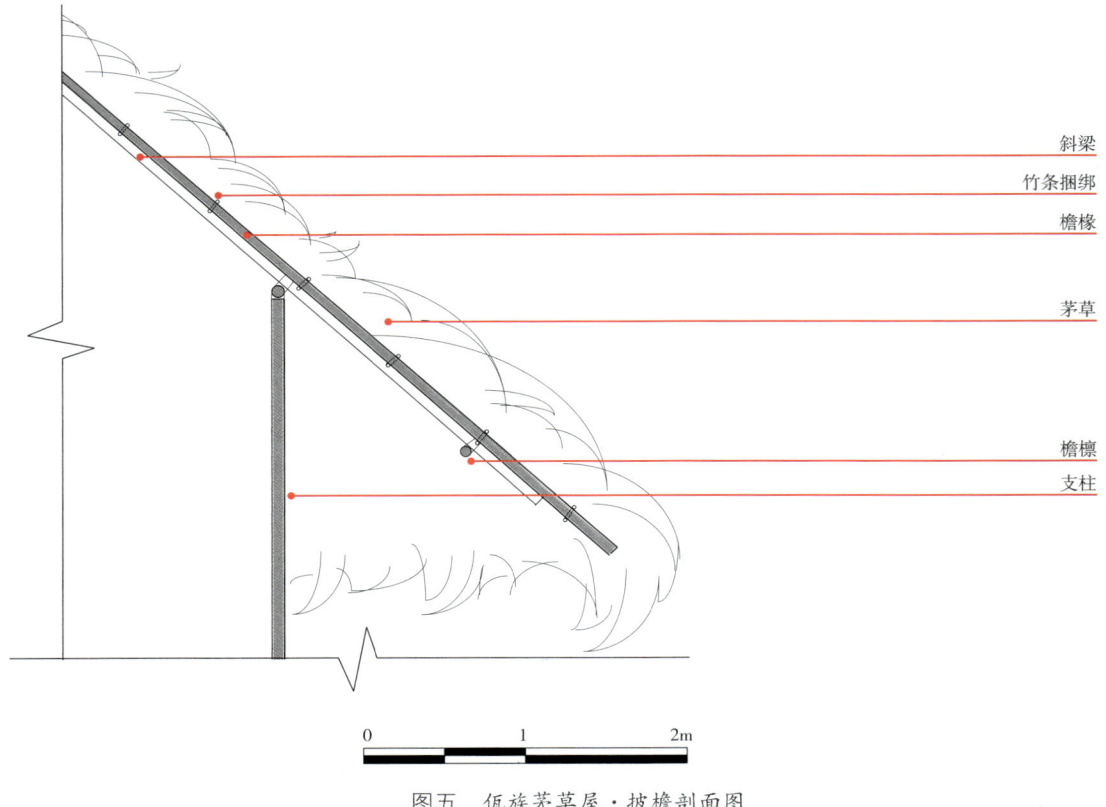

图五　佤族茅草屋·披檐剖面图

图六　佤族茅草屋·披檐近景图

# 佤族茅草屋·墙体

图一　佤族茅草屋·屋内墙体主图

　　佤族传统的干栏式民居基本是无墙体的，或者有墙面也很矮，墙高仅30厘米。一般以竹篾编缀并固定于柱上而成，这种很矮的外墙在防御功能方面，几乎可忽略不计。落地式的茅草屋或鸡笼房是有墙体的，最古老的墙体多用竹条编织而成，编织方式如图二和图七所示，通常由较细的竹条连续编织而成。竹面一面朝外、一面朝内交替编织，形成丰富的编织纹样。整面围护在屋身构架之上，在房屋四周围一圈（会留出门的位置），并用藤条或竹条捆扎于立柱上，有时为了使墙体坚固或保暖，会围护两层竹席。随着经济的发展以及人们生活质量的日益改善，不少佤族房屋开始改用木材做墙体，改进后的墙体更为坚固，遮挡性能更好，安全系数更高。

　　传统的竹材结构墙体，存在许多缝隙，利于通风，即使在炎热的夏季或雨季，身处室内也不会感到闷热，墙体也不易返潮。可见，就地所取的竹材是亚热带地区良好的墙体围护材料。

**图片来源**

图一至图四、图七　丁稳　林露怡　制图
图五、图六　孙繁飞　林露怡　摄影

**参考文献**

韩军学著.佤族村寨与佤族传统文化——云南西盟县大马散寨村寨建设调查.成都：四川大学出版社，2007.

施维琳.居住建筑的活化石——佤族建筑文化.云南工业大学学报，1997，13（1）.

● 所在直线位置为墙体位置

图二　佤族茅草屋·墙体位置示意图①

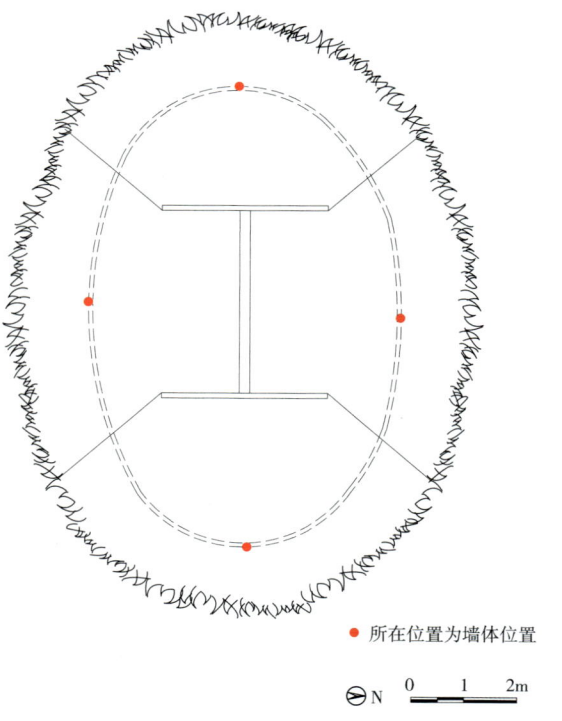

● 所在位置为墙体位置

图三　佤族茅草屋·墙体位置示意图②

墙体编织样式 1

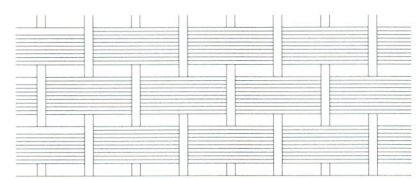
墙体编织样式 2

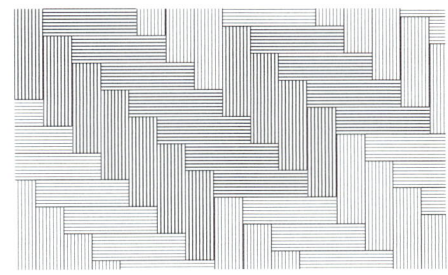

墙体编织样式 3

墙体编织样式 4

图四　佤族茅草屋·墙体编织样式图

图五　佤族茅草屋·墙体编织样式实景图

第一章　佤族传统建筑

063

图六　佤族茅草屋·墙体编织场景图

图七　佤族茅草屋·室外墙体效果图

# 佤族茅草屋·梁柱

图一 佤族茅草屋·梁柱结构主图

佤族民居的建造方法简单，技术含量不高。一家盖房，全村人都会来帮忙，3天就能完工。木柱一般有4排，26根。不需要特殊的柱础，其中主要的是中柱。传统的佤族建房习俗中，选择中柱是件严肃而隆重的事情——要选高大挺拔的树，树被砍倒时必须直接落地，不能磕磕碰碰的。风俗认为：被藤缠绕的树不能用来做房柱，否则房子盖好后，讨来的媳妇会"开小门"，就是会有第三者插足。打完洞眼后，把柱子的一端放入洞眼，然后众人齐心合力，用绳索固定，牵引柱子的另一端，并将其立起来。柱子之间用木头穿插好。

柱子多采用质地坚硬的红毛树或者栗树，然后把梁固定在柱子的叉口上，将椽子（竹木均可）等距离对称排开用竹篾固定在主梁和次梁上做出"马屁股"的弧形和大体的建筑骨架造型。然后用上下两个竹条夹住椽子并把它们固定起来，在竹条中间留出插草的缝隙，将茅草插入缝隙，用压条压好，这样依次进行。

顶部的盖法叫"压脊"。具体做法是：

将草首尾交替着平放在房子顶部,再将两条压条分别固定在顶部的两侧(也有用草排盖的)。最后铺上竹笆,镶上木板,装上门窗和楼梯。这样,房子就盖好了。

**图片来源**

图一至图八　丁稳　林露怡　制图

**参考文献**

赵永忠著.从住宅变化看建国以来西盟大马散佤族农村经济文化的变迁.云南农业大学学报,2012,6(2):32—36.

施维琳.居住建筑的活化石——佤族建筑文化.云南工业大学学报,1997,13(1).

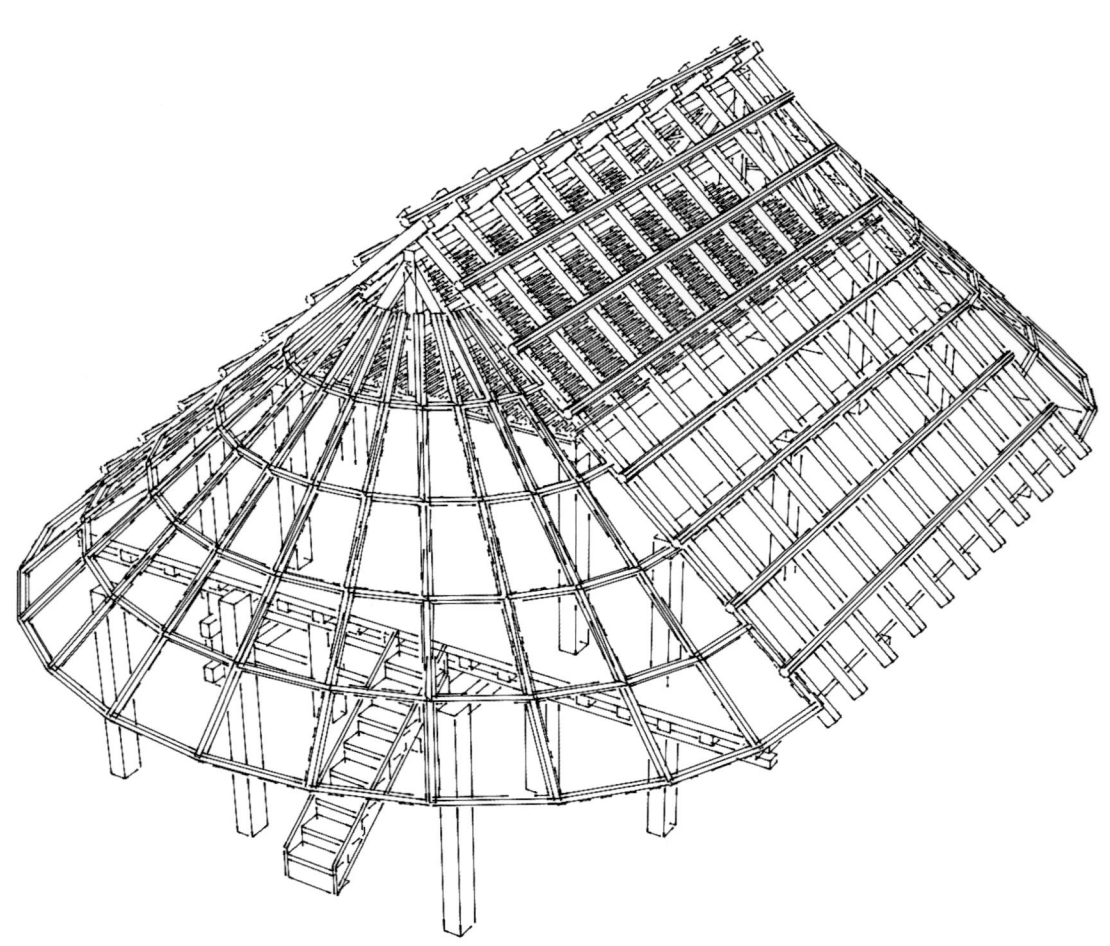

图二　佤族茅草屋·梁柱结构俯视图

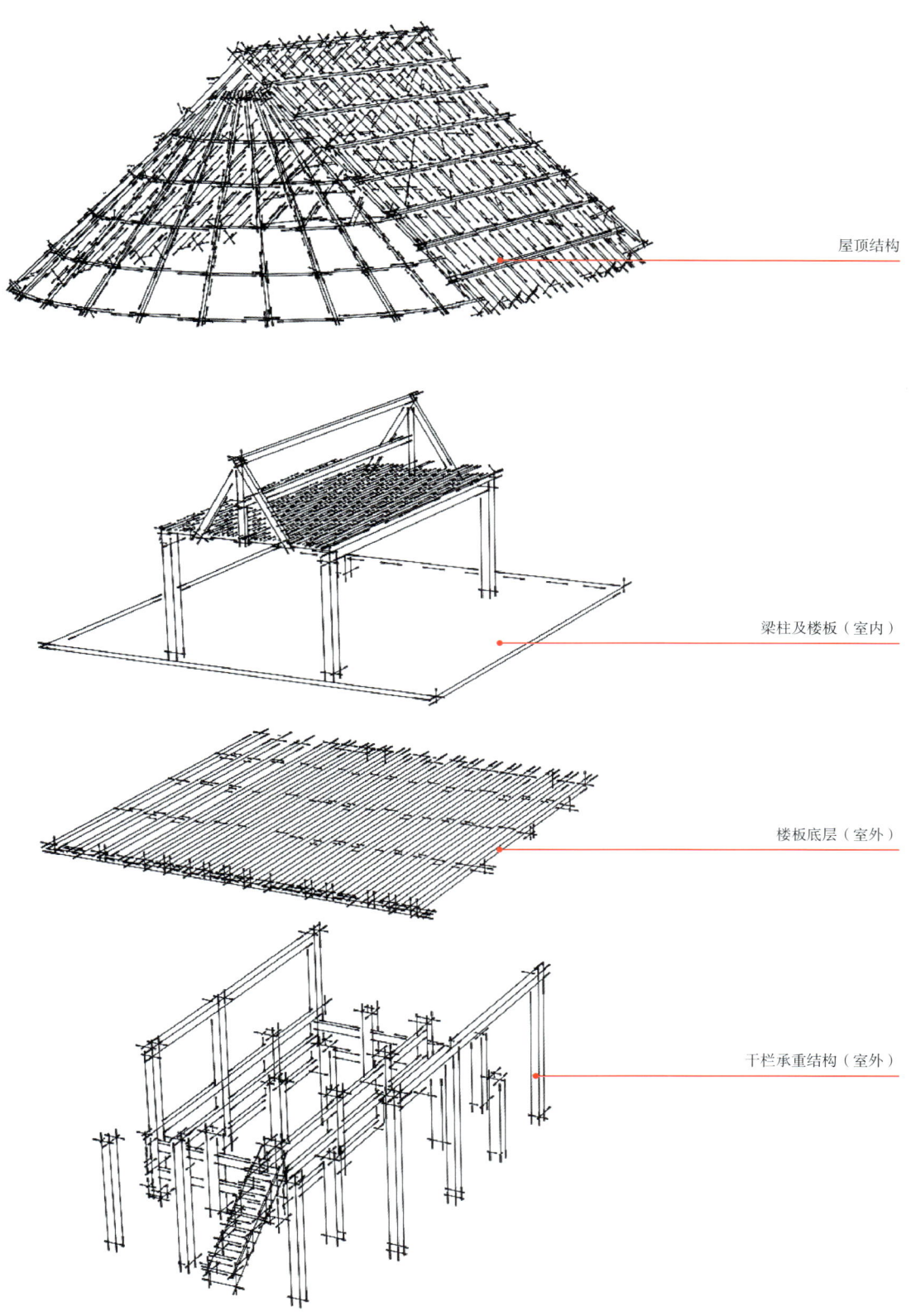

图三 佤族茅草屋·梁柱结构分解图

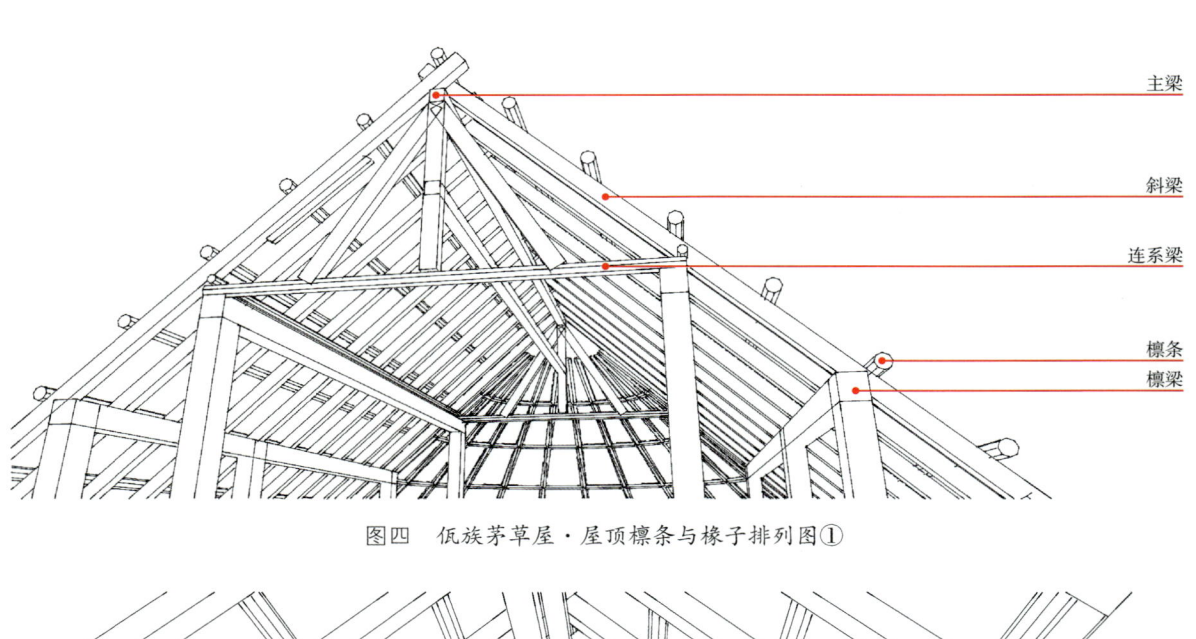

图四 佤族茅草屋·屋顶檩条与椽子排列图①

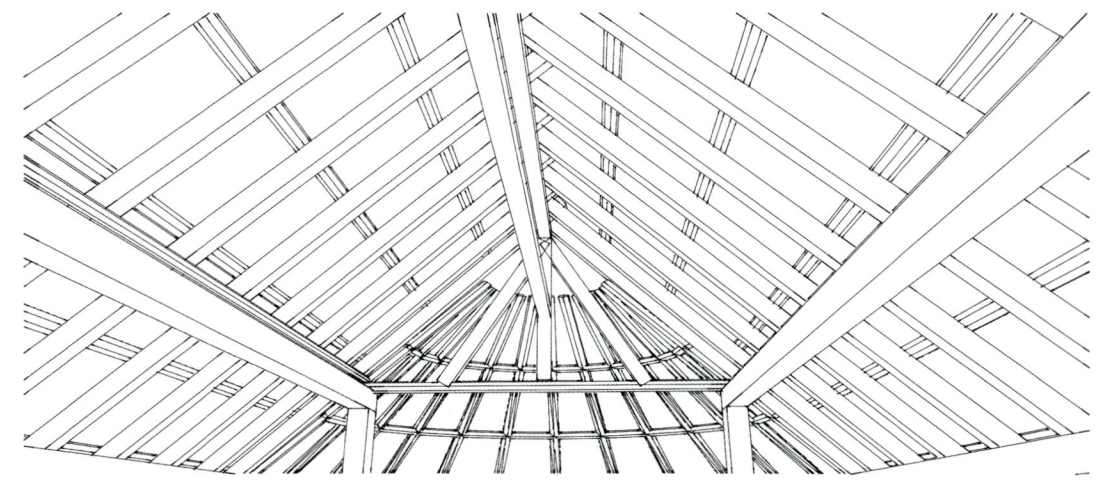

图五 佤族茅草屋·屋顶檩条与椽子排列图②

图六 佤族茅草屋·屋顶檩条与椽子排列图③

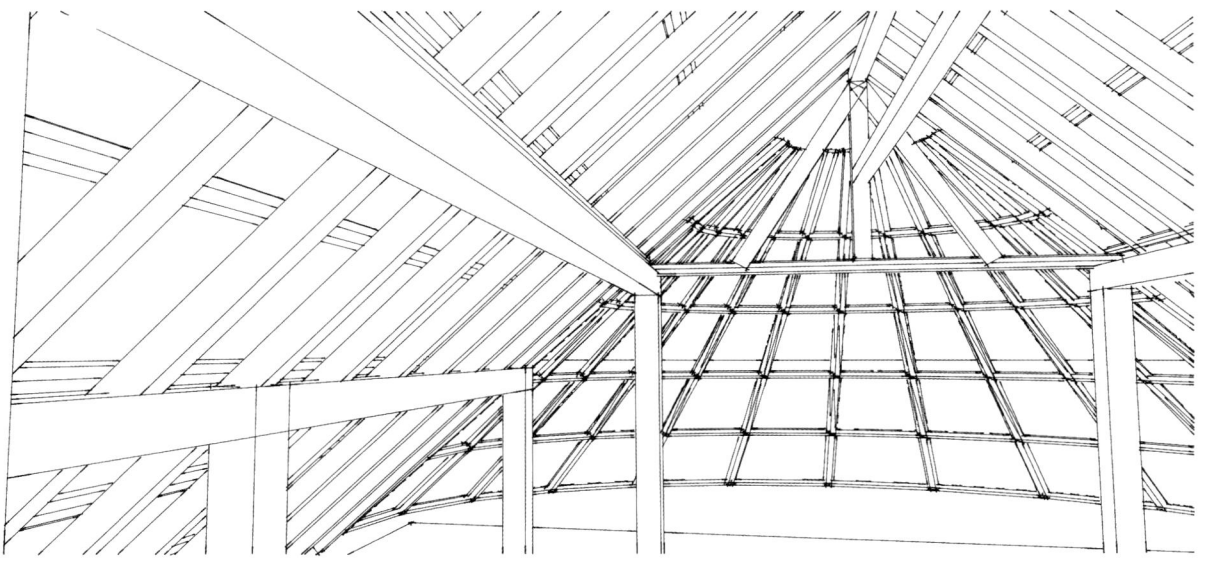

图七 佤族茅草屋·屋顶檩条与椽子排列图④

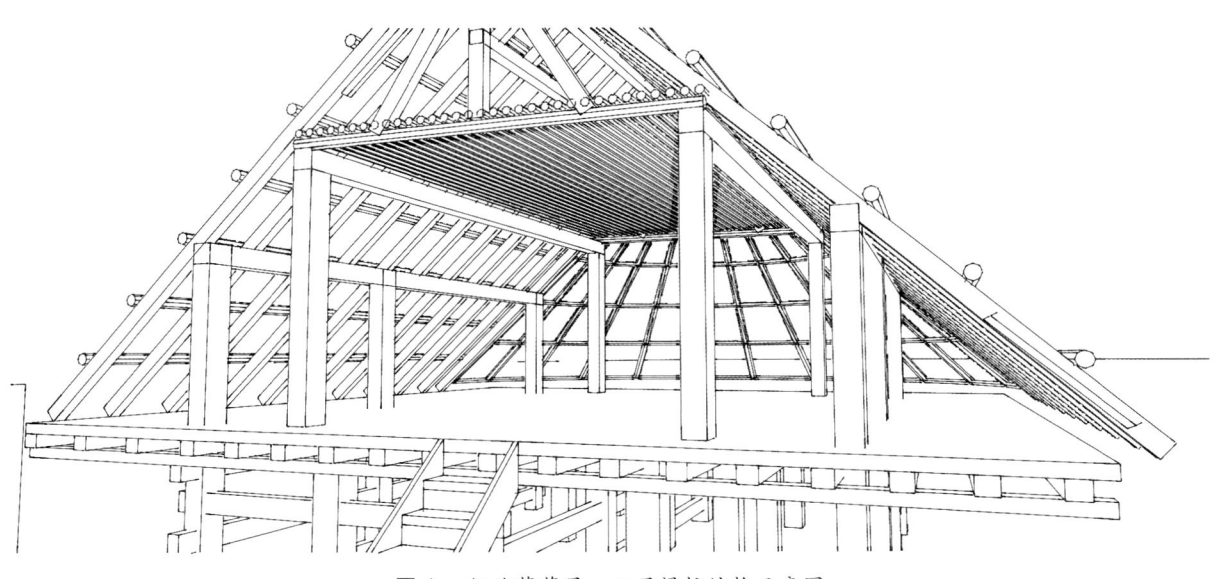

图八 佤族茅草屋·二层梁柱结构示意图

# 佤族鸡笼房

图一　佤族鸡笼房主图

鸡笼房是佤族比较独特的房屋形式。它与四壁落地的房屋在形制上相似，都没有房屋底层的干栏，但两者用途有所不同。鸡笼房是分家后，子女必须要住的一种房屋，住满三年才可以加干栏，将房屋整体抬高，变成干栏式房屋。而四壁落地式房屋则更多是由于家庭经济条件的限制，以及满足部分老年人便利居住的需求。其次，墙体的编织因地域的不同有所差别。

我们测绘的这座鸡笼房墙体使用细竹条（将粗大的竹子劈成5厘米左右的竹条）编织而成。也正是由于围起来的整个形状是一个椭圆形，呈鸡笼的形状，所以取名"鸡笼房"。屋顶侧面开有窗户，光线可以射入屋内，使屋内明亮。

鸡笼房的优点是没有楼梯，进出方便，搭建过程比佤族其他传统房屋更为省力，更加节约材料；缺点是整体室内环境不如其他传统房屋，冬天更冷、屋内尘土多、夏季蚊虫多，等等。

鸡笼房作为子女住的房屋，其高度不能高过父母住的房屋，体现了佤族长幼尊卑观念。

**图片来源**
图一、图十一至图十三　孙繁飞　林露怡　摄影
图二至图十　丁稳　林露怡　制图
**参考文献**
佤族社会历史调查第（一）（二）（三）辑.昆明：云南

人民出版社,1983.

佤族社会历史调查第(四)辑.昆明:云南人民出版社,1986.

佤族简史.昆明:云南教育出版社,1985.

韩军学著.佤族村寨与佤族传统文化——云南西盟县大马散寨村寨建设调查.成都:四川大学出版社,2007.

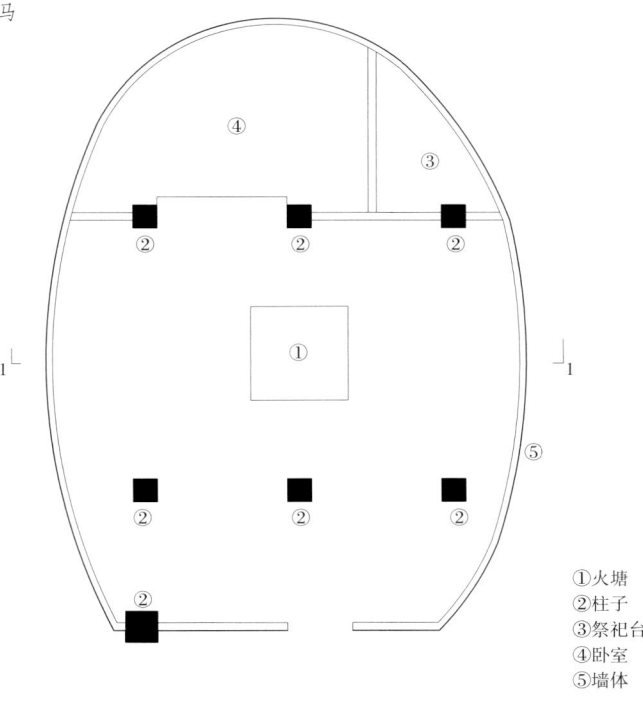

①火塘
②柱子
③祭祀台
④卧室
⑤墙体

图二　佤族鸡笼房平面图

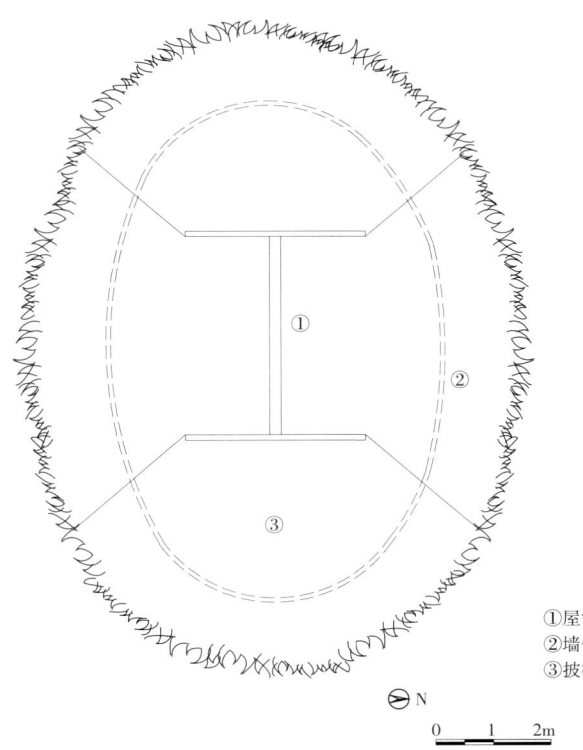

①屋脊
②墙体
③披檐

图三　佤族鸡笼房屋顶平面图

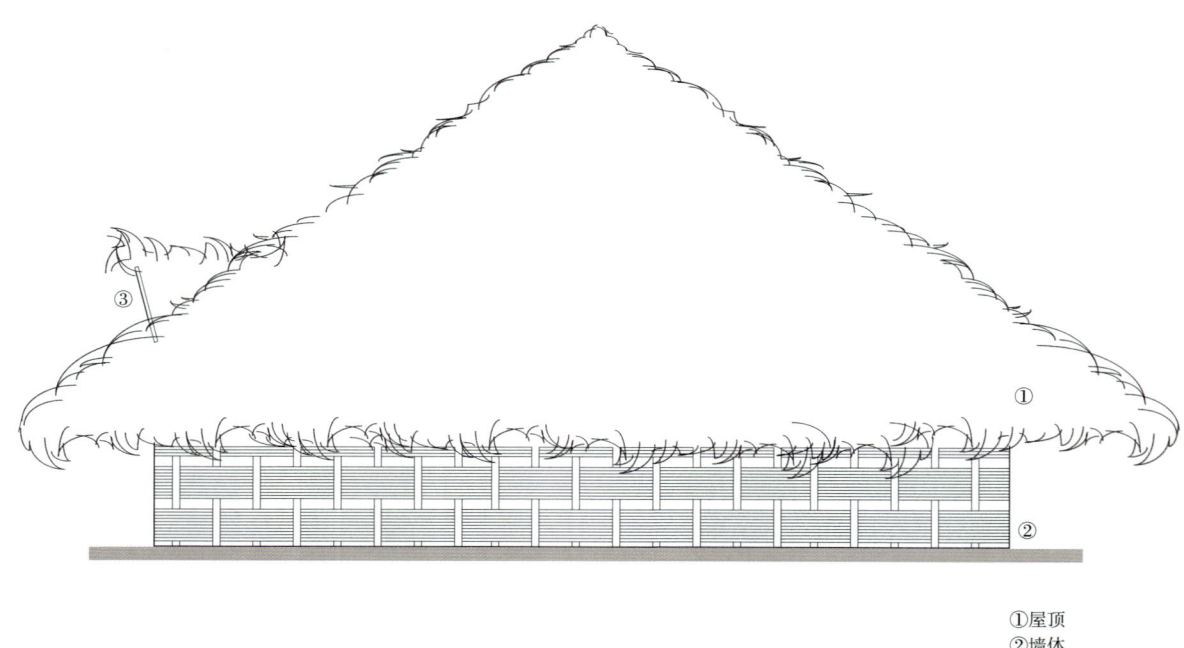

①屋顶
②墙体
③窗户

图四　佤族鸡笼房东立面图

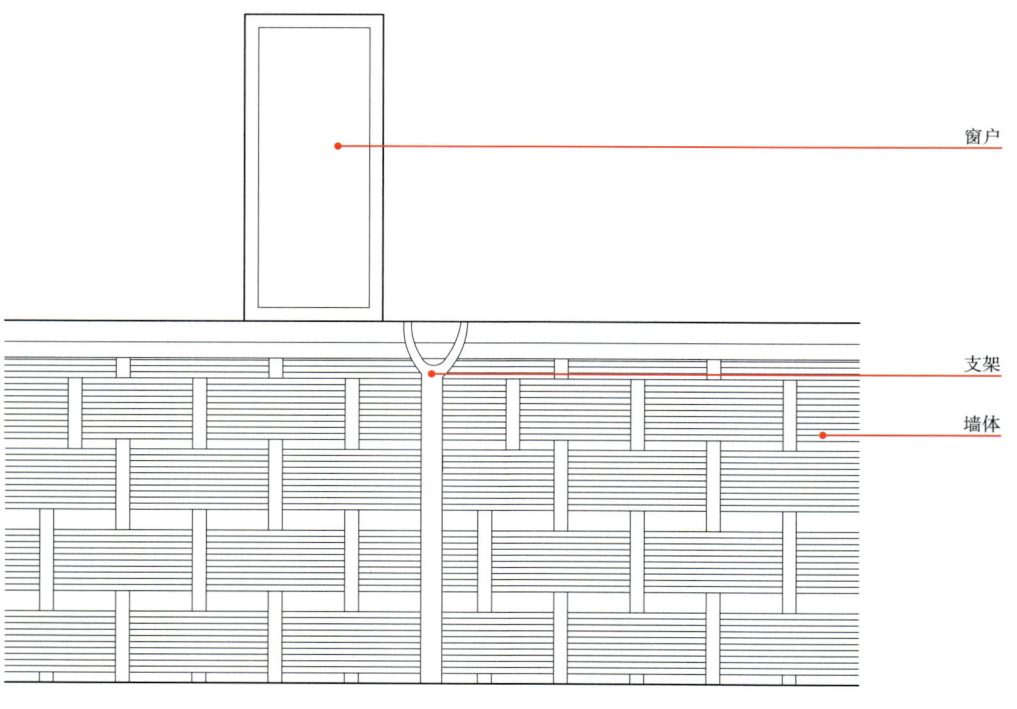

窗户

支架

墙体

图五　佤族鸡笼房剖面图

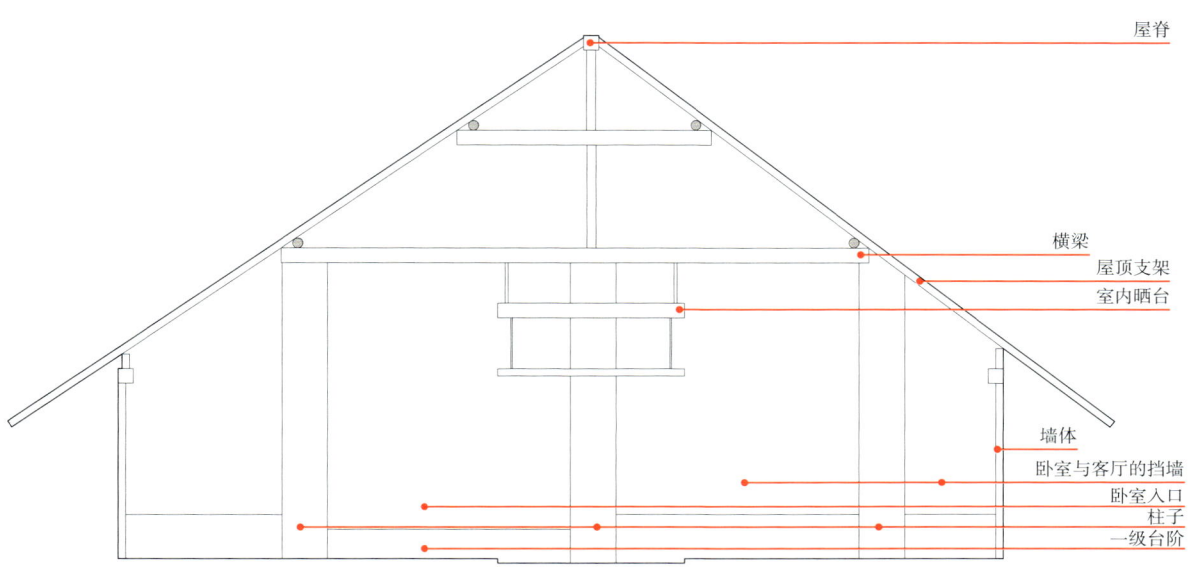

图六　佤族鸡笼房结构图

图七　佤族鸡笼房窗户手绘效果图

图八　佤族鸡笼房入口手绘效果图

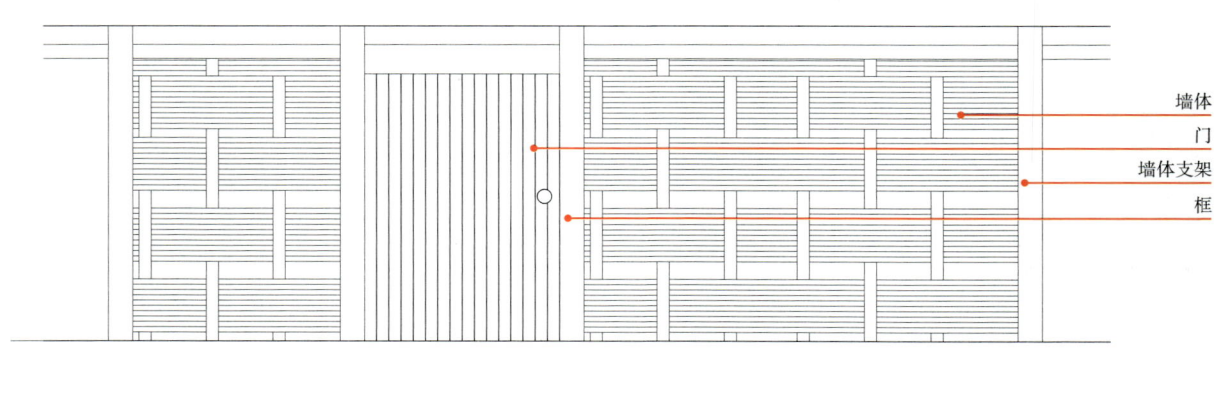

图九　佤族鸡笼房入口与墙立面位置细节示意图

图十　佤族鸡笼房室内气氛示意图

图十一　佤族鸡笼房近景图①

图十二　佤族鸡笼房近景图②

图十三　佤族鸡笼房近景图③

# 佤族撒拉房

图一　佤族撒拉房主图

撒拉房是佤族富有情调的特色建筑。居于寨中的撒拉房也称公房，它的结构并不复杂，由4根大柱、1根中梁、几根压条构架，草片或瓦片覆顶，有的设围栏，有的不设围栏，四面通风。两根柱子之间搭设粗竹木条或木板，作坐凳之用。

寨中的撒拉房是全寨人白天休息聊天的公共场所，晚上是年轻人梳头谈情的"蜜房"。梳头是佤族婚姻习俗的一个组成部分，它一般是在青年男女开始表达心意和开始谈恋爱的时候。如果几个小伙子一起去串一个姑娘，姑娘会很礼貌地接纳他们。当小伙子们表示他们的来意是想找对象后（有时很可能仅仅只是相互来看望闲聊），小姑娘就会从她不中意的开始给他们梳头，而把她中意的留在最后，对不中意的一般只用一分钟左右，对中意的时间就会长许多。无须用语言表达，就可以明白姑娘的心思，有时候其他人会自动离开。如果姑娘对他们都不中意，就会对最后的那个人说："你还是去找一个比我更好的姑娘吧。"正式谈恋爱的时候，他们一般是边梳头边相互闲聊说情话。这就是佤族独有的恋爱梳头习俗。有的村寨晚上是在楼房梯子边进行，有的村寨就在撒拉房中进行。撒拉房既是佤族民居公共社交的场所，又是佤族年青人谈情说爱的场地。

寨外路边的撒拉房是笃信佛礼之人行善祛灾的善房。它的构造与公房相似，有竹木结构，也有纯竹结构，只是形体更小，亦可供行人休息避雨。离寨远的撒拉房内放置盛水竹筒、米、盐、辣子等，方便过往行人取用。

**图片来源**

图一、图十　孙繁飞　林露怡　摄影

图二至图九　丁稳　林露怡　制图

**参考文献**

佤族社会历史调查第（一）（二）（三）辑．昆明：云南人民出版社，1983．

佤族社会历史调查第（四）辑．昆明：云南人民出版社，1986．

佤族简史．昆明：云南教育出版社，1985．

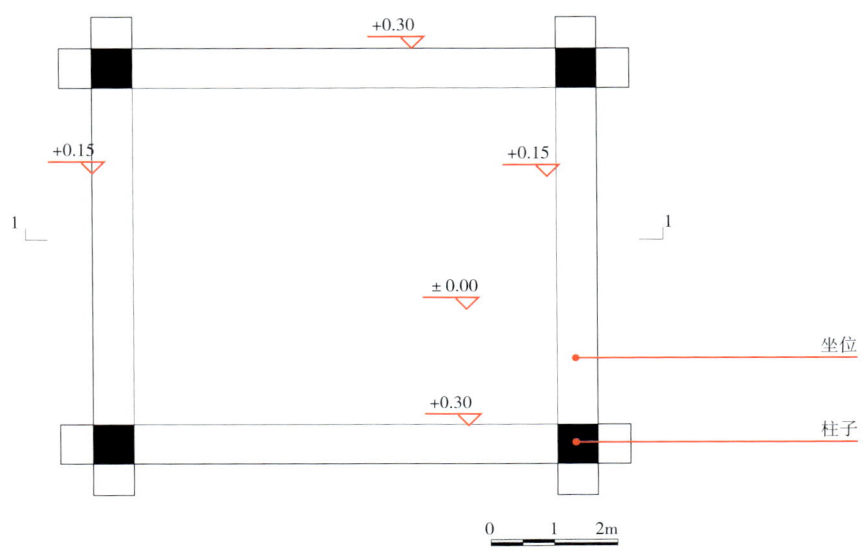

图二　佤族撒拉房平面图

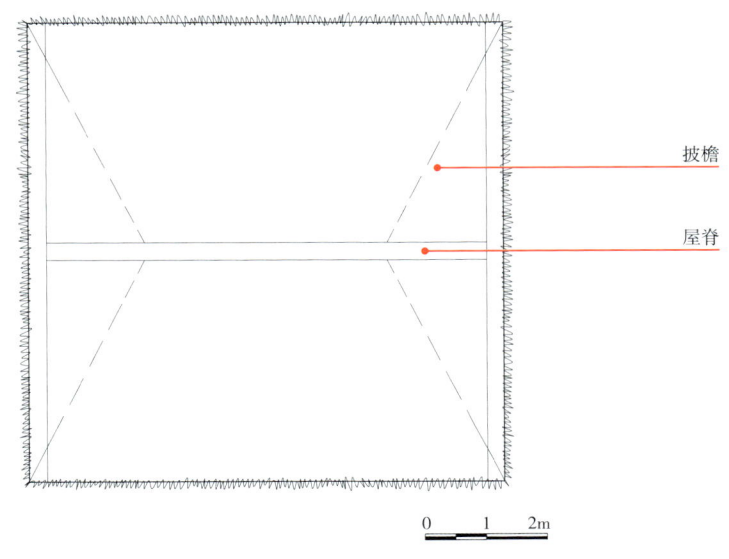

图三　佤族撒拉房屋顶平面图

第一章　佤族传统建筑

077

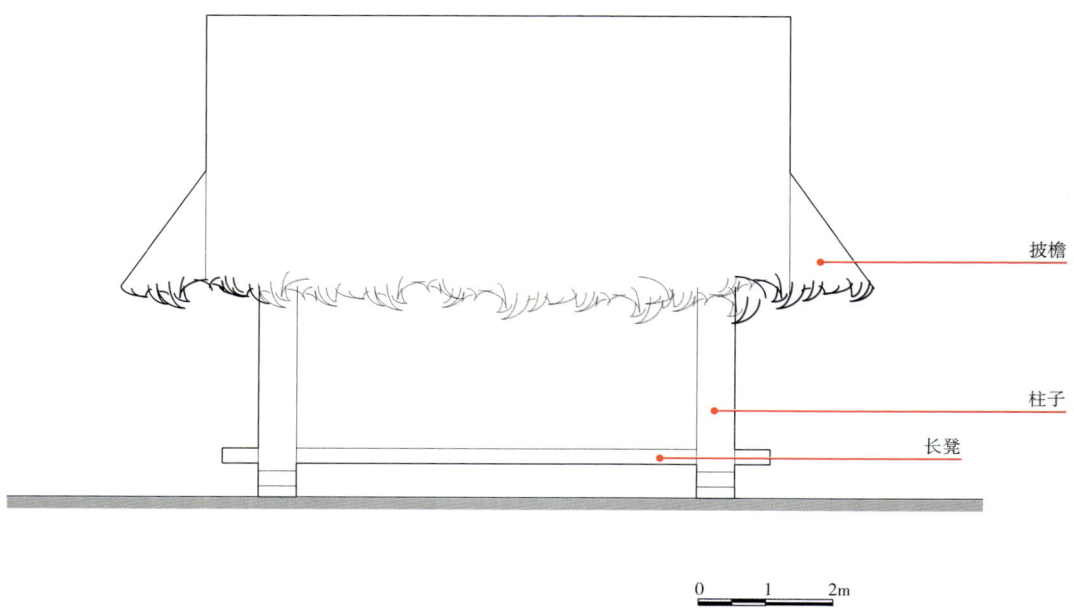

图四　佤族撒拉房东北立面图

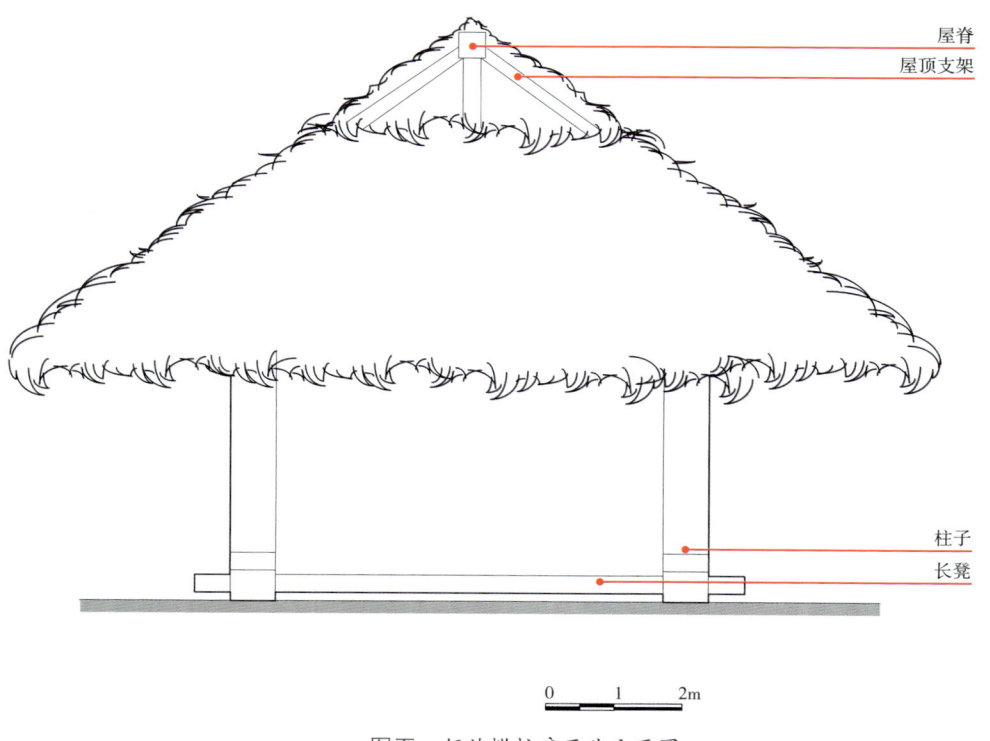

图五　佤族撒拉房西北立面图

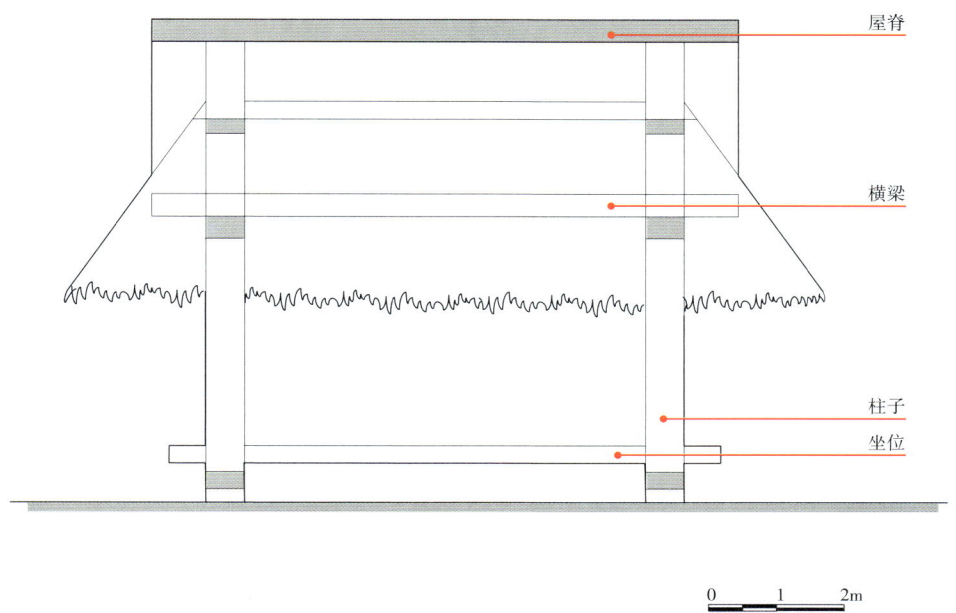

图六　佤族撒拉房剖面图①

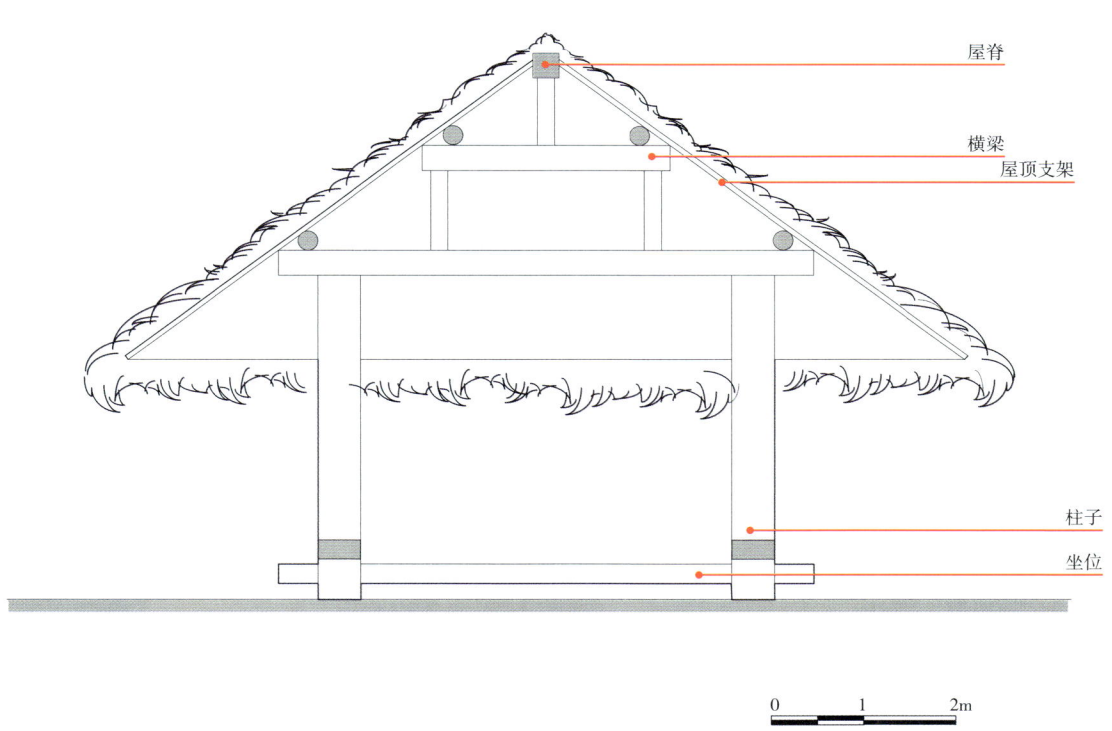

图七　佤族撒拉房剖面图②

图八 佤族撒拉房效果图

图九 佤族撒拉房梁柱结构穿插图

图十 佤族撒拉房近景图

# 佤族粮仓

图一　佤族石棉瓦粮仓主图

粮仓房是佤寨重要的组成部分，也是较有特色的佤族建筑之一。

粮仓房一般建于离寨内住房有一定距离的地方。寨头、寨脚或寨边是建造粮仓房的最佳位置。如翁丁原始村落，粮仓建在整个村落西南角一块比较平坦开阔的地方，它的东南方向是民居，西北边缘是墓地。在村寨周围另盖储存粮食的粮仓，是为了防火灾或别的自然灾害发生时粮食与住屋一起毁坏。有的村寨粮仓房较分散，有的村寨粮仓房多间聚在一处，形成漂亮的小建筑群。粮仓房占地面积不大，里面主要存放粮柜，粮柜为方形密封木柜。为防受潮霉坏及虫害，阿佤人用一种特殊的树叶及牛粪混合的糊状物严封粮仓缝隙。最具佤山特色的是带有牛头装饰的仓门及护栏，它体现了佤族原始的图腾崇拜及审美心理。粮仓屋顶为坡面，四方形，有一道进出门，用木架木板镶嵌而成，门配备木梢扣，不上锁，这充分表现出佤家山寨原始朴素和谐的民风。以前以寨为单位建粮仓，包产到户后以户为单位建粮仓，同时也保留有集体粮仓。

**图片来源**
图一、图九至图十二　孙繁飞　林露怡　摄影
图二至图八、图十三至图十六　丁稳　林露怡　摄影、制图

**参考文献**

中共云南省省委政策研究室主编.云南省情.昆明：云南人民出版社，1986：161.

李昆声.云南原始文化族系试探.云南省社会科学，1983（4）.

伊蒙红木的博客.佤族传统房屋.

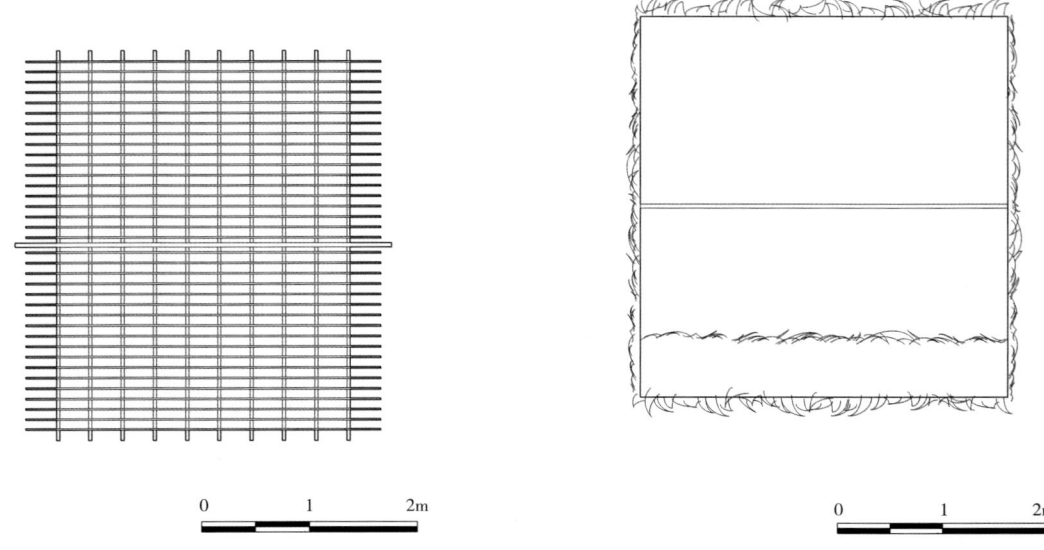

图二 佤族翁丁粮仓屋顶平面及结构图

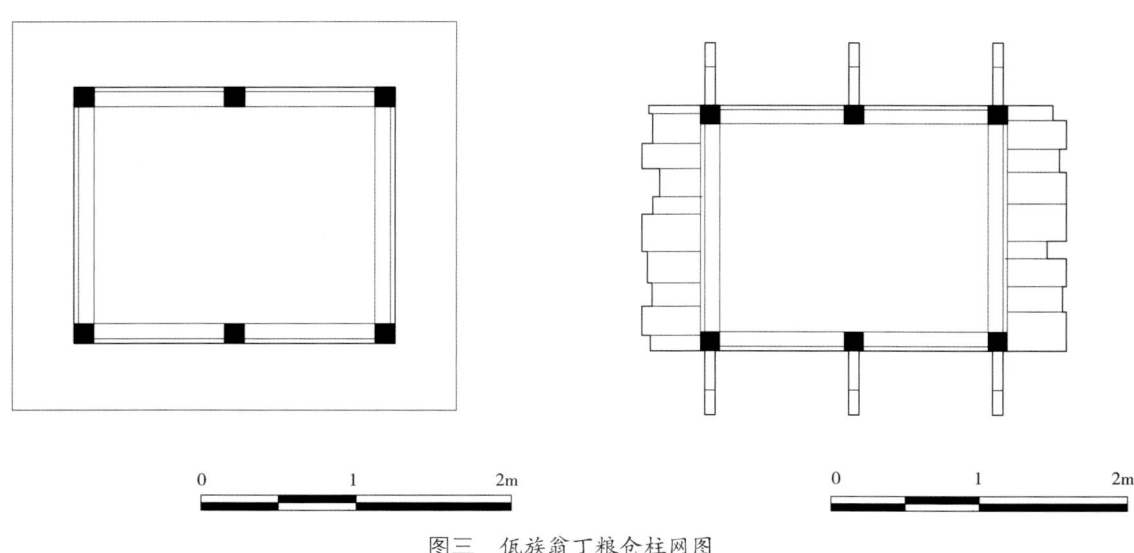

图三 佤族翁丁粮仓柱网图

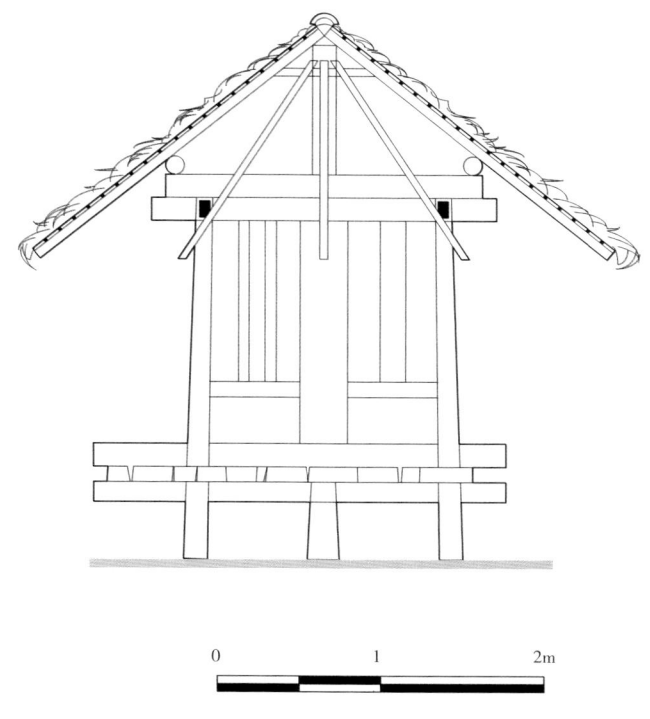

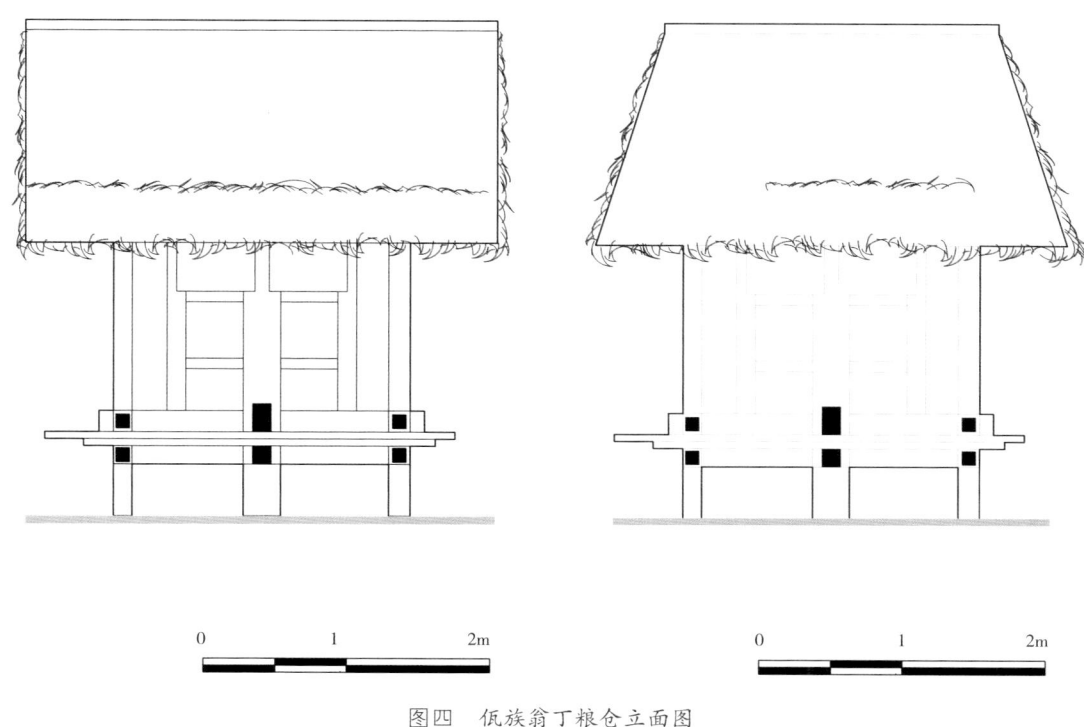

图四 佤族翁丁粮仓立面图

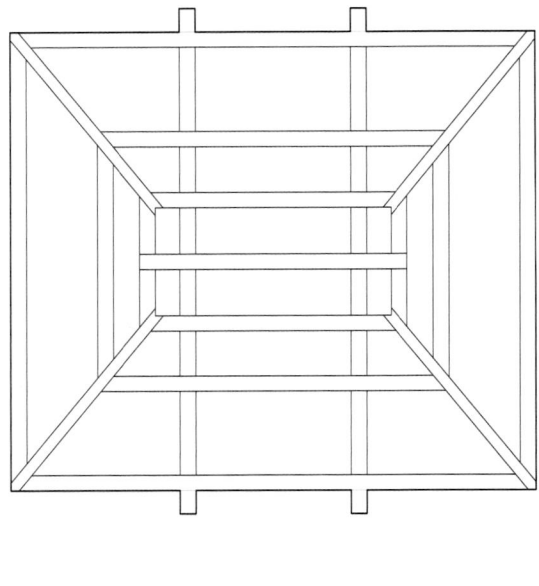

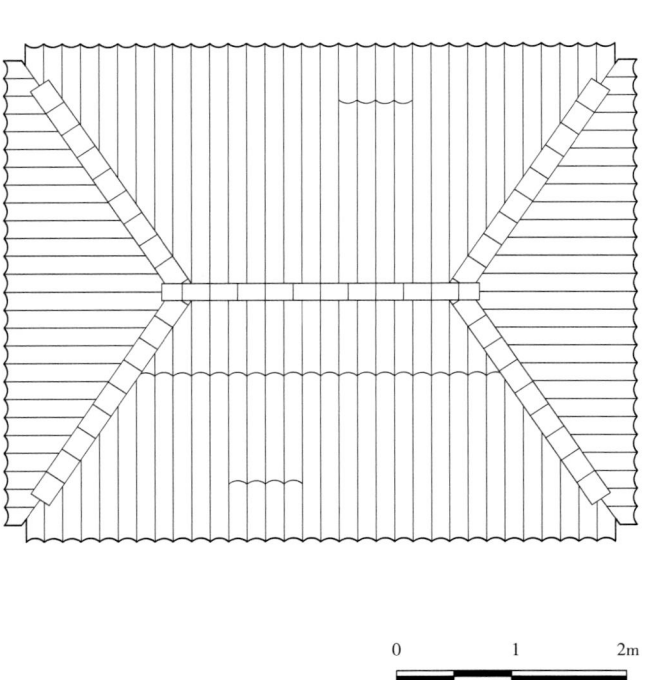

图五 佤族左都粮仓屋顶平面及结构图

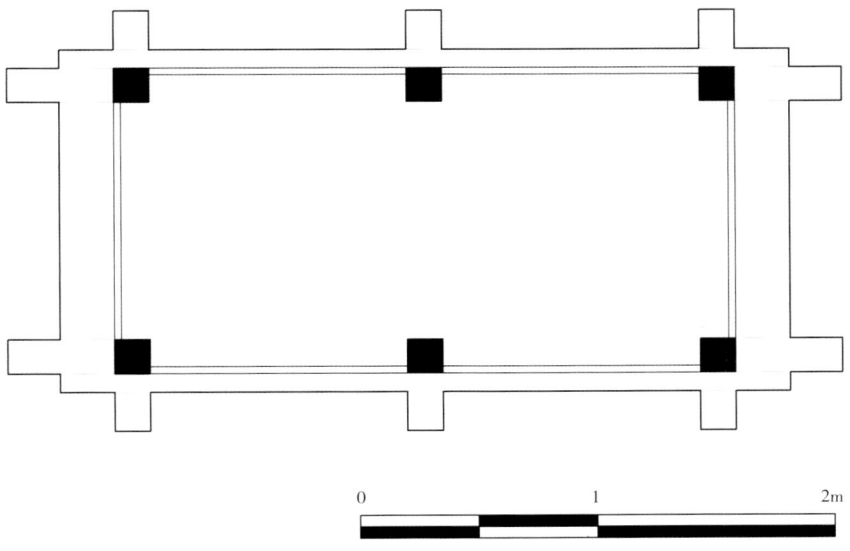

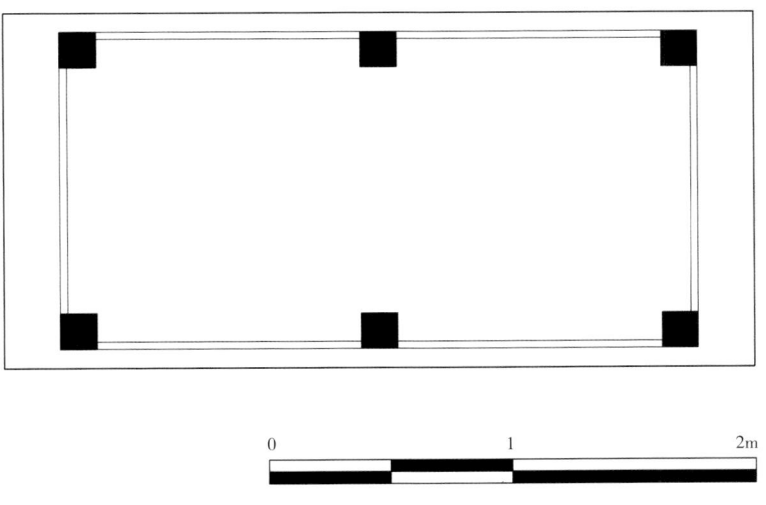

图六　佤族左都粮仓柱网图

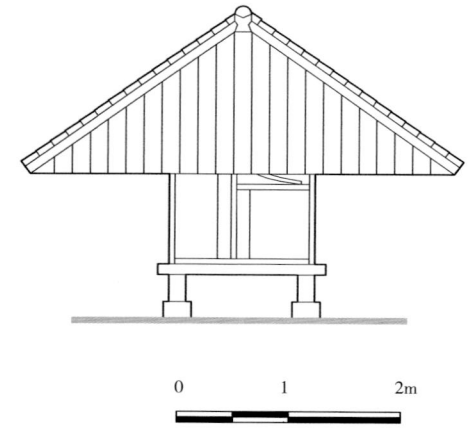
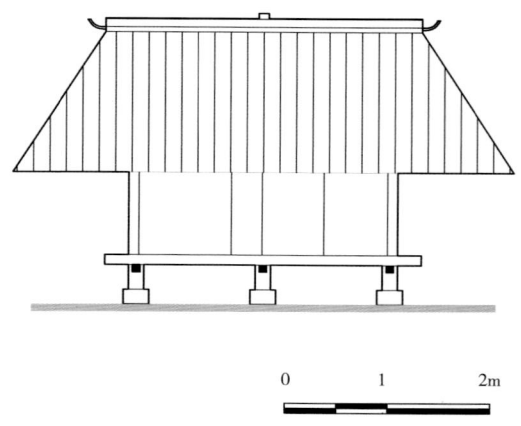
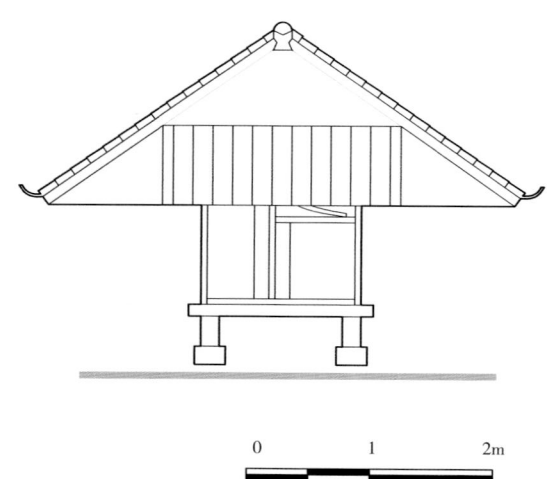
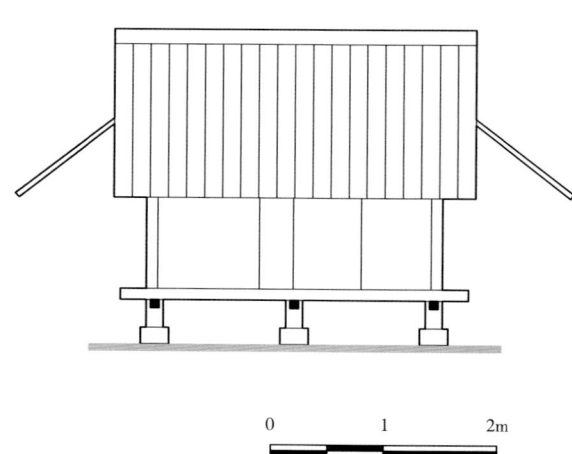

图七　佤族左都粮仓立面图

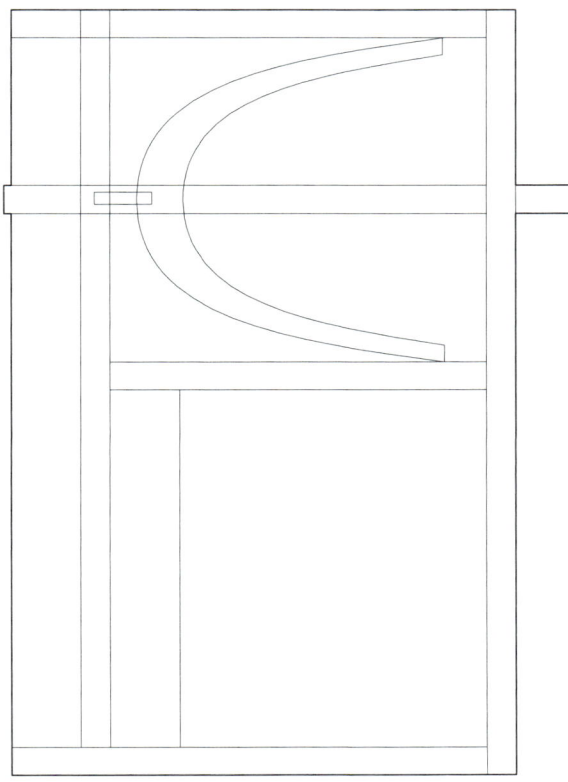

图八　佤族左都粮仓门示意图

图九　佤族翁丁粮仓近景图①

第一章　佤族传统建筑

087

图十　佤族翁丁粮仓近景图②

图十一　佤族茅草粮仓近景图①

图十二　佤族茅草粮仓近景图②

图十三　佤族石棉瓦粮仓近景图

图十四　佤族石棉瓦粮仓外部结构图

图十五　佤族石棉瓦粮仓外部装饰图

图十六　佤族石棉瓦粮仓俯视图

# 佤族木鼓房

图一 佤族木鼓房主图

　　木鼓房是佤寨中重要的标志性建筑物之一，每个村寨都有一至数个。木鼓房四周没有墙壁，一般都是用6根柱子、3根横梁及竹片或茅草搭建而成。翁丁的木鼓房是由13根柱子、4根横梁上搭竹片和茅草建造而成的，石头拼接的地面，四周有小栅栏，可算是佤寨中相对比较大的木鼓房。木鼓房虽然面积不大、结构简单，但佤族人认为鼓声可沟通上天神祇，因此地位神圣。

　　木鼓由整段红毛树或椿树制作，上方挖一直槽，中间掏空，两侧各刻一鼓舌。鼓有雌雄之分，敲击时音质不同，雌鼓音清脆且高，雄鼓音稍低沉。置于木鼓房中，雌鼓在右，为主位；雄鼓在左，为客位。逢年过节时可一人敲击，也可数人合击。佤族盛大的节日"拉木鼓节"就围绕木鼓展开：唱木鼓歌、上山选树、砍树、拉木进寨，制成木鼓直到庆祝歌舞的全过程。

　　在佤族传统文化中，人们认为木鼓不是普通乐器，而是通天的神器，只要一敲响它，住在天上的神达梅吉就知道下界发生了什么事情。

在佤族社会文化背景巨变的过程中，木鼓房昔日的神秘色彩慢慢消褪了，但它依然是凝聚佤族人民精神和文化力量的载体和象征。

**图片来源**

图一至图七　丁稳　林露怡　制图

**参考文献**

杨晓著.佤族的木鼓房.民族工作，1999（1）.

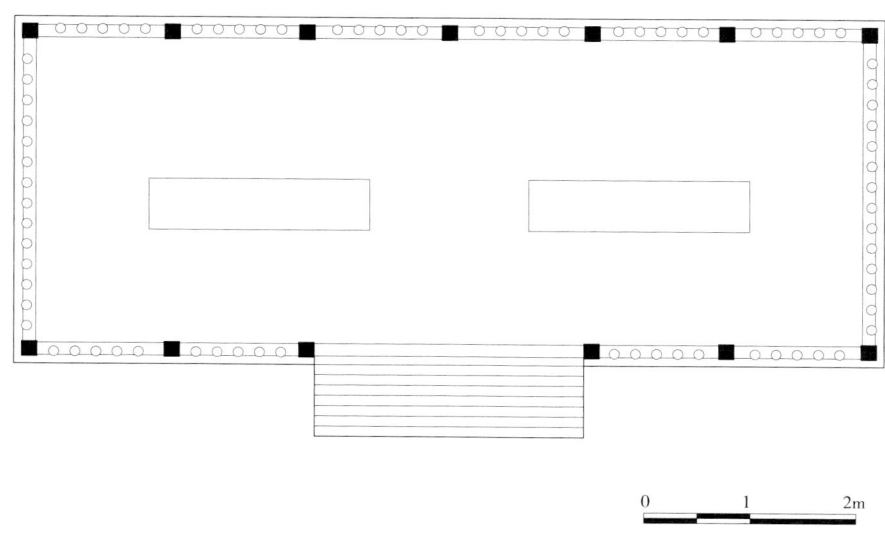

图二　佤族木鼓房平面图

图三　佤族木鼓房屋顶平面图

图四 佤族木鼓房南立面图

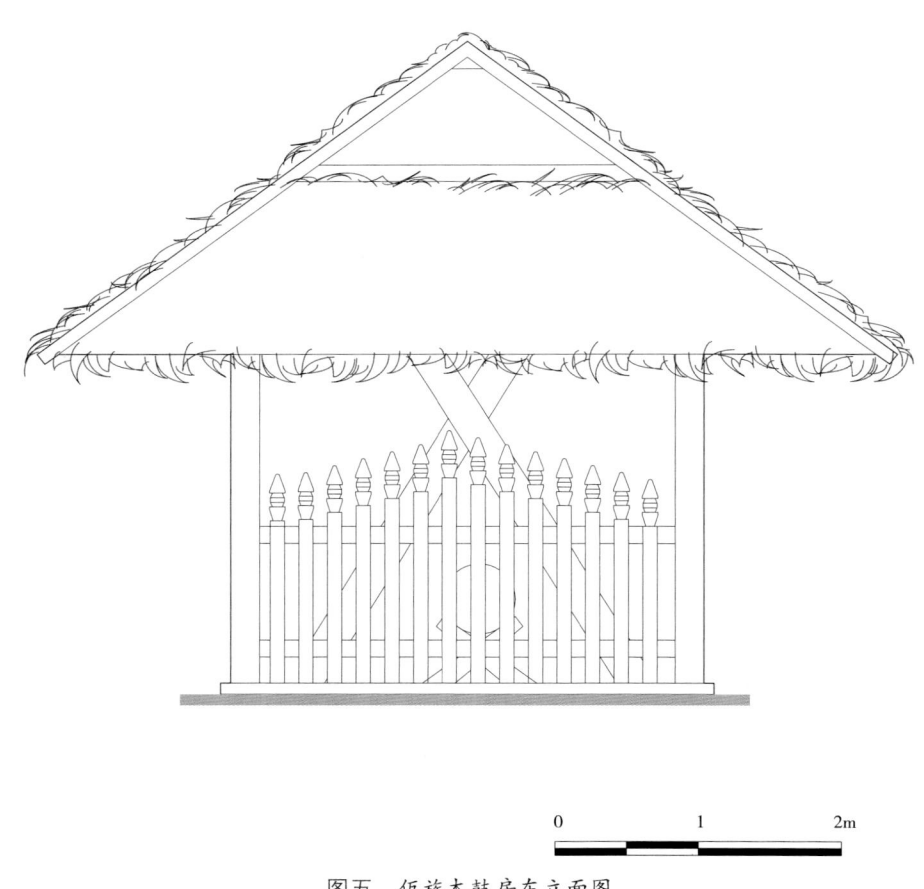

图五 佤族木鼓房东立面图

图六 佤族木鼓房柱网图

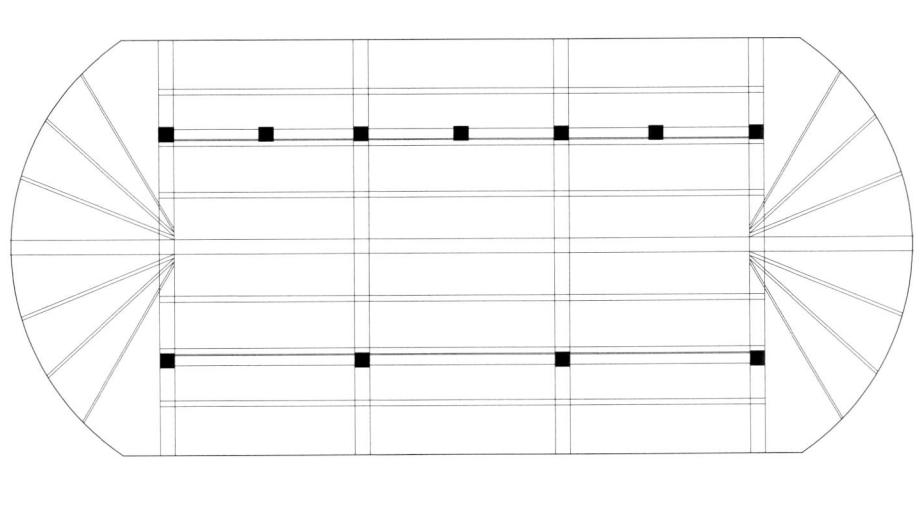

图七 佤族木鼓房屋顶结构图

# 第二章 佤族传统服饰

# 岳宋佤族女装

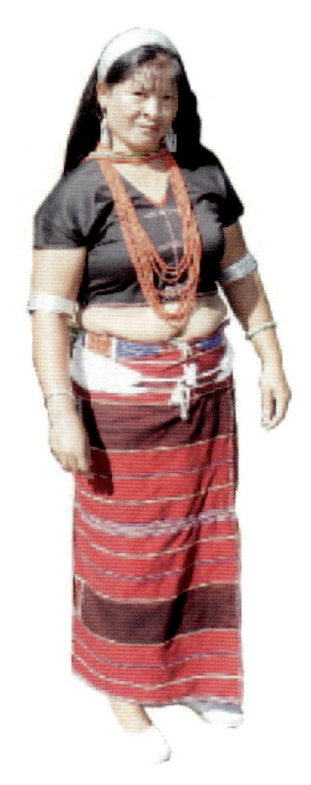

图一 岳宋佤族女装主图

当代岳宋佤族女装，上衣长35厘米，蓝色。下长裙，红色，尺寸为通高90厘米×通长130厘米。该女装采集自西盟自治县岳宋乡老寨，属传统样式。

岳宋佤族女子多留长发，用银饰做发箍。女子穿深蓝或黑色上衣，上衣短小，盖胸露腹，无领，对襟，短袖。裙子过膝，常以红色为底，间有黑白绿黄条纹。青色或蓝色为女子婚前服装，婚后妇女衣着的颜色就变为黑色。这样的短上衣加长裙是岳宋佤族女装的基本款式。佤族的传统服装都是手工制作，农闲时，西盟当地佤族妇女采集佤山上生长的棉花和麻，使用"腰织机"编织佤族织锦，用制作好的织锦与其他布料拼接，做成衣服。受工业化影响，当代佤族人也渐渐接受了机器制品，喜欢在服装铺子定做服装。面料的选择也趋于多样化，市面上能够发现具有缅甸佤邦特色的佤族织锦，配色和装饰都与原有西盟地区的织锦不同。同时，受旅游业发展影响，传统的黑色或红色的裙装，出现了很多适应舞台演出的面料，色彩更加丰富，面料也不再是纯天然材料，样式上也吸收了很多流行元素。

本篇岳宋佤族女装，属于传统的服装形式，代表了佤族最本真的民族特色。

**图片来源**

图一　闫铭砚　摄影
图二至图十三　姜飘飘等　制图

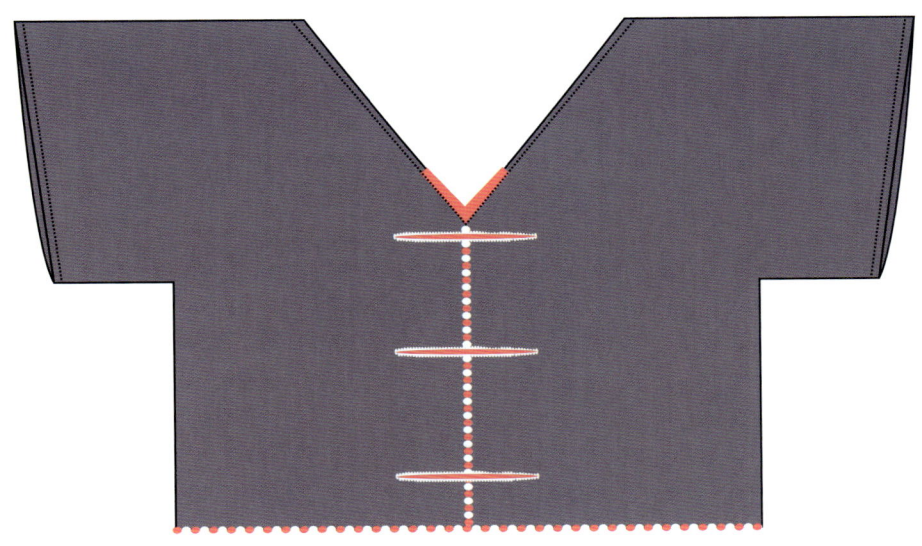

图二　岳宋佤族女装上衣复原图

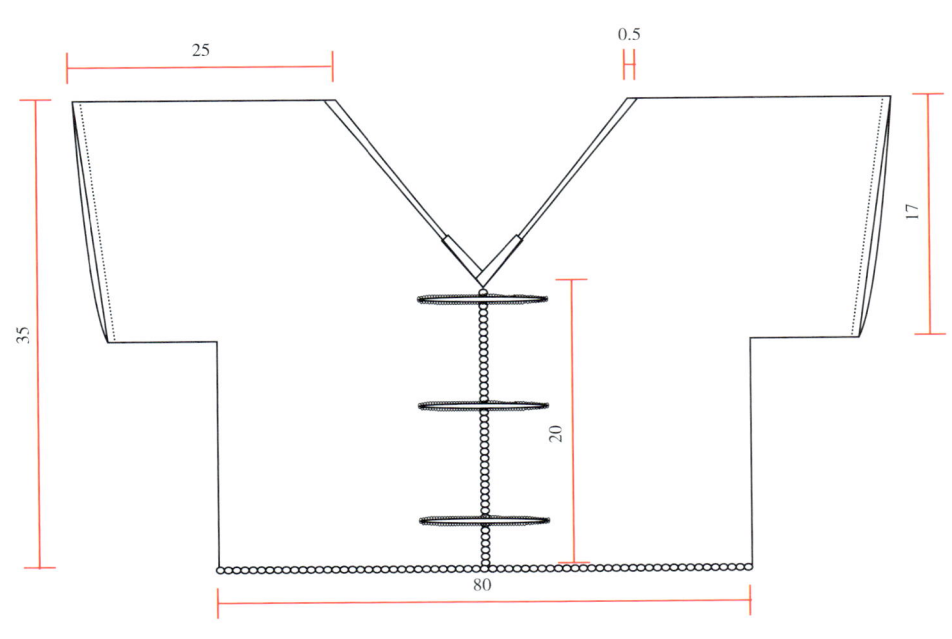

图三　岳宋佤族女装上衣尺寸图（单位：cm）

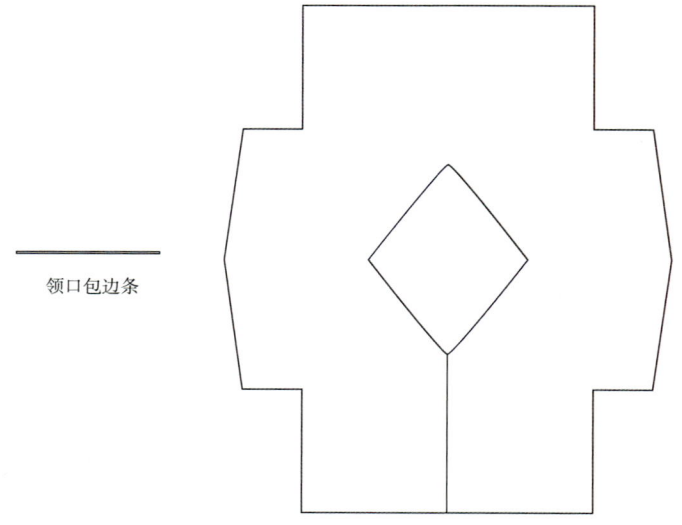

领口包边条

图四　岳宋佤族女装上衣开片图

图五　岳宋佤族女装局部分析图

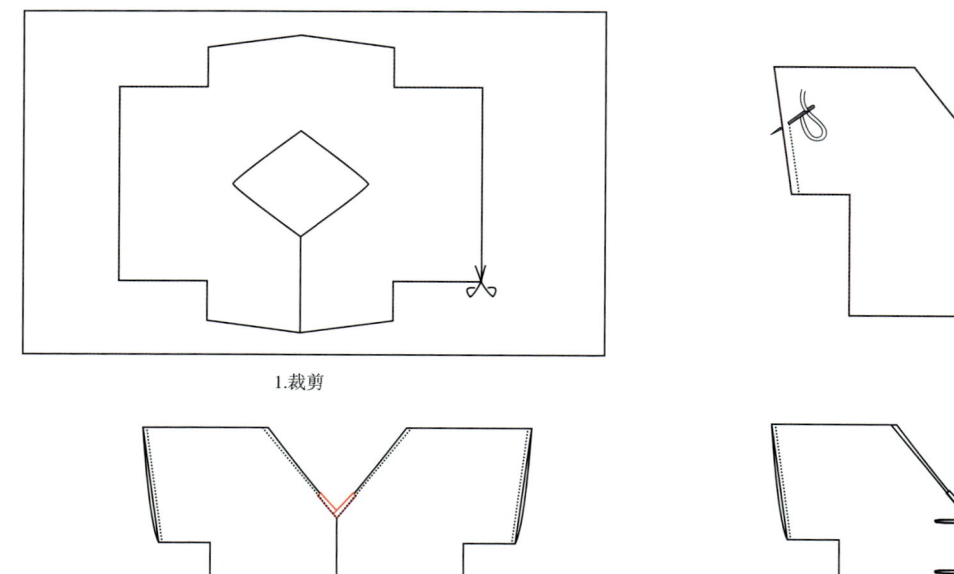

1.裁剪　　　　　　　　　　2.缝合

3.拼条　　　　　　　　　　4.绣花装饰

图六　岳宋佤族女装上衣工艺分析图

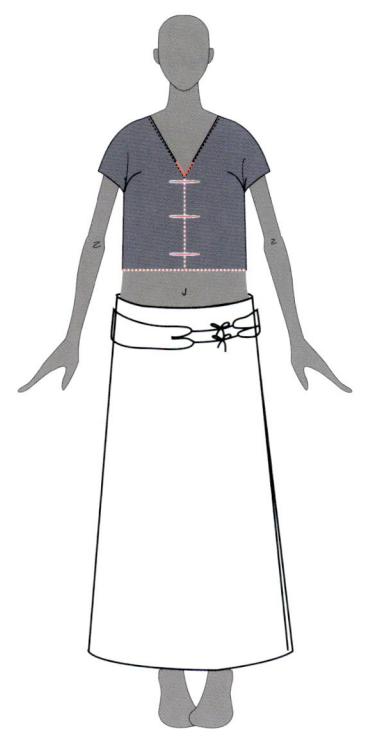

图七　岳宋佤族女装穿戴示意图

图八　岳宋佤族短裙复原图

第二章　佤族传统服饰

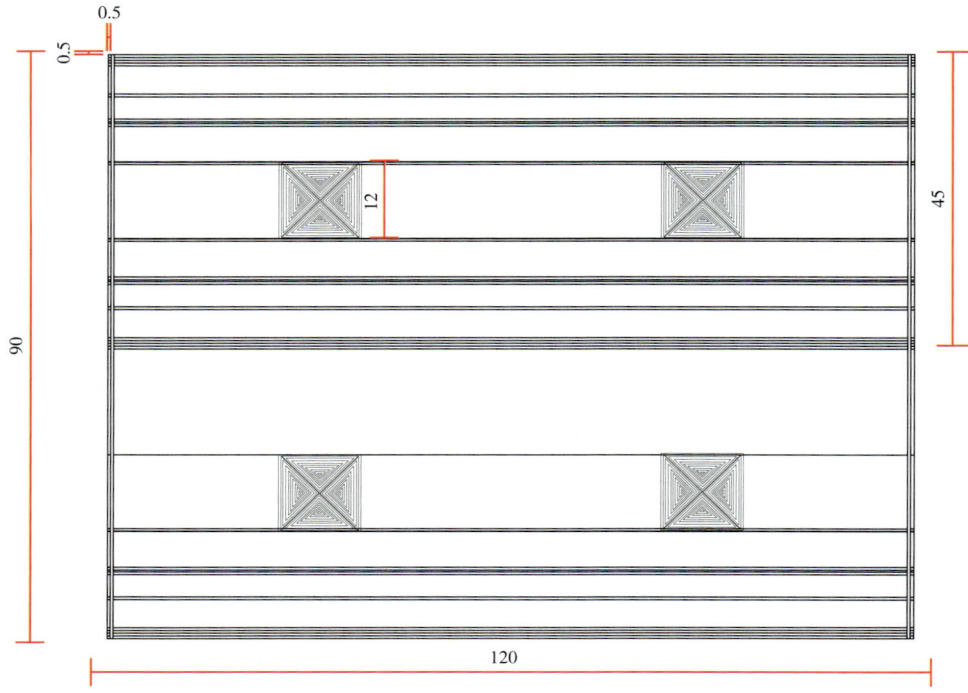

图九 岳宋佤族短裙尺寸图（单位：cm）

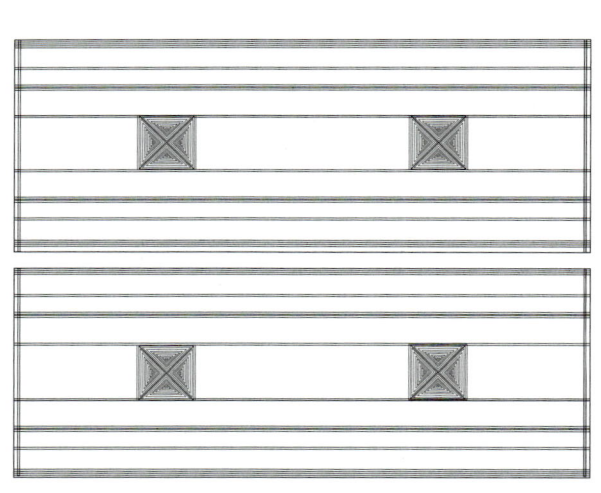

图十 岳宋佤族短裙开片图

图十一 岳宋佤族短裙局部分析图

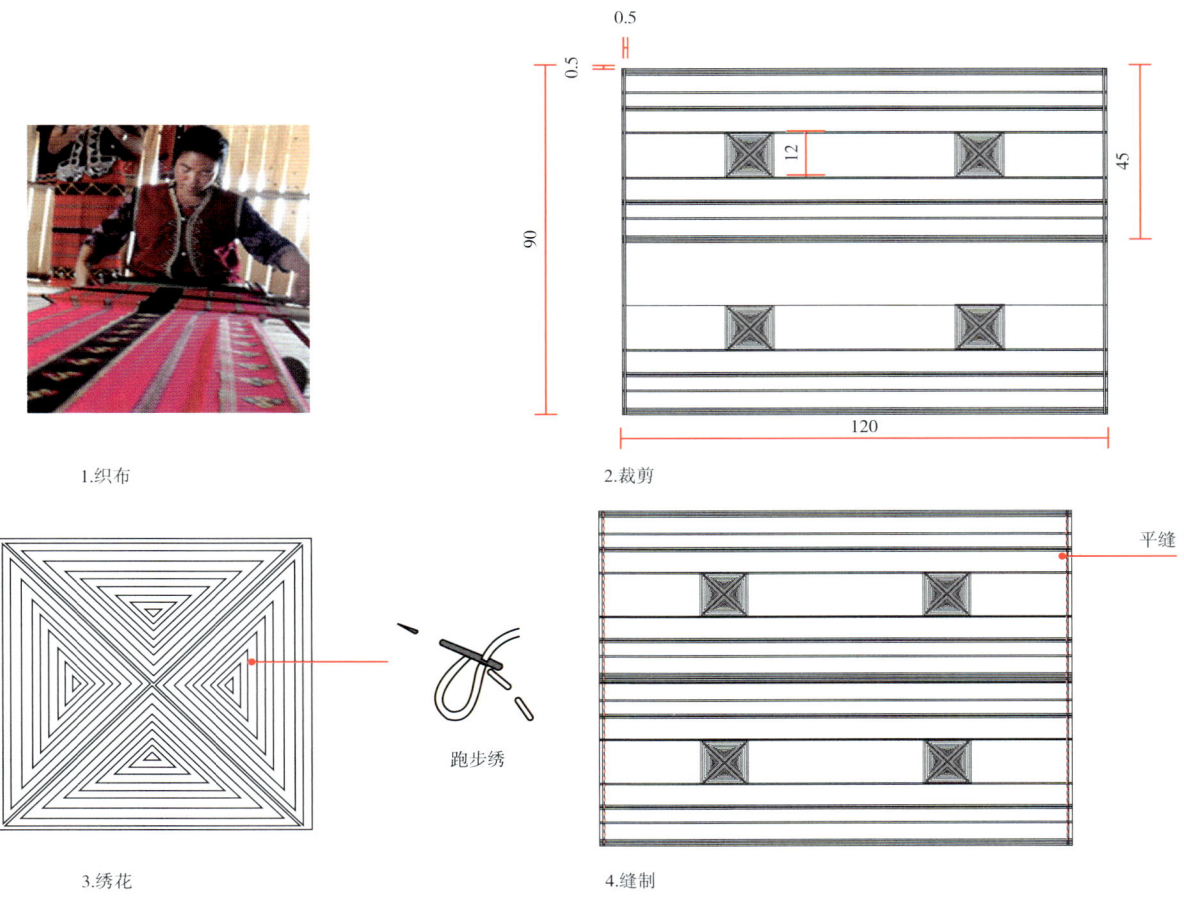

1.织布　　　　　　　　　　　　　2.裁剪

3.绣花　　　　　　　　　　　　　4.缝制

跑步绣

平缝

图十二　岳宋佤族短裙工艺分析图（单位：cm）

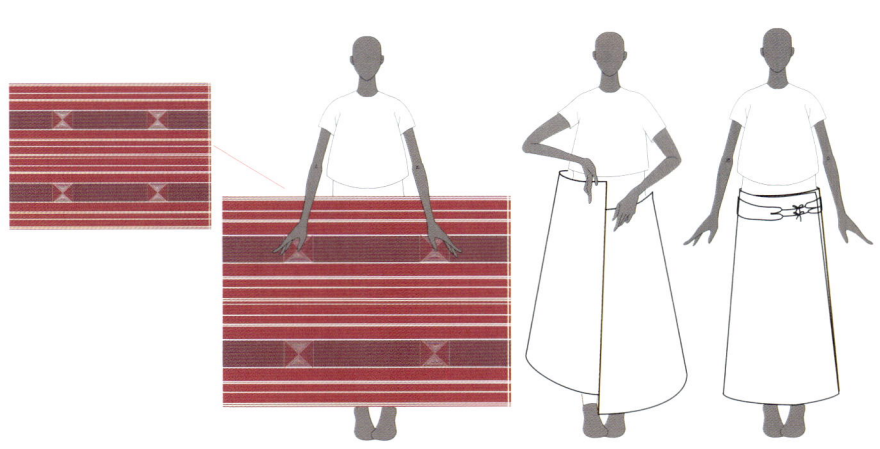

图十三　岳宋佤族短裙穿戴示意图

第二章　佤族传统服饰

# 岳宋佤族红黑横条纹长裙

图一　岳宋佤族红黑横条纹长裙主图

裙在佤语中称"傣"（音译）。本案例长裙尺寸：通高105厘米×通长114厘米，采集自云南省西盟自治县岳宋乡老寨，该长裙生产于当代，传统样式。

长裙属佤族女性日常服装，适用场合很广，同时，由于佤族生活地区气候温暖，四季皆可穿着。长裙与短裙是佤族年轻女性独有的下装，两种裙装所用面料都是佤族织锦，两种款式之间的差别在于穿着时面料折叠方式的不同。与短裙相比，长裙的好处在于：第一，可以适应气候的变化，在天气冷的时候可以防寒；第二，在劳作中可以起到防护作用，防止蚊虫叮咬，保护腿部；此外，由于佤族妇女比较传统，长裙可以防止腿部外露，安全性更高。

一般情况下，长裙的制作不需要复杂的裁剪和缝制工艺，除去制作织锦的过程，其他工艺都很简单，随时可以完成。因为佤族的审美取向是崇黑尚红，长裙的颜色一般是黑色和红色。在佤族神话中黑色是大地的颜色，红色是天空的颜色。而菱形中有一点的图案是长裙上常见的图案之一，一种说法是象征小鸟的眼睛，因为在佤族神话中，这种鸟有恩于佤族祖先；另一种说法是象征佤族女性怀孕时爱吃的酸木瓜，是一种生殖象征。也有观点认为这种折线图案是牛的象征，受佤族的牛崇拜影响。

随着经济的发展，佤族传统服装的生产方式也在慢慢变化，当地人开始在专门的服装铺子里买面料请裁缝制作，颜色也不再是单纯的红黑两色，其他如：黄色、粉色、绿色等鲜艳的颜色也开始出现在西盟地区的服装中，花纹及针法也吸收了周围地区的特色。红黑横条纹长裙是西盟岳宋地区佤族年轻女性的重要服装，佤族纺织技术中最复杂的是织锦，而佤族织锦只用于裙和筒帕的制作，可以说"裙"集合了佤族纺织技术的精华，也成为佤族服装体系中最精美的服装品类。

**图片来源**

图一、图八　闫铭砚等　摄影
图二至图七　姜飘飘等　制图

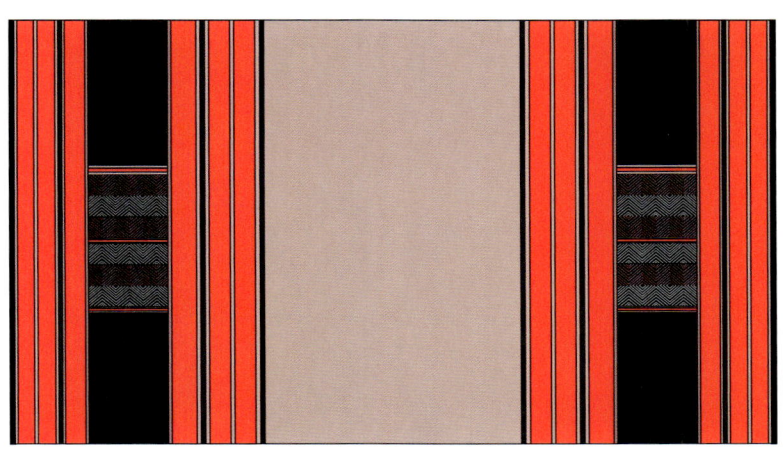

图二　岳宋佤族红黑横条纹长裙复原图

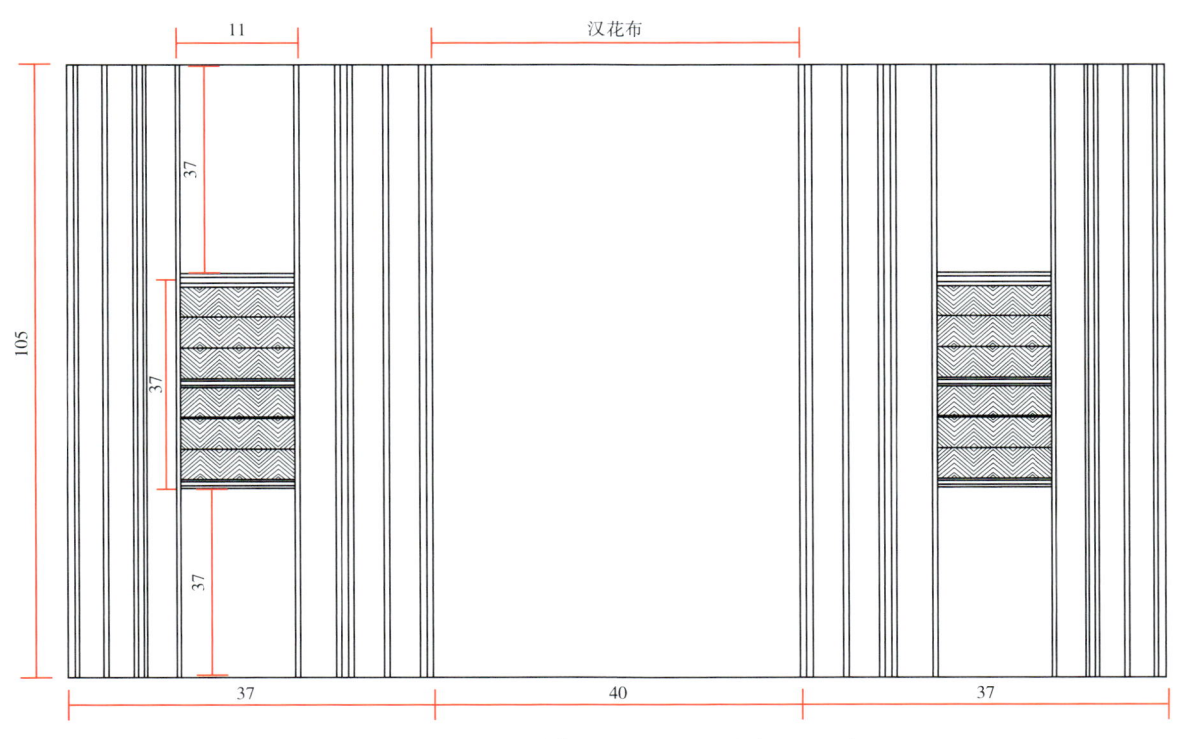

图三　岳宋佤族红黑横条纹长裙尺寸图（单位：cm）

图四 岳宋佤族红黑横条纹长裙开片图

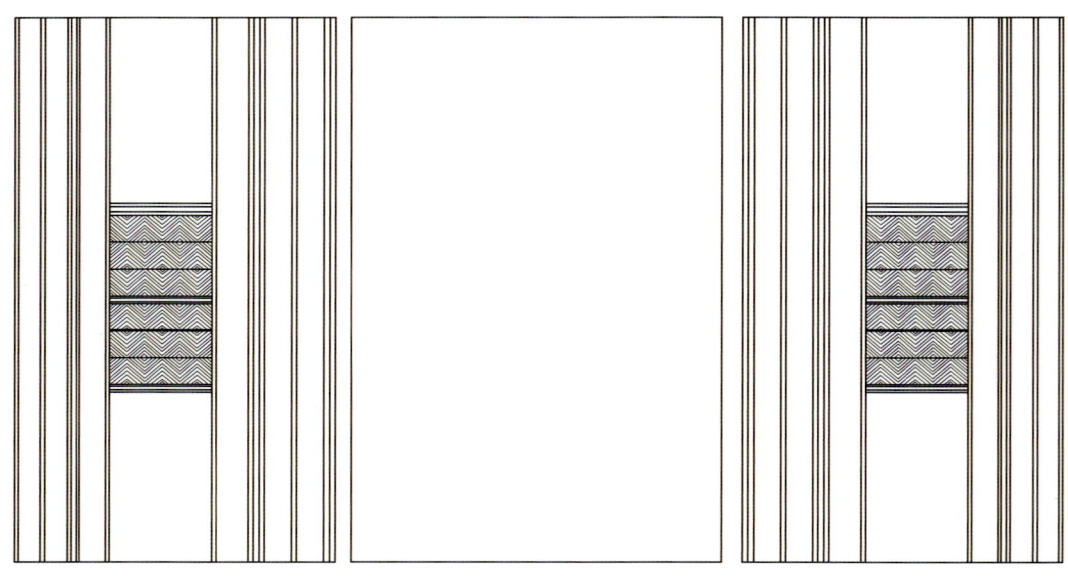

1.织布　　　　　　　　2.裁剪

跑步绣

平缝

3.绣花　　　　　　　　4.缝制

图五 岳宋佤族红黑横条纹长裙工艺分析图

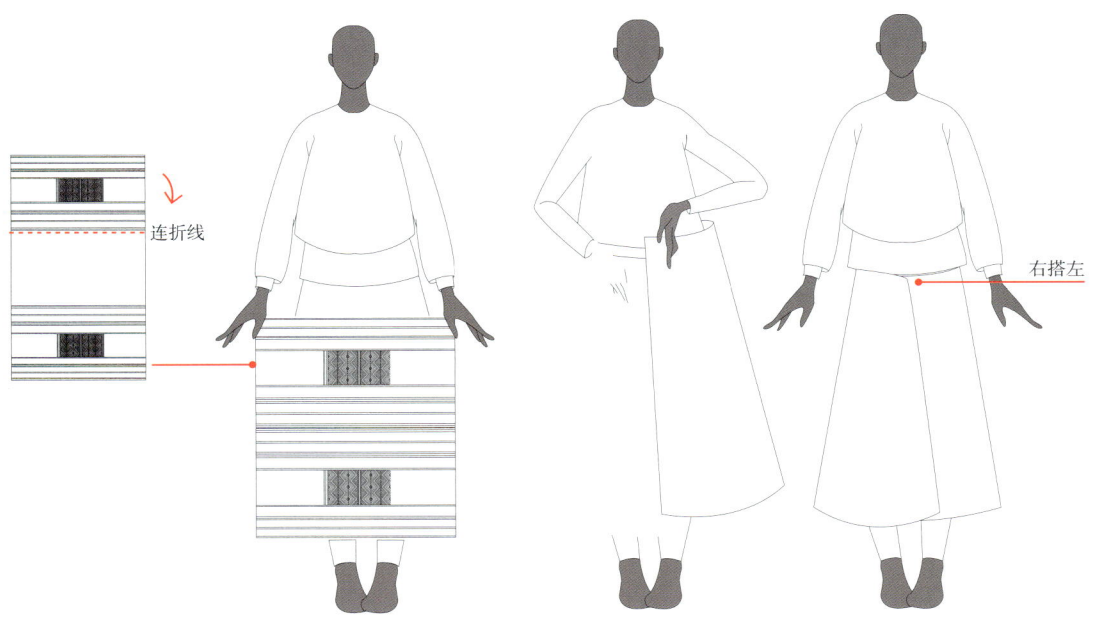

图六　岳宋佤族红黑横条纹长裙穿着操作示意图

图七　岳宋佤族红黑横条纹长裙局部效果图

图八　岳宋佤族红黑横条纹长裙效果图

第二章　佤族传统服饰

# 岳宋佤族红黑横条纹短裙

图一 岳宋佤族红黑横条纹短裙主图

短裙尺寸：通高105厘米×通长114厘米，采集自西盟自治县岳宋乡老寨，传统样式。

长裙与短裙是佤族年轻女性独有的下装，两种服装所用面料同样是佤族织锦，两种款式之间的差别在于裙长的不同。裙长是由面料折叠方式决定的。短裙是佤族人民在日常生活中根据自身需要在长裙的基础上改良发展而来的服装款式，与长裙相比，短裙的好处在于：第一，适应部分少女爱美的天性；第二，短裙的长度更适合舞蹈的需要，在表演时可以看到腿部的动作。

在农闲或旱季时，佤族妇女采集山上生长的棉花和麻，使用"腰织机"编织佤族织锦，并用制作好的织锦与其他布料拼接，折叠后围在腰间，成为裙，再系上腰带。以往，服饰的整个制作过程全部是手工，现在，佤族人已经渐渐适应了现代工业发展，习惯在服装铺子定做服装，不再自己制作。面料也有更多的选择，现在市面上有许多具有缅甸佤邦特色的织锦，配色和装饰都与原有中国云南西盟地区的织锦不同。传统短裙的颜色一般是黑色和红色，主要装饰是织锦上的刺绣纹样。

随着佤族旅游产业的发展和文化影响的扩大，短裙的改良设计还在继续，出现了很多适用于舞台演出的变化，色彩更丰富。有的面料含有化纤材料，表面有光泽；有的短裙还添加了银色有花纹的金属片或是银泡，而银泡装饰原本是中课地区佤寨服装的特色，由于交通的发展、人民生活水平的提高，短裙的装饰也吸收了更多外来元素。传统短裙的款式简单，穿着不牢固，容易松开，现代短裙的结构经过了改良——使用拉链简化了穿着过程，增强了穿着的安全性。

**图片来源**

图一 闫铭砚等 摄影

图二至图七 侯雨薇等 制图

图二 岳宋佤族红黑横条纹短裙复原图

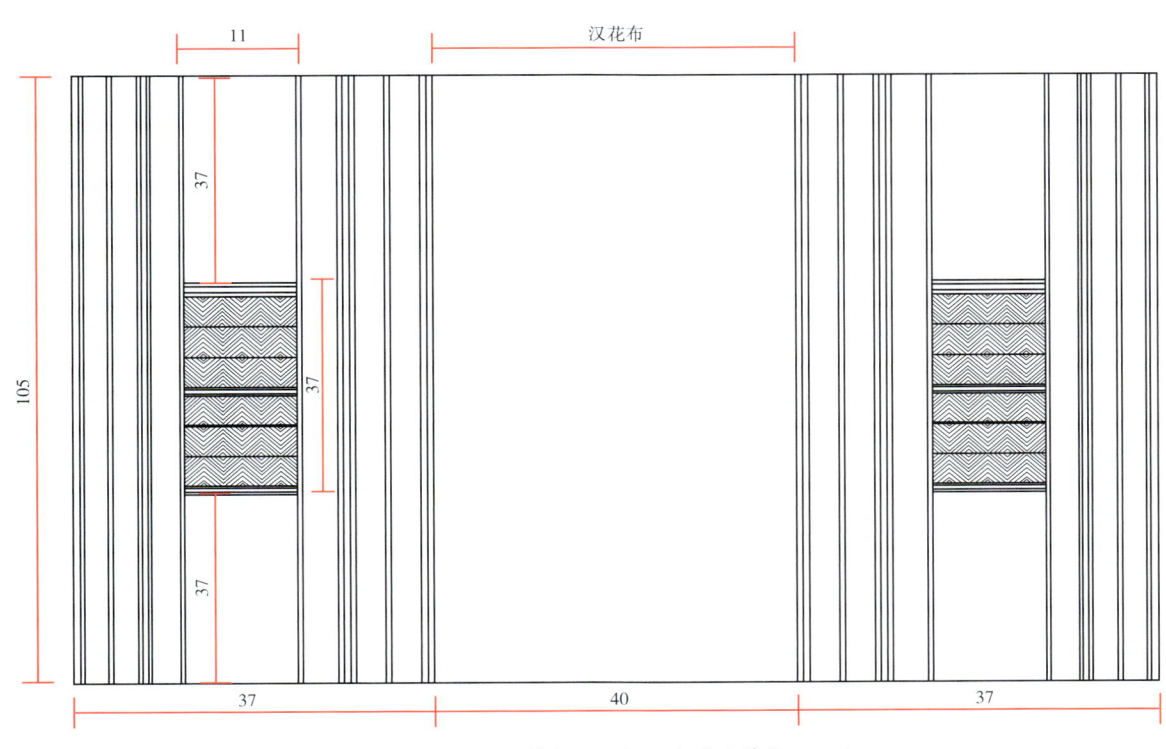

图三 岳宋佤族红黑横条纹短裙尺寸图（单位：cm）

图四　岳宋佤族红黑横条纹短裙开片图

1.织布

2.裁剪

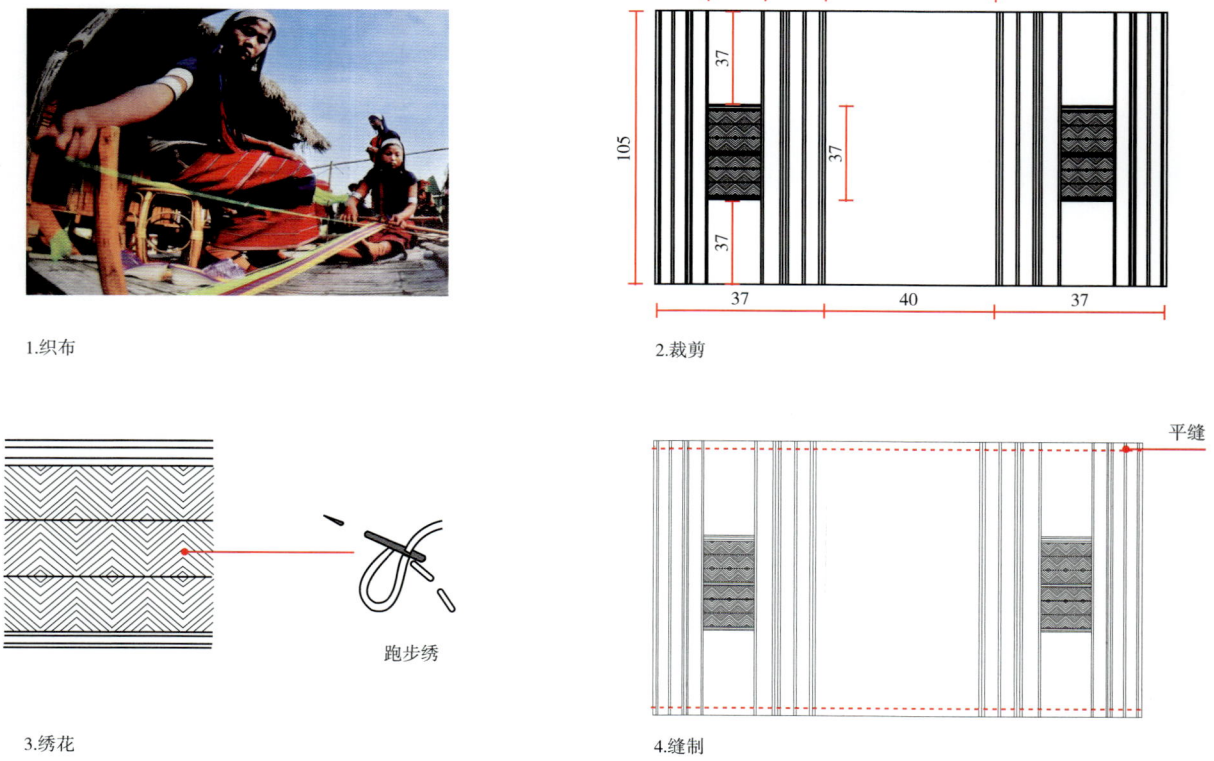

3.绣花　跑步绣

4.缝制　平缝

图五　岳宋佤族红黑横条纹短裙工艺分析图（单位：cm）

图六 岳宋佤族红黑横条纹短裙局部效果图

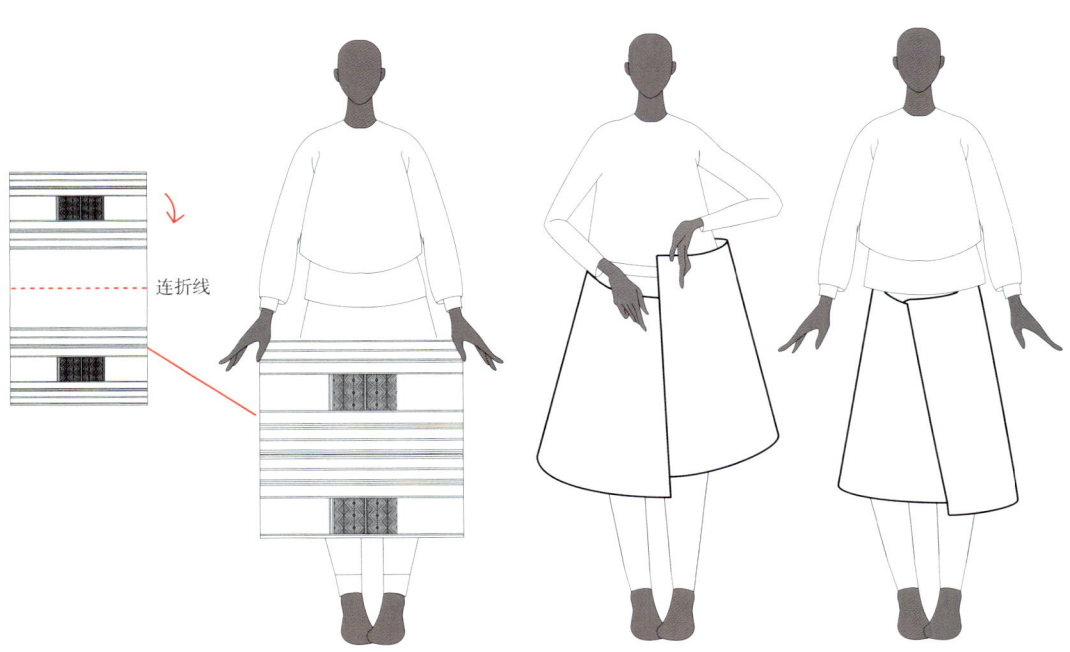

图七 岳宋佤族红黑横条纹短裙穿着操作示意图

连折线

第二章 佤族传统服饰

109

# 佤族V型领紧身无袖短衣（贯头衣与开襟衫）

图一　佤族V型领紧身无袖短衣（贯头衣）主图

岳宋佤族V型领紧身无袖短衣（佤族女性上衣），尺寸：通高47厘米×通长45.5厘米；贯头衣采集自云南省西盟自治县岳宋老寨，开襟短衣藏于西盟佤族博物馆，生产于当代。

短衣整体呈长方形，领口V字形，领口、袖口下方有一小段红色包边。领口、袖口和下摆处用平针将毛边向内固定。两侧衣片缝合处、下摆都有用"三角链绣"针法织成的刺绣，前片中间用"十字绣"纵向装饰，前片中间的刺绣上用"扣锁绣"针法横向进行装饰，共有三段，三段刺绣间的距离相等，每段刺绣宽约0.4厘米，长约3厘米，下摆处用"三角链绣"遮盖了收毛边的平针线迹。

短衣按面料分有三种：棉布、麻布和棉麻混纺，颜色统一为黑色，将红色作为点缀。短衣四季皆可穿着，穿着者多是年轻女性，下身穿筒裙或短裙，《新唐书·卷222》有记："黑焚濮，山居，妇人以幅布为裙，贯头而系之，丈夫衣谷皮。"《文献通考·卷330》又曰："黑㸌濮，在永昌西南，山居而勤苦。其衣服，妇人以幅布为裙或以贯头，丈夫以谷皮为衣。"由此可以看出，这种服装形制应是从古流传至今，短衣和筒裙也应是一种具有悠久历史的服装。

中华人民共和国成立前，佤族一直处于刀耕火种的原始社会，生产、生活方式都极为原始。贯头衣适应了这种生产方式，构造简单，没有较多的装饰，便于劳动，同时服装结构利于散热，在炎热的天气穿着较舒适。在世界范围内，贯头衣最著名的案例出现在古埃及文明中，将佤族文化和古埃及文化进行比较，发现两者在生产水平、气候条件方面有一定的相似性，所以，两地人们都穿贯头衣也就不难理解。

相比贯头衣，现代开襟短衣发生了一定的变化，主要是结构和装饰手法的变化。在结构上，前片由一片衣片变为两片，出现了门襟；在装饰手法上，可以看出现代工业对传统手工业的冲击，原先用刺绣方法完成的图案，现在被花边图案代替。服装的颜色虽然保留了以黑色为主，但是作为点缀的颜色不仅限于红色，附属配色更加丰富。

**图片来源**

贯头衣

图一、图七　闫铭砚　摄影
图二至图六　姜飘飘　制图

开襟衫

图一、图七　闫铭砚　摄影
图二至图六　姜飘飘　制图

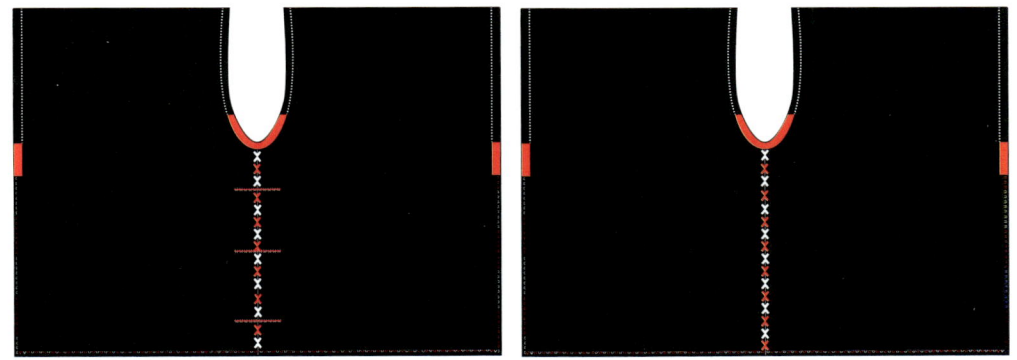

图二　佤族V型领紧身无袖短衣（贯头衣）复原图

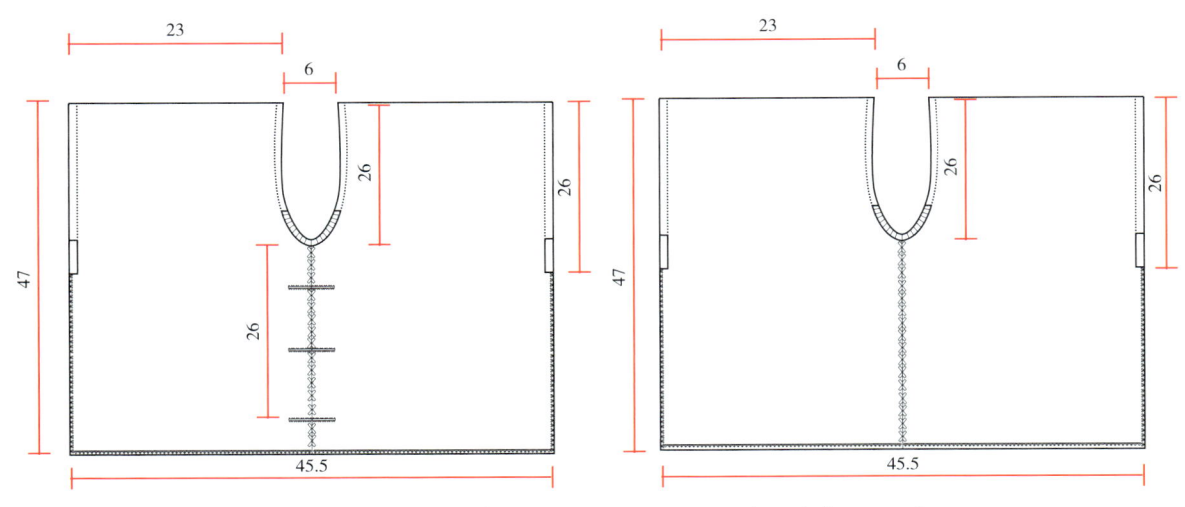

图三　佤族V型领紧身无袖短衣（贯头衣）尺寸图（单位：cm）

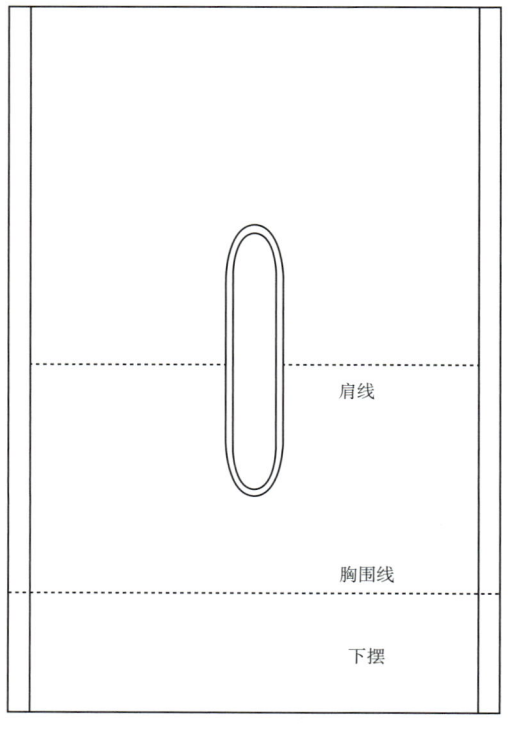

图四　佤族V型领紧身无袖短衣（贯头衣）开片图

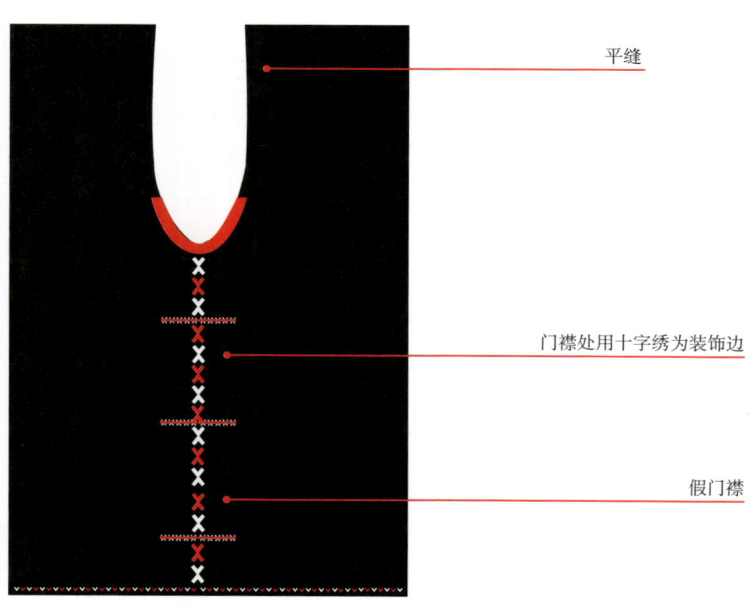

图五　佤族V型领紧身无袖短衣（贯头衣）局部分析图

1.织布

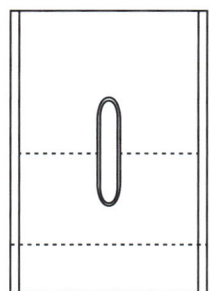

2.裁剪

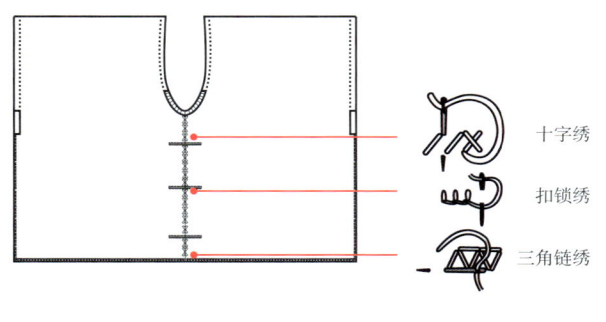

十字绣
扣锁绣
三角链绣

3.绣花

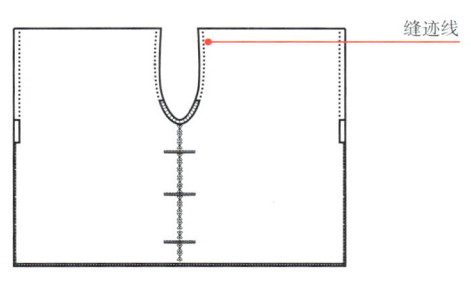

缝迹线

4.缝制

图六　佤族V型领紧身无袖短衣（贯头衣）工艺分析图

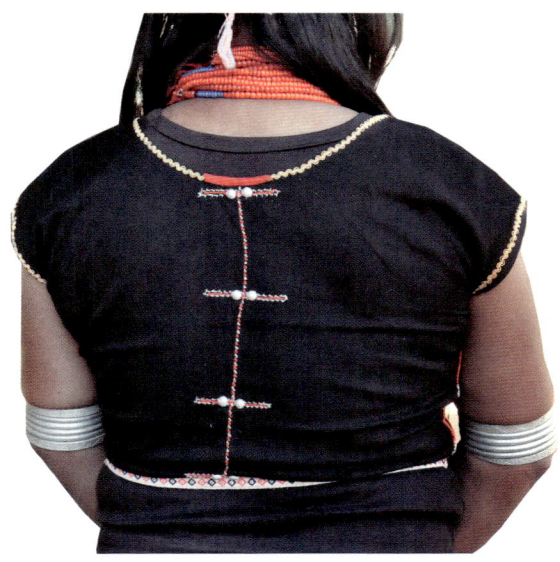

图七　佤族V型领紧身无袖短衣（贯头衣）效果图

第二章　佤族传统服饰

113

图一　佤族V型领紧身无袖短衣（开襟衫）主图

图二　佤族V型领紧身无袖短衣（开襟衫）复原图

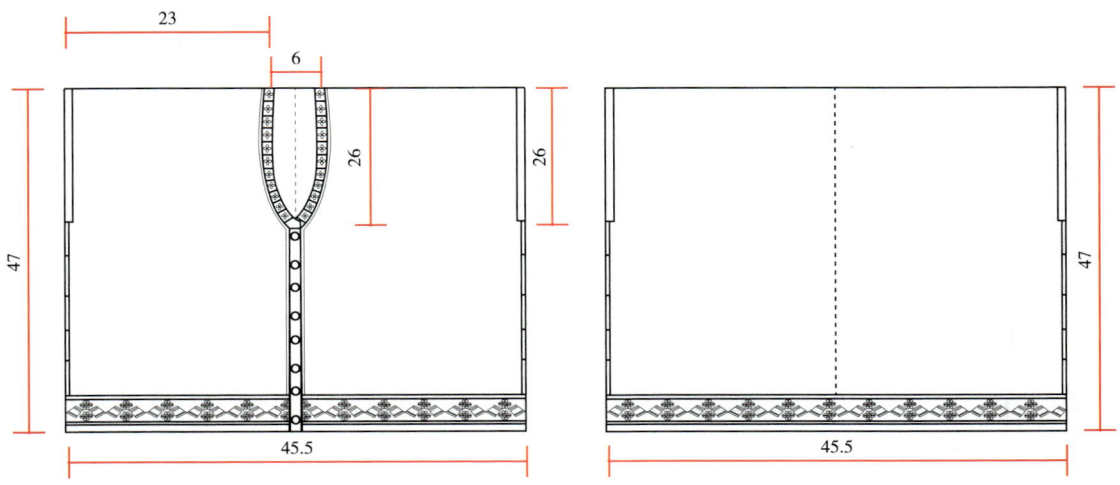

图三　佤族V型领紧身无袖短衣（开襟衫）尺寸图（单位：cm）

1.织布

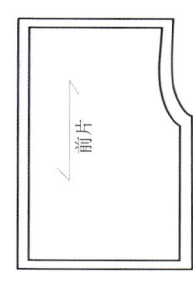
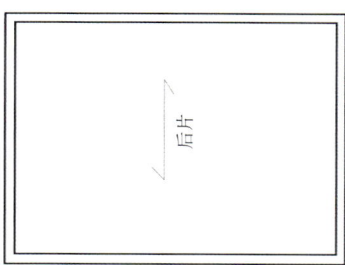
2.裁剪

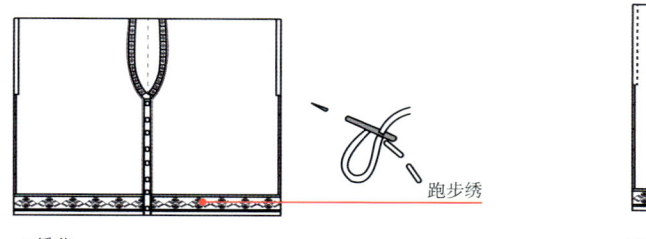
3.绣花　　　　　　　　　　　跑步绣

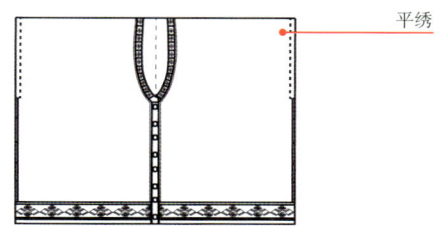
4.缝制　　　　　　　　　平绣

图四　佤族V型领紧身无袖短衣（开襟衫）工艺分析图

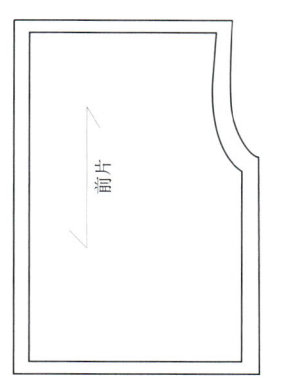
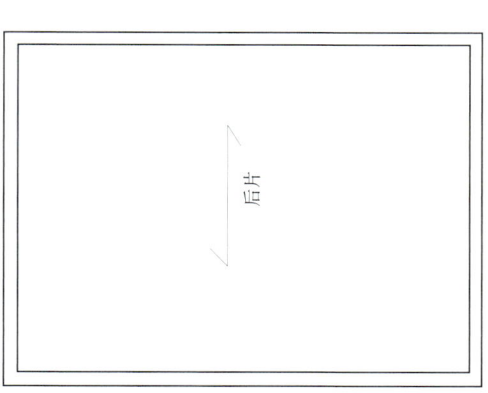

图五　佤族V型领紧身无袖短衣（开襟衫）开片图

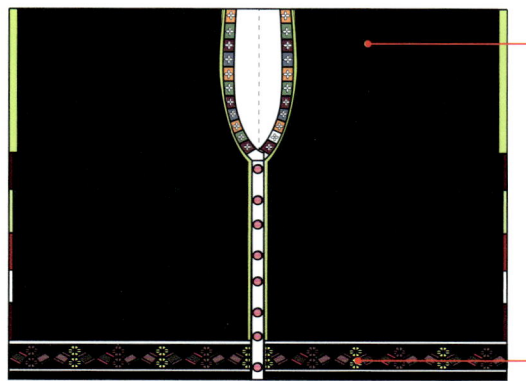
V型领，开门襟

图七　佤族V型领紧身无袖短衣（开襟衫）效果图

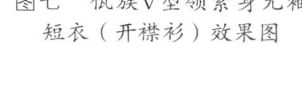

图六　佤族V型领紧身无袖短衣（开襟衫）局部分析图

第二章　佤族传统服饰

115

# 西盟佤族立领对襟男上衣

图一　西盟佤族立领对襟男上衣主图

　　佤族男装日常上衣，尺寸：通高55厘米×通长97厘米，藏于西盟自治县佤族博物馆。生产于当代，款式简单，上有小立领，立领与衣身接缝处有银泡装饰，领口用银币做扣。袖子为连身袖，面料为黑色，里料为蓝色，在后身下摆中缝处有一小段开衩。

　　清《云南通志》载："卡瓦，男穿青布短衣裤，女穿青蓝布短衣裙，均以红藤缠腰，耕种杂粮之外，佩刀持枪捕猎为食。"可见男装自清朝到现在并没有太大变化，保持了古代男装上衣的基本形制。与女装V领贯头上衣相比，男装上衣的裁剪相对复杂，不再只是使用一块面料制作，而是用数个衣片缝合制作服装。男性上衣的颜色变化较少，有黑色、蓝色两种。服装只在领口处有一银币做扣，云南地区少数民族十分喜爱银饰，常常用银币作为服装装饰，银饰的制作原料除银矿外，有时还会使用白铁皮代替。

　　传统佤族男性日常穿着的服装上一般没有装饰物，随着生活的富裕，服装装饰渐渐丰富起来，图一中这件立领对襟上衣在装领线上（即领子部分与衣身的缝迹线）用一圈银泡进行装饰。不同地区的佤寨在服饰上有着不同的特点，佤族民众可以通过服饰上的装饰分辨各自所属的佤寨。银泡是中课地区佤民特有的装饰，通常装饰在服装和筒帕上。

　　在设计过程中，设计品的产生、变化、发展无一不受其使用环境的影响。立领对襟男上衣具有的设计特点及其发展流变，对研究了解佤族的生活、文化都有重要参考价值。

**图片来源**
图一　闫铭砚等　摄影
图二至图五　李煜天等　制图
图六　兄弟民族形象服饰资料

图二 西盟佤族立领对襟男上衣复原图

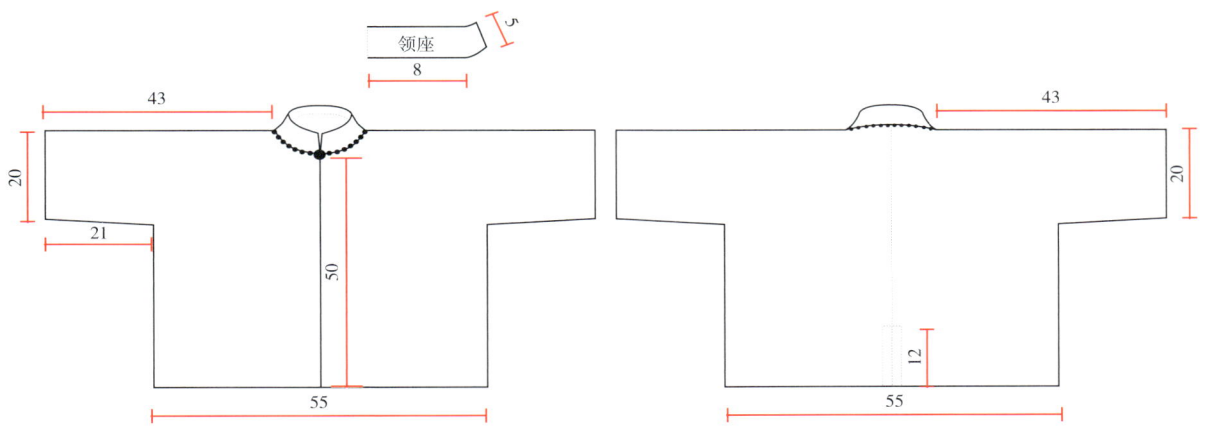

图三 西盟佤族立领对襟男上衣尺寸图（单位：cm）

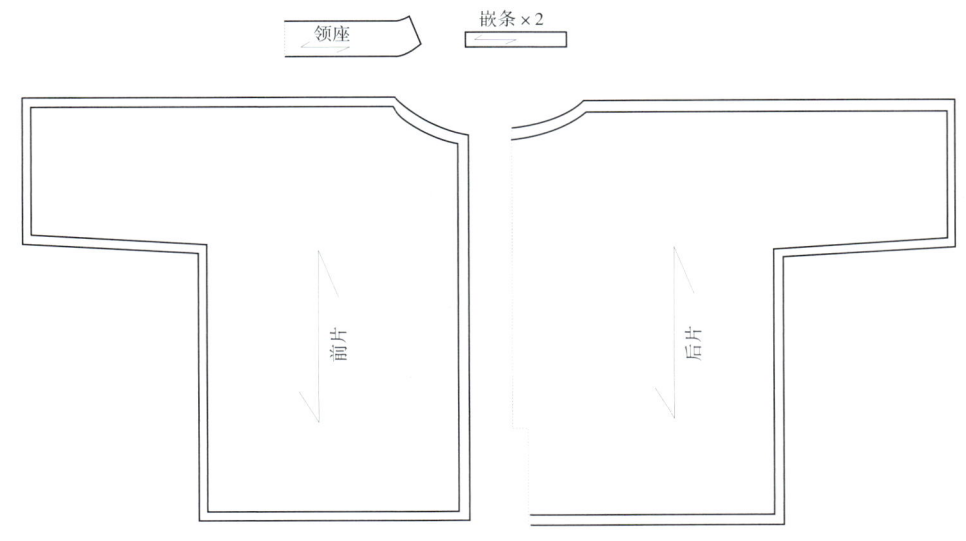

图四 西盟佤族立领对襟男上衣开片图

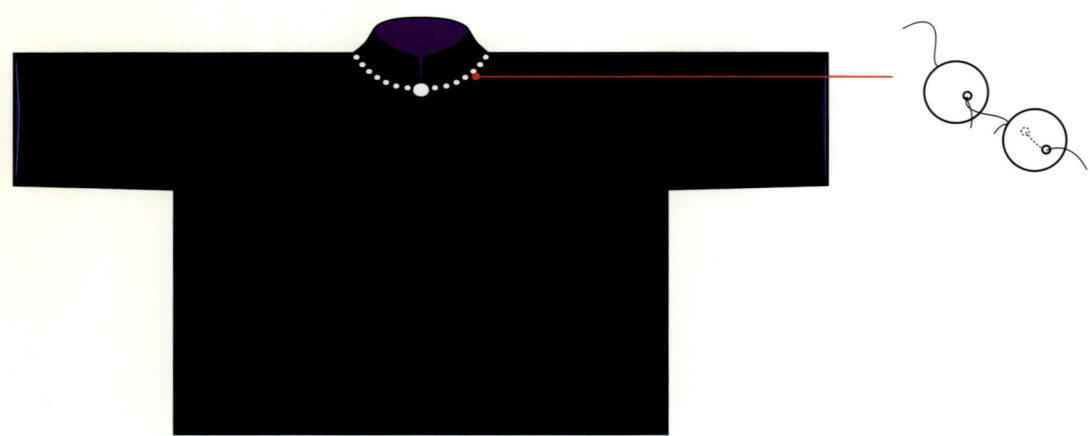

图五　西盟佤族立领对襟男上衣局部分析图

图六　西盟佤族立领对襟男上衣效果示意图

# 西盟佤族男裤

图一　西盟佤族男裤主图

西盟佤族男裤,为佤族男士日常下装。本案例采集自西盟县城裁缝铺,尺寸:高80厘米×长60厘米。裤装是现代佤族青年、老年男士固定的下装,同时还是老年妇女日常服装。一般情况下男裤使用黑、蓝两色土织布制作,没有颜色的拼接,腰头和裤脚使用蓝色布条包边。腰头呈V字形,整个裤子腰围非常肥大,但不是因为当地人体形肥胖。整个裤子没有腰带,穿着方法与筒裙类似,将裤子两头腰头多余的部分向中间折叠并向腰头的反面折叠固定。

服装剪裁分为成型类服装、半成型类服装和非成型类服装三种,佤族男裤的裁剪属于半成型类服装,即尽量保持面料的完整性,对人体进行大致概括而简单缝制的服装。佤族男裤在结构上具有鲜明的特色,在裆部使用另一块布料塑造裆部结构,这类裆部结构成为"补裆"或是"合裆",裤型短而宽大,由于"补裆"的衣片导致两只裤脚宽度不一。有一些佤族聚集区使用四幅土布拼接裤裆,结构十分有趣。

**图片来源**
图一　闫铭砚等　摄影
图二至图六　李婷等　制图

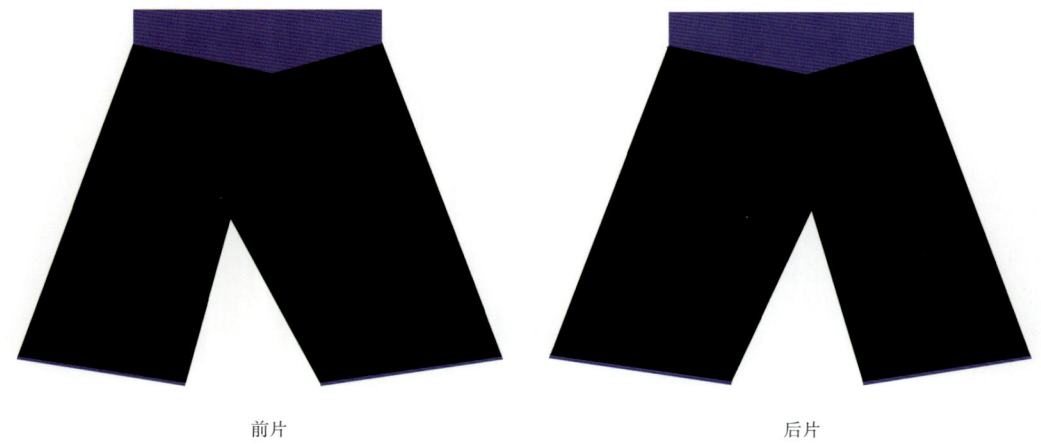

前片　　　　　　　　　后片

图二　西盟佤族男裤复原图

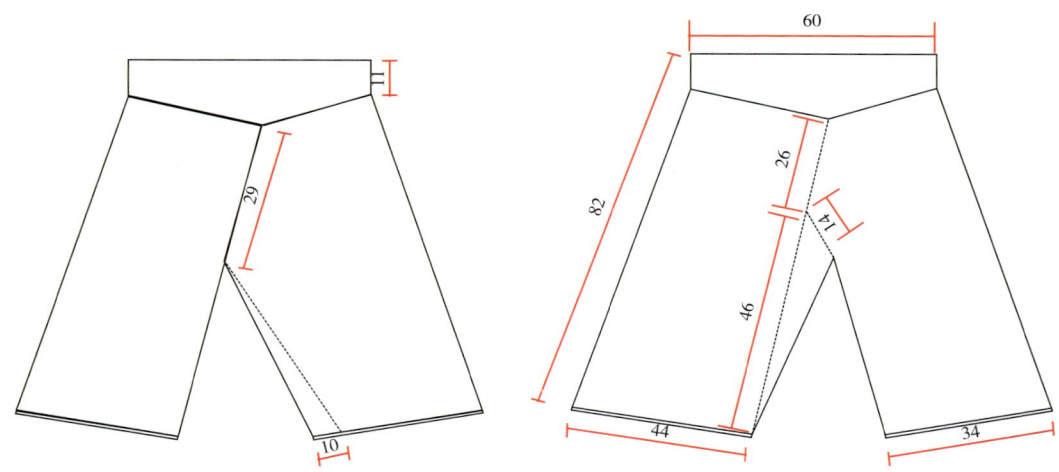

图三　西盟佤族男裤尺寸图（单位：cm）

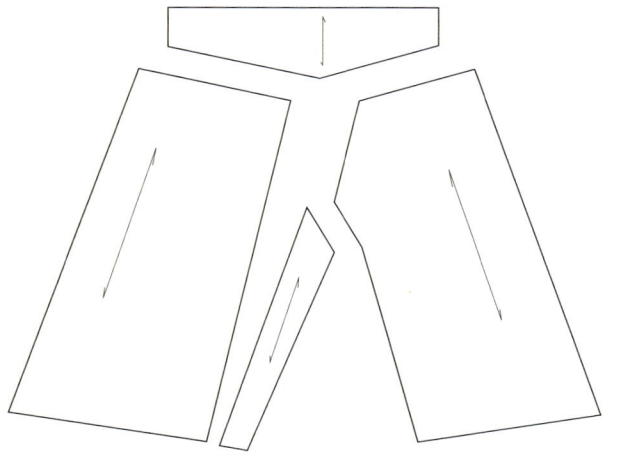

图四　西盟佤族男裤开片图

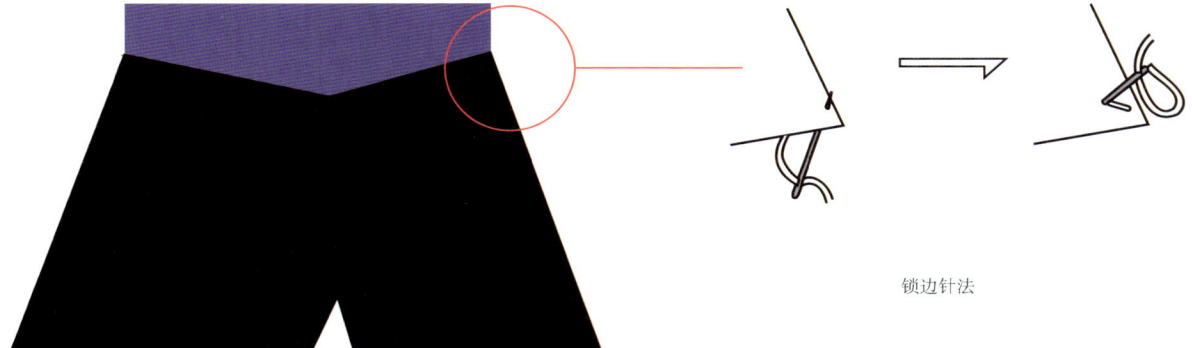

锁边针法

图五　西盟佤族男裤工艺分析图

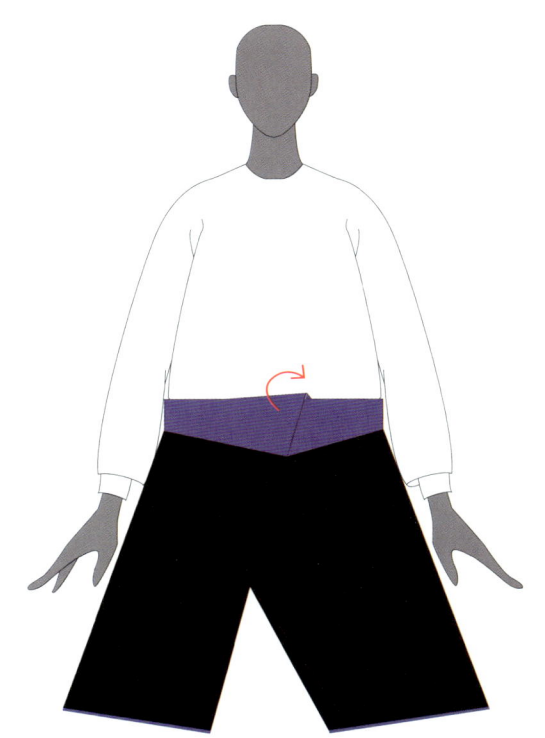

图六　西盟佤族男裤穿着操作示意图

第二章　佤族传统服饰

121

# 佤族打洛部落头人男背心

图一　佤族打洛部落头人男背心主图

打洛部落头人日常服装男背心，尺寸：高60厘米×长48厘米。此款服装最大的特点是使用很多珠子组合成太阳、月亮、牛头等具有佤族特色的图案。佤族人有文身的习俗，在胸、肩、臂、背等部位刺上太阳、月亮、蜥蜴、牛头等图案。这些服饰源远流长，经久不衰，保存了祖先"啊佤理"（即民族历史）意愿，例如太阳、月亮等都是他们的神话与宗教中崇拜的图腾。

佤族人对黑色的喜爱体现在每一款服装上，此款服装也是以黑色为主，在衣服的底边和袖边卷了白色的布料，在扣结处点缀了由白色的椭圆形装饰物组成的三角形，使服装左右平衡。颜色的搭配也颇有序，虽然图案很烦琐，但因为服装的色彩搭配得当，所以并不杂乱，反而有张有弛，具有艺术感。

此款服装常与黑色的肥大裤子搭配，行动方便自如，在视觉上形成冲击感，十分美观与实用。

**图片来源**
图一、图六　闫铭砚等　摄影
图二至图五　丁稳　林露怡　制图

图二 佤族打洛部落头人男背心复原图

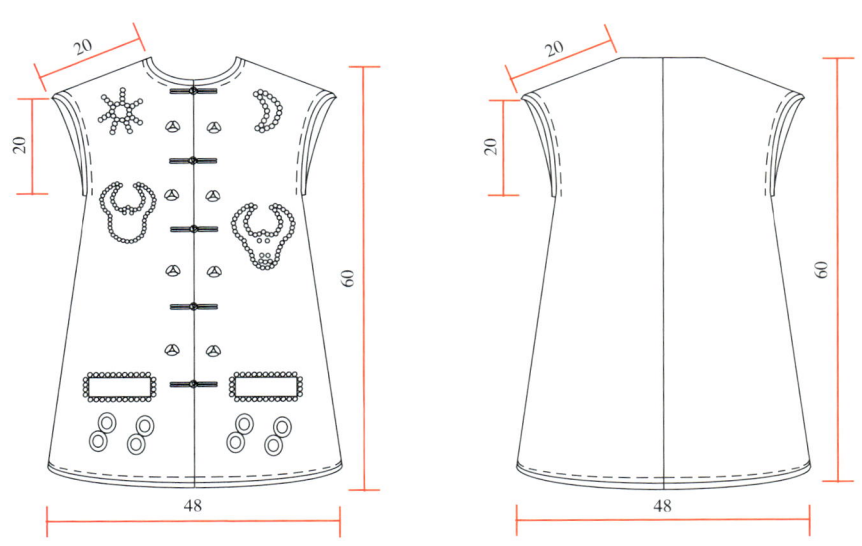

图三 佤族打洛部落头人男背心尺寸图(单位:cm)

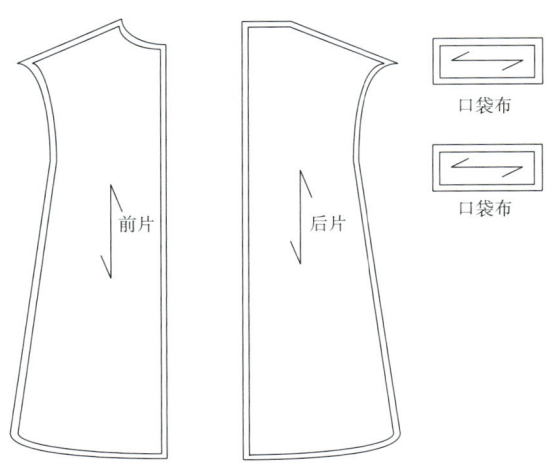

图四 佤族打洛部落头人男背心开片图

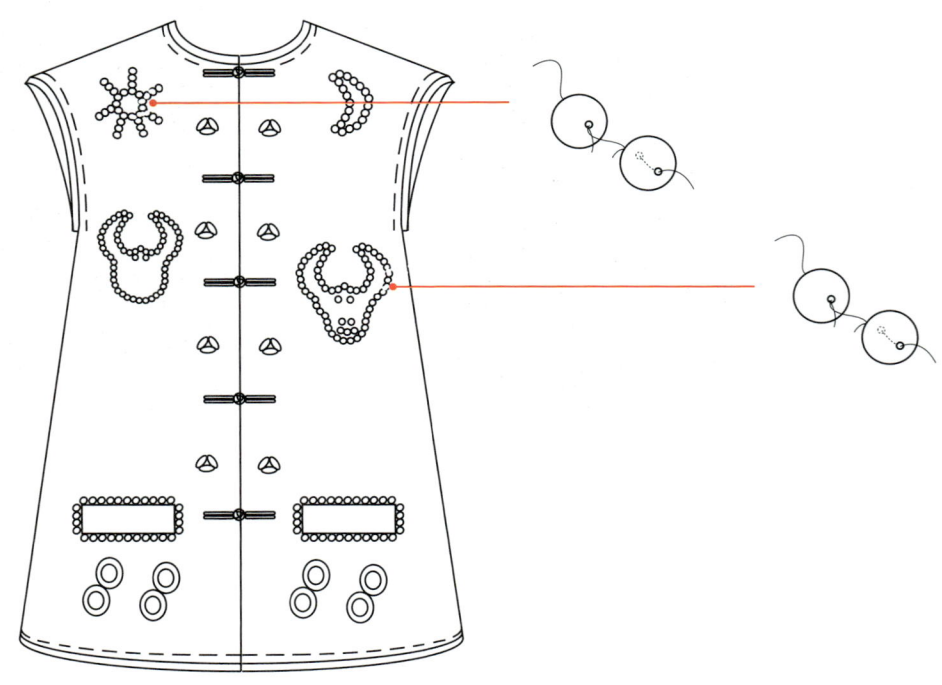

图五　佤族打洛部落头人男背心局部分析图

图六　佤族打洛部落头人日常服装效果图

# 佤族打洛部落女装

图一　佤族打洛部落女装主图

打洛部落女装别具特色，如图一所示，上衣的颜色是深浅不一的蓝色。其中，里衣采用富有光感的正蓝色面料，为无领大襟衣，在其前中缝部位，采用20余个银币整齐排列，将前中缝覆盖隐藏，正好显露在前开的无扣深蓝色短上衣的两个前片之间。外罩的短上衣在颈部位置，领口镶边处有同色同质的系带两条，系于领口，以固定外衣。两个前片分别镶以对称的白色滚条，领口滚条为蓝色，袖口为红色，以提亮整件上衣。

下身是蓝紫相间的横条纹长裙，主要以两种颜色相间拼接，并在接缝处镶以黄色布条，掩盖接缝的同时，提亮长裙的色调，并起到点缀和装饰作用。配饰上，图中女子头戴长条纹包头巾，以裹住头发，颈部戴两个银项圈和数串珠串，腕部戴翠色玉镯，具有辟邪求福和装饰作用。腰部用白色宽腰带系扎，终端留有长流苏，肩挎白色布包，这是佤族妇女外出必备的实用性服饰配件。

**图片来源**
图一、图十　闫铭砚等　摄影
图二至图六　林露怡　制图
图七至图九　姜飘飘　制图

图二　佤族打洛部落女装上衣复原图

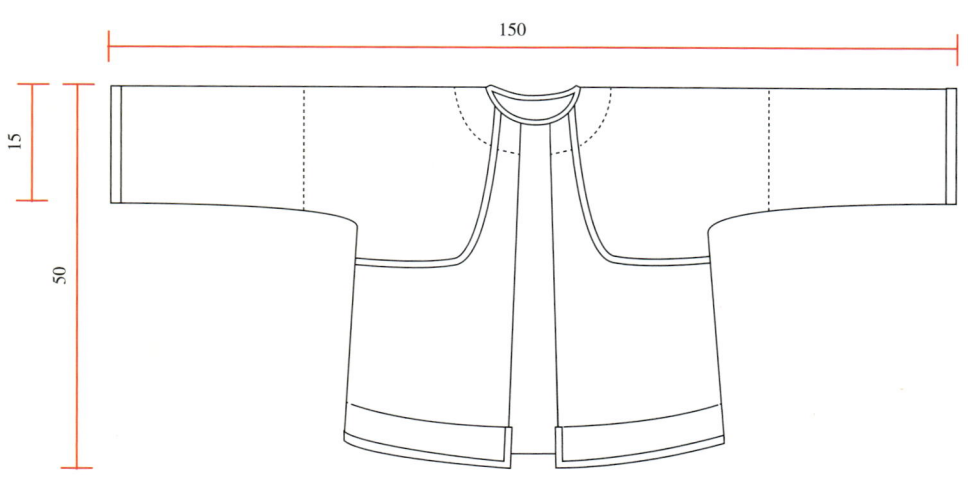

图三　佤族打洛部落女装上衣尺寸图（单位：cm）

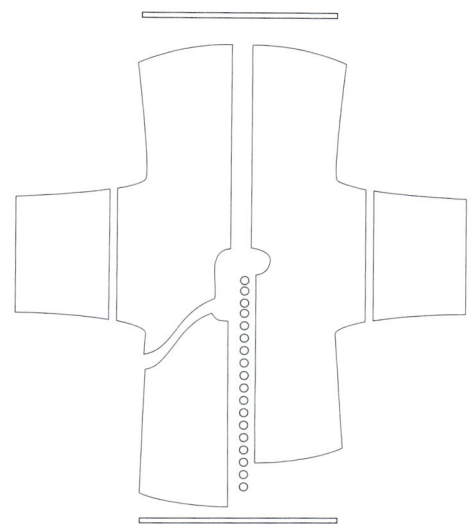
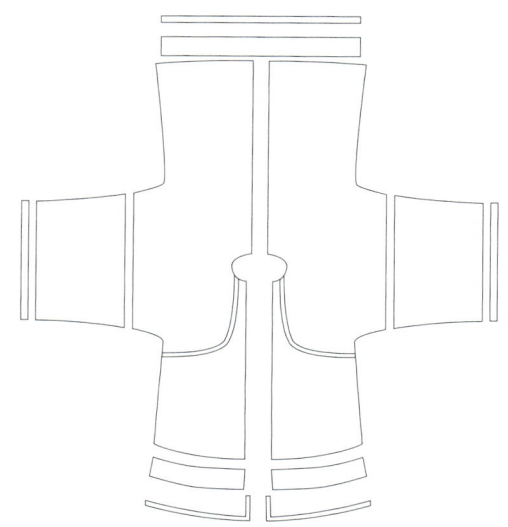

图四　佤族打洛部落女装里衣开片图　　　　　　　　图五　佤族打洛部落女装外衣开片图

 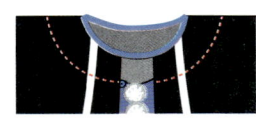 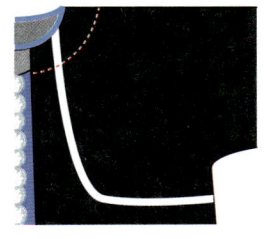

图六　佤族打洛部落女装上衣局部分析图

图七　佤族打洛部落女装长裙复原图

第二章　佤族传统服饰

图八　佤族打洛部落女装长裙尺寸图（单位：cm）

图九　佤族打洛部落女装长裙穿着操作示意图

图十　佤族打洛部落女装穿着效果图

# 佤族打洛部落女式大礼服

图一　佤族打洛部落女式大礼服主图

打洛部落富家女礼服比普通佤族服银饰面积更大，上衣为对襟的大裾，深蓝色，无领，领口用红色镶边，口袋用红宝石镶嵌。衣长60厘米，前门襟下端连缀飘带，并且有流苏装饰，镶嵌的银饰组合成梅花。下装为红黑相间条纹长裙，裙长90厘米，宽120厘米。该裙生产于近代，传统样式。

礼服面料均为手工制作。农闲时，佤族妇女采集山上生长的棉花和麻，使用"腰织机"编织佤族织锦，用制作好的织锦与其他布料拼接，并作装饰。上衣门襟的下摆处连缀红色飘带和流苏，类似于汉族服饰的凤尾裙，显示出民族服装文化的交融。由于腰织机织出的面料布幅较窄，所以裙子都是拼接而成。红黑色为佤族的传统用色，但是受现代工业的影响，现在的佤族服饰融入了很多现代的元素。

打洛部落服饰简洁粗犷，图案色泽明快大方。其宽松肥大的上衣，长筒裙，与我们较为熟知的紧身露脐的宋岳女装截然不同，展现出独特的魅力。

**图片来源**
图一、图五　闫铭砚　摄影
图二至图四、图六至图九　姜飘飘　制图

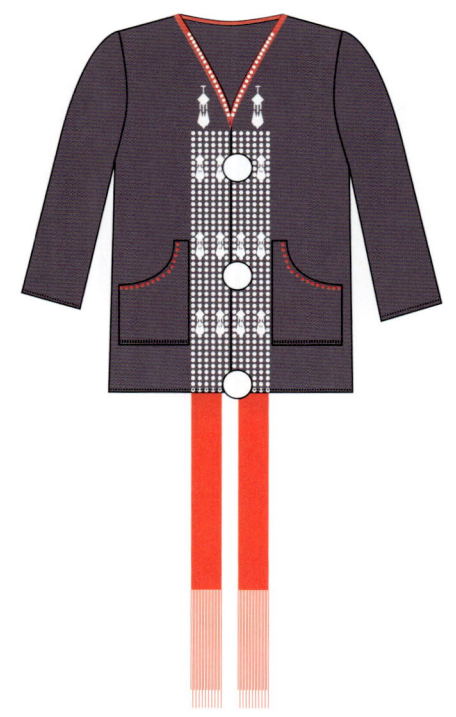

图二 佤族打洛部落女式大礼服上衣复原图

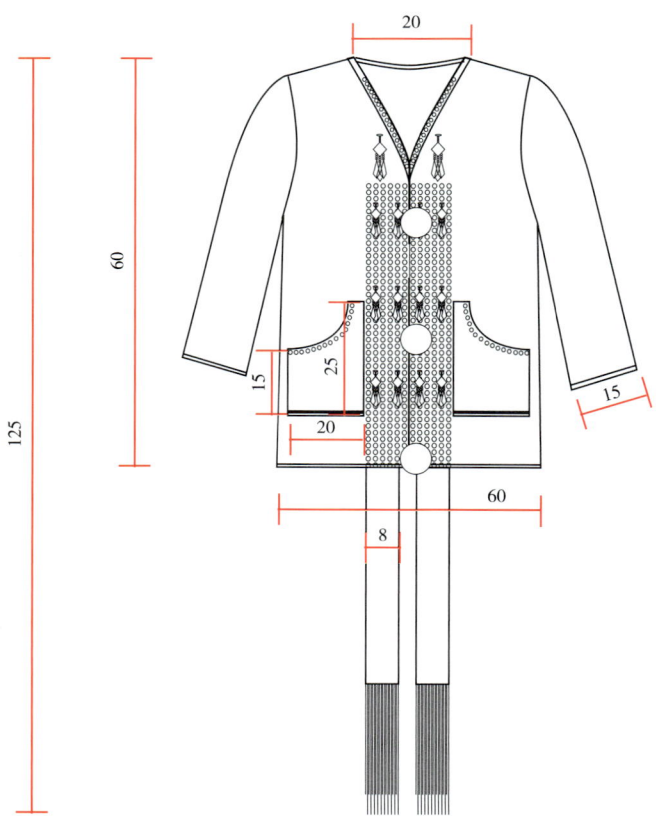

图三 佤族打洛部落女式大礼服上衣尺寸图（单位：cm）

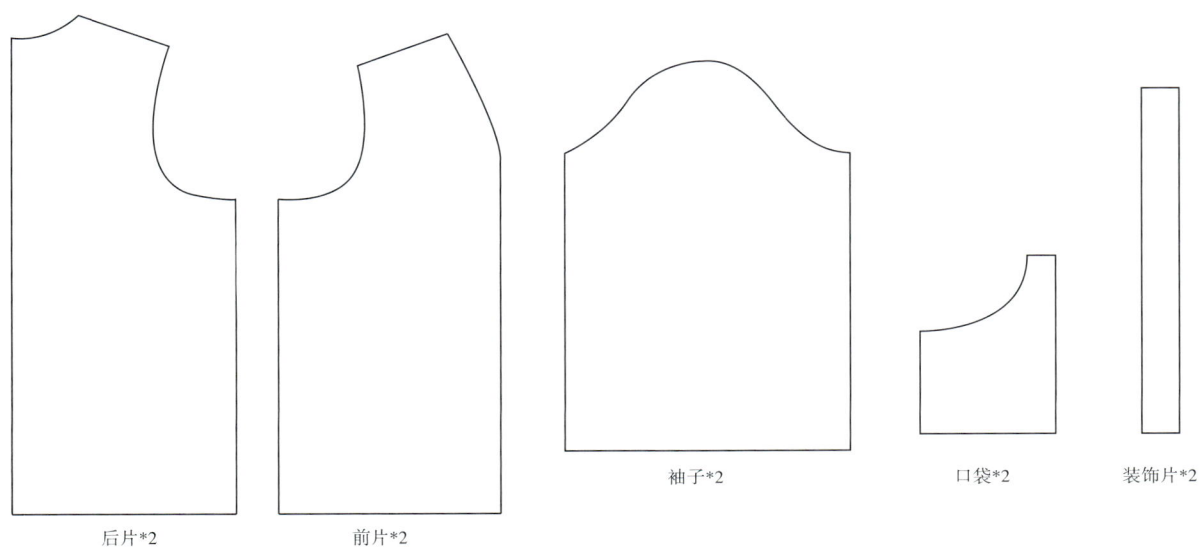

图四　佤族打洛部落女式大礼服上衣开片图

后片*2　　前片*2　　袖子*2　　口袋*2　　装饰片*2

图五　佤族打洛部落女式大礼服上衣局部分析图

第二章　佤族传统服饰

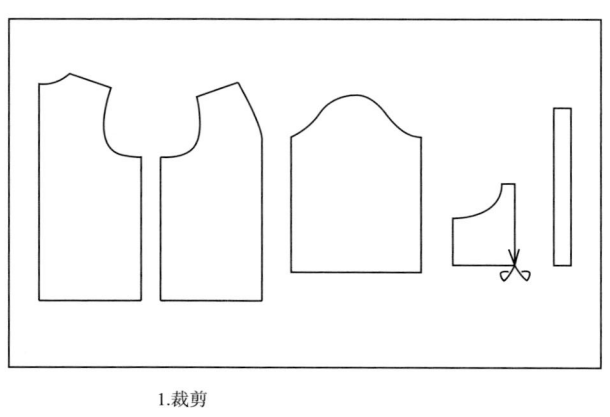
1.裁剪

2.缝合

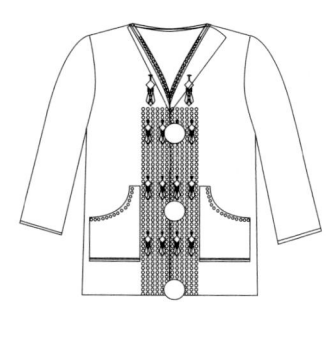
3.固定银饰

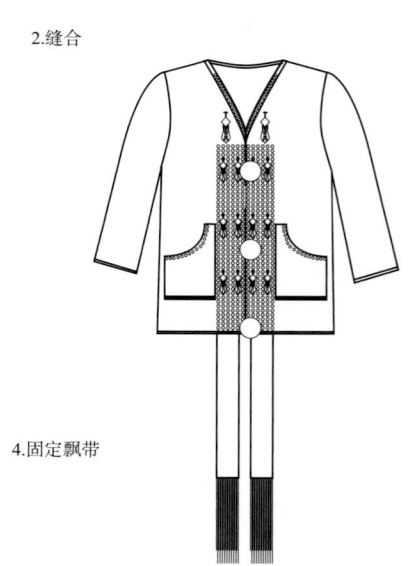
4.固定飘带

图六　佤族打洛部落女式大礼服上衣工艺分析图

图七　佤族打洛部落女式大礼服长裙开片图

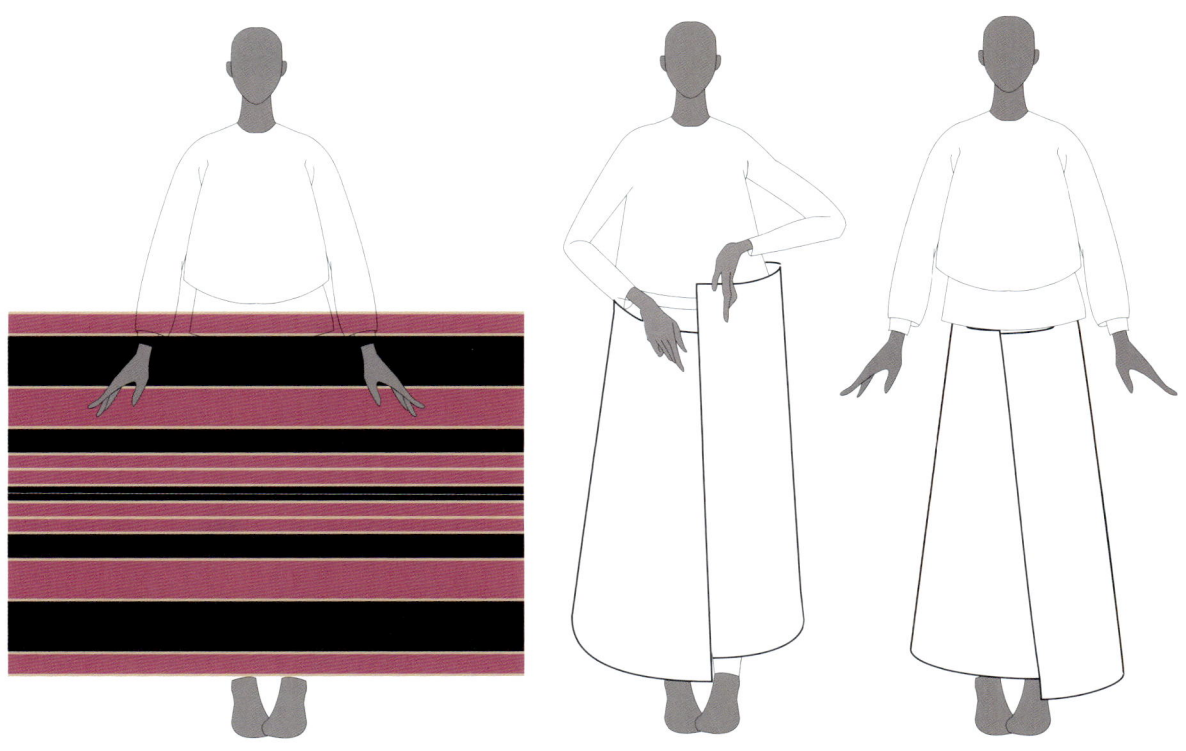

图八 佤族打洛部落女式大礼服长裙穿着操作示意图

图九 佤族打洛部落女式大礼服穿戴效果示意图

第二章 佤族传统服饰

# 佤族打洛部落乌凹服

图一　佤族打洛部落乌凹服主图

打洛部落乌凹服，即英雄服。此案例尺寸：长100厘米×宽50厘米，生产于当代，传统方式制作，传统样式。

打洛部落乌凹服是佤族中最受尊敬的头人或长者的专用服装，供特定的时间穿着和使用。在穿英雄服时，还要佩戴牙格辣帽。牙格辣帽是模仿一种红色羽毛的小鸟形态制成的帽子。这种小鸟比斑鸠大一点，头上竖一小撮毛。乌凹服的材料选用佤族的织锦。佤族人民会在山上采集棉或麻等材料，再将棉线染成黑、蓝、黄等色，之后用"腰织机"编织佤族织锦。纺线时，她们将线的一头拴在腰上，另一头用木棍穿好，搁在钉在地上的两根木桩上，然后将绕在木棍上的纬线穿到经线的中间，再用杼刀把线打紧。这种织法虽然慢一些，但织出的布更加厚实紧绷。织锦织好后根据着装者的身高、体重等进行裁剪，并在织锦之上用银泡、刺绣、拼贴等方式进行装饰，最后用平缝的手法缝制成形。服饰整体以黑白两色为主，主体为黑，两袖为白，两肩装饰有象征日月星辰的白色花纹。胸口装饰有白色牛形花纹，显示出佤族人民对于牛的崇拜和尊敬，牛头图案象征着谦和与良善。下摆装饰有方形的蓝色方块状花纹和8字形红色花纹。所有这些装饰的纹样，都有其特定的内涵和意义。这种设计不仅符合了本民族的宗教需求，也顺应了本民族的审美倾向，其丰富内涵可以为现代设计师所借鉴。

**图片来源**

图一、图七　闫铭砚　摄影

图二至图六　温馨　制图

图二　佤族打洛部落乌凹服复原图

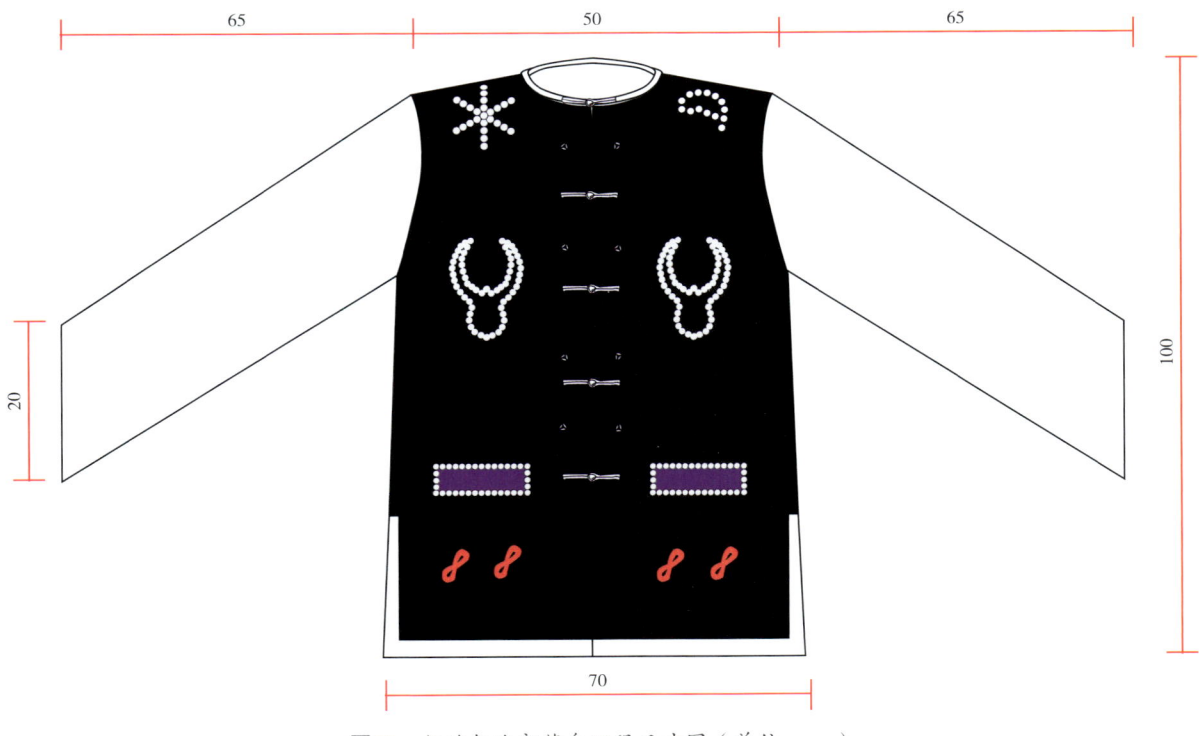

图三　佤族打洛部落乌凹服尺寸图（单位：cm）

图四 佤族打洛部落乌凹服开片图

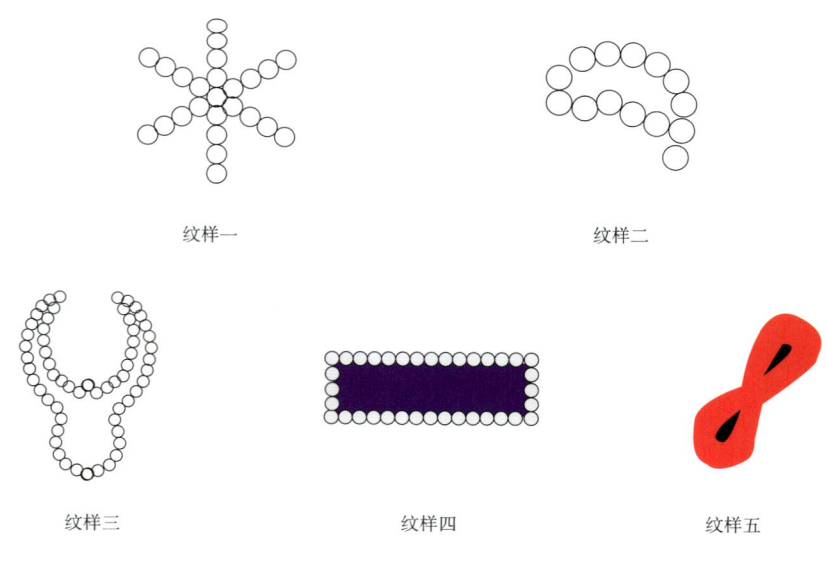

纹样一　　　　　　　　纹样二

纹样三　　　　　纹样四　　　　　纹样五

图五 佤族打洛部落乌凹服装饰纹样图

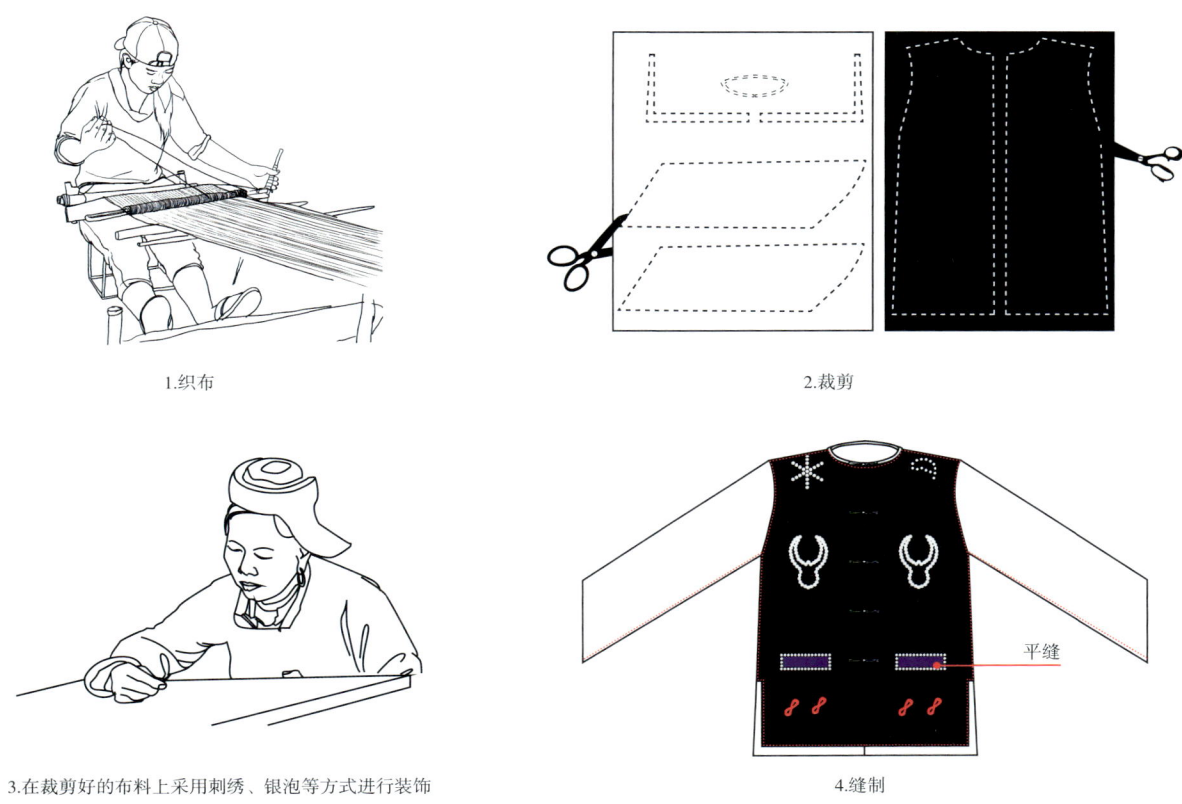

1.织布  2.裁剪

3.在裁剪好的布料上采用刺绣、银泡等方式进行装饰  4.缝制

图六 佤族打洛部落乌凹服工艺分析图

图七 佤族打洛部落乌凹服穿着效果图

第二章 佤族传统服饰

137

# 佤族打洛部落精神领袖诺门服饰

图一　佤族打洛部落精神领袖诺门服饰主图

诺门服饰，高80厘米，双臂平举后两袖连肩通长130厘米，长48厘米。诺门服饰相当于部落精神领袖的常服，整体着装简洁稳重，风格端庄。采用对襟方式，前片有左、右两个假口袋，用作装饰。

**图片来源**
图一　闫铭砚　摄影
图二至图七　温馨　制图

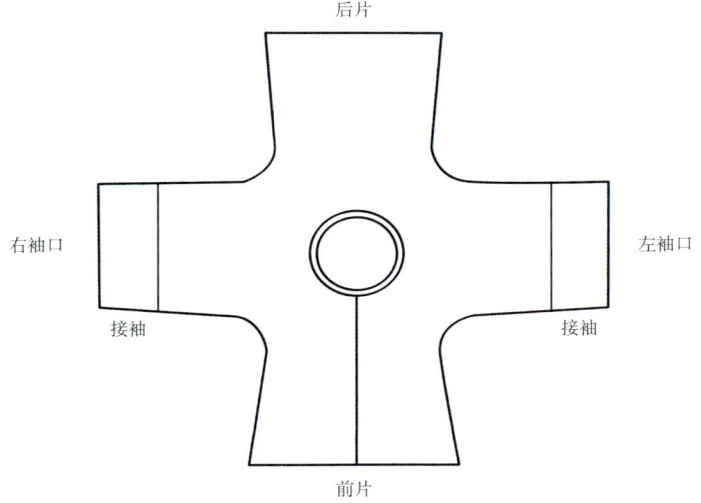

图二　佤族打洛部落精神领袖诺门服饰开片图

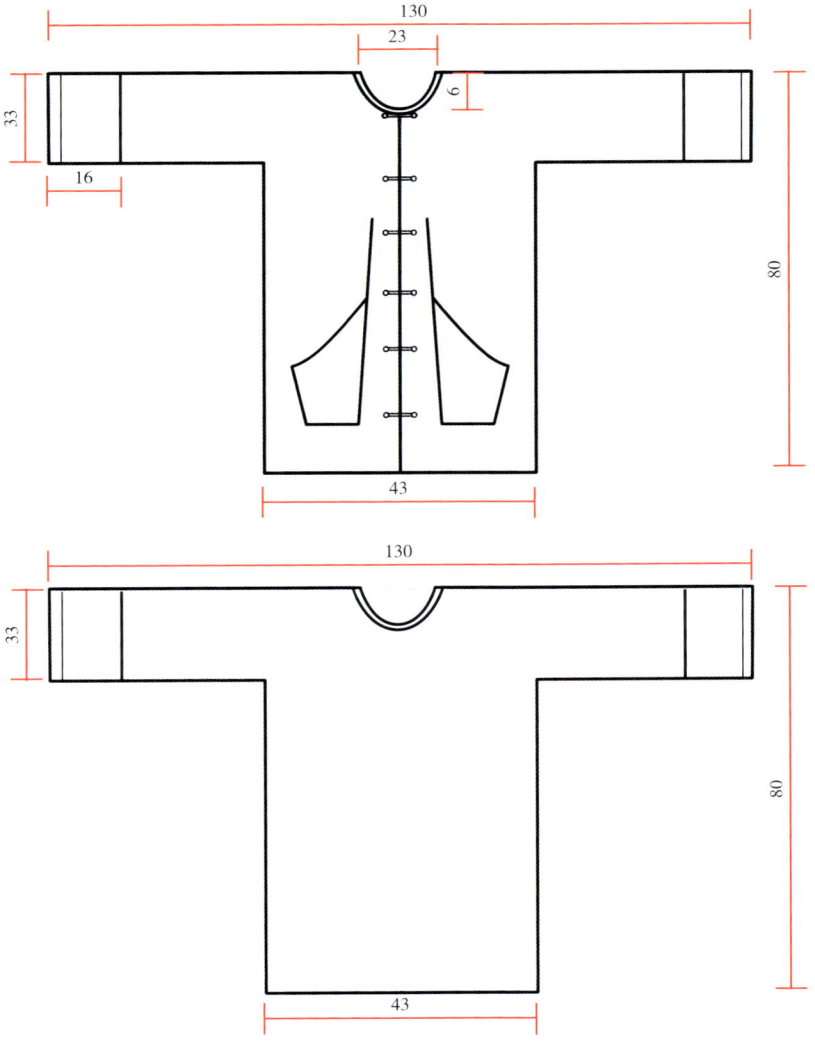

图三　佤族打洛部落精神领袖诺门服饰尺寸图（单位：cm）

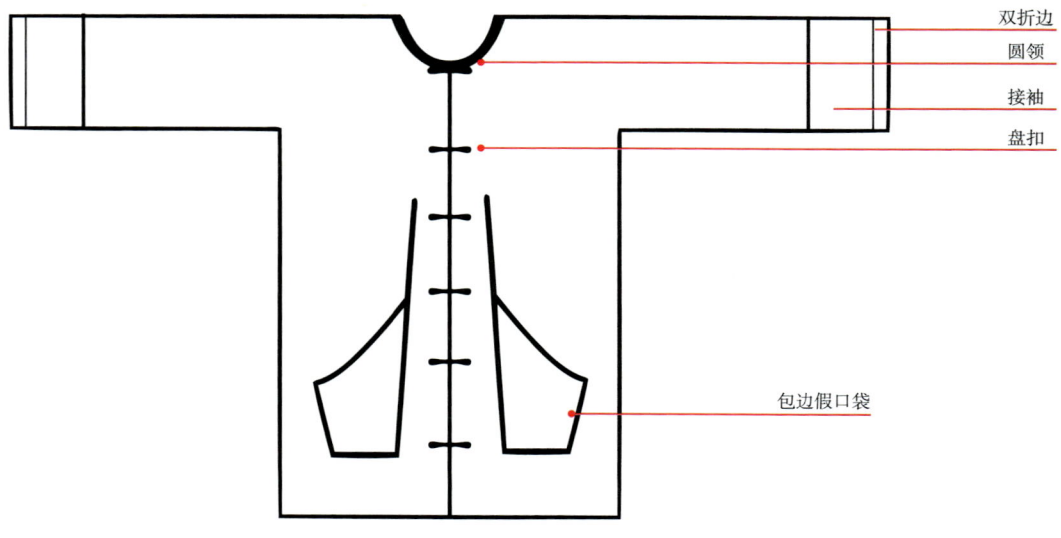

图四　佤族打洛部落精神领袖诺门服饰局部分析图

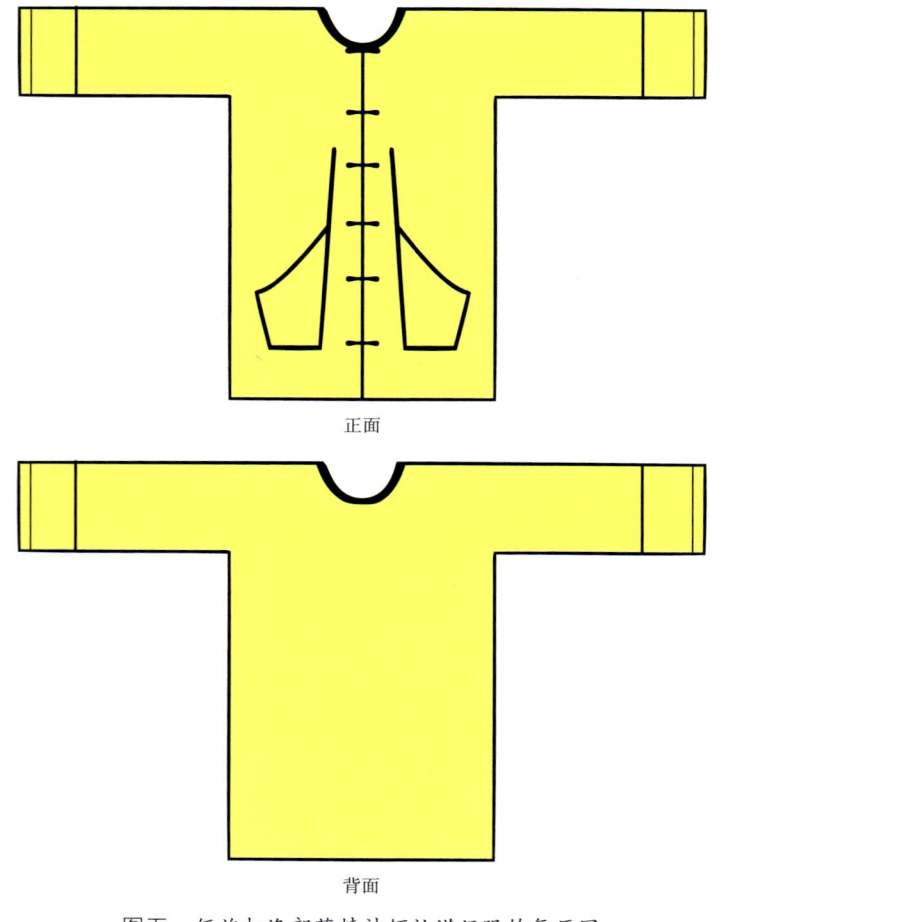

正面

背面

图五　佤族打洛部落精神领袖诺门服饰复原图

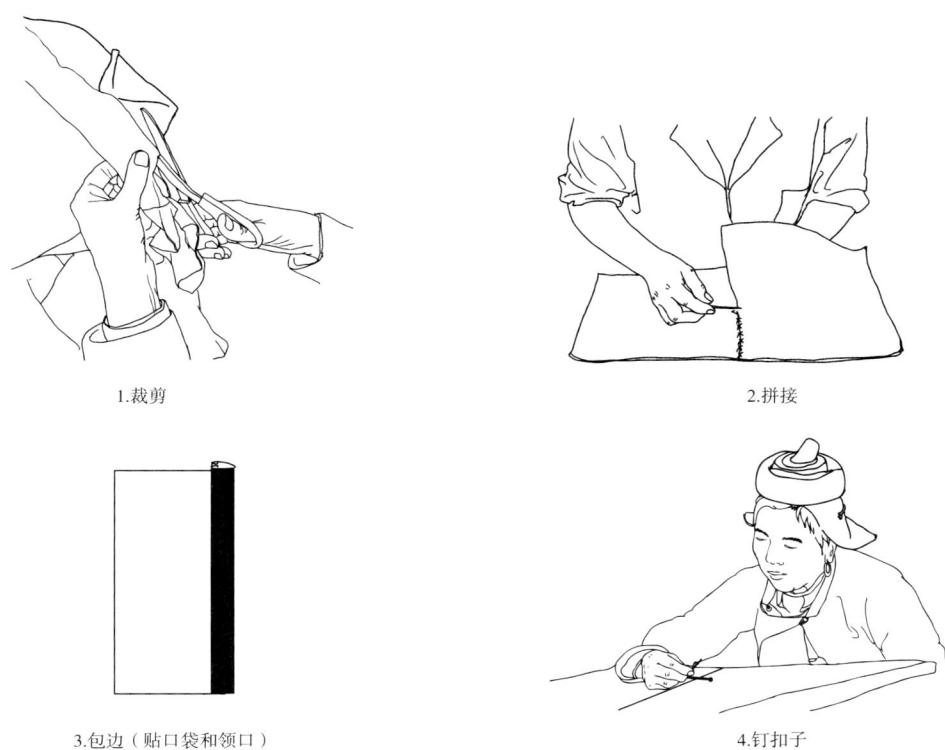

1.裁剪　　　　　　　　　　　　　　2.拼接

3.包边（贴口袋和领口）　　　　　　4.钉扣子

图六　佤族打洛部落精神领袖诺门服饰工艺分析图

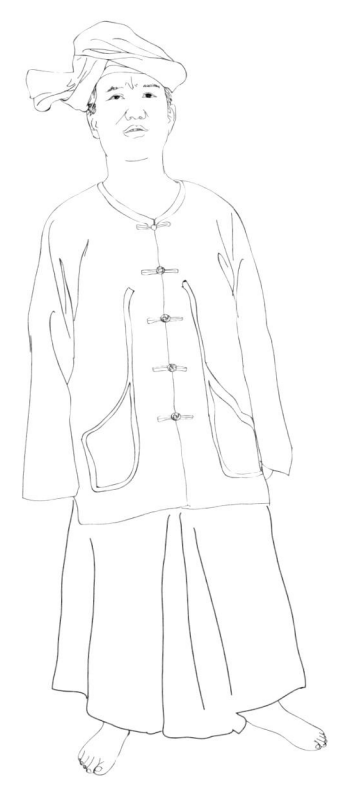

图七　佤族打洛部落精神领袖诺门服饰穿戴效果示意图

# 佤族打洛部落歌手服

图一　佤族打洛部落歌手服主图

佤族打洛部落歌手服，又称"染吵服"。尺寸：长100厘米×宽50厘米，生产于当代，仍用传统方式制作，采用传统样式。

打洛部落染吵服是佤族专门供歌手穿着的服装。材料选用织锦，佤族居住地为织锦提供了丰富的原材料，运用最多的是棉和麻，采集到原料之后，将其染成黑、黄、蓝等颜色，黑褐色仅用麻栗树皮熬水，红色用虫胶（即紫梗）作染料，再加上酸性植物的水汁。织锦织好后根据着装者的身高、体重等进行裁剪，并在织锦之上用银泡、刺绣、拼贴等进行装饰，最后用平缝的手法缝制成形。染吵服整体以黑白两色为主，主体为黑，两袖为白，在两肩装饰有象征日月星辰的白色花纹，胸口装饰有象征大山的花纹，下摆处装饰有人形与山形相间的花纹。佤族生活的区域多为群山环绕之地，他们认为自己是从司岗（即山洞）中而来，人们在衣服上装饰山的纹样一方面表达了对于山的崇拜，另一方面希望可以建设好自己的家园，得到山神的庇佑。

打洛部落染吵服已超出了日常人们对于服装蔽体的需求，提升到一个更高的需求层次。人们通过在染吵服之上装饰图腾来表达自己的宗教信仰，希望通过这种方式得到日月星辰、大山等的庇佑，表达了对于美好生活的向往。这种通过服装来表达自身态度和信仰的方式可以为今天的设计所借鉴。

**图片来源**
图一、图七　闫铭砚　摄影
图二至图六　温馨　制图

图二 佤族打洛部落歌手服复原图

图三 佤族打洛部落歌手服尺寸图（单位：cm）

第二章 佤族传统服饰

图四 佤族打洛部落歌手服开片图

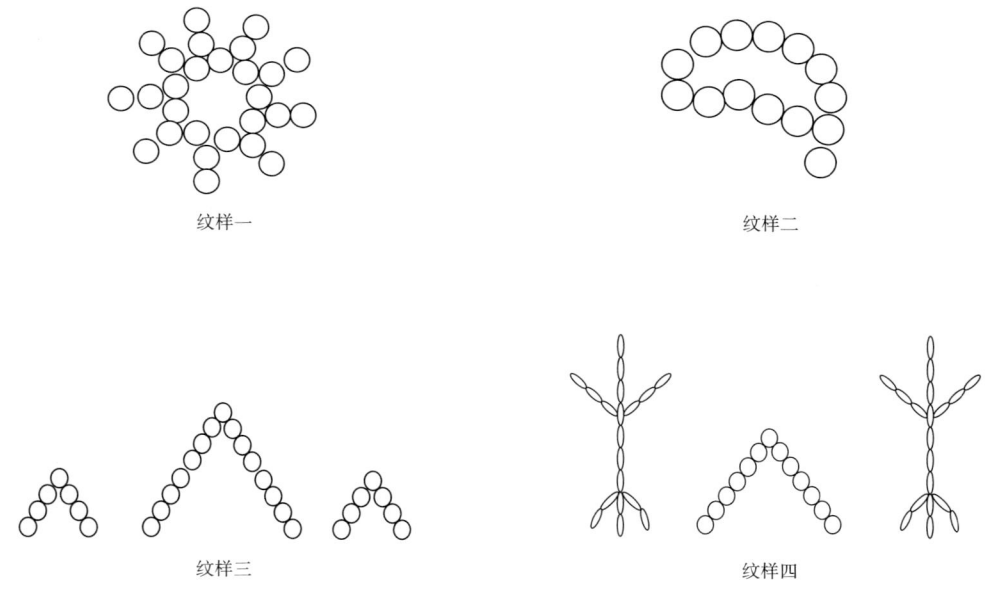

纹样一　　　　　　　　　纹样二

纹样三　　　　　　　　　纹样四

图五 佤族打洛部落歌手服装饰纹样图

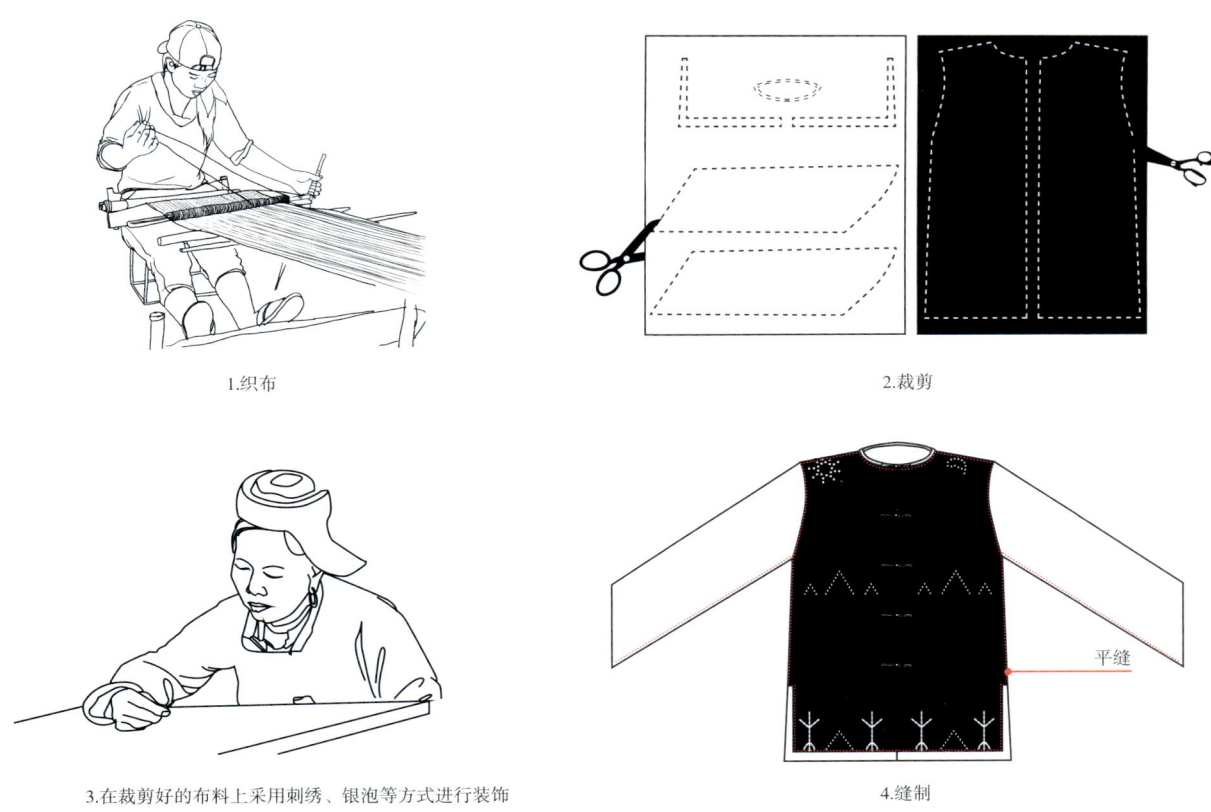

1.织布

2.裁剪

3.在裁剪好的布料上采用刺绣、银泡等方式进行装饰

4.缝制

平缝

图六　佤族打洛部落歌手服工艺分析图

图七　佤族打洛部落歌手服穿戴效果图

第二章　佤族传统服饰

145

# 佤族翁嘎科部落女装外套

图一 佤族翁嘎科部落女装外套主图

佤族翁嘎科部落女装多以黑色为主，用粉色或红色点缀。点缀图案多为三角形以及小的长方形排列，其中在衣服门襟处装饰银制扣子，扣子上雕刻着对称的菱形和圆形，呈现出对称的美感和秩序感，具有很强的识别性。

这款服装的装饰还有一个突出的特点，即充分运用点与线构图的结构装饰原理，在黑色的布料上装点粉色、白色相间的小长方形线条，使服装整体大方得体，色调稳重却又不呆板。

翁嘎科部落女性在穿着此款传统女装时，常与颜色鲜艳的长裙搭配，长裙装饰图案简单大方，多为横线竖线的穿插。这种服饰风格是翁嘎科部落传统女装常见搭配，也印证了历史的记载。

**图片来源**
图一、图六 闫铭砚 摄影
图二至图五 温馨 制图

图二　佤族翁嘎科部落女装外套复原图

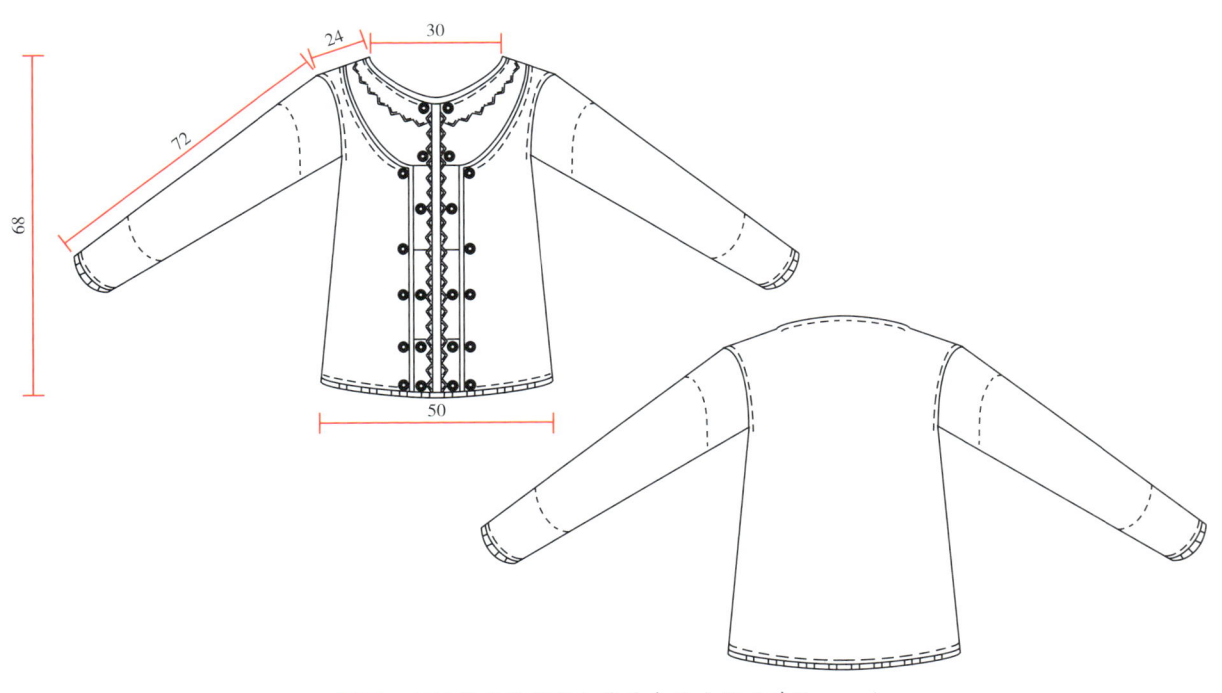

图三　佤族翁嘎科部落女装外套尺寸图（单位：cm）

第二章　佤族传统服饰

147

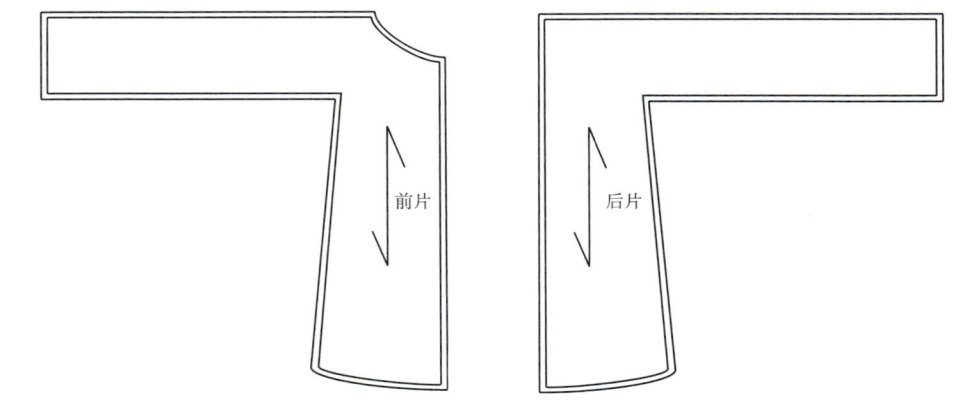

图四 佤族翁嘎科部落女装外套开片图

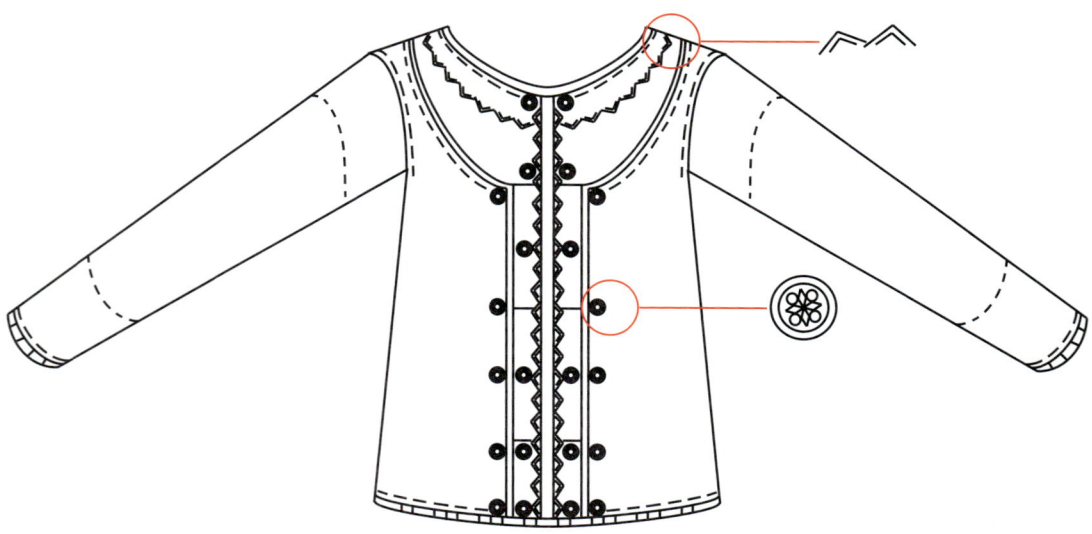

图五 佤族翁嘎科部落女装外套局部分析图

图六 佤族翁嘎科部落女装外套穿戴效果图

# 佤族新厂部落女装

图一　佤族新厂部落女装主图

佤族服饰因地而异，还保留着古老的山地民族特色，显示出佤族人粗犷、豪放的坚强性格。妇女的服饰，各部落都有不同。新厂部落女装上衣明显受汉族传统女装的影响，采用现代印染的蓝色棉布为衣料，立领、右襟，领部镶宽边，并在宽边条上加饰滚边，滚边两旁装饰银质半球形珠片，使得整个领部成为上衣的装饰重点。下裙长及小腿，在正红色底布上镶滚各色复合滚条，层叠有序，节奏有致。在罩裙之下，是传统的大裆宽腿长裤，一般为黑色或者蓝色。如图中的长裤前片并排竖镶红白两色宽窄不一的两个滚条，打破了纯黑色长裤的沉闷。

在基本衣裙裤的着装基础上，新厂部落女子也很重视配饰的作用。如图一中妇女颈部所戴的饰品，用色彩鲜明的小珠子组成，并将不同色彩的串珠拼合组成一个极具装饰效果的长串项链。此外，腰部红蓝相间的流苏也别具民族特色。

**图片来源**
图一　闫铭砚　摄影
图二至图十四　温馨　制图

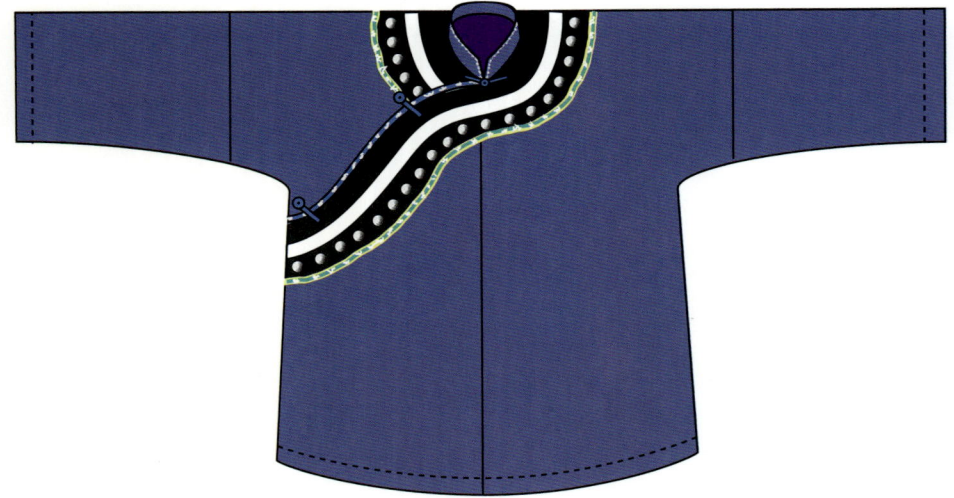

图二 佤族新厂部落女装上衣复原图

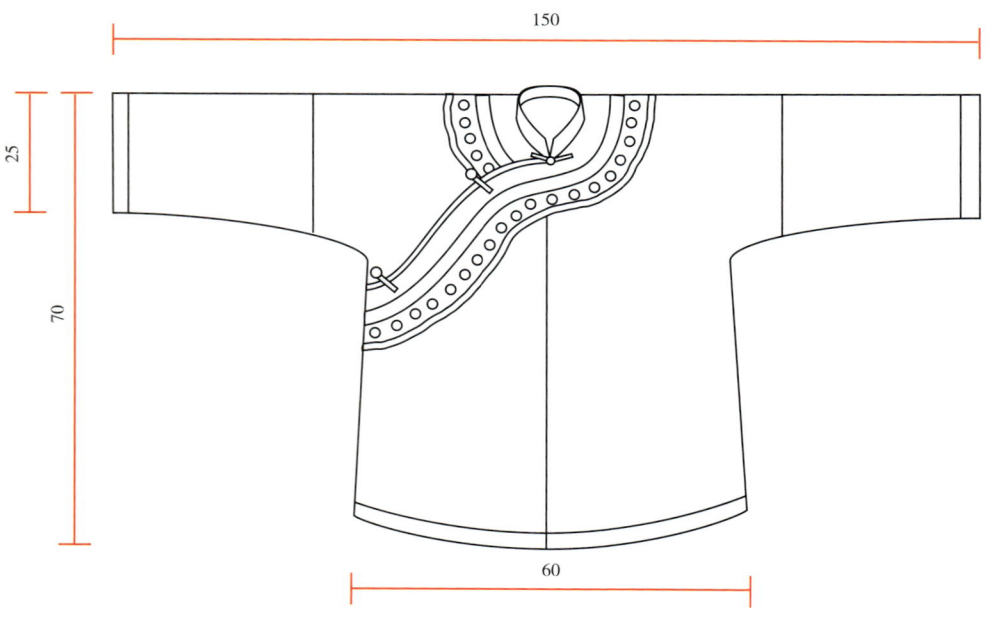

图三 佤族新厂部落女装上衣尺寸图（单位：cm）

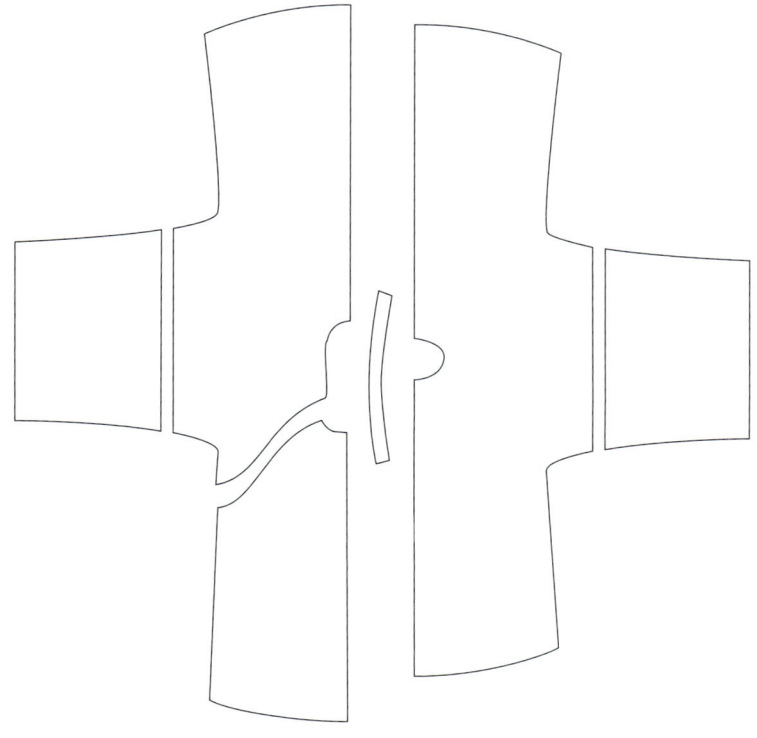

图四 佤族新厂部落女装上衣开片图

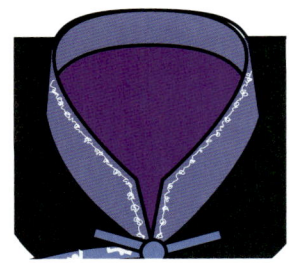 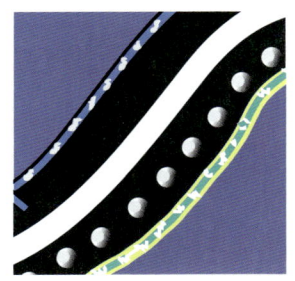 

图五 佤族新厂部落女装上衣局部分析图

第二章 佤族传统服饰

151

图六 佤族新厂部落女装长裙复原图

图七 佤族新厂部落女装长裙尺寸图（单位：cm）

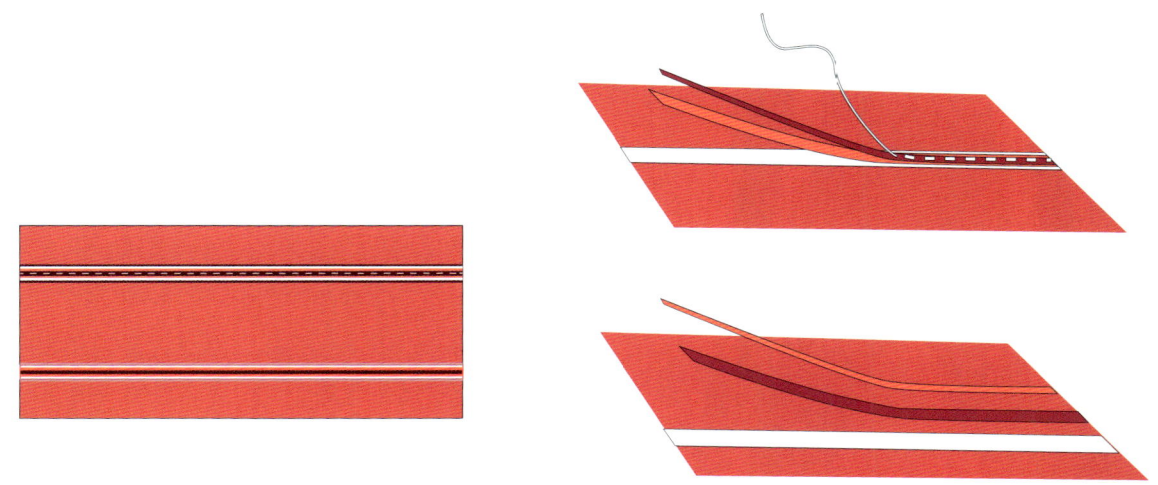

图八 佤族新厂部落女装长裙局部分析图

图九 佤族新厂部落女装长裙穿着操作示意图

第二章 佤族传统服饰

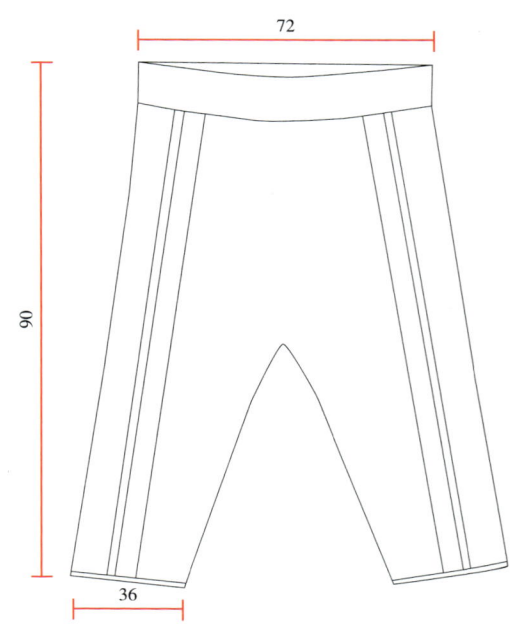

图十　佤族新厂部落女装长裤复原图

图十一　佤族新厂部落女装长裤尺寸图（单位：cm）

黑色：沉稳
白色：明亮
红色：喜庆
蓝色：点缀，与上装呼应

图十二　佤族新厂部落女装长裤色彩分析图

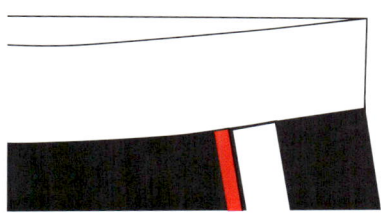

图十三　佤族新厂部落女装长裤局部分析图

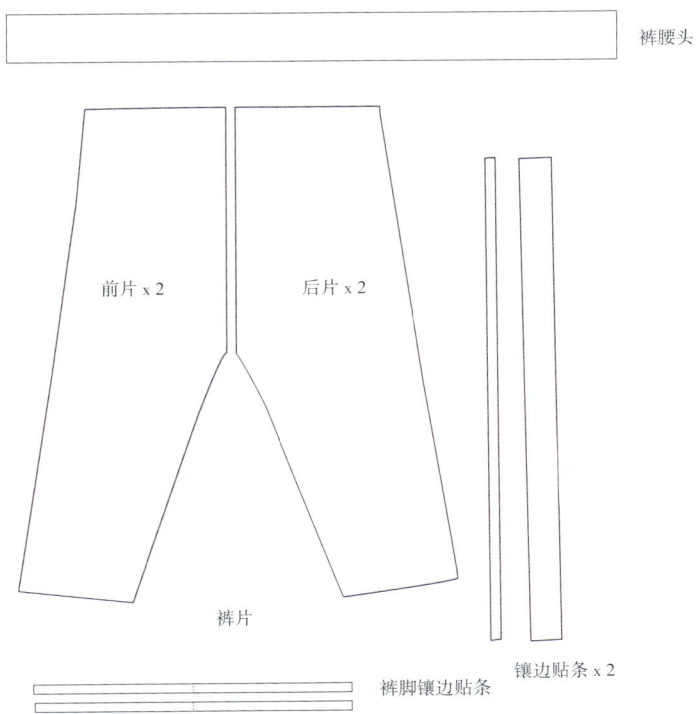

图十四　佤族新厂部落女装长裤开片图

# 佤族马散部落女装

图一　佤族马散部落女装主图

马散部落女装，上衣尺寸：衣长56厘米，下摆宽55厘米；裙长115厘米，高50厘米；裤长90厘米，脚口宽30厘米，生产于现代，传统样式。

佤族崇拜红色和黑色，服饰多数以黑为主，以红为饰，还保留着古老的山地民族特色。身着靛青色无领大襟右衽及横条花筒裙。佤族妇女装饰别具特色，喜戴大耳筒、宽手镯、细藤圈。最突出的是发箍，呈半月形，中间宽，两头窄，长30多厘米，中部宽约10厘米，多用铝、银制成，也有竹藤制的。男女老少都喜欢背极具民族特色的佤族挂包，男女青年还将它当作爱情的信物。服饰原料多为自制的棉、麻土布，染成红、黄、蓝、黑、褐等色，配上各种色线，织出各种各样美丽的图案。

佤族服饰简洁粗犷，图案明快大方，充分体现出人体的自然美，可以为设计师们提供有益的创意启示。

**图片来源**
图一　闫铭砚　摄影
图二至图十七　温馨、姜飘飘等　制图

图二 佤族马散部落女装上衣复原图

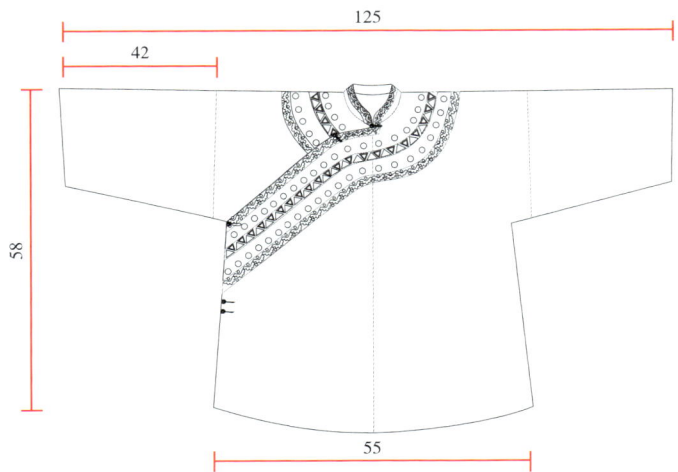

图三 佤族马散部落女装上衣尺寸图（单位：cm）

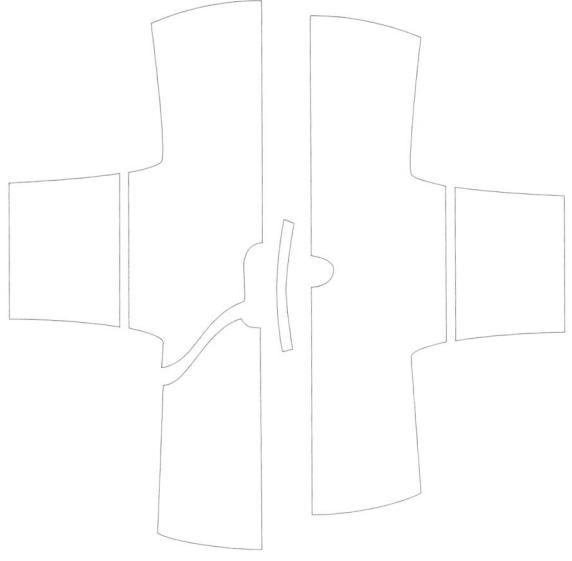

图四 佤族马散部落女装上衣开片图

黑色：稳重、慷慨、大气
白色：纯洁
红色：喜庆、吉祥
玫红色：亮丽

图五　佤族马散部落女装上衣色彩分析图

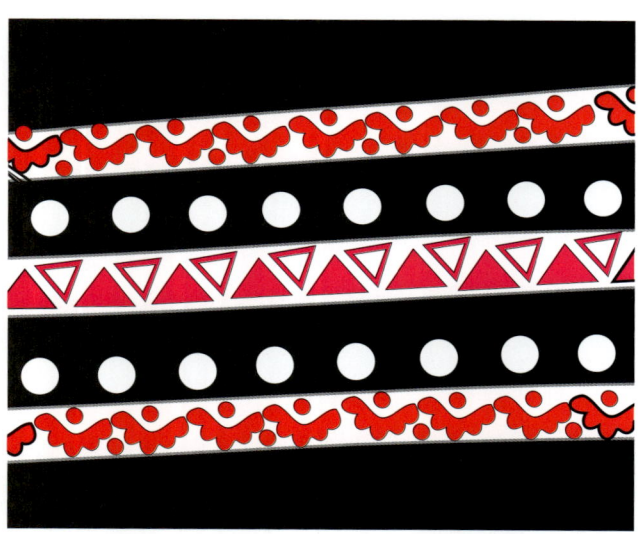

图六　佤族马散部落女装上衣局部分析图

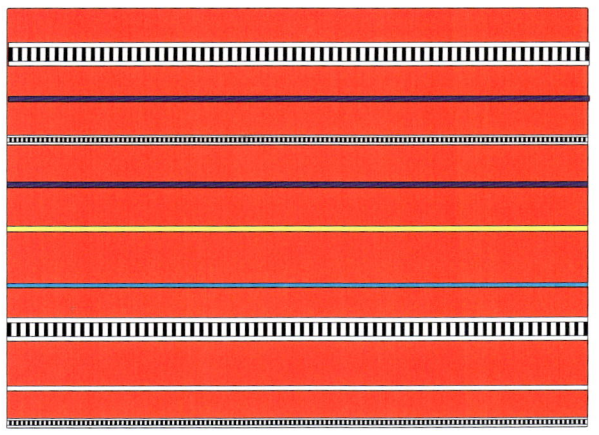

图七 佤族马散部落女裙复原图

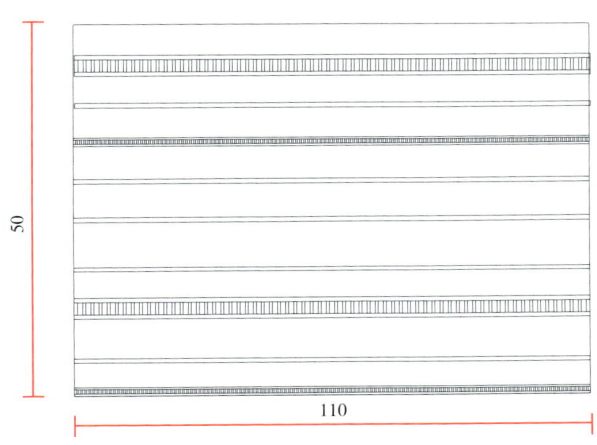

图八 佤族马散部落女裙尺寸图（单位：cm）

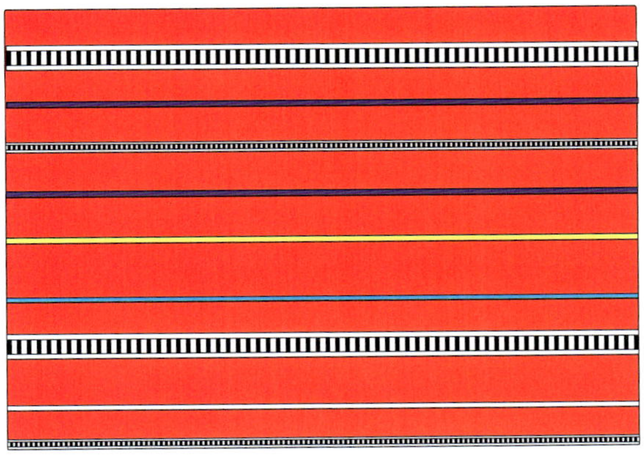

红色：喜庆吉祥
黑色：稳重
黄色：高贵
色彩注重对比，视觉效果强烈

图九 佤族马散部落女裙色彩分析图

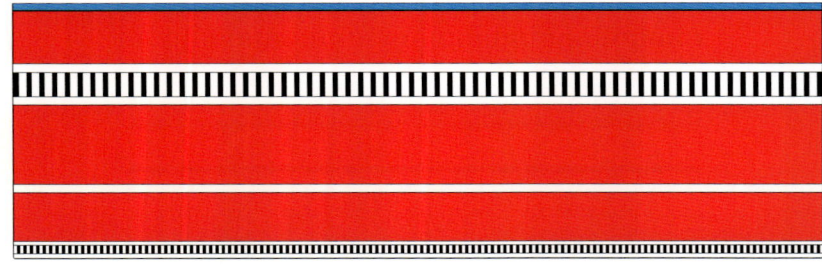

图十　佤族马散部落女裙局部分析图

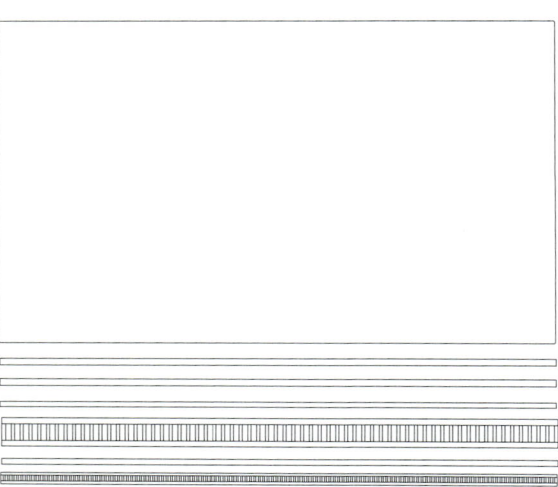

图十一　佤族马散部落女裙开片图

图十二　佤族马散部落女裙穿着操作示意图

图十三　佤族马散部落女裤复原图

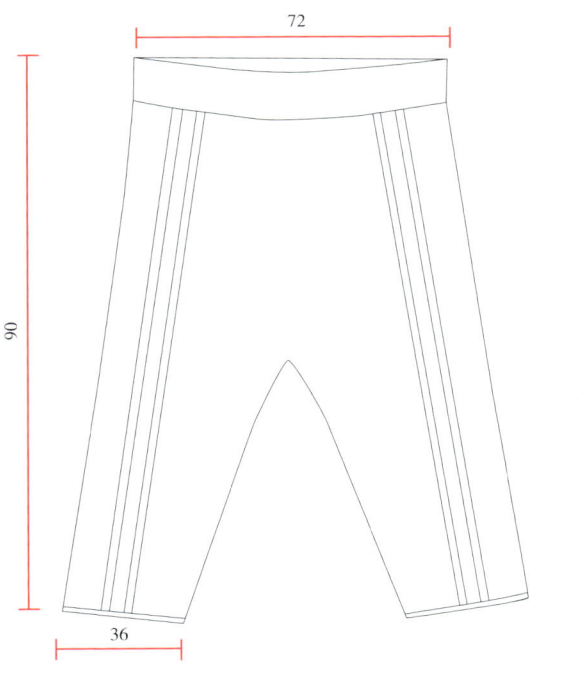

图十四　佤族马散部落女裤尺寸图（单位：cm）

蓝色：纯净
红色：喜庆
黄色：鲜亮
色彩浓烈，注重对比效果

图十五　佤族马散部落女裤色彩分析图

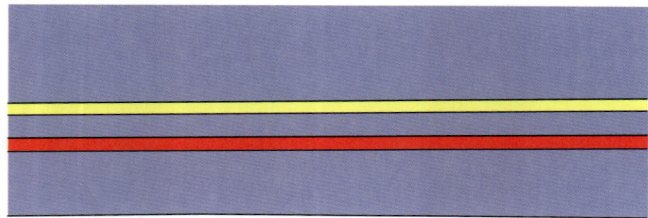

图十六　佤族马散部落女裤局部分析图

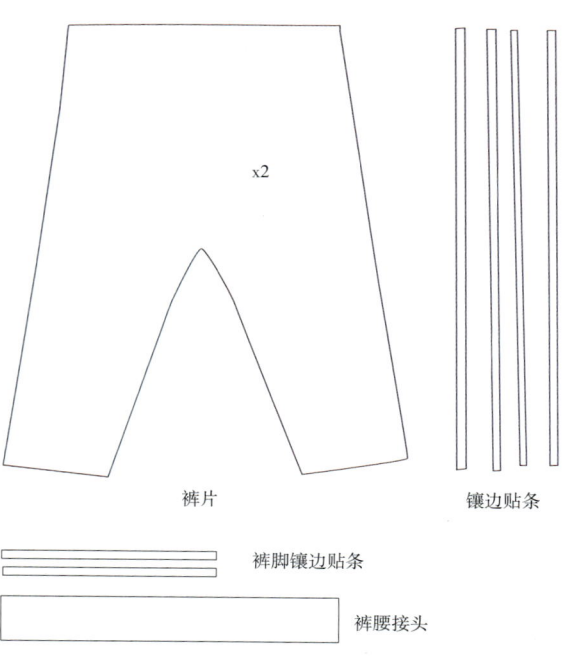

裤片　　　　　　　　　　镶边贴条

裤脚镶边贴条

裤腰接头

图十七　佤族马散部落女裤开片图

# 佤族长装男式外套

图一　佤族长装男式外套主图

佤族人民吃苦耐劳，勤于劳作，传统服饰都崇尚黑色，他们认为黑色是对大自然的尊敬，也表现出佤族人对耕种土地的重视。

佤族男子长装衣身及衣扣全部是黑色。简单的搭配与设计以及极简的色彩使这款长装显得非常稳重大气。

这款长装常与肥大的黑色长裤搭配同穿，方便人们日常生活中的活动，也使耐脏程度达到最高。此款服装的面料十分坚韧，耐磨实用。

**图片来源**
图一、图六　闫铭砚　摄影
图二至图五　温馨　姜飘飘等　制图

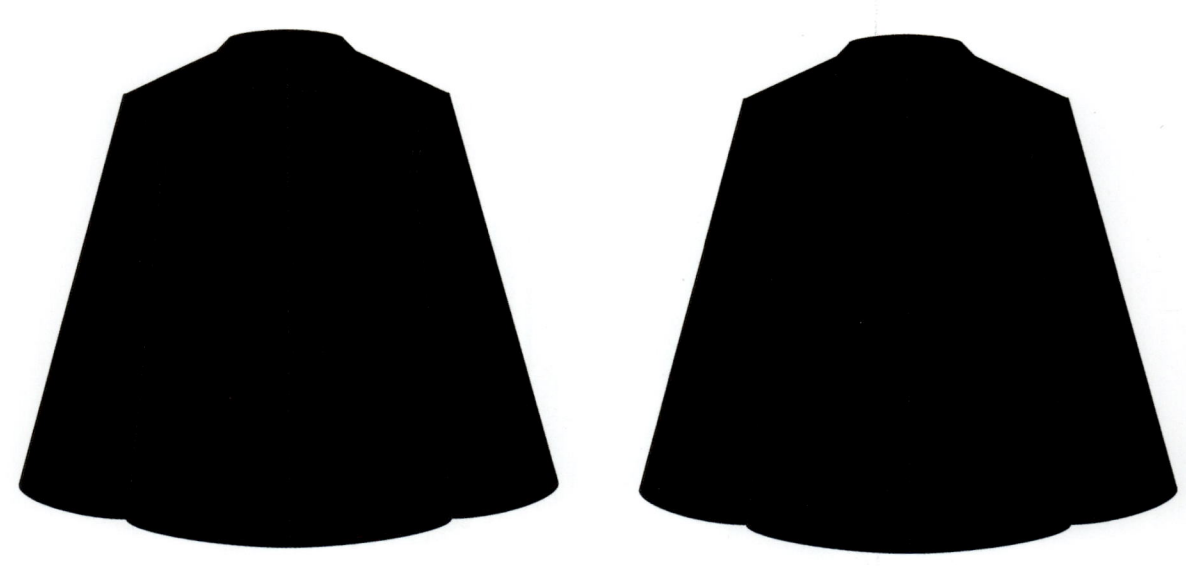

图二 佤族长装男式外套复原图

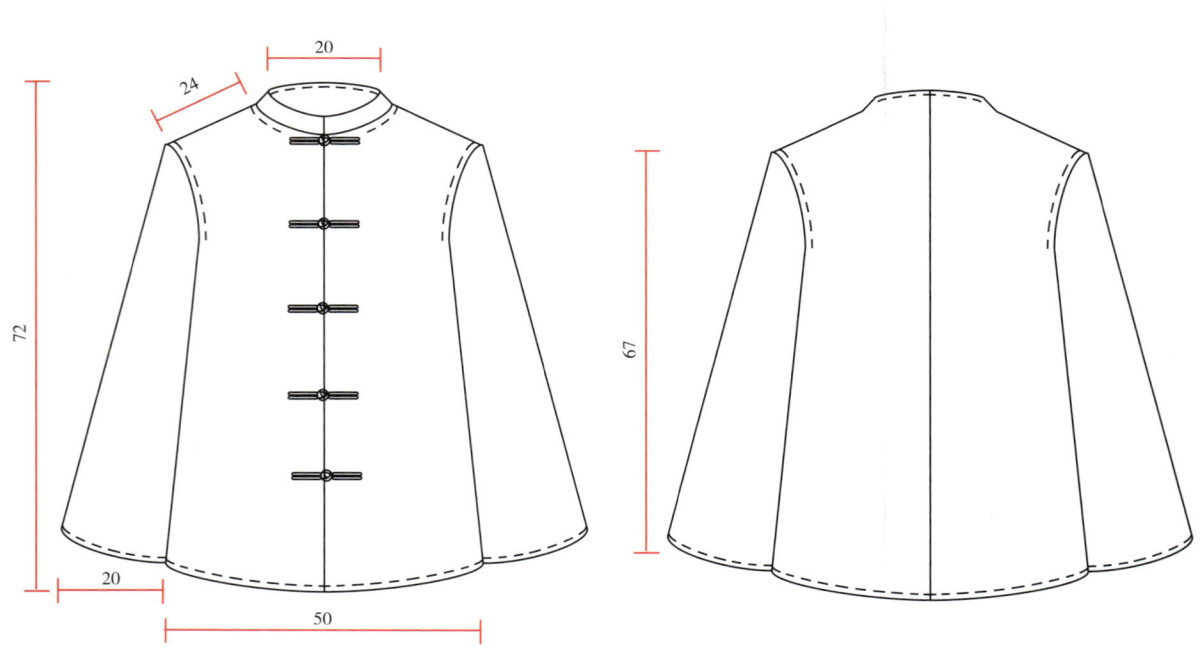

图三 佤族长装男式外套尺寸图（单位：cm）

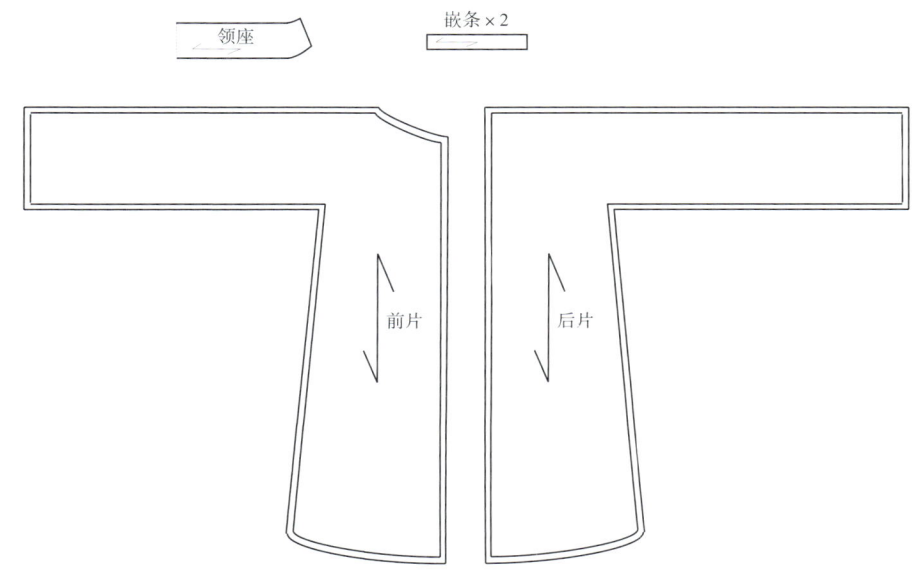

图四 佤族长装男式外套开片图

图五 佤族长装男式外套局部分析图

图六 佤族长装男式外套穿戴效果图

第二章 佤族传统服饰

165

# 佤族中课部落女装

图一 佤族中课部落女装主图

中课部落女装,上衣:衣长56厘米,下摆宽55厘米;裙长115厘米,高50厘米;裤长90厘米,脚口宽30厘米,该服装生产于现代,传统样式。

佤族女性服饰款式多样,因生活的地域、部落、民族支系不同而有明显的区别。佤族传统服饰大多是用自织的土布缝制的,崇尚黑色。与汉族杂居和受汉族影响较深的腾冲、镇康、永德、昌宁、景东、中课等地的佤族服饰,已和当地汉族的服饰差异很小了。中课部落女子着黑衣、红裙,裙子过膝,常以红色为底,间有黑白绿黄条纹。

发箍是佤族妇女最具特色的头饰,在我国各民族中只有佤族使用,是识别佤族最明显的标志。佤族女子戴耳柱或大耳环,项间佩挂银圈或数十串珠饰,喜戴臂箍、手镯,手镯宽约5厘米,多用白银制成,上面刻有各种精致的图案花纹,美观闪亮,腰间亦以若干藤圈竹串为饰。

**图片来源**
图一　闫铭砚　摄影
图二至图七、图十二至图十七　温馨　制图
图八至图十一　姜飘飘　制图

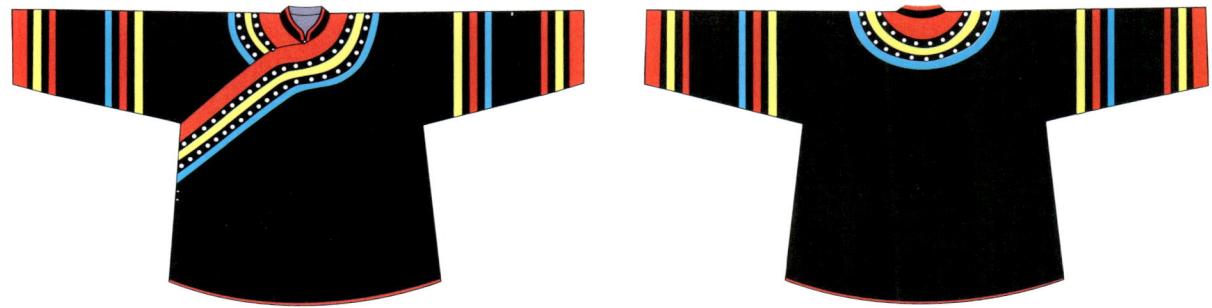

图二　佤族中课部落女装上衣复原图

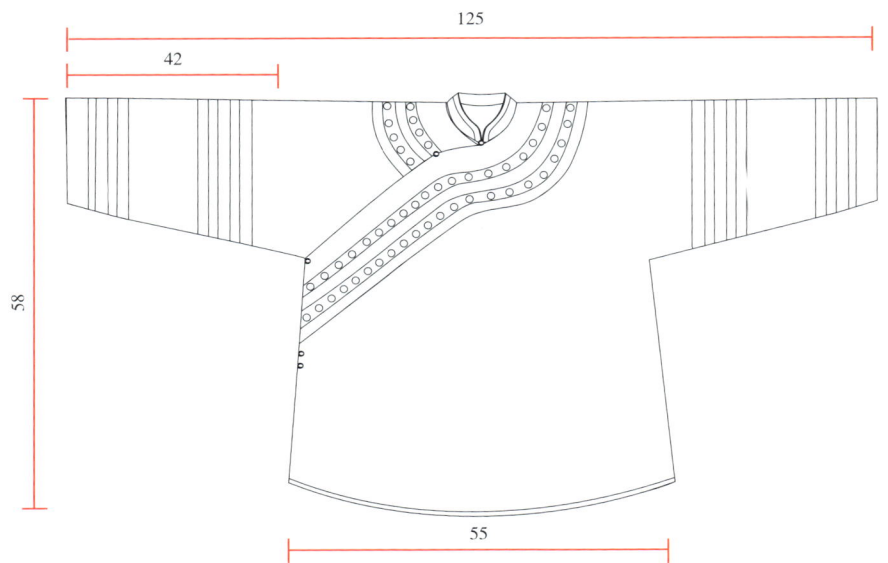

图三　佤族中课部落女装上衣尺寸图（单位：cm）

图四　佤族中课部落女装上衣局部分析图

第二章　佤族传统服饰

黑色：沉稳
红色：喜庆
黄色：高贵
蓝色：包容
色彩对比强烈，具有很强的视觉效果

图五　佤族中课部落女装上衣色彩分析图

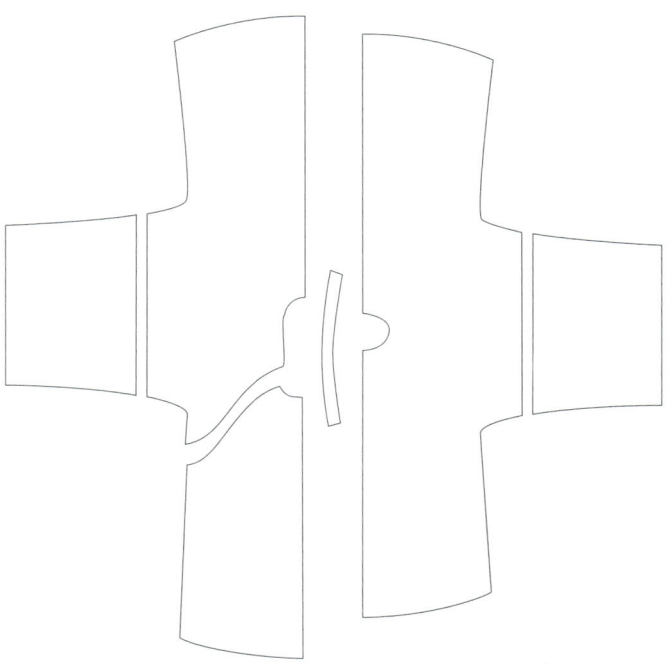

图六　佤族中课部落女装上衣开片图

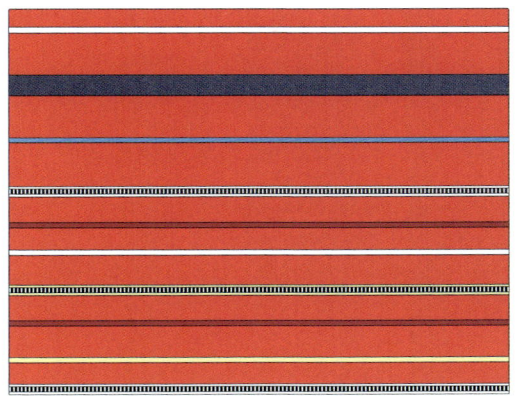

图七　佤族中课部落女裙复原图

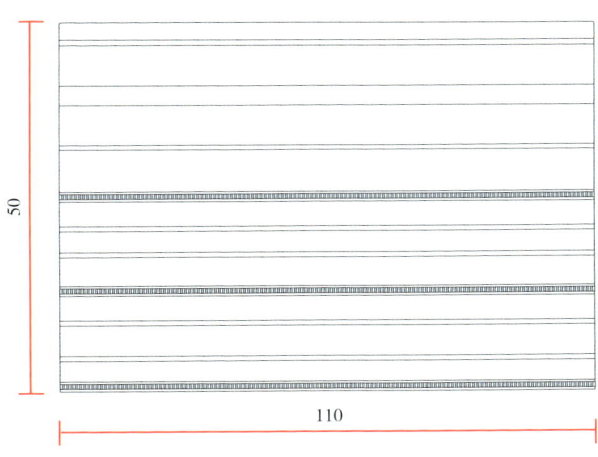

图八　佤族中课部落女裙尺寸图（单位：cm）

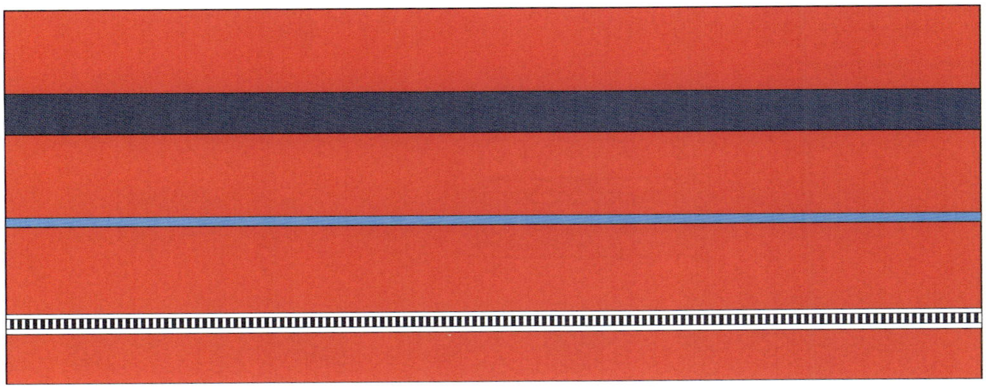

图九　佤族中课部落女裙局部分析图

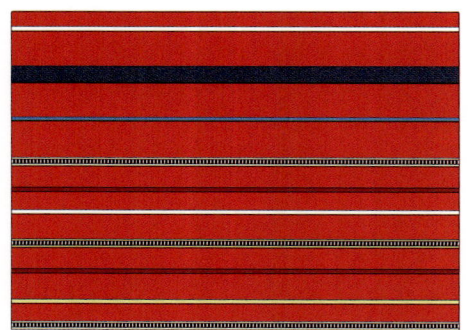

红色：喜庆
黑色：稳重
蓝色：纯净
黄色：亮丽
色彩对比强烈

图十　佤族中课部落女裙色彩分析图

镶边贴条

图十一　佤族中课部落女裙开片图

图十二　佤族中课部落女裙穿着操作示意图

图十三　佤族中课部落女裤复原图

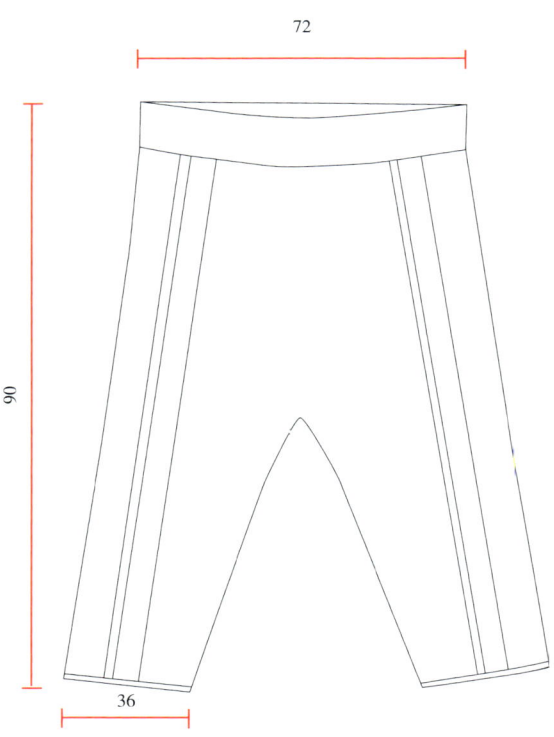

图十四　佤族中课部落女裤尺寸图（单位：cm）

蓝色：纯洁
红色：喜庆
黄色：鲜艳
色彩注重对比，视觉效果强烈

图十五　佤族中课部落女裤色彩分析图

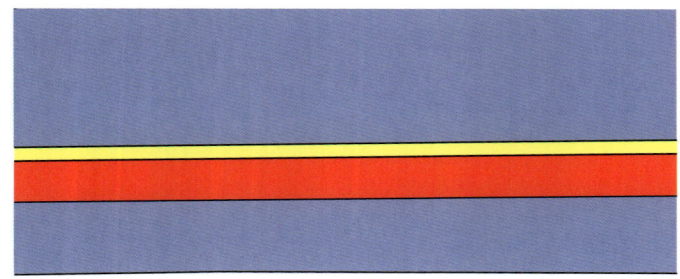

图十六　佤族中课部落女裤局部分析图

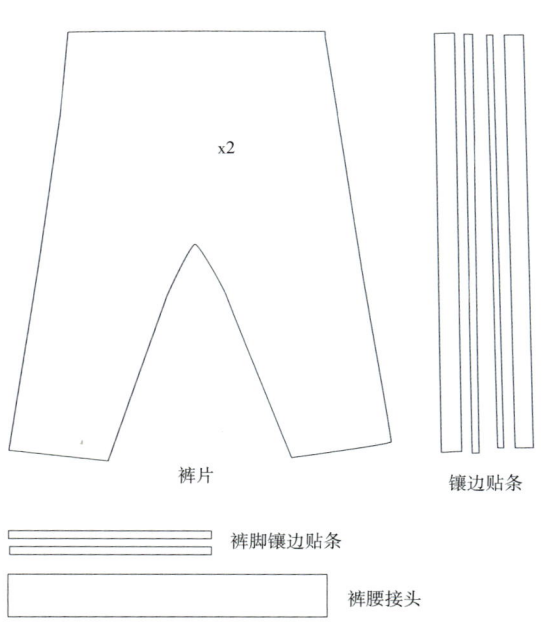

图十七　佤族中课部落女裤开片图

# 佤族岳宋筒帕

图一　佤族岳宋筒帕主图

筒帕又称"挎包",尺寸:通高75厘米×通长40厘米,呈长方形。本品为西盟自治县佤族博物馆藏品,当代生产。筒帕制作简单,用途广泛,只要外出就会随身携带,用来装各种随身物品,是佤族人民日常生活中随处可见的一种服装配饰。

佤族以村寨为单位散乱分布,所以不同村寨之间的服饰、筒帕样式都有不同,佤族人民往往可以通过服饰和筒帕的颜色和装饰分辨出各自的支系。筒帕用两块不同尺寸的佤族织锦制成,较短的一块对折后作为包身的主要部分,较长的一块对折后与包身对齐成为包身的一部分(包袋),袋口自然敞开。包身共有8道缝迹线,分别用于连接包身包带、固定袋口、固定包带折口和缝合下底。筒帕的装饰集中在包身部分,有刺绣图案或是野芷仁、槠罟子组合拼凑成的图案装饰。野芷仁、槠罟子组成的图案寓意与织锦上同样形状的图案寓意相同。部分筒帕底部会有一段长的、由方形和线条交叉而成的图案,意为"老虎的脚印",在包带部分的底部有流苏装饰,这些流苏是包带本身带有的装饰。传统筒帕的颜色主要以白、黑、红色为主。佤族服饰相关物品的白色是未经漂染的"原白色",而非现代生活中见到的"纯白色"。在佤族人民的审美中,"纯白色"是比较忌讳的颜色,这一点可以在招待客人时不能使用白鸡和鸡蛋看出。

随着佤族山区的经济发展,现代筒帕在原料、结构和色彩方面发生了一定的变化,在原有筒帕样式的基础上变化发展出新式样。现代筒帕运用了颜色鲜艳的开司米毛线,有的是在传统筒帕的包身上用不同颜色的毛线分别以跑步绣的针法装饰,两端毛线自然下垂,多根毛线垂直排列形成流苏;有的将多根毛线编成粗绳,代替包带,包身用两块方形织锦缝合,袋口使用拉链,包身底部用毛线穿过包身制成流苏。随着旅游产业的发展,筒帕作为一种受欢迎的旅游产品有时会绣上旅游景点的名称。传统的用色习惯被打破,使用了其他鲜艳的色彩作为主调,或在原先色调基础上添加了其他鲜艳颜色。

筒帕跟佤族创意、制造的其他生产工具与生活用品一样,在得到发展的同时保留了自身文化的特点和延续性,给设计工作者提供了较多借鉴。

**图片来源**
图一　闫铭砚等　摄影
图二至图六　侯雨薇　制图

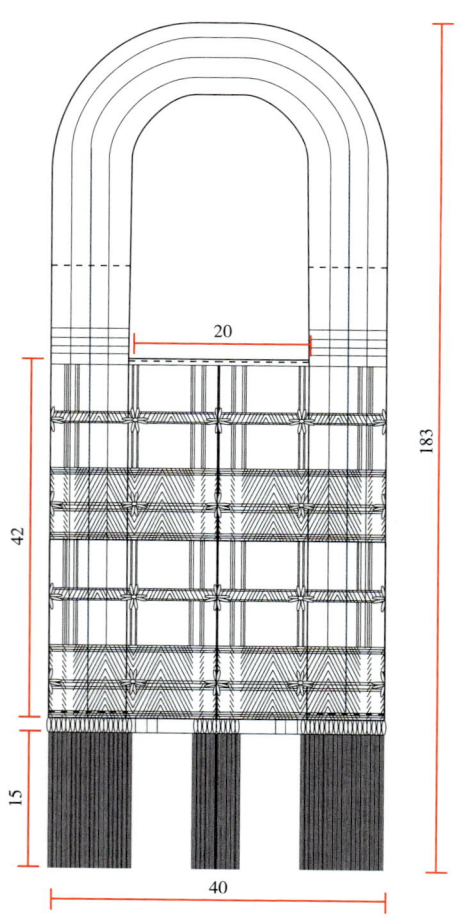

图二　佤族岳宋筒帕尺寸图(单位:cm)

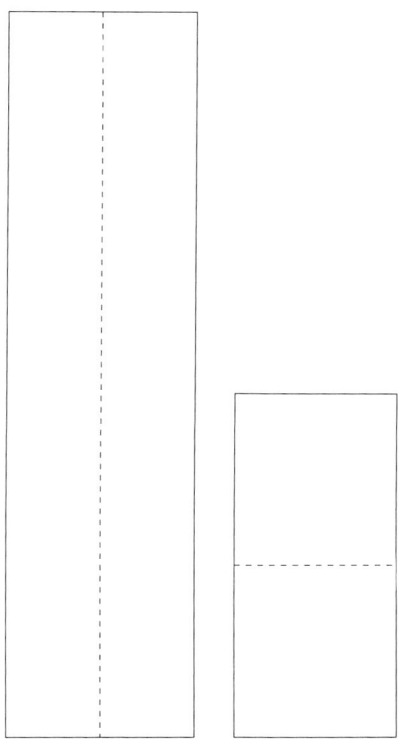

图三　佤族岳宋筒帕开片图

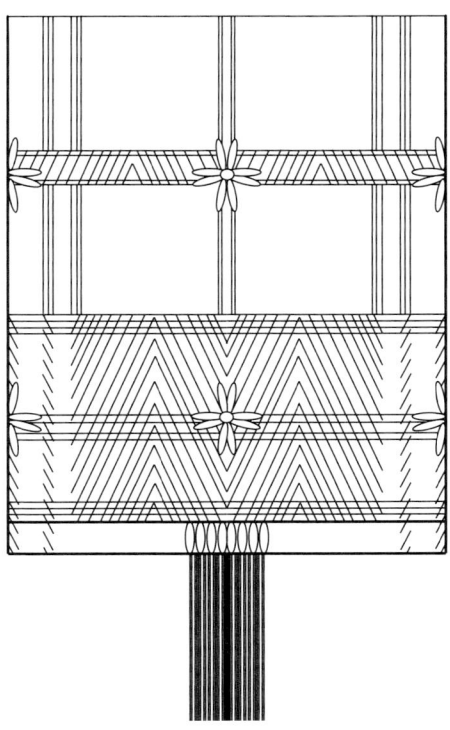

图四　佤族岳宋筒帕局部分析图

第二章　佤族传统服饰

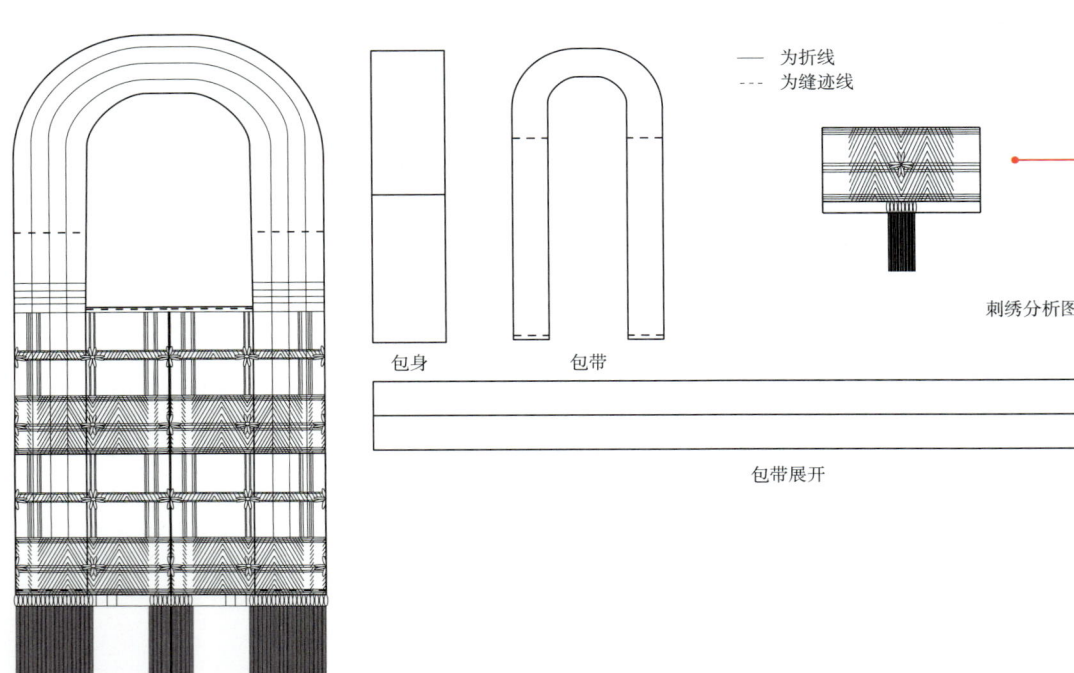

图五　佤族岳宋筒帕工艺分析图

图六　佤族岳宋筒帕佩戴效果示意图

# 佤族西盟部落包头巾

图一　佤族西盟部落包头巾主图

包头巾一般用棉麻布，制作简单，不需剪裁。头巾的尺寸不定，根据布的实际尺寸而定，宽可达4米，长可达10米。使用时，只需用锁边针法将毛边收齐就算完成了。

包头巾在佤族日常生活中非常普及，是佤民地位的标志。包头巾以黑色为主，另外还有黄、红、白等，共7种颜色。中华人民共和国成立前，在部落中地位、威望最高的人戴黑色包头巾。中华人民共和国成立后，当地头人受红色文化影响，改变了包头巾的用色习惯，现在，佤寨中地位最高的人仍然保留戴红色包头巾的习惯。在佤寨中，我们可以根据包头巾颜色判断佩戴者在寨中的地位。佤族传统中，佤寨中头人戴黑色，老人戴黄色，红色由辅佐头人事务的佤民佩戴。从包头巾的体积也可以反映出佤民在佤寨中的地位。包头体积越大表示佩戴者地位越高，且越受人尊敬。有的人为了彰显地位还会在包头巾上用银泡、珠子或是白鹇鸟羽毛进行装饰（一般佤寨祭司"巴猜""巴赫巴"会用白鹇鸟羽毛进行装饰）。包头巾的佩戴者除了男人以外还有上了年纪的女人，可以方便劳作。

包头巾以最简明的制作思路、最简单的制作材料、最简易的制作工艺、最简洁的制作形式，达到了最佳性价比的实用功能。

**图片来源**
图一　闫铭砚等　摄影
图二至图七　李婷　制图

图二　佤族西盟部落包头巾复原图

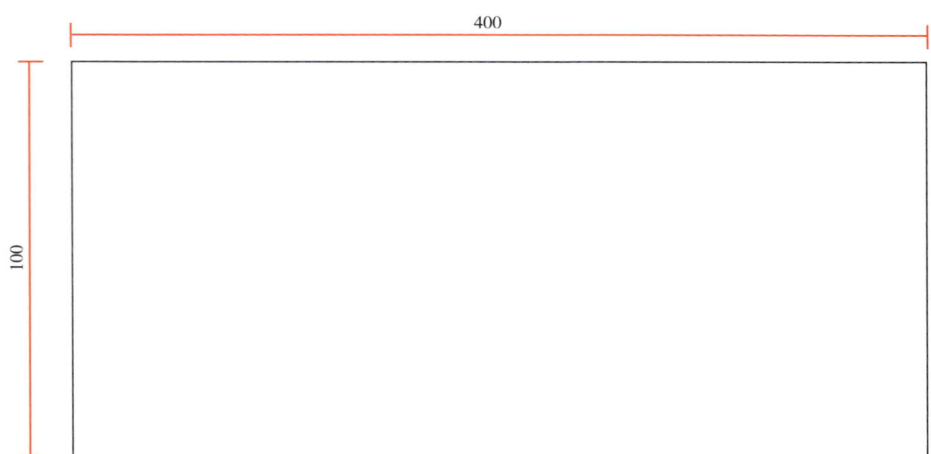

图三　佤族西盟部落包头巾尺寸图（单位：cm）

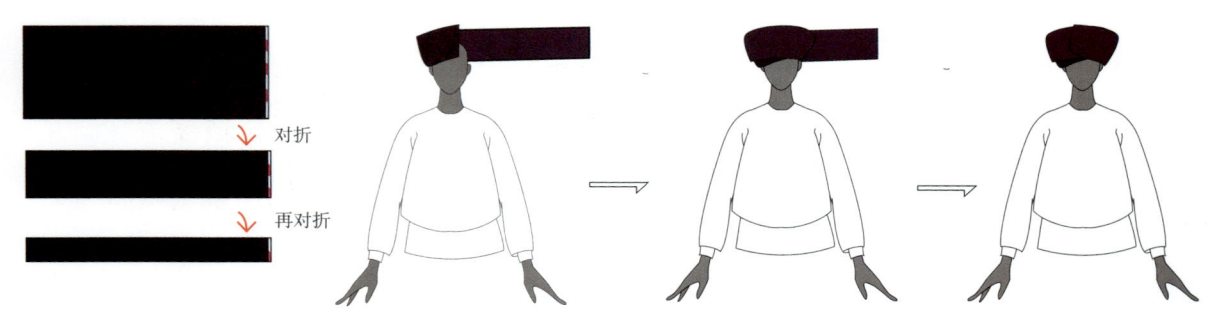

图四　佤族西盟部落包头巾佩戴操作示意图

正面　　　　　　　　　　反面

图五　佤族西盟部落包头巾局部分析图

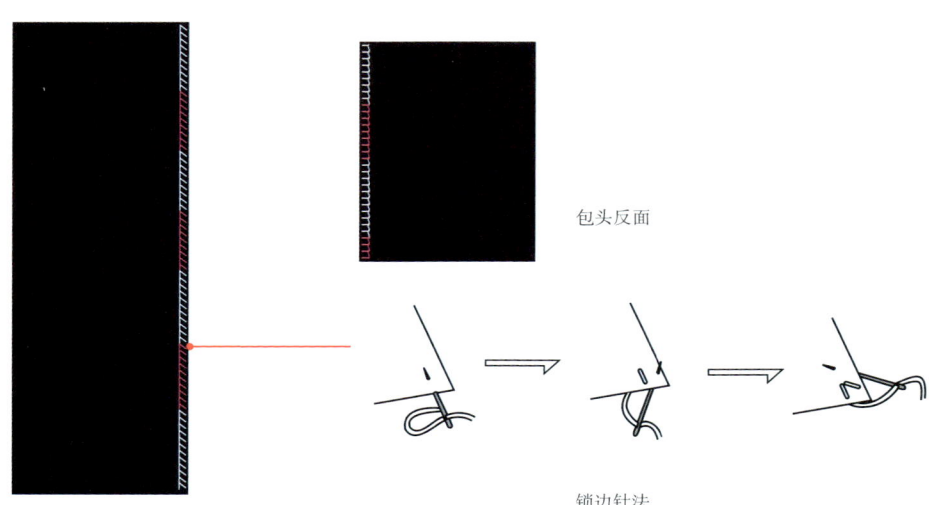

包头反面

锁边针法

图六　佤族西盟部落包头巾工艺分析图

图七　佤族西盟部落包头巾佩戴效果示意图

# 岳宋佤族头箍

图一　岳宋佤族头箍主图

当代岳宋佤族头箍，尺寸：高10厘米×直径23厘米，在云南省民族博物馆和岳宋老寨均有发现，生产于当代，传统样式。

头箍是佤族最鲜明的服饰特色，识别度很高。发箍呈半月牙状，两端由片状变为扭花柱状并形成圆洞，佩戴时用彩线穿过圆洞，适当调整长度打结。佤族少女重视自己的秀发，以长、黑、亮为美，发箍佩戴在头上时，秀发可以披肩并将脸颊两侧及肩背的头发拢住，这样用发箍从前额到脑后把头发固定，既保证头发不散落在额前影响视线，又显得美观大方，较为方便，起到发卡的作用。发箍用银、铝等常见的银色金属制成，月牙处光洁如镜，上有几何纹样装饰，主要以牛纹最为常见，还有十字纹、太阳纹等，表达出佤族的图腾崇拜。

从佤族家庭拥有首饰的情况可以看出家庭的经济情况。头箍属于较贵重的首饰，佤族少女在婚庆、重大节日时一定会佩戴。通过佩戴的位置还可以分辨女性的婚配情况，未婚少女将头箍正带，已婚妇女会将头箍的图案往一边偏一点。

**图片来源**
图一、图五　闫铭砚等　摄影
图二至图四　李婷　制图

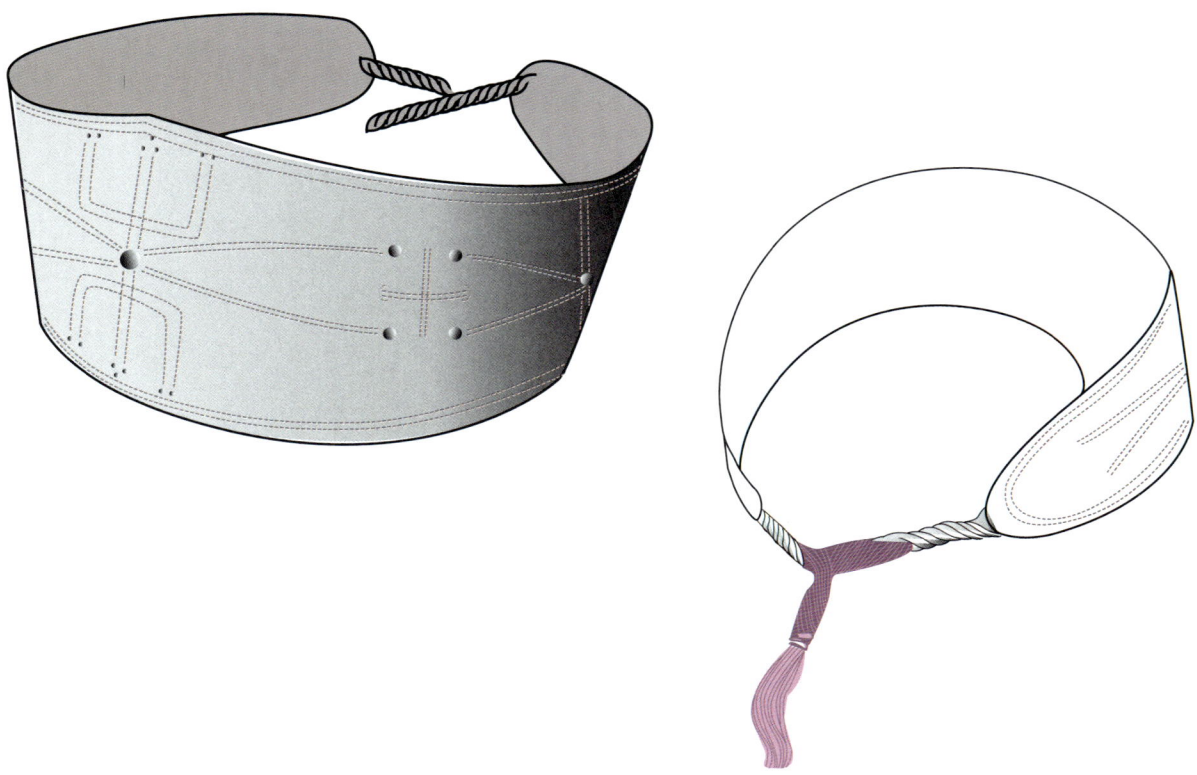

图二　岳宋佤族头箍复原图

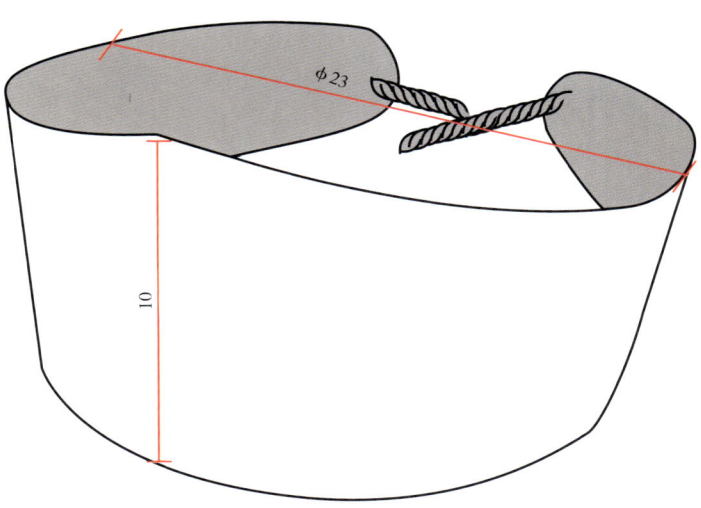

图三　岳宋佤族头箍尺寸图（单位：cm）

第二章　佤族传统服饰

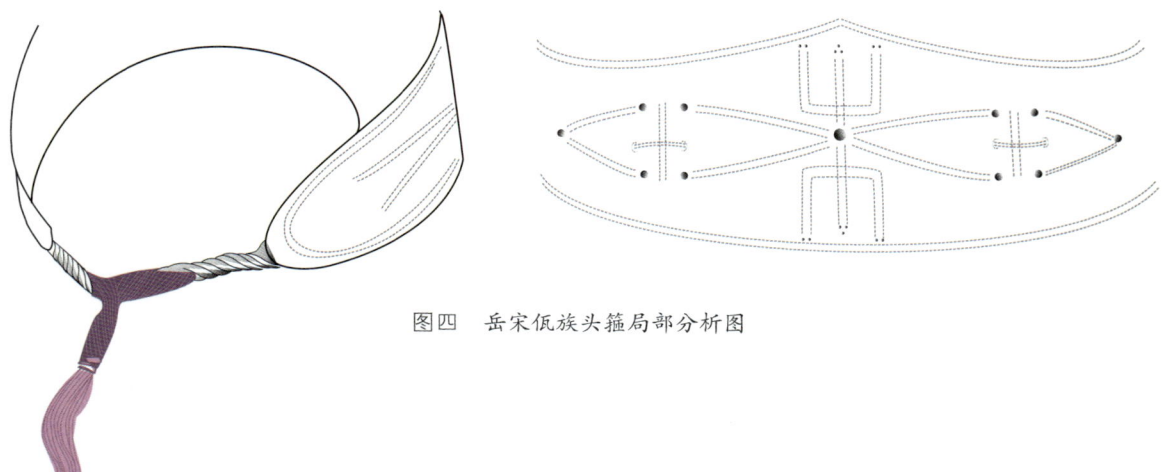

图四　岳宋佤族头箍局部分析图

图五　岳宋佤族头箍佩戴效果图

# 临沧佤族镂花银耳铛

图一　临沧佤族镂花银耳铛主图

临沧佤族镂花银耳铛，发现于云南省西盟佤族博物馆，传统样式。

耳铛是佤族具有代表性的首饰之一。耳柱呈圆条形，戴时横穿入耳洞。直径最细的只有0.15~0.2厘米，最粗的可达2~3厘米，长度多为2.5~3.5厘米，最长的有10多厘米。有些两头一样粗细，有些大小不一。朝前的一头是面，平滑或刻花，或加另物作装饰。管柱一般为空心，有的是一整件，有的由两截套合而成。两截套合的叫套筒耳铛，面镶珠花的又叫套筒耳花柱。佤族顶花盘银耳铛，手指般粗长，顶上的斗笠形花盘，镂空如菊或如牡丹，花心或镶珠，或镶银乳钉，略呈锥形。耳铛是佤族老年妇女心爱的古老饰品，在云南的苗族、布朗族、基诺族中也有出现，但佤族耳铛体积最大。历史上，佤族妇女就以佩戴的耳铛粗大夸张而闻名。

在佤族聚居地，财产可以通过妇女所佩戴银饰的数量和精致程度看出。当地妇女由于常年佩戴耳铛，耳垂变得下垂且巨大，耳洞也变得细长。贫穷的妇女会使用大木塞替代耳铛，富裕的妇女佩戴的耳铛上会有细致的花纹。

佤族首饰有一系列独特的工艺，包括铸炼、锤揲、錾刻、焊接、花丝等，耳铛常使用錾花工艺装饰。由于老工匠人数渐少，再加上外来文化的影响，当地银饰工艺日渐凋敝。

**图片来源**
图一、图五　闫铭砚　摄影
图二至图四　姜飘飘　制图

图二　临沧佤族镂花银耳铛尺寸图（单位：cm）

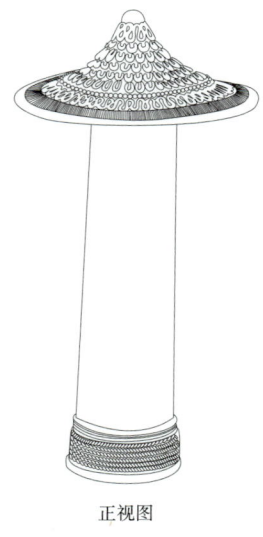

正视图

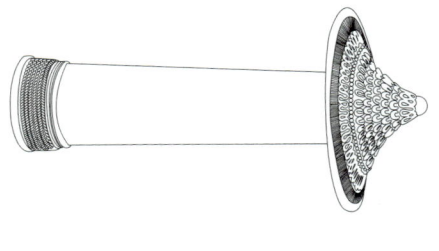

侧视图

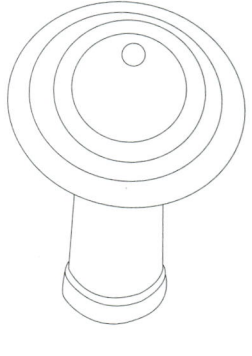

俯视图

图三　临沧佤族镂花银耳铛三视图

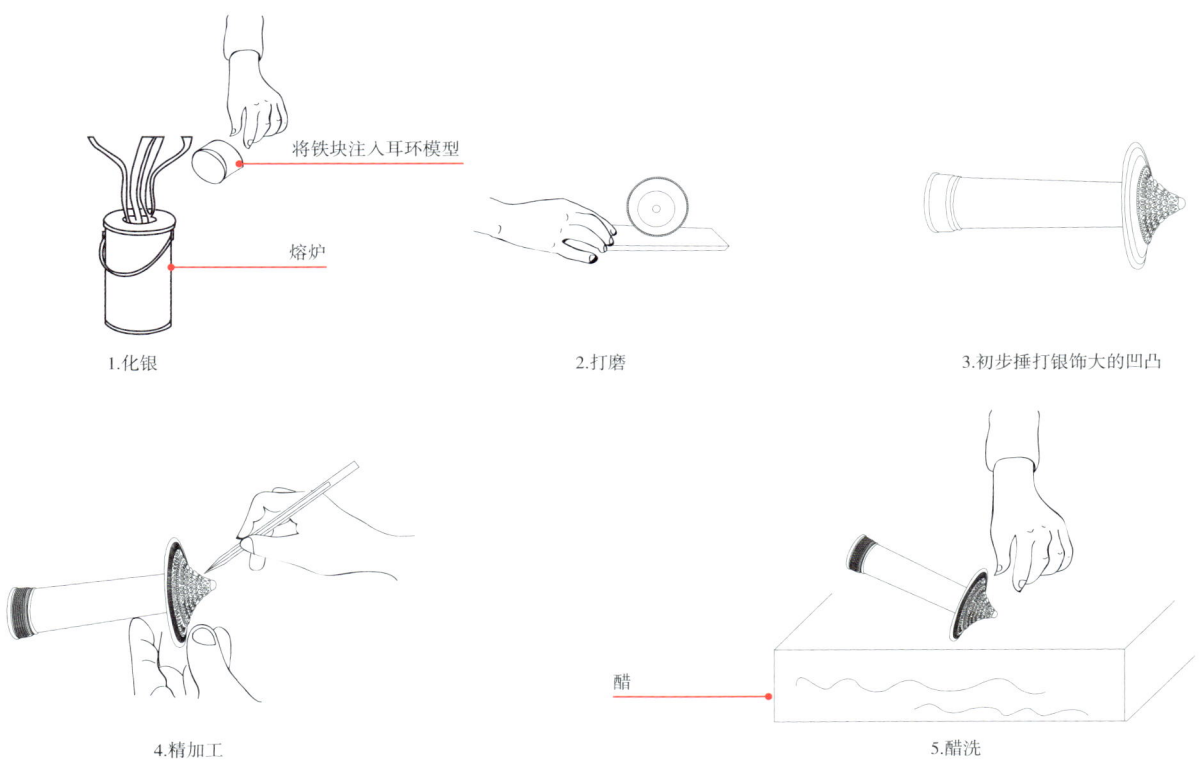

图四　临沧佤族镂花银耳铛工艺分析图

图五　临沧佤族镂花银耳铛佩戴效果图

# 岳宋佤族耳环

图一　岳宋佤族耳环主图

岳宋佤族耳环，尺寸：7厘米×3厘米，云南省博物馆藏品，当代产。

耳环是佤族妇女喜爱佩戴的饰品，以大为美，摇曳在耳畔颈间颇有柔美之感。耳环一般呈圆形或椭圆形，最大9～10厘米。佤族妇女常佩戴的耳环多为坠形，通常由主体耳环加上坠饰组成，两环下面有银叶片、银串珠、银花饰物等，常见的是卷丝垂须银花耳坠，长度为8～9厘米。

佤族银饰由银匠打造，经过一代代传承形成了铸炼、锤揲、錾刻、焊接、花丝等一系列独特的工艺。工具有风箱、铁锤、丝板、花纹模具、铜锅、錾子等。

银匠的手艺基本能满足当地银饰的需要，银匠大多仍以农业为主业，制作银饰只是副业。20世纪80年代前佤族银匠还有很多，但随着社会的发展，银匠人数逐渐减少，工艺失传的危机渐渐表现出来，亟须得到有效的保护与传承。

**图片来源**
图一　闫铭砚　摄影
图二至图十一　姜飘飘　制图

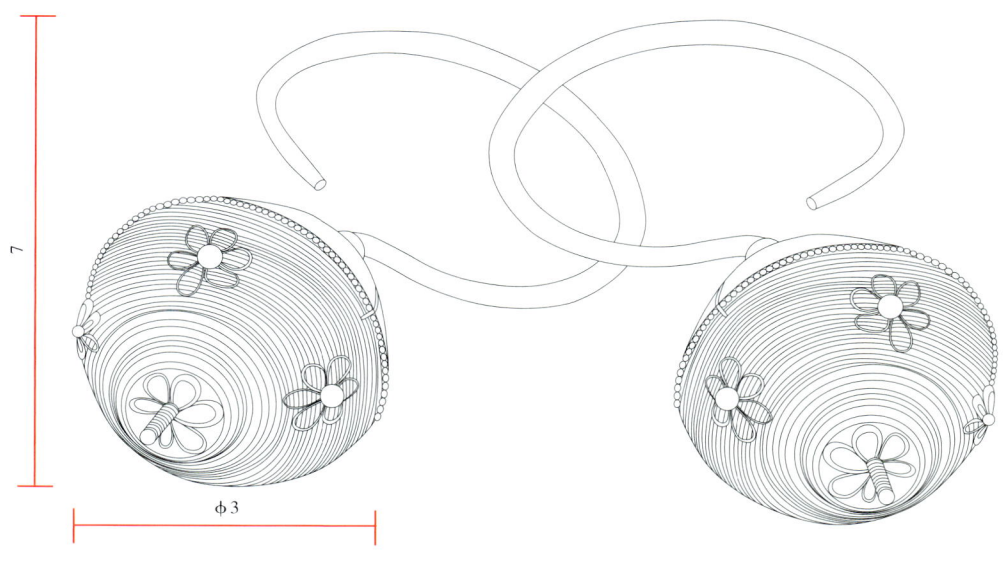

图二　岳宋佤族耳环尺寸图（单位：cm）

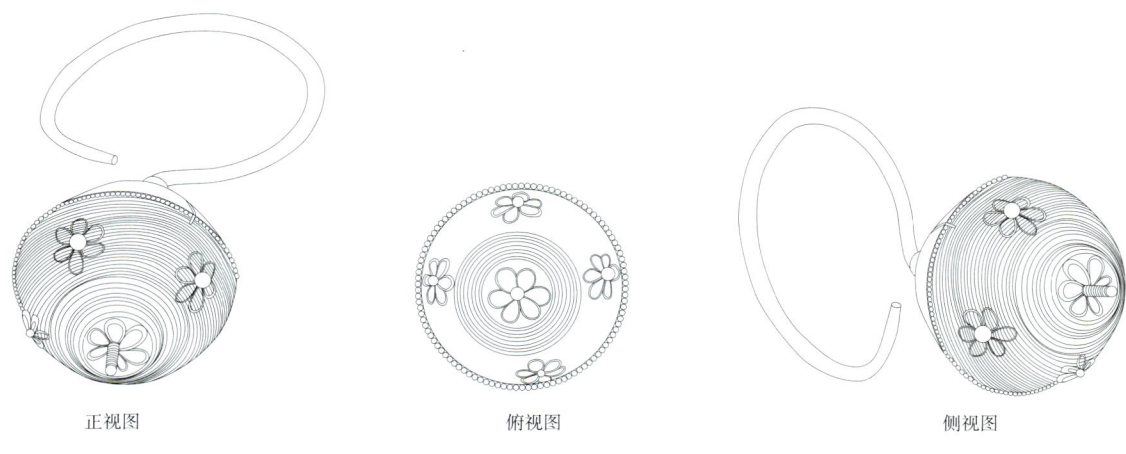

正视图　　　　　　　俯视图　　　　　　　侧视图

图三　岳宋佤族耳环三视图

第二章　佤族传统服饰

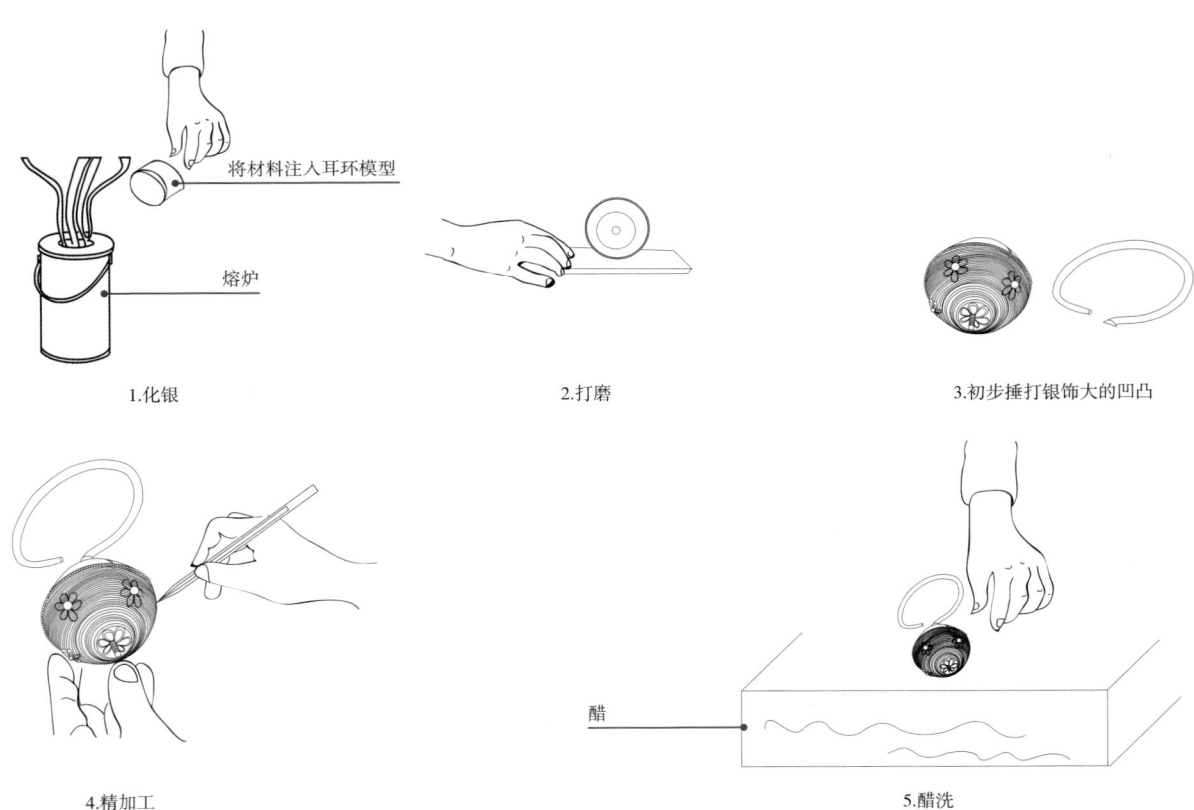

图四　岳宋佤族耳环工艺分析图

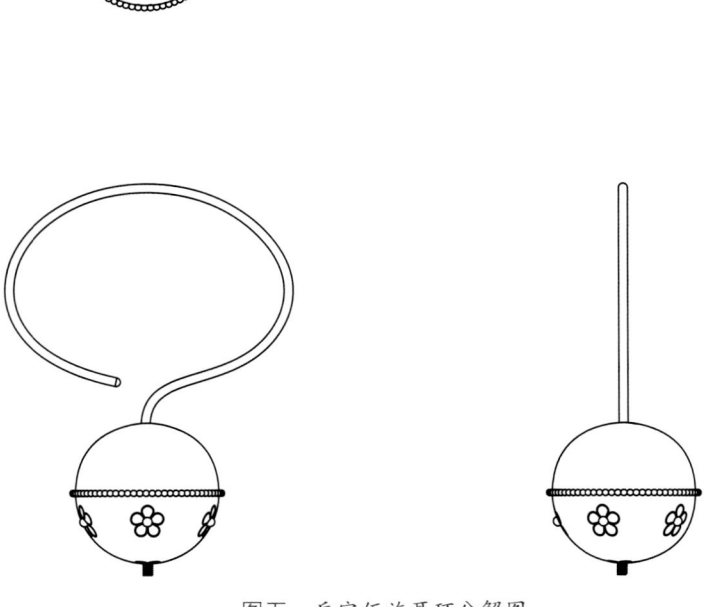

图五　岳宋佤族耳环分解图

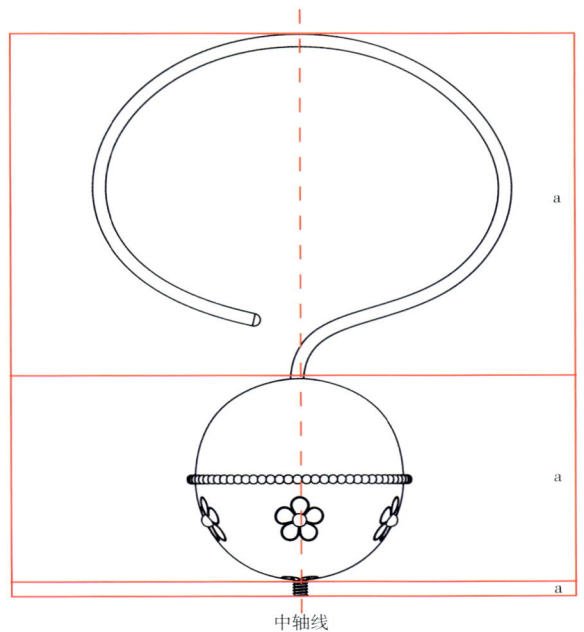

中轴线

图六　岳宋佤族耳环造型分析图

图七　岳宋佤族耳环构成分析图

第二章　佤族传统服饰

图八 岳宋佤族耳环纹样图

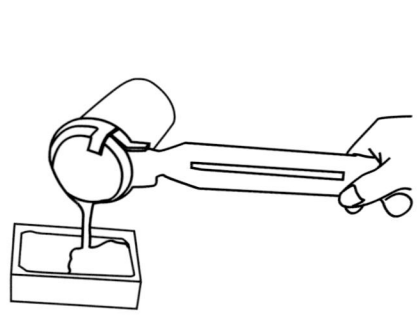

1.坩埚熔银

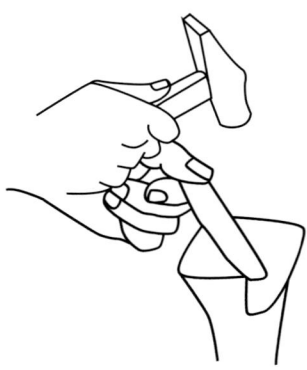

2.打制银片

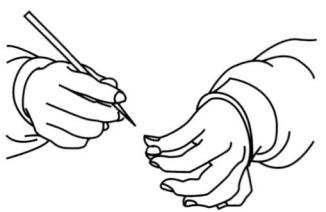

3.加工成型

图九 岳宋佤族耳环原料制作工艺流程图

图十　岳宋佤族耳环佩戴情境示意图

图十一　岳宋佤族耳环佩戴效果示意图

第二章　佤族传统服饰

191

# 佤族项圈

图一　佤族项圈主图

佤族项圈，发现于云南省博物馆，传统样式。

项圈用银皮打造，空心，开口处收成蕨芽形，是佤族妇女的主要颈饰，也是银饰中制作较为考究的一种。佤族常用的颈饰有项圈和项链两种，佤族妇女更加偏爱项圈，有方形和圆形，分实心和空心两种。由于佤族以大为美，同等重量原材料空心的项圈可以制作的更粗大，所以空心的项圈更受佤族妇女的喜爱。有的项圈会在胸前挂有垂饰，通常是银制的植物、动物纹样的坠子或是动物牙齿、贝壳、塑料的坠子。其中最有特色的是花形坠子，中间坠有红缨。还有的项圈会在开口处饰以鹭首，刻有独立的花纹。项圈与耳铛的坠子装饰是佤族首饰最精致、最灵巧的部分。佤族妇女一般会在婚庆或重大节日佩戴项圈，可以看出，项圈在佤族首饰中是比较贵重的。

佤族妇女佩戴项圈，穿着V领贯头衫，相互映衬，显示出佤族妇女的活力。项圈和耳铛形成强烈对比又和谐统一，展示出佤族妇女简洁、豪放之美，更让我们领略到佤族人民对形式美法则的把握能力。

**图片来源**

图一　闫铭砚等　摄影
图二至图四、图十　姜飘飘　制图
图五至图九　温馨　制图

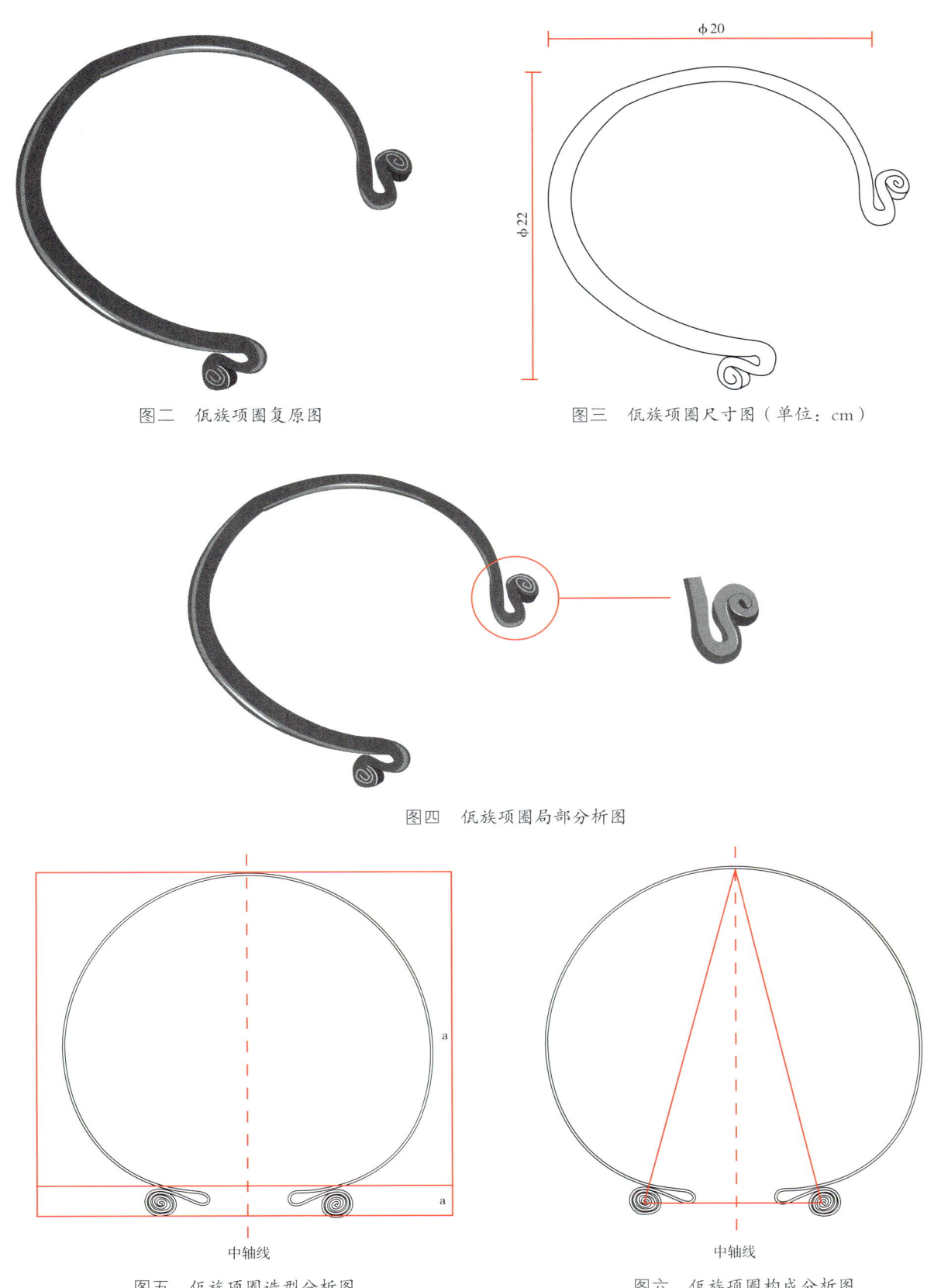

图二 佤族项圈复原图

图三 佤族项圈尺寸图（单位：cm）

图四 佤族项圈局部分析图

图五 佤族项圈造型分析图

图六 佤族项圈构成分析图

第二章 佤族传统服饰

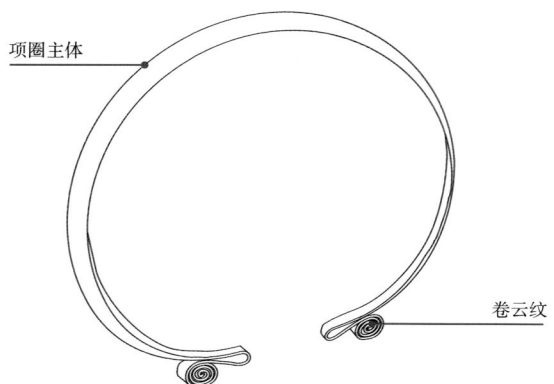

图七　佤族项圈透视图

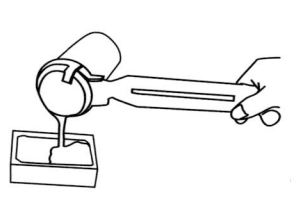
1.坩埚熔银

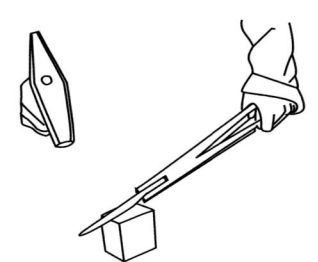
2.打制银条

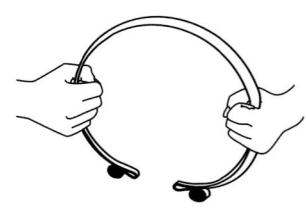
3.加工成型

图八　佤族项圈工艺流程图

图九　佤族项圈使用情境示意图

图十　佤族项圈佩戴效果示意图

# 岳宋佤族跳脱

图一　岳宋佤族跳脱主图

　　岳宋佤族跳脱，尺寸：10厘米×11.5厘米，发现于西盟岳宋老寨，属于常见的样式之一。跳脱共有6层，中间4层为圆条形螺旋排列，上下两层由圆条状逐渐扁平，并刻有花纹，最后银片变尖。

　　跳脱，又叫条脱，常见的样式有两种：一种用很宽的银条很随意地盘绕几圈，双臂可以对称地佩戴，也可以上下臂佩戴；另外一种是银条中段圆，两稍却扁，盘绕成形后，中段较厚，刻有少许花卉、几何纹样。

　　阿佤山区矿产丰富，蕴藏着金、银、煤、铝、铅等矿藏，尤以银的储藏量最多，质量也高，明、清两朝，佤山上的银矿就已被著名的茂隆银厂、慕乃老厂大量开采过，其产量之大早已闻名中外。茂隆银矿"矿工数万，周围百余里"，"岁出不赀，故富足南中，且利及天下"（《滇海虞衡志》）。得天独厚的历史条件，孕育出风格鲜明的佤族银饰，而佤族人民质朴、纯真的生存状态造就了粗犷的民族艺术风格。

　　佤族服装以浓重的红、黑两色为主调，银饰的佩戴起到了提亮整体色调并形成视觉反差的作用，与红黑色为主要色调的服装搭配相得益彰，强烈的色彩对比也表现出佤族妇女的生命活力，体现出古朴奔放的美感。

　　随着当地旅游事业的发展，佤族银饰被精心打造后作为佤族特色艺术品推向市场，受到国内外游客的喜爱。

**图片来源**
图一、图五　闫铭砚等　摄影
图二至图四　侯雨薇　制图

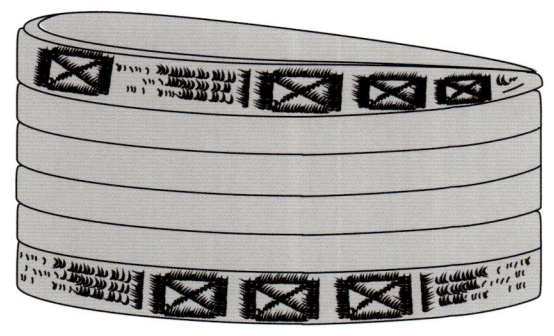
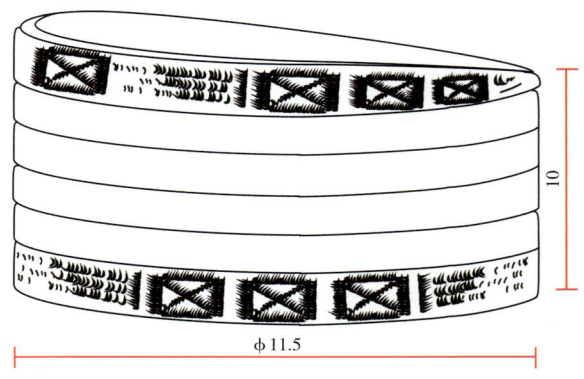

图二　岳宋佤族跳脱复原图　　　　　　　图三　岳宋佤族跳脱尺寸图（单位：cm）

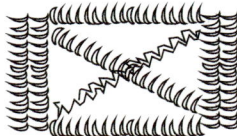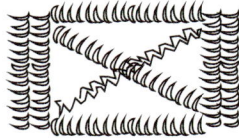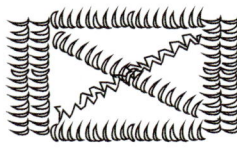

图四　岳宋佤族跳脱局部分析图

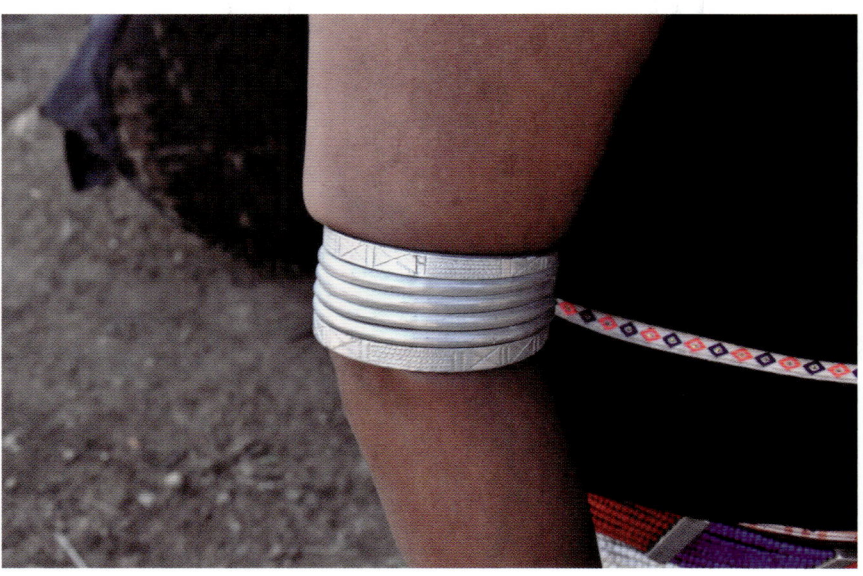

图五　岳宋佤族跳脱佩戴效果图

# 西盟佤族扭丝刻花臂钏

图一 西盟佤族扭丝刻花臂钏主图

佤族扭丝刻花臂钏，尺寸：7厘米×11厘米，厚1.8厘米，收藏于云南省民族博物馆，传统样式。这只臂钏十分精美，从正面看分四层，中间两层使用扭丝工艺，两层扭丝方向相反，形成两层纹路相对的效果，上下两层由宽变窄，上刻有回草纹。从背面看变为两层，宽度相等，上面刻有回草纹及几何纹样，整个臂钏呈筒形，钏身较宽。

佤族有敬老传统，家中贵重的首饰都会先给老人使用，据介绍，这只臂钏就是佤族当地老人佩戴的。

佤族银首饰上装饰的纹样根据表现内容，可分为自然形纹样和几何形纹样两大类。自然形纹样包括动物、植物等题材；几何形纹样以方形、菱形、三角形等几何形态为基本结构。几何纹样取材通常是自然现象和现实生活，比如十字纹代表星星、太阳。纹样除了有装饰作用，还带有表达祈愿的功能，展现出佤族民族文化模式和审美心理。

**图片来源**
图一 闫铭砚等 摄影
图二至图四 姜飘飘 制图

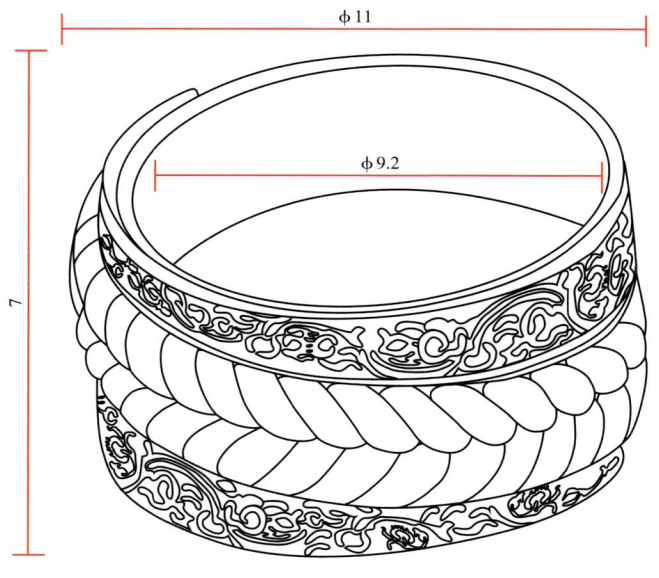

图二　西盟佤族扭丝刻花臂钏尺寸图（单位：cm）

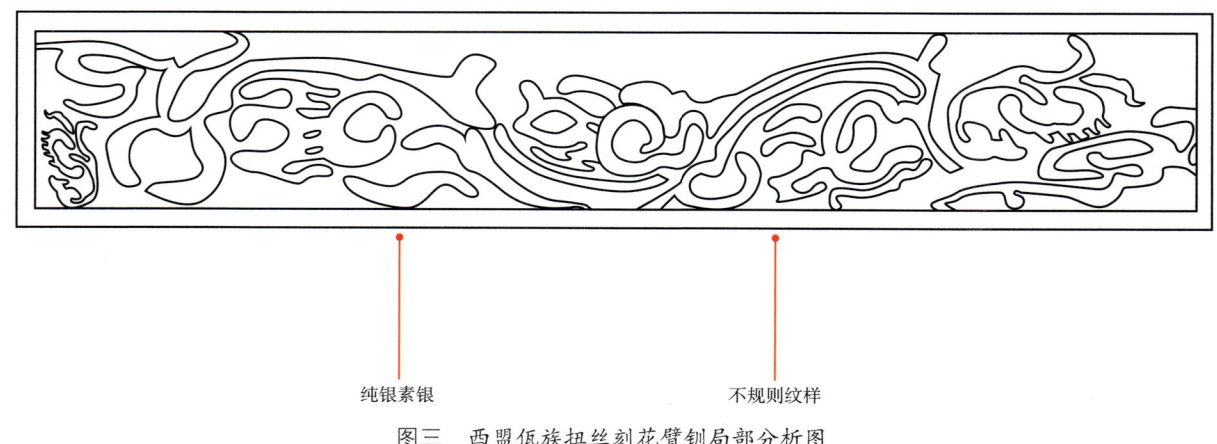

纯银素银　　　　　　　　　不规则纹样

图三　西盟佤族扭丝刻花臂钏局部分析图

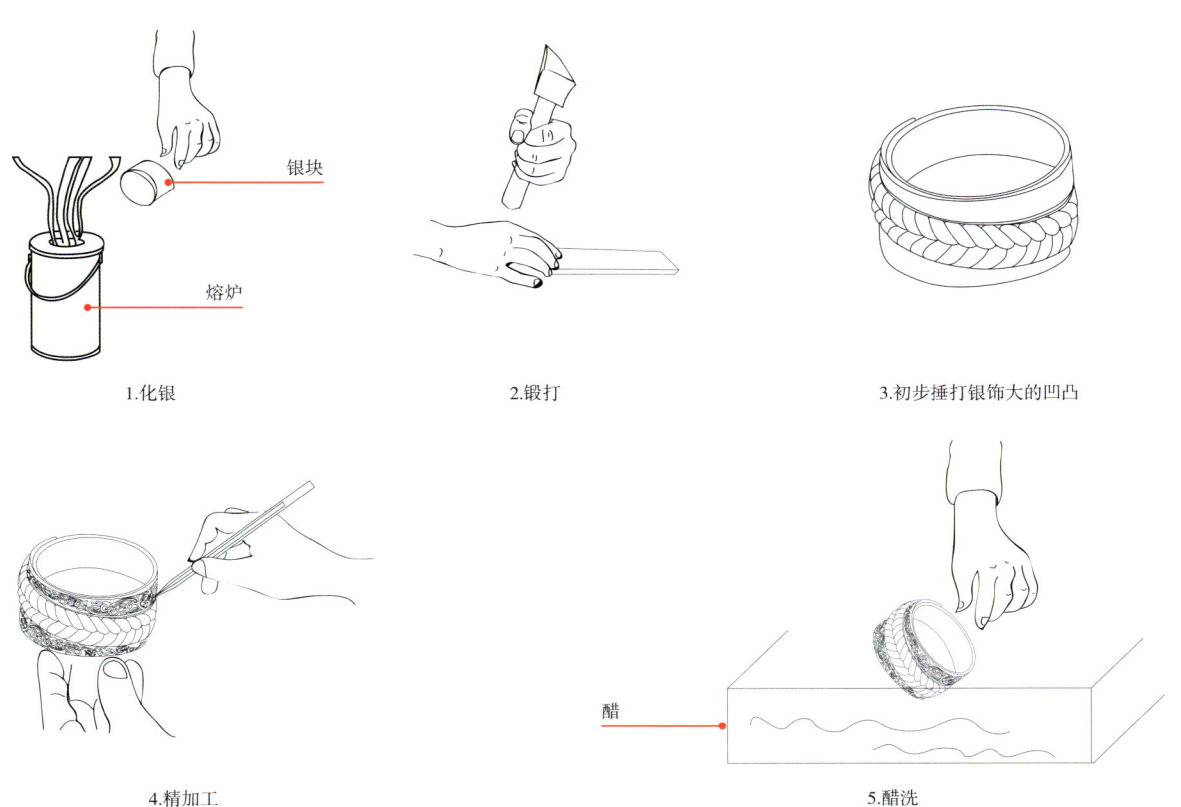

图四 西盟佤族扭丝刻花臂钏工艺分析图

# 佤族扭丝手镯

图一　佤族扭丝手镯主图

佤族扭丝手镯，尺寸：6厘米×8厘米，流传于西盟自治县岳宋老寨，云南省民族博物馆、云南省博物馆皆有收藏。图一中的扭丝手镯现藏于云南省博物馆，年代不详。其样式简洁，具有现代美感，质感突出。

银饰是佤族家庭中的重要财产，代代相传，因佩戴者手腕粗细不同，所以设计了可以调节尺寸的开口，这表现出"适宜合用"，即合规律性和合目的性相统一的设计理念。

当地银矿众多，手镯就地取材，以当地生产的银块为原材料。现代佤族群落中已经鲜见银匠，具体的银器制作工艺也已经无法亲眼看到。从当地极少数从事工艺品行业的老艺人处了解到银器的制作方法：首先用木炭为燃料，在砖垒出的炉窝上熔化银块；之后将熔化的银倒入坩埚，将坩埚放在烧红的木炭之上，用与炉窝相连的风箱鼓风保持木炭的温度，并在坩埚中加入硼砂帮助银熔化；当银完全熔化成液体时，将其倒入准备好的长条状糠槽中，待其完全凝固，将银块取出并趁热捶打造型；将银块捶打成四方形长条，若需要制银片，就把它用锤子碾宽、捶薄，若需制银丝便捶成圆条再用丝板拉细；经过捶打造型后的银器进行冷却后，便制作完成了。

以现代人的目光来看，虽然这种传统简陋的制作工艺缺乏各种先进的制作工具，但佤族的老银匠们却能因地制宜想出各种方法来实现自己的创意，满足消费者的需求，体现了工匠们高超的智慧。

**图片来源**

图一、图五　闫铭砚等　摄影

图二至图四　李煜天　制图

图二　佤族扭丝手镯复原图

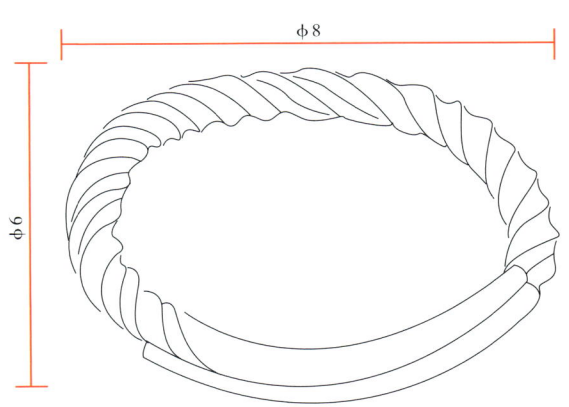

图三　佤族扭丝手镯尺寸图（单位：cm）

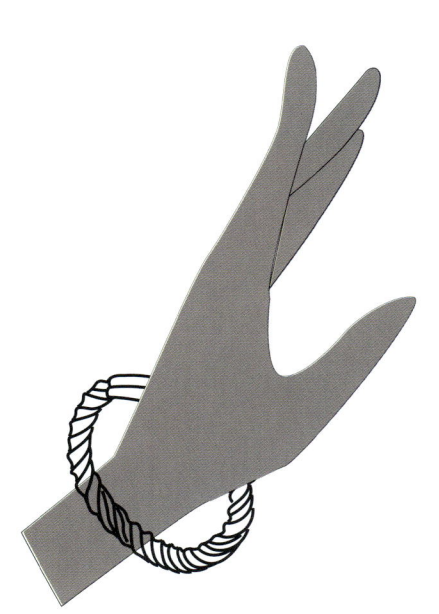

图四　佤族扭丝手镯佩戴效果示意图

图五　佤族扭丝手镯实物图

第二章　佤族传统服饰

201

# 佤族手镯

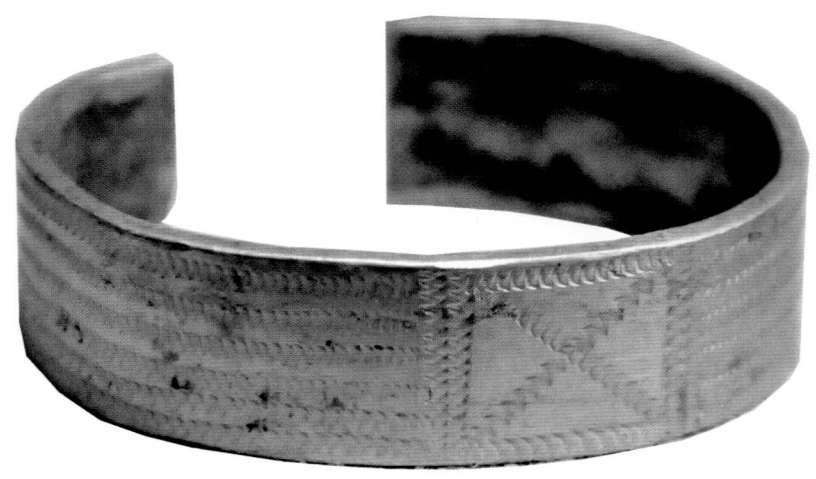

图一 佤族手镯主图

佤族手镯，为佤族女性首饰，尺寸：高1厘米×直径6.7厘米，佤族手镯在西盟自治县岳宋老寨有发现，在云南省民族博物馆、云南省博物馆有收藏，生产于当代。

手镯在各民族中使用广泛，不分男女老幼。佤族妇女爱戴一只或几只素面银手镯，镯面光滑如镜，镯身较宽，表面装饰有较少的几何纹样或者不加装饰，展现材质本身的美感。表面装饰的纹样以菱形纹和十字纹为多，这些纹样的选取与他们生活的环境以及原始宗教崇拜紧密相关。菱形纹被认为是妇女怀孕时爱吃的酸木瓜，与生育有密切联系，有祈育的含义。十字纹则被解释为神圣、灵验的护身符号，也有说法认为十字纹代表星星、太阳等。

在佤族人的观念中，手镯不仅可以作为装饰，也可以辟邪，还能系魂。佤族手镯作为一种民族识别的文化符号，具有不可忽视的社会功能，它对族人在某种意义上起着"族徽"的作用，凝聚了佤族人民对生活共同的祈愿。

**图片来源**
图一、图五　闫铭砚等　摄影
图二至图四　侯雨薇　制图

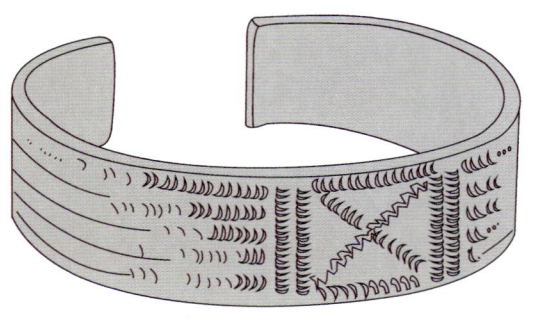
图二 佤族手镯复原图

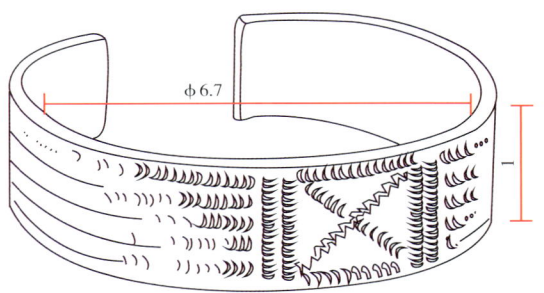
图三 佤族手镯尺寸图（单位：cm）

图四 佤族手镯局部分析图

图五 佤族手镯实物图

第二章 佤族传统服饰

203

# 佤族腰带

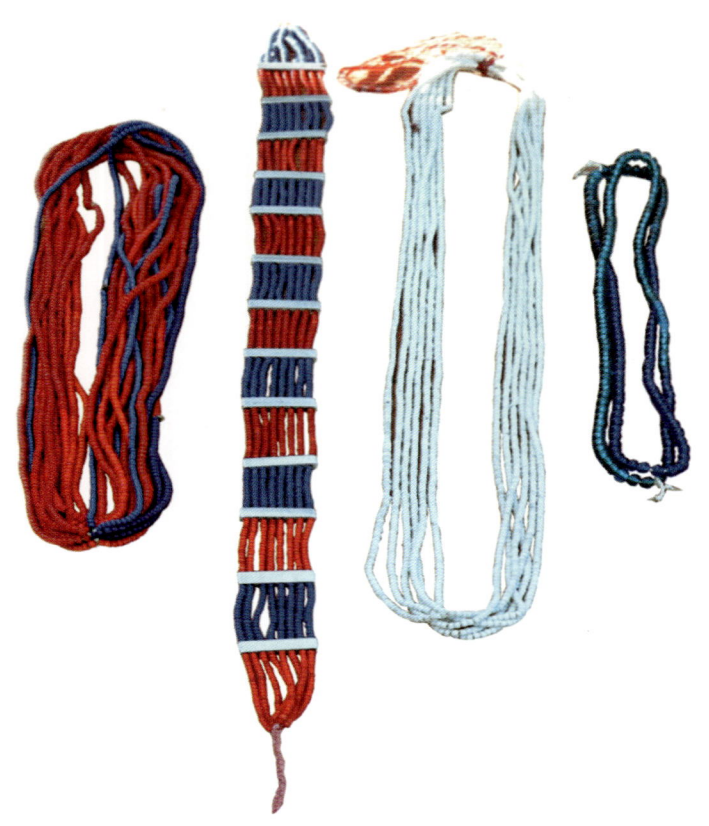

图一　佤族腰带主图

　　图一4种腰带的尺寸：长70厘米，长65厘米，长67厘米，长64厘米，发现于岳宋老寨，收藏于云南省民族博物馆。生产于当代，传统样式。

　　腰带是佤族女性常用的装饰，兼具装饰和束裙的作用。一般有两种款式：一种是由7至8根珠链组成，每根珠链间隔一段距离会有一块银块或是牙块连接，银块和牙块上有同心圆图案装饰，珠子有红蓝两色，经银块、牙块的分割交替出现，这种腰带流传时间较久。另一种历史较短，是由单色同尺寸的塑料珠子或是玻璃珠子用线绳串成，可以单串或是多串成一组出现，使用红、蓝、白三色。穿着方式也分为两种，一种是开合式，把腰带系在腰上；另一种是将珠子串成闭合的腰圈，从脚套到腰上。

　　在实地调研中我们发现，虽然佤族人民日常生活中已经不再穿着佤族的传统服装，但仍然保留着佤族首饰。妇女常在穿着现代服装的基础上佩戴样式繁复、品种丰富的佤族首饰，佤族的传统文化模式通过这种方式持续地影响佤族人民的生活。尽管佤族妇女的首饰整体显得简单、粗糙，但与其民族历史文化及人们的外貌、体态、肤色等搭配起来却显得十分和谐，充满原始的神秘之美和古拙大气的质朴之美。

**图片来源**

图一　闫铭砚等　摄影
图二至图四　姜飘飘　制图

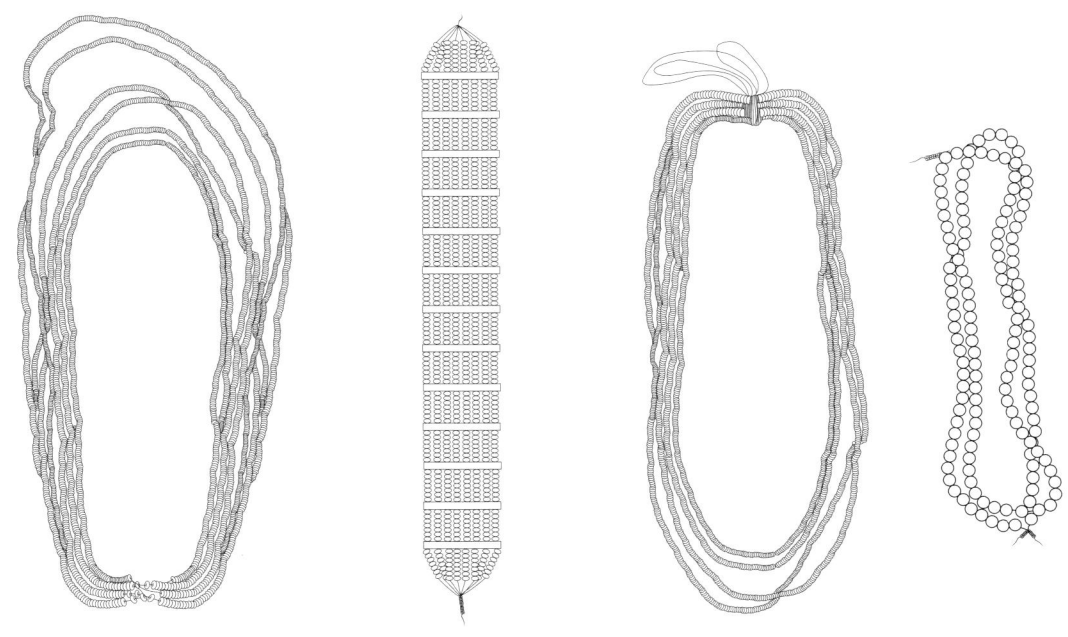

图二　佤族腰带复原图

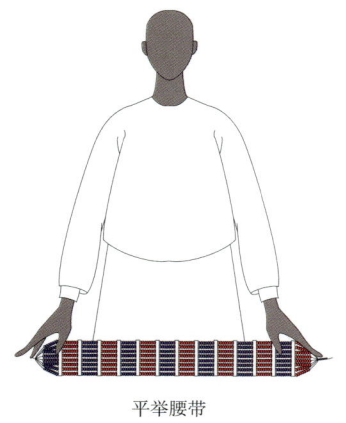
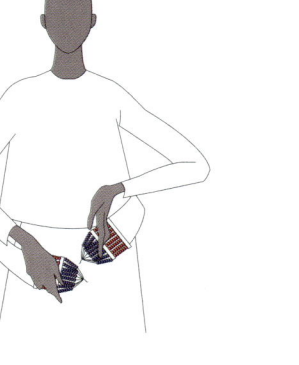
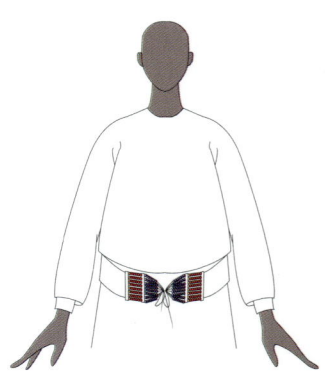

平举腰带　　　　　　　　　从后向前环绕于腰间　　　　　　　　两端以系带的方式连接

图三　佤族腰带佩戴操作示意图

图四　佤族腰带佩戴效果图

# 岳宋佤族篦环

图一　岳宋佤族篦环主图

岳宋佤族篦环，尺寸：半径4.5厘米，发现于西盟岳宋老寨，传统样式，当代制作。

篦环使用当地生长的植物，将植物的皮劈成宽度两三毫米的细条，圈成环状，涂上黑漆，晾干后便制作完成了。黑漆是佤族妇女使用当地野生的植物经过加工制成的。与植物染色的染料相同，这些植物都是在劳作时偶然发现，经过摸索、实践获得的。随着漆料工艺的发展成熟，这些植物也被人们有意识地栽种在生活区域附近。

篦环是佤族历史最悠久、制作最便利的首饰。因为制作简便，不使用贵金属，不分贫穷富裕都可以获得。岳宋地区妇女普遍佩戴篦环，一般十几个或几十个为一组佩戴在腿上或是胳膊上。佤族妇女还有"要知年龄数脚箍"的说法，每长一岁所戴的脚箍要增加一个。

佤族妇女佩戴篦环展示了一种自然生命本身的、自由自在不受任何约束的美感。篦环线条简约粗犷，构成简洁率意，具有原始的艺术魅力、深邃的文化底蕴和清新自然的风格。

**图片来源**
图一　闫铭砚等　摄影
图二、图三　李煜天　制图
图四、图五　侯雨薇　摄影

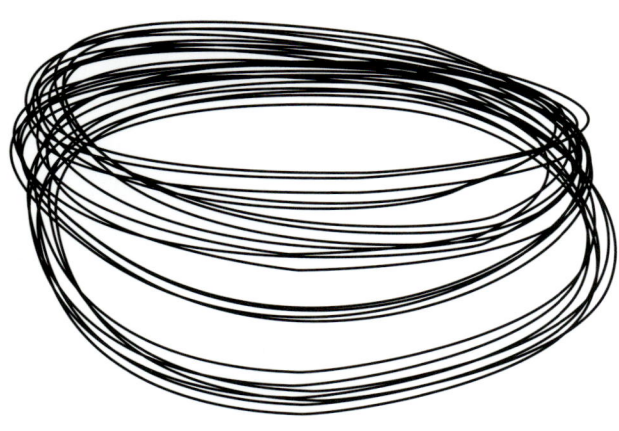
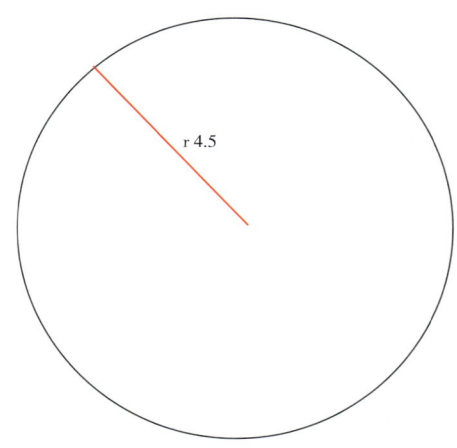

图二　岳宋佤族篾环复原图　　　　图三　岳宋佤族篾环尺寸图（单位：cm）

图四　岳宋佤族篾环佩戴效果图①　　图五　岳宋佤族篾环佩戴效果图②

# 岳宋佤族织锦

图一　岳宋佤族织锦主图

尺寸：通高144厘米×通长52厘米，云南民族博物馆藏品，当代作品。织锦形状呈长方形，图案对称排列，两侧有黄色、黑色条纹图案，图案宽度基本一致，中间用彩色条纹布条拼接，布条上绣有三角形和菱形图案。

佤族织锦代表了佤族纺织技术的最高水平。织锦在佤族日常生活中常用于女性服装和筒帕的制作。佤族男女有着明确的分工，男性负责锻造工具、建造房屋、制造竹用木器，女性负责织布、服装制作。佤族织锦的制作过程复杂，使用的工具也与其他民族不同。

佤山中生长着丰富的植物，除棉、麻外还有一些其他植物，这为织锦的制作提供了丰富的原材料。运用天然原料、拼接手法和单一的刺绣方法是佤族织锦的制作特点。制作织锦的时间一般在旱季（大致从每年11月开始，为期半年）和农闲时。棉花经过采花、轧花、弹花、卷筳，麻经过割麻、剥麻、纺麻、煮麻、洗麻、染麻等工艺后，使用纺车纺线或用纺锤捻线，再经过整经，将纱线按奇偶数穿插至织机不同的两页综。佤族的织布机称为腰织机，又称踞织机。这种织布机的特点是工具简单，可以随身携带，使用时需要将织布机固定在制作者的腰上，制作者一人可以独立完成织布过程。由于织布机较小，佤族织锦幅面较窄，一般为45厘米至50厘米，具体情况根据制作物品的尺寸和制作者肩宽对应的工作舒适度决定。

佤民在自己家的附近常种蓝靛草，捣碎后可制成供织锦染色用的颜料。如果将蓝线放入麻栗树皮水中可染成黑色，红色染料则是使用虫胶制作。佤族织锦的色彩大多以红黑色为主，按不同的配色可分为四种：全黑、全红、红黑两色和红黑色配以其他颜色。佤族织锦刺绣的针法很单一，大多只使用"跑步绣"一种方法，通过这一种方法的重复使用也可以获得不同的效果。由于织锦门幅较窄，所以制作成品时有时会使用几块织锦拼接，并配以刺绣图案甚至会将野苡仁、榈莒子种子等比较坚硬的植物颗粒装饰在面料表面以丰富面料质感。刺绣的图案受佤族神话和信仰的影响，主要表现自然界的形象。其中，最常见的图案是十字纹和菱形纹，十字纹代表星星和太阳，野苡仁多是两三个为一组，共四组，按十字排列装饰织锦，其寓意同样是星星、太阳。菱形纹加点的寓意有两种说法：一种是代表女性怀孕时爱吃的酸木瓜，这与菱形纹的含义有共同点；另一种说法是代表鸟的眼睛。

在20世纪50年代之前，织锦的制作工艺在当地以言传身教的方式代代相传，配色和图案也根据村寨的不同而有所变化。随着外界与佤族的交流渐渐密切，佤族织锦作为佤族纺织工艺中的瑰宝，渐渐被人熟知，广受欢迎。

**图片来源**
图一　闫铭砚等　摄影
图二至图六　侯雨薇　制图

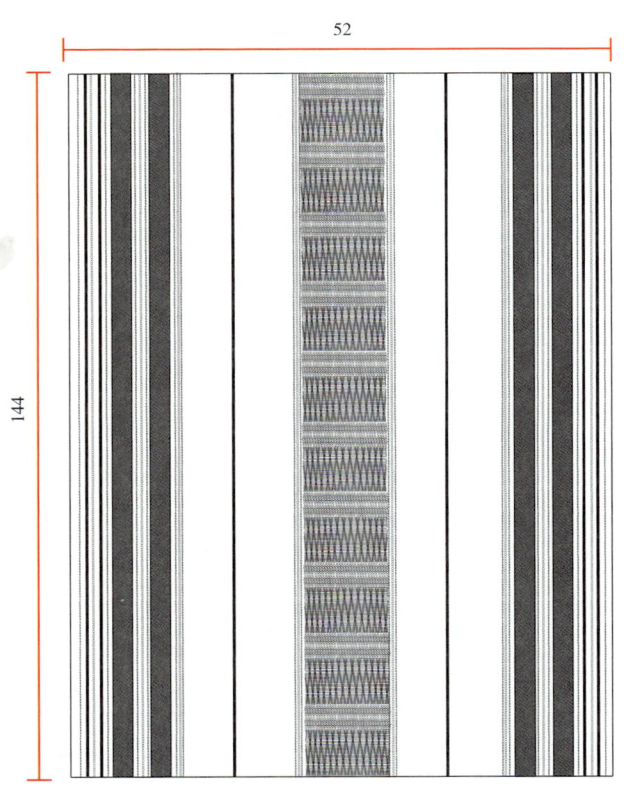

图二　岳宋佤族织锦尺寸图（单位：cm）

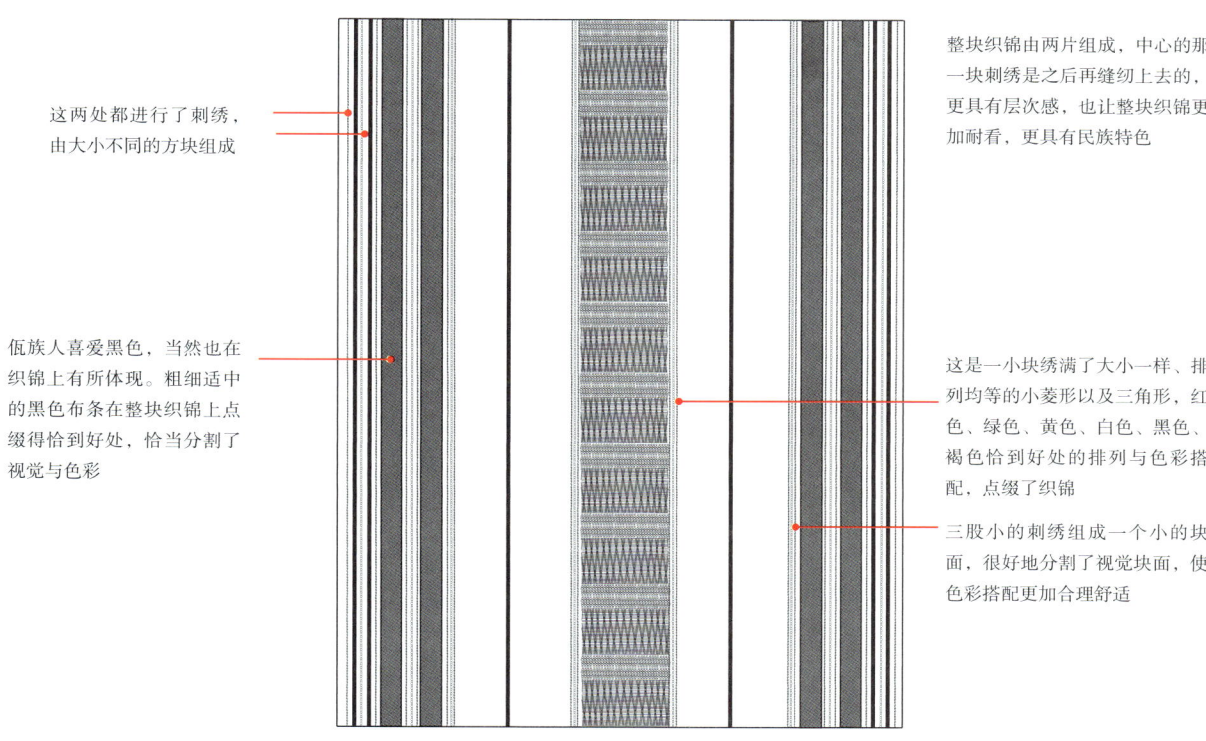

这两处都进行了刺绣，由大小不同的方块组成

佤族人喜爱黑色，当然也在织锦上有所体现。粗细适中的黑色布条在整块织锦上点缀得恰到好处，恰当分割了视觉与色彩

整块织锦由两片组成，中心的那一块刺绣是之后再缝纫上去的，更具有层次感，也让整块织锦更加耐看，更具有民族特色

这是一小块绣满了大小一样、排列均等的小菱形以及三角形，红色、绿色、黄色、白色、黑色、褐色恰到好处的排列与色彩搭配，点缀了织锦

三股小的刺绣组成一个小的块面，很好地分割了视觉块面，使色彩搭配更加合理舒适

图三　岳宋佤族织锦造型分析图

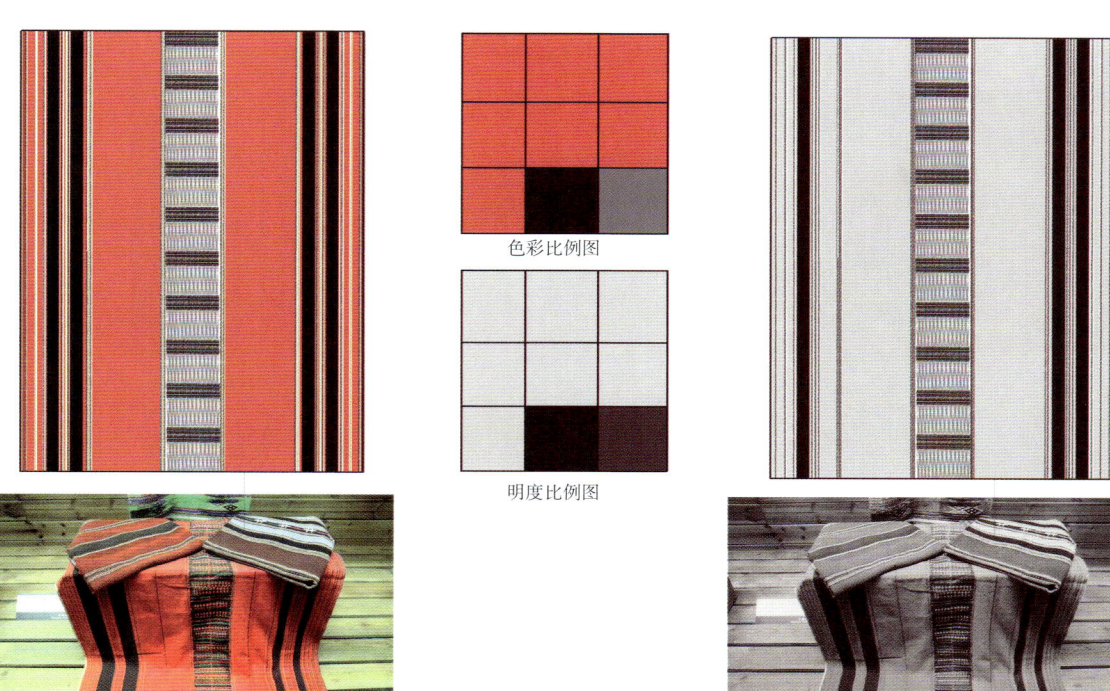

色彩比例图

明度比例图

图四　岳宋佤族织锦设色分析图

第二章　佤族传统服饰

211

织锦中间部分由另一块绣片拼接而成，绣片上绣有三角形、菱形等几何纹路

布片本身绣好的特色纹样

刺绣着各种大小不一的方块，织锦都是由这些细的长条来分割

因为本民族喜爱黑色的原因，织锦上分布着长宽比例合理的黑色条纹

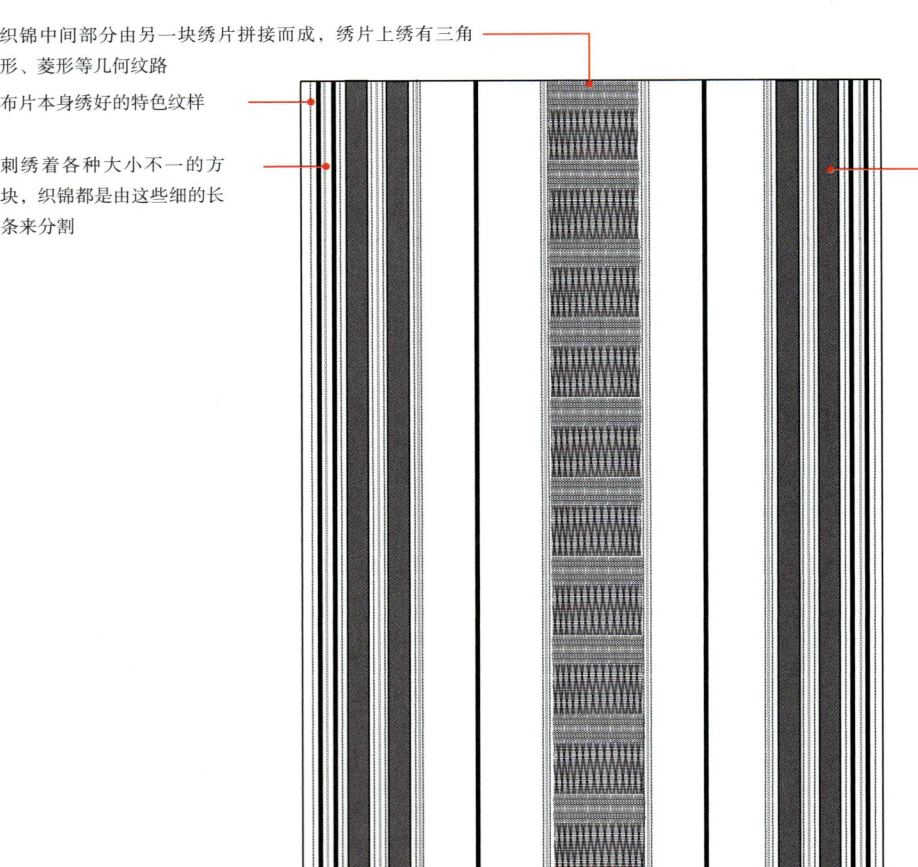

图五　岳宋佤族织锦构成分析图

1.织布

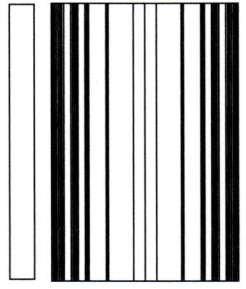

2.裁剪

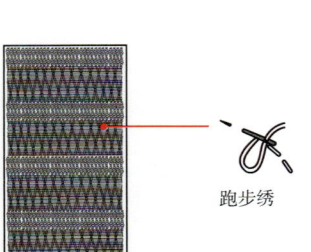

跑步绣

3.绣花

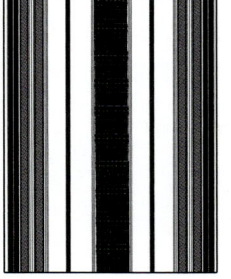

4.缝制

图六　岳宋佤族织锦工艺分析图

# 岳宋佤族牛肚被

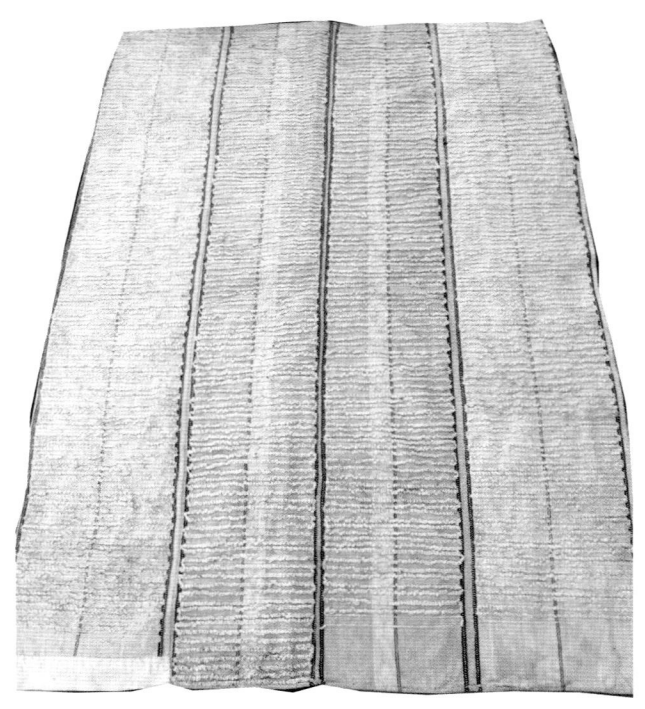

图一　岳宋佤族牛肚被主图

岳宋佤族牛肚被，尺寸：长158厘米×宽111厘米，出自西盟自治县岳宋乡老寨，云南省民族博物馆亦有收藏。牛肚被用当地传统腰织机制成，根据需要由几块布拼接。拼接边缘有黑色缝线，具有特殊的装饰效果。牛肚被具有外光内绒的特点，因表面效果形似牛肚而得名。牛肚被在同为古濮族分支的布朗族也有发现。

牛肚被，一般为家庭中的老人使用，在部分富裕的家庭中亦能看到。牛肚被制作工艺复杂，工时需要15~30天，整个制作工序分为轧棉花、弹棉花、搓棉条、纺棉线、绕棉线、煮棉线、圈棉线、拉棉线、织棉线等9个程序。佤族妇女从地里收回棉花，用自制的压棉机去掉棉籽（轧棉花）；把经脱籽后的棉花用羊弦弹之，使其变软、变松，同时达到祛除灰尘的目的（弹棉花）；弹好的棉花用木棒或稍粗的筷子搓成花条，以便纺线（搓棉条）；将搓好的棉花条在纺线车上纺成一根根细线（纺棉线）；然后将线拉成同样长的经线（绕棉线）；为了保持棉线的硬度和牢固性，将绕成经线的棉线在装有小红米或苞谷的大锅中煮沸，经过漂洗后晒干（煮棉线）；为使棉线不打死结，方便操作，用纺线车将棉线绕成团（圈棉线）；再用拉线车将绕成团的棉线固定在纺线车上（拉棉线）；然后从绕线架拉出的若干股经线端用一块宽约5厘米的布带子固定，系在织布者的腰上，当右脚踩下踏板，经线交错变换一次位置，纬线左右穿一次，线梳前后拉一次，一面用粗棉起绒，一面平织，如此循环反复。

随着旅游业的发展，牛肚被作为当地特色商品受到旅游者的喜爱。

**图片来源**
图一、图五、图六　闫铭砚等　摄影
图二至图四　侯雨薇　制图

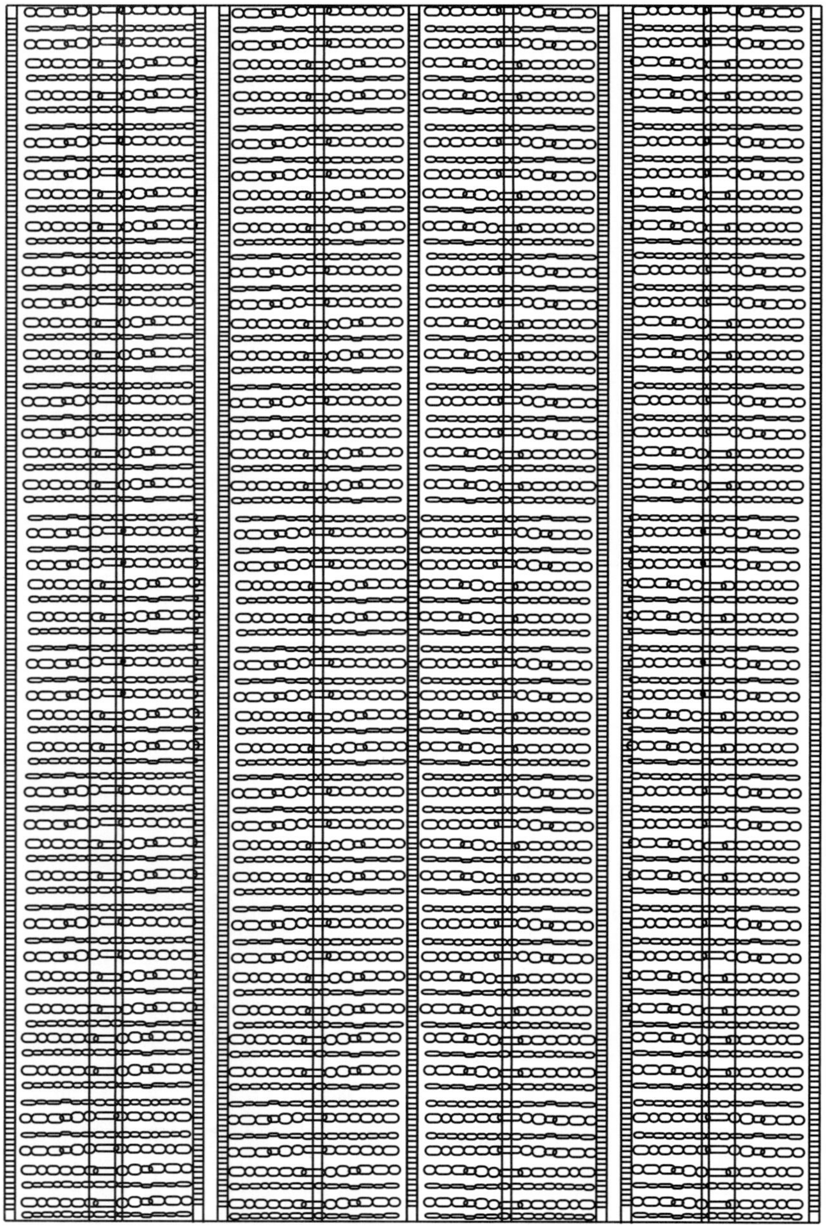

图二　岳宋佤族牛肚被复原图

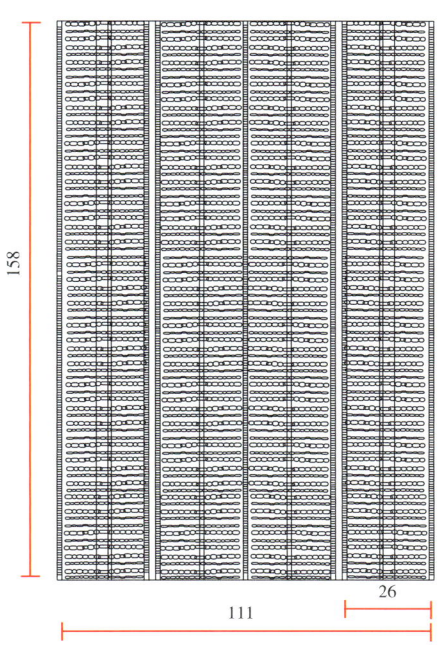

图三 岳宋佤族牛肚被开片图　　　　　图四 岳宋佤族牛肚被尺寸图（单位：cm）

图五 岳宋佤族牛肚被局部图

图六 岳宋佤族牛肚被实物图

# 岳宋佤族麻织披单

图一　岳宋佤族麻织披单主图

岳宋佤族麻织披单，尺寸：高144厘米×宽112厘米，发现于西盟自治县岳宋乡老寨。该麻织披单生产于当代，传统样式。

麻织披单是佤族使用广泛的日常用品，当地佤民在天冷时习惯披一件麻织披单外出，晚上入睡时作为被子使用。该麻织披单由两块同样的麻织布料拼合而成，上面有红、紫两色直条与红、白两色线条穿插形成的图案，显示了佤族妇女驾驭色彩的能力。

佤族属于"古濮"族群的分支，沿袭着男耕女织的社会分工。女性的纺织技艺很大程度上决定了自己在族群中的名声，影响到以后的婚姻，再加上妇女天生对美的追求，因此，纺织技艺在女性技艺中很受重视。纺织技术在佤族女性中通过口耳相传的方式传授，她们相互交流经验，共同发展出新样式和配色。已见过的麻织披单配色还有红、紫、蓝、黑、褐色，其中红紫搭配比较常见，图案是各种不同比例的竖条纹。

随着缅甸及我国其他地区生产的机制布流入当地，当地佤族传统麻织披单颜色使用更加丰富，条纹的样式也有了新的变化，一些现代工艺也开始在当地流行起来。

**图片来源**
图一　闫铭砚等　摄影
图二至图五　侯雨薇　制图

图二　岳宋佤族麻织披单复原图

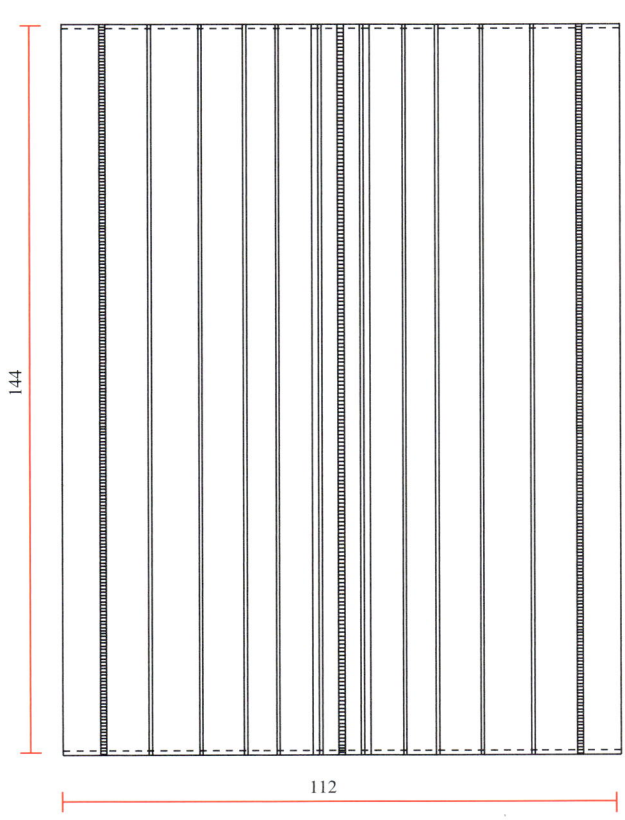

图三　岳宋佤族麻织披单尺寸图（单位：cm）

217

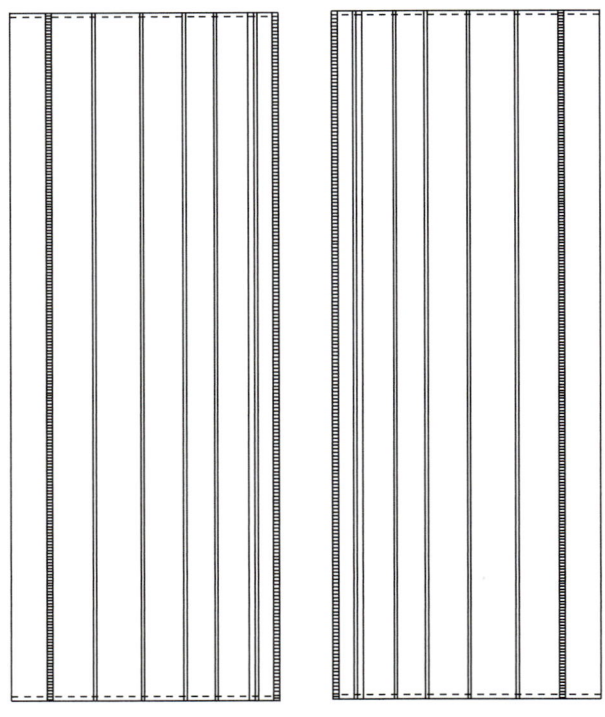

图四　岳宋佤族麻织披单开片图

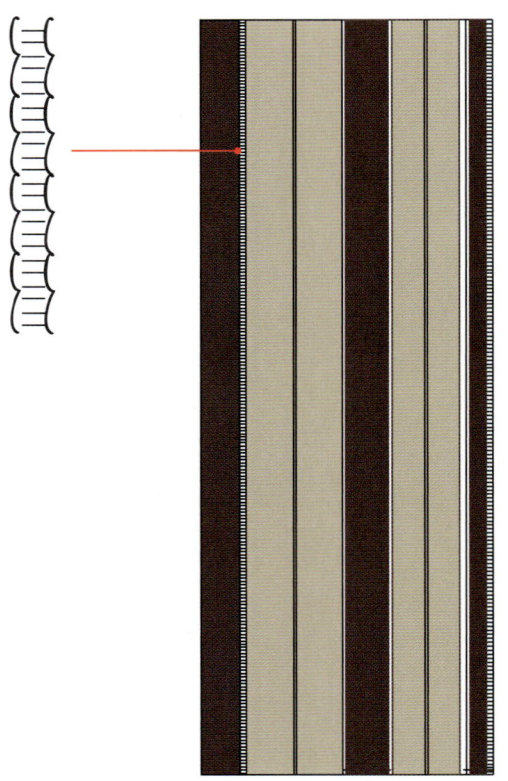

图五　岳宋佤族麻织披单局部分析图

# 第三章 佤族传统餐饮

# 佤族舂臼

图一　佤族大舂臼主图

舂臼最初起源于凿石工艺。把一块粗厚坚硬的花岗岩凿成大约半米高的圆柱体，然后在一端深挖，挖出一定的容量，便是臼的最初造型，一般习惯叫做舂臼。舂臼这一老物件很多民族都有使用，现在已很少见到了。而在佤乡，舂臼却是人们日常生活离不开的器物。质地坚硬便于凿作的石头并不好找，而佤族人民利用森林资源丰富的优势，用木材来制作舂臼。舂臼的作用大到舂米舂谷物，小到舂作料，都必不可少。

佤族舂臼分大小两种，大舂臼约半米高，底部厚重，主要用来舂粮食。大舂臼还需配大的臼杵，当地人民一般"断木为杵"。大臼杵尺寸不一，多在一米以上。而家用的小舂臼，要小很多，大约25厘米高。

与小舂臼配套的是小臼杵，大约20厘米长，一般用来舂各种食材作料，包括胡椒粒、辣椒、香菜等。

舂臼形态为半椭圆形，有底，便于放置。选好木材后，采用凿刻或者切削工艺将外形做好，然后再细细打磨光滑。家家户户可以根据自己家庭的实际需要自己制作大小不同的舂臼方便使用。用大舂臼舂米的时候，每次将10多斤糙米倒进臼内，然后让青壮年双手紧握臼杵，对准臼心，用力捣下去，这样一下一下反反复复，米糠自然脱落。舂米是力气活，要靠有力量、有耐心而且有技巧的人来做，否则很容易疲劳而且事倍功半。使用小舂臼时，把各种作料包括香菜等都要放入舂臼，用臼杵上下捣一捣，充分混合均匀，再拿来调味，浓郁鲜美。

在普通佤族人家庭里，除了锅碗瓢盆这些常用的餐饮器具之外，一个好的舂臼是必不可少的。由此可见，舂臼在佤族家庭中有着很重要的地位，这与佤族独特的生活习惯和独有的民族文化是息息相关的。在生产力迅速发展，生产方式也发生巨大改变的今天，很多佤族家庭还在使用舂臼舂米，一方面反映出佤族山区的生产力有待提高，另一方面也说明佤族人民辛勤耕耘、尊重传统的品质。正是由于这种认真对待生活的态度，使寻常的器物设计在他们看来，变得如此重要。

舂米还可用舂米石槽、米棒槌。佤族的舂米石槽一般为圆形，其大小一般为高65厘米，直径一般为35厘米。米棒槌长90～130厘米，直径9～15厘米（米棒槌在实际生产生活中体量较小，这里讲的是用于表演的道具）。

在佤族的重大节日木鼓节中，男性帮女性在祭祀欢庆活动现场准备好舂米石槽，根据表演需要会摆成各种阵形。一个舂米槽周围一般会围绕三位佤族女性，相互抽动木棒槌进行表演。庆祝活动开始后，表演者会带着长长的木棒槌跳着欢快的舞步进入活动现场，开始一系列的表演活动。木棒槌在充满民族特色的音乐声中此起彼伏，让人感受到佤族人对民族文化的热烈情感。

**图片来源**
图一、图六　闫铭砚等　摄影
图二至图五、图七至图十四　姜飘飘等　制图

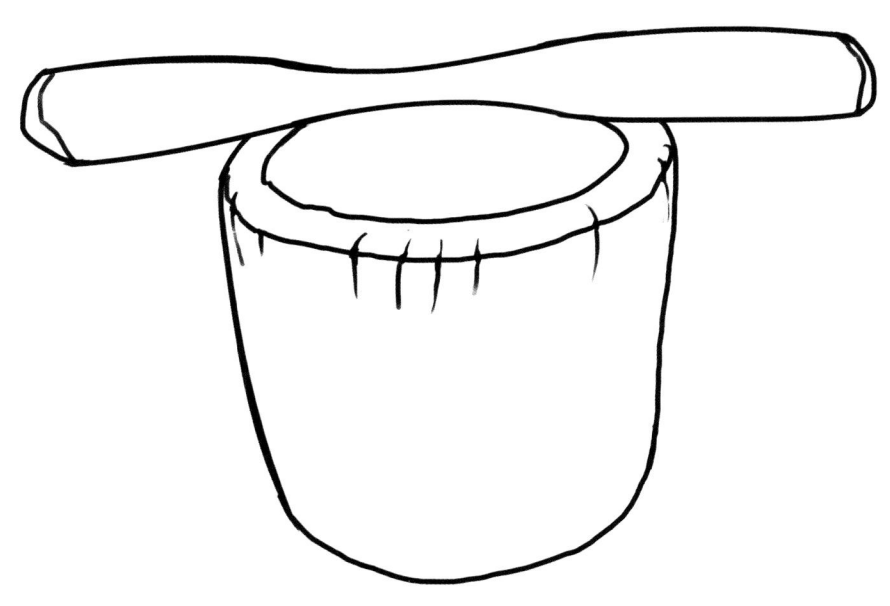

图二　佤族大舂臼线描图

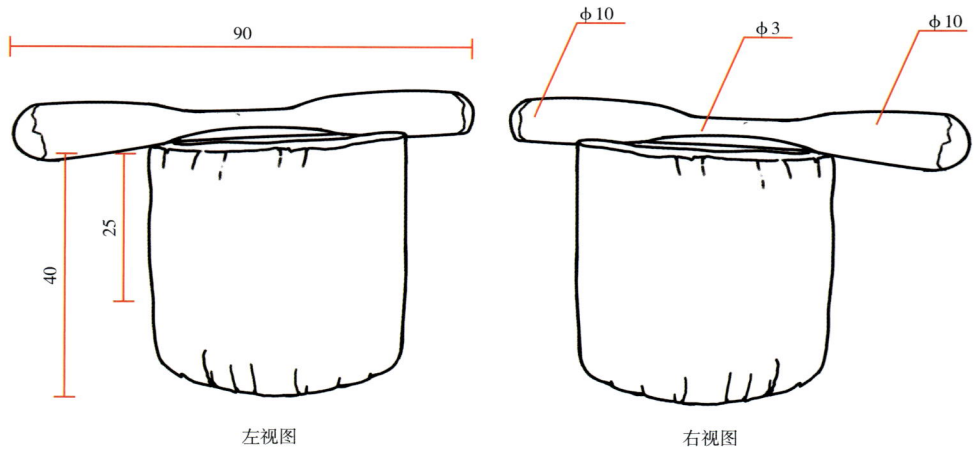

左视图　　　　　　　　　　　右视图

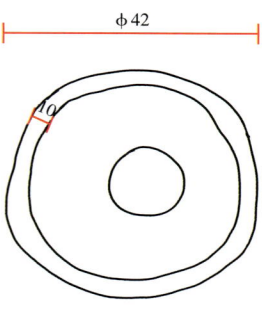

俯视图

图三　佤族大舂臼三视图及尺寸（单位：cm）

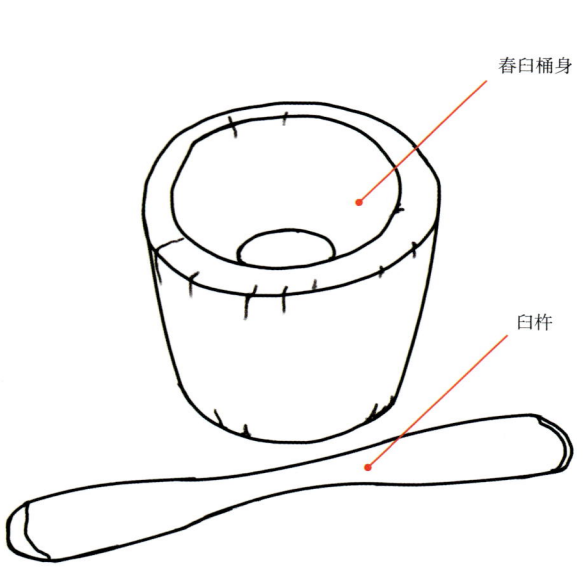

图四　佤族大舂臼分解图

图五　佤族大舂臼使用情境示意图

图六 佤族小舂臼主图

图七 佤族小舂臼线描图

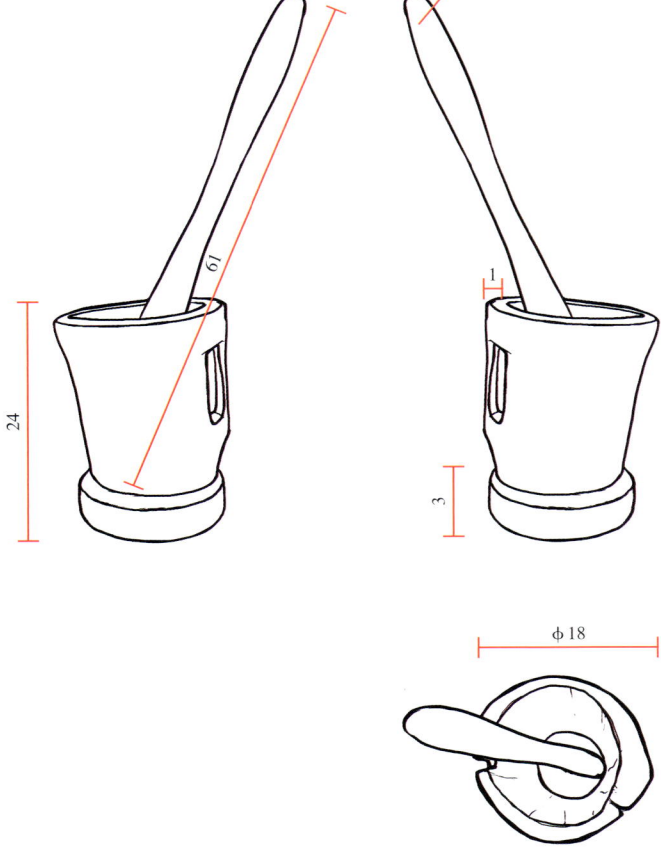

图八 佤族小舂臼三视图及尺寸（单位：cm）

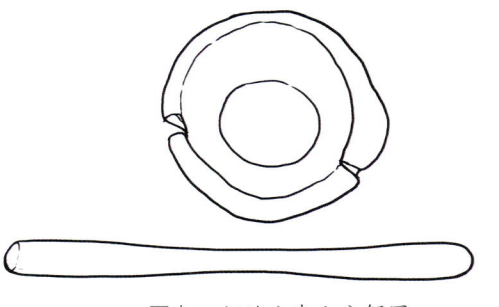

图九 佤族小舂臼分解图

1.选取所需木材

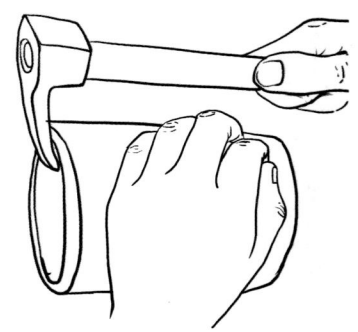
2.挖空木材制作桶身

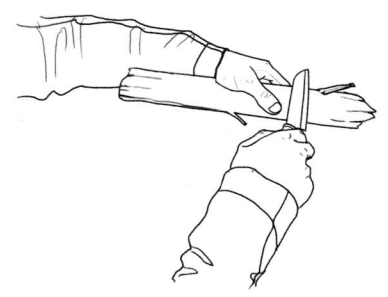
3.削木棍制作配套的臼杵

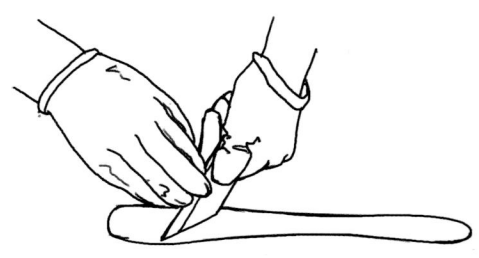
4.打磨配套的臼杵

图十　佤族小舂臼制作流程图

图十一　佤族小舂臼使用情境示意图

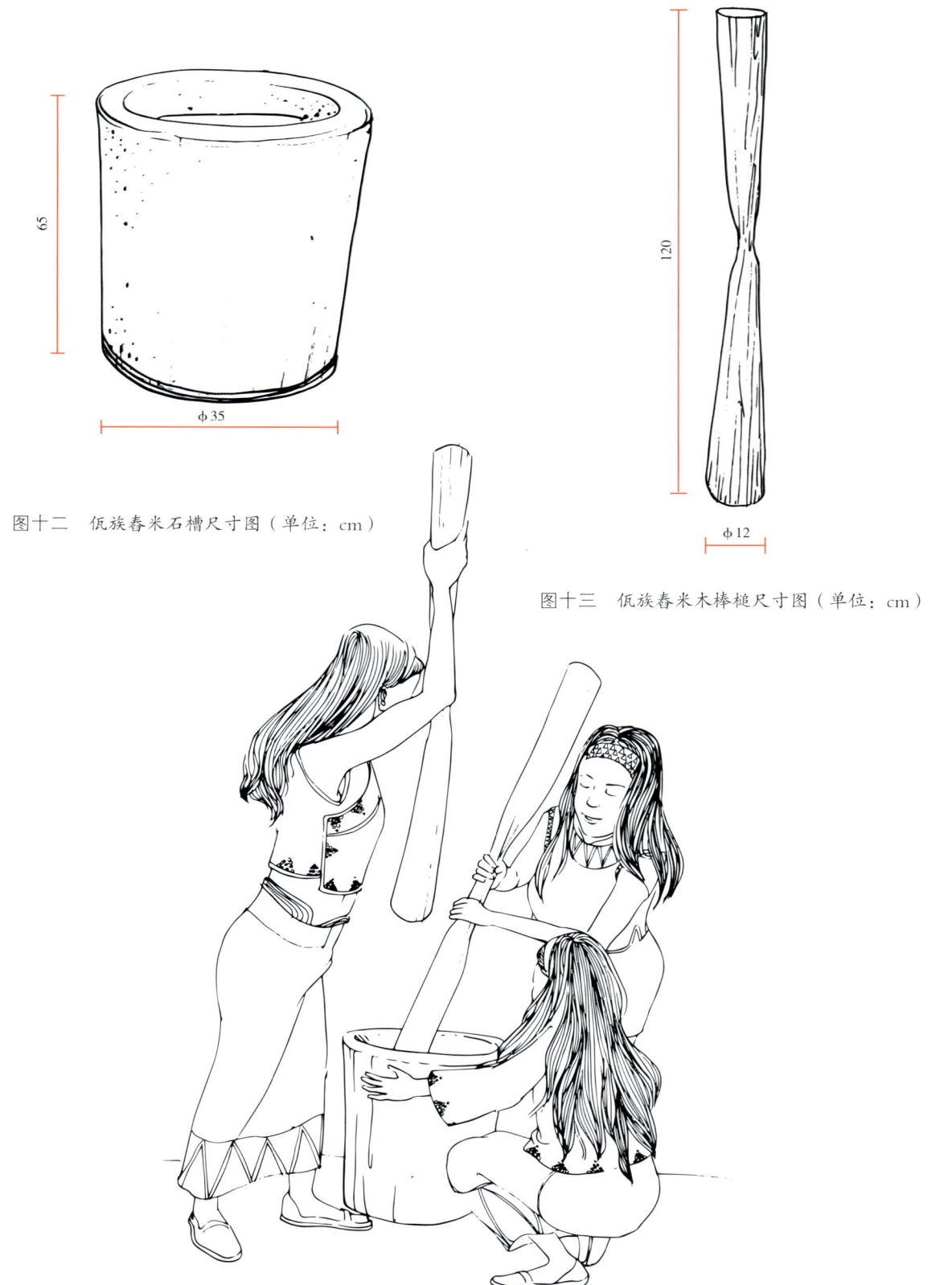

图十二　佤族舂米石槽尺寸图（单位：cm）

图十三　佤族舂米木棒槌尺寸图（单位：cm）

图十四　佤族舂米舞蹈场景示意图

# 佤族端茶桌

图一　佤族端茶桌主图

佤族端茶桌一般是长方形造型，一侧有手柄，四条腿作支撑，高10厘米左右，长宽尺寸不一，一般放两个茶杯的端茶桌大约20厘米长，10厘米宽。一直到20世纪中叶前后，端茶桌在佤族人家还很常见，如今，随着经济的发展，佤族人民也有了更先进的、专门喝茶的茶具，端茶桌基本已经不再使用。

端茶桌大都为木制，整桌桌面一体成型，采用切削工艺打磨制作而成。桌腿采用榫卯结构与桌体相连接。整个端茶桌的造型简单别致，牢靠坚固，四平八稳。小桌边上设有一个手柄，主要用于呈茶上桌方便握持。此桌可根据不同人家的需求大小不一，小的只能放2个茶杯，大的可放4个茶杯。苦茶烤制好之后，倒入茶杯里，这时，就要用端茶桌把茶端给客人或者长者，以表示对他们的友好和尊敬。端茶桌的设计符合人类工效学原理，从物件的大小尺寸、手柄的位置，以及人手把持的角度，都符合实际取用需求。

佤族人民喜爱喝苦茶，苦茶的烤制及饮用工序非常讲究。端茶桌的设计恰好体现了佤乡人民对饮用苦茶的实用需求与仪式感要求的结合。当然也不是家家户户都有端茶桌这样的物件，只有家境比较好，或者比较讲究的人家才会用。总之，端茶桌被用来将烤制好的浓茶端给客人或者尊贵的长者，体现出佤族尊客敬长的传统习俗和独特的饮茶文化。

**图片来源**
图一、图六　刘丽文等　摄影
图二至图五　刘丽文等　制图

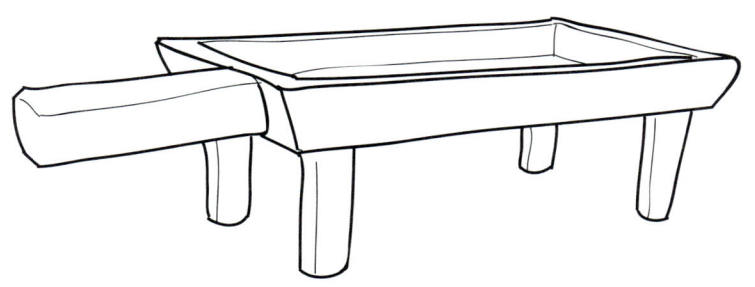

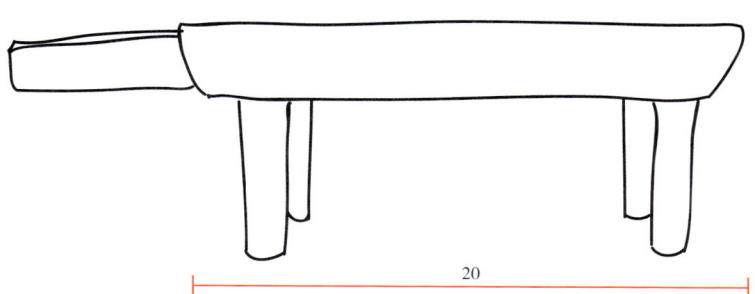
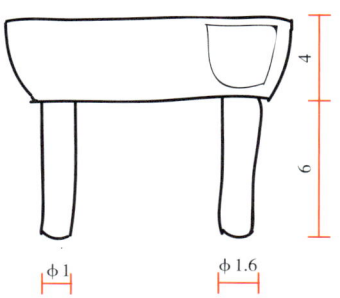

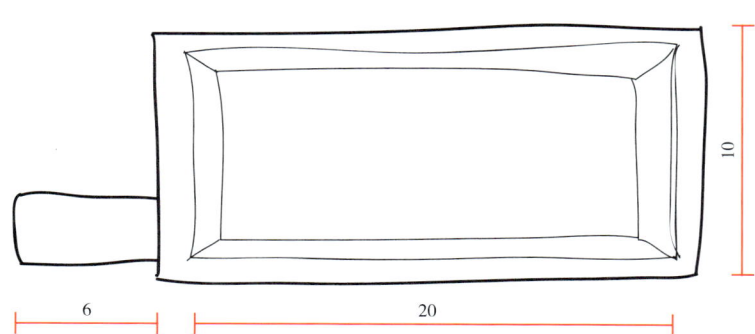

图二　佤族端茶桌三视图及尺寸（单位：cm）

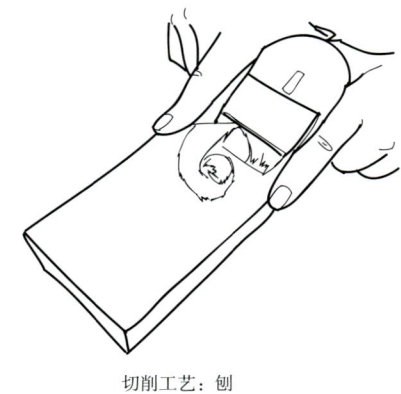
切削工艺：刨

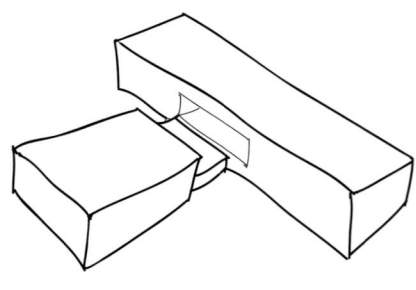
榫卯结构

图三　佤族端茶桌工艺分析图

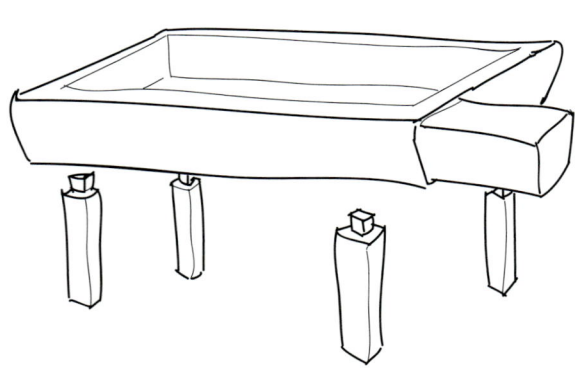

图四　佤族端茶桌分解图

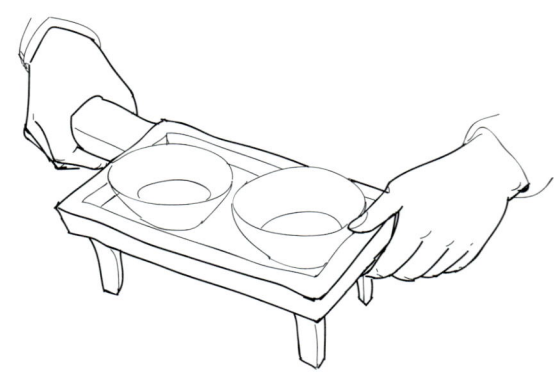

图五　佤族端茶桌使用情境示意图

图六　佤族端茶桌实物图

# 佤族木刻餐盘

图一　佤族木刻餐盘主图

佤族木刻餐盘，圆形，木质，较为厚重，是佤族人常用的餐具。

佤乡木料丰富，种类多样，所以木材成为佤族人民制作器具的首选材料。尽管用木料制作的餐盘易损耗，不耐用，但就地取材的便利，以及天然健康亲和的木制品特色，使木刻餐盘成为传统佤族餐具的代表。

制作工艺方面，餐盘只经过简单的木料切削工艺，没有经过大机器制作，保持了自然的风韵。功能方面，这种餐盘主要用于小量的餐品盛托之用。装饰纹样方面，一般只有富庶的人家才会有简单的几何纹样，比如菱形纹、波浪纹等装饰，普通人家使用的餐盘上都是空无一物的，给人以简单质朴之感。

**图片来源**
图一　刘丽文等　摄影
图二至图四　刘丽文等　制图

1.筛选　　2.编织大轮廓

3.藤编　　4.木材加工

5.铲削　　6.肩顶铲削

图二　佤族木刻餐盘工艺分析图

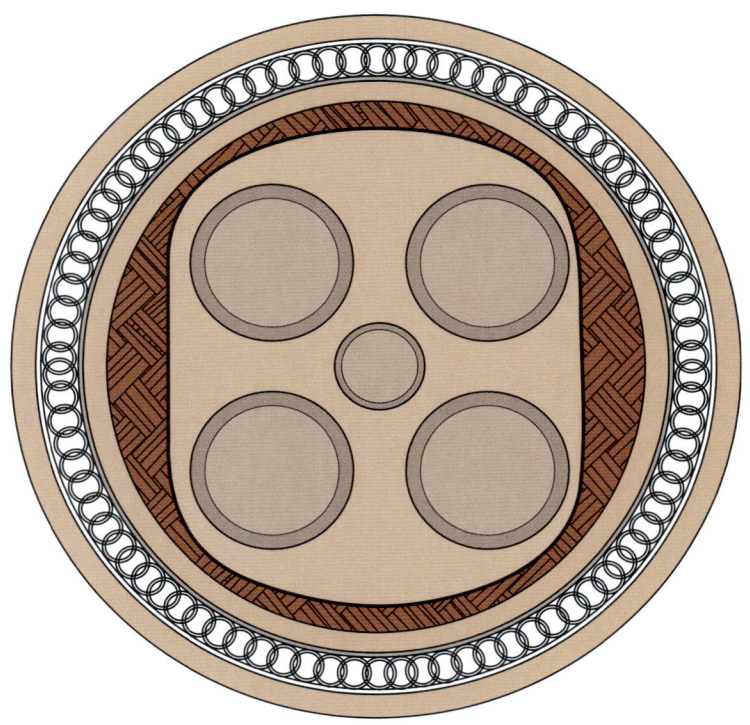

图三 佤族木刻餐盘复原图

图四 佤族木刻餐盘操作示意图

第三章 佤族传统餐饮

# 佤族传统木拉

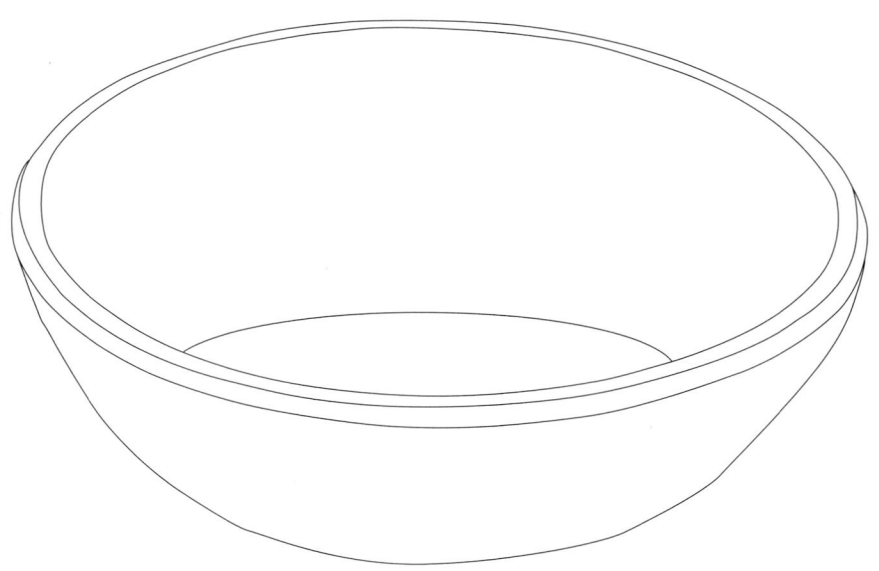

图一　佤族传统木拉主图

佤语"木拉",意思是碗,吃饭用的碗。木拉形状类似碗,木制,圆形,有底。高约8厘米,碗口直径大约20厘米,厚度约1厘米。随着社会的发展,陶瓷碗、塑料碗已经进入普通的佤族家庭,这种古朴且富有地方特色的传统"木拉"已经慢慢地退出佤族人民的日常生活,成为一种民族记忆符号。

从设计学角度分析佤族"木拉",有以下几个方面:材质方面,使用了随处可见的木材。佤乡自然资源丰富,特别是木料,所以佤族人民日常用具和器物设计基本上都选择木材。加工工艺方面,用简单的切锉锯,做出基本的外形,然后再细细打磨平滑。由于加工工艺原始,用具也比较落后,所以做出的木拉基本形制都很粗糙。功能方面,采用木料作为基本材料,隔热性能良好,用它吃饭,不会被烫到,非常实用。

**图片来源**

图一至图四　刘丽文等　制图

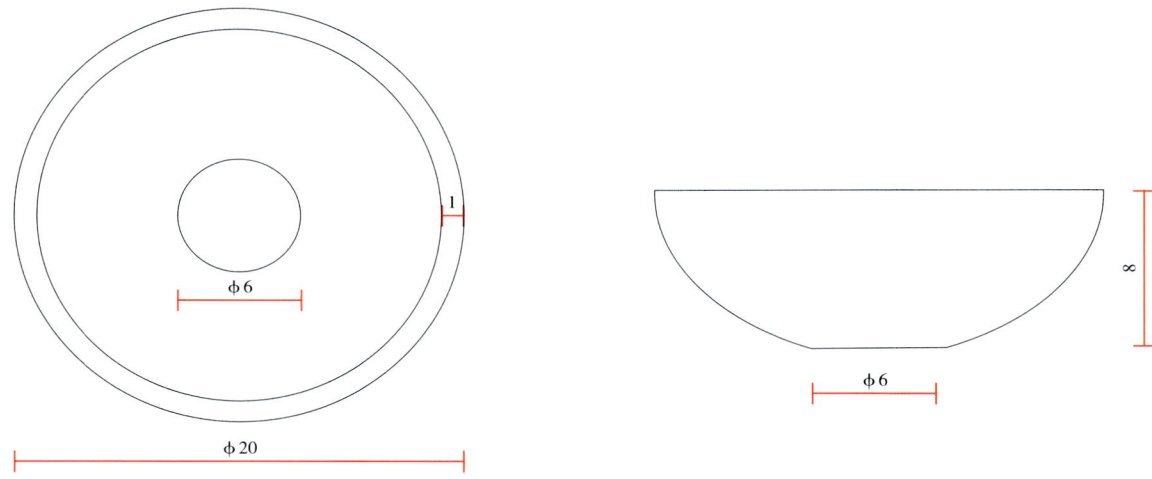

图二 佤族传统木拉尺寸图（单位：cm）

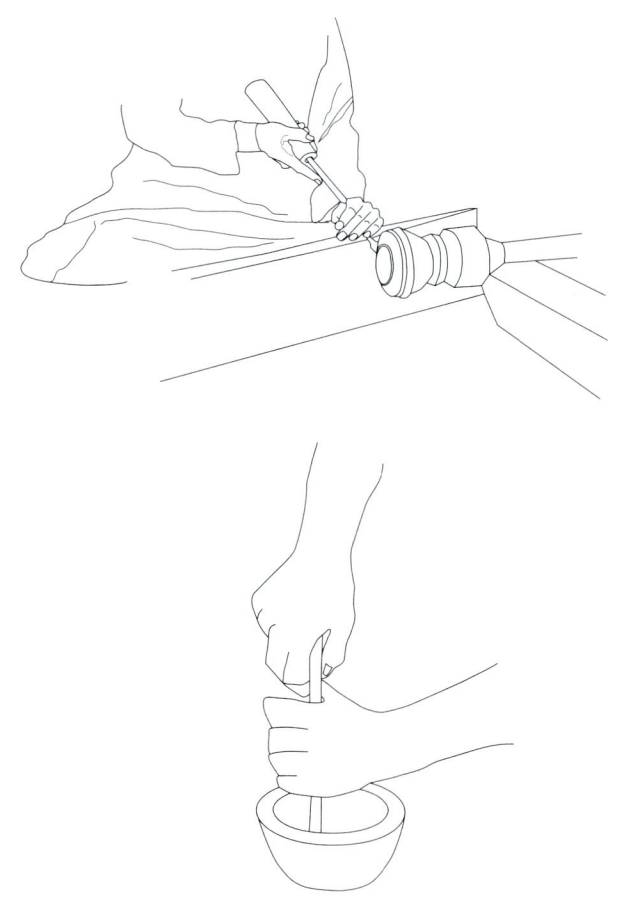

图四 佤族传统木拉制作工艺图

第三章 佤族传统餐饮

图四　佤族传统木拉使用情境示意图

# 佤族水酒杯

图一　佤族水酒杯主图

佤族人家接待客人都要用准备好的上等水酒。若用酸水酒、怪味水酒、质量不好的水酒接待客人，会被认为是对客人的不尊敬和不礼貌。水酒杯是佤族人喝水酒时普遍使用的器物。

水酒杯一般用一节细细的竹节制成，一侧开小口，便于用导管将水酒注入。几乎不经过任何外力加工，只简单切削和抛光，利用竹节的自然外形制作而成。水酒杯细长，高约30厘米，内径只有2厘米，显得不成比例。据介绍，这是为了在喝水酒时能让酒液缓缓地流入口腔，让品尝者慢慢感受水酒的醇香浓郁，让人有一个缓慢而细腻的体验过程。

佤族各部落有着较为统一的接待礼仪规范。佤族人家接待客人喝水酒时，统一使用一个竹筒，用佤语对着客人说"啊哈"，意思是敬你或者请你喝水酒。敬酒时，主人只能使用一个酒杯，否则有一心二用或没有诚意的嫌疑。待客时，主人自己亲自倒水酒，不经过主人同意其他人不能"越俎代庖"主动张罗接待客人。此外，喝水酒的礼仪还有：第一杯水酒主人先喝，喝水酒之前，主人先滴三滴水酒，表示敬天敬地敬老祖宗。主人滴完三滴水酒后，左手拿着酒杯，右手掌心朝上对着长者和职位最高的客人说

"啊哈",同时客人学着主人的方法用双手掌心朝上对着主人做迎接第二杯水酒的准备,表示接受第二杯水酒。然后主人对着客人先把第一杯水酒喝了,喝完后用手轻轻擦干净杯口,最后,把水酒杯倒过来表示自己的水酒已经喝完,请尊敬的客人放心喝第二杯水酒。

第二杯水酒敬长者和职位最高的客人,主人用刚才的水酒杯倒入第二杯水酒,用右手举起酒杯,左手掌心朝上轻轻抬起水酒杯对着客人说"啊哈",客人双手迎接主人递来的水酒杯。客人接过水酒杯之后,用主人同样的方法先滴三滴水酒,然后找喝第三杯水酒的客人。若客人不用这种礼仪,那么还要继续被罚喝水酒。客人喝了惩罚的水酒后,重新按照佤族喝水酒的礼仪去寻找喝下一杯水酒的客人,这就是佤族水酒文化习俗。

**图片来源**
图一、图五　刘丽文等　摄影
图二至图四　刘丽文等　制图

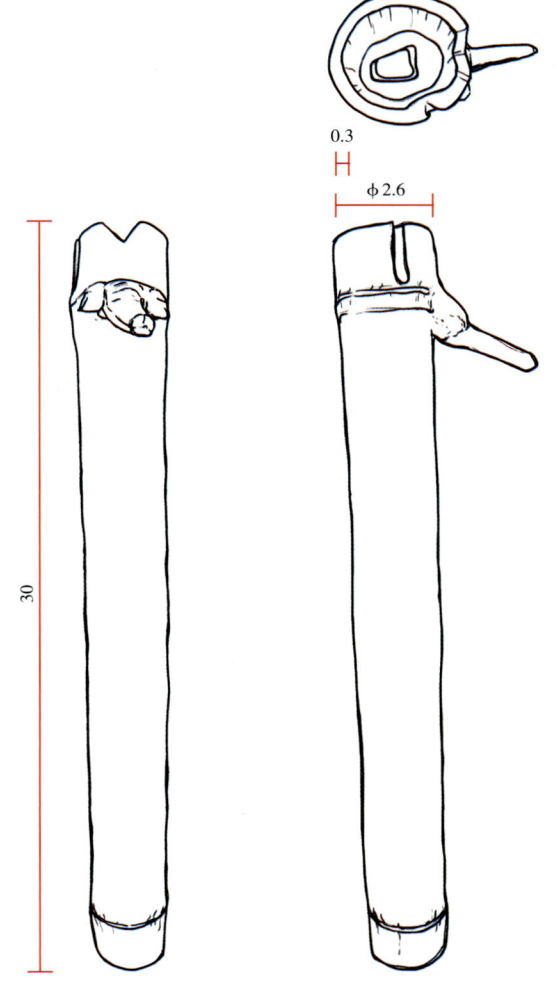

图二　佤族水酒杯三视图及尺寸(单位:cm)

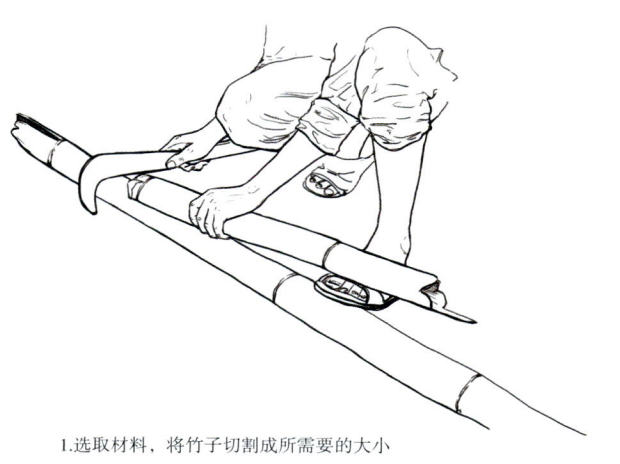

1.选取材料，将竹子切割成所需要的大小　　　　　　　2.细化切割打磨

图三　佤族水酒杯制作流程图

图四　佤族水酒杯使用情境示意图　　　　图五　佤族水酒杯实物图

第三章　佤族传统餐饮

# 佤族水瓢和漏勺

图一　佤族水瓢主图

　　佤族水瓢和漏勺是佤乡人民日常必备的器具，皆用竹木制成，外形简单。水瓢高度约50厘米，舀水的部分直径25厘米左右。形状与现代市场上卖的水瓢、水舀没有太大区别，只是由于竹木的特性比较坚硬，所以制成的器物棱角更加分明。

　　制作时，取一节粗细适宜的竹子，用刀将周边多余的部分砍掉，便成为一个有手柄的水瓢。如果再用铁器打孔，即成为漏勺。佤族先民就地取材，利用随处可见的竹子制作成各种生产生活用具，使生活变得更加美好，更加方便。水瓢和漏勺的设计，完全是因材制宜，同时根据不同的用途制作成大小不同的器物，用起来更加方便。竹节通透性好，使制作过程更加简便快捷，这也是佤族人民聪明才智的体现。这些必需品的制作和使用，就这样一代一代流传了下来。对于佤族人来说，并没有特别讲究的设计原则和设计手法，但是这些日常器物的造型和功能无一不是凝结了对生活细致的观察和思考，根植于日常生活,服务于日常生活的设计才是真正经得起考验的好设计。

类似于水瓢和漏勺这种朴素简洁的设计观体现了佤族人民对自然的崇拜以及物尽其用的设计思想。竹文化具有浓重的文学和美学、宗教和民俗、生活和乡土气息特点,它既有道德人格的比附意义,又有理想爱情的象征意义,同时又是禅宗禅趣的载体。竹的某些特征与中国传统哲学思想有"异质同构性",竹文化兼收并蓄地融合了中国古代诸家的思想。由于竹子有繁殖快、生命力旺盛的自然属性,早在远古时期,佤族先民就已对它产生了神秘的图腾崇拜,大多数人认为佤族始祖生于竹或因竹而得救,其竹祖可以给人们消除灾难,带来幸福。

**图片来源**

水瓢
图一、图七　刘丽文等　摄影
图二至图六　刘丽文等　制图

漏勺
图一、图五　刘丽文等　摄影
图二至图四　刘丽文等　制图

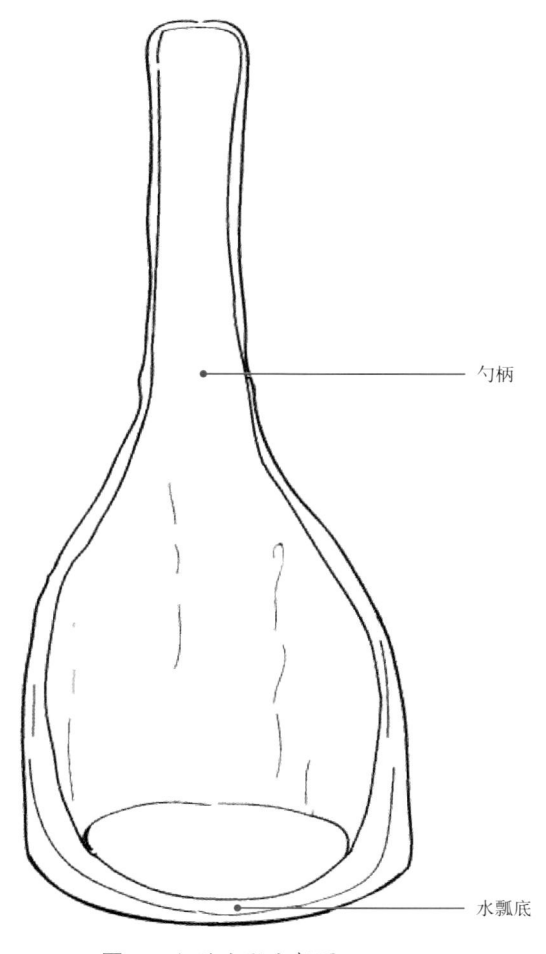

图二　佤族水瓢分析图

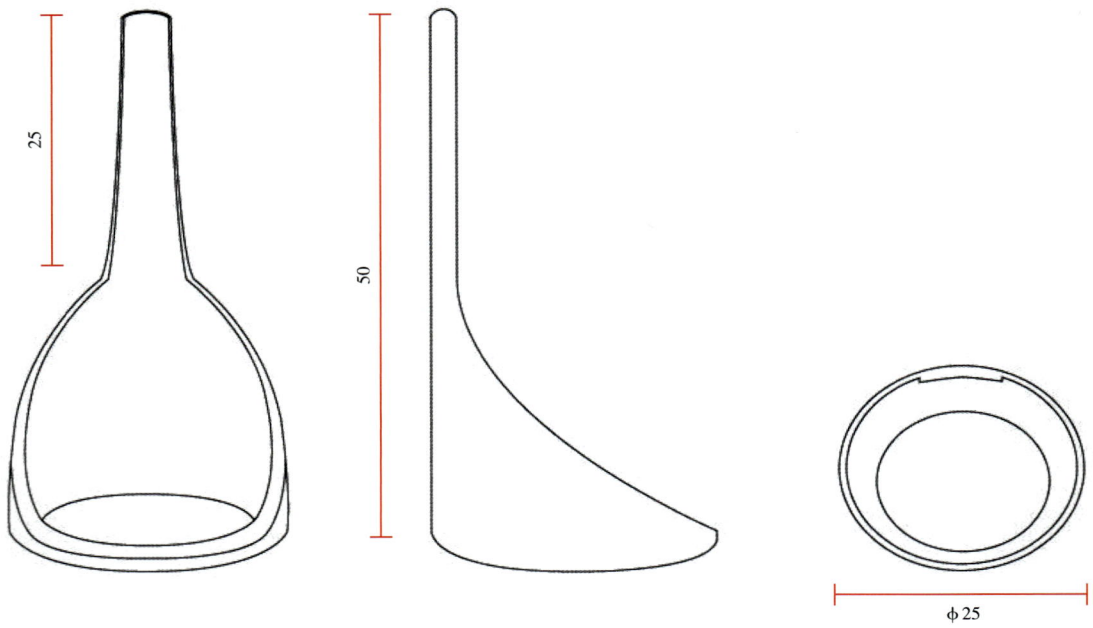

图三　佤族水瓢三视图及尺寸（单位：cm）

图四　佤族水瓢制作流程图

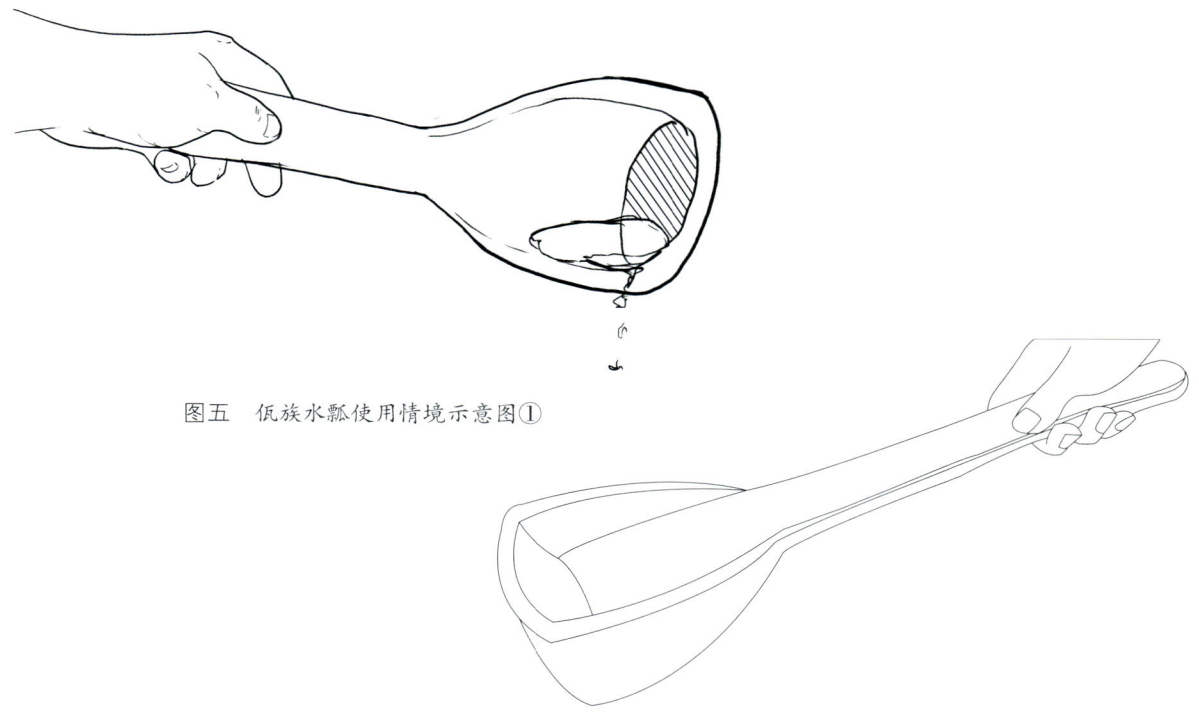

图五　佤族水瓢使用情境示意图①

图六　佤族水瓢使用情境示意图②

图七　佤族水瓢实物图

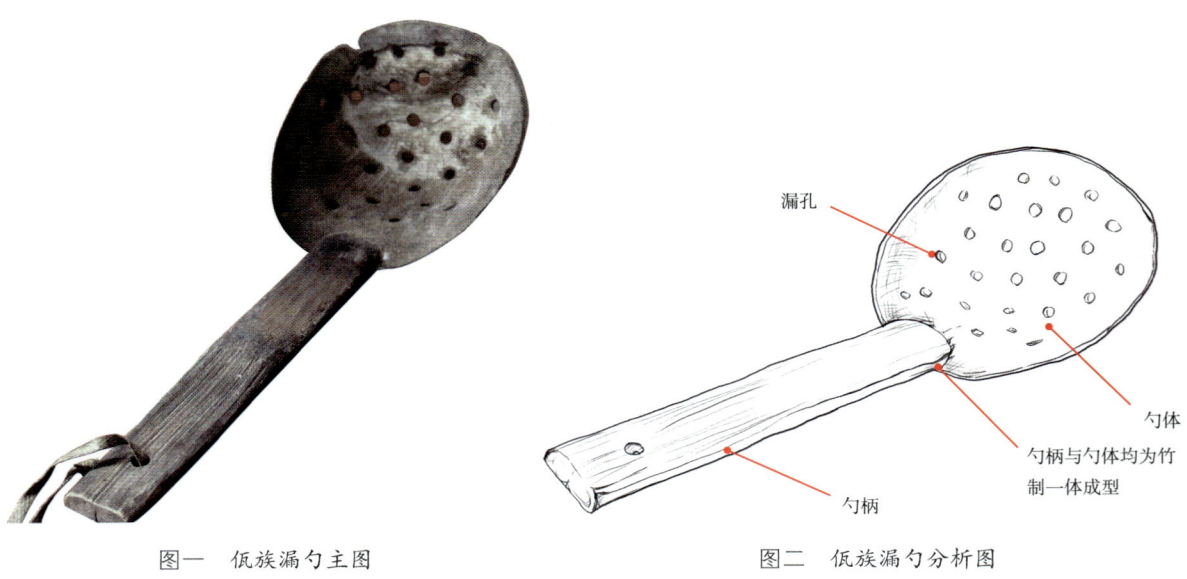

图一 佤族漏勺主图

图二 佤族漏勺分析图

漏孔
勺体
勺柄与勺体均为竹制一体成型
勺柄

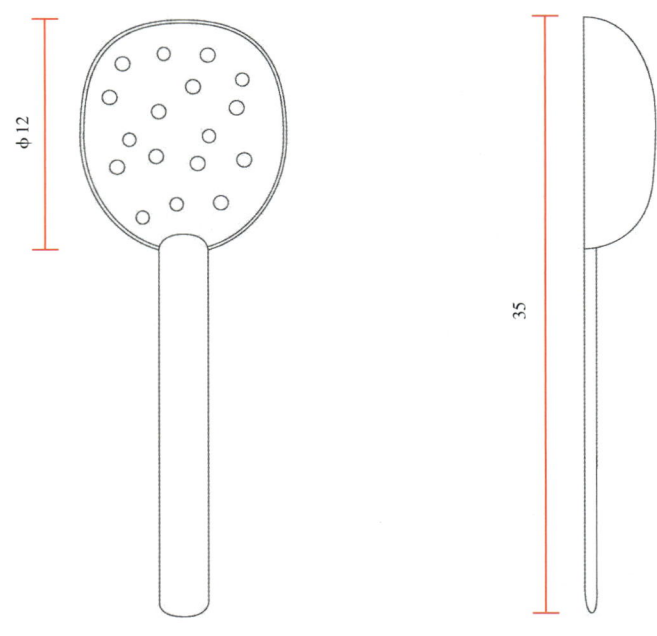

图三 佤族漏勺尺寸图（单位：cm）

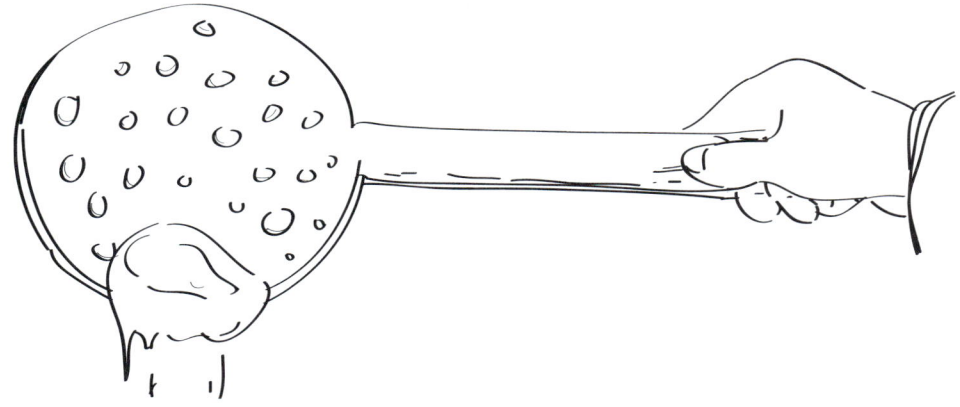

图四　佤族漏勺使用情境示意图

图五　佤族漏勺实物图

第三章　佤族传统餐饮

243

# 佤族圆饭盒

图一　佤族圆饭盒主图

佤族人民日常使用的饭盒有圆形和方形两种。由于方饭盒容量较小，一般佤族人家都会使用圆饭盒。圆饭盒的尺寸也大小不一，直径从20厘米到40厘米不等。饭盒主要用于穿山打猎和下田干活的时候携带饭食，不同的尺寸适合携带不同分量的食物。

圆形饭盒的制作较为简单，材料也容易寻得，都采用竹片竹条制成，编织手法也有多种，有十字花、米字花、波浪纹等各种花样。圆饭盒功能性良好，隔热保温，方便携带。从形态方面分析，外周圆形，容量大，盖子微凸，中间有线与盒体相连，造型大方美观，简洁流畅。从材质方面看，竹条与竹片方便易得，且自然环保。从色彩及装饰方面分析，整个器物利用材料本身的色彩，不加任何修饰和额外的纹样点缀，展现出一种自然纯朴的原始美感。从审美方面分析，在大山深处云雾缭绕的地方，有着一番别样的精致，而这里的器物设计自然别具一格，由内而外散发出的是低调淡雅与世无争的气质。佤族饭盒的设计制作是佤族单纯质朴的设计思想和原始自然的生活哲学的集中体现。

**图片来源**
图一、图七　刘丽文等　摄影
图二至图六　刘丽文等　制图

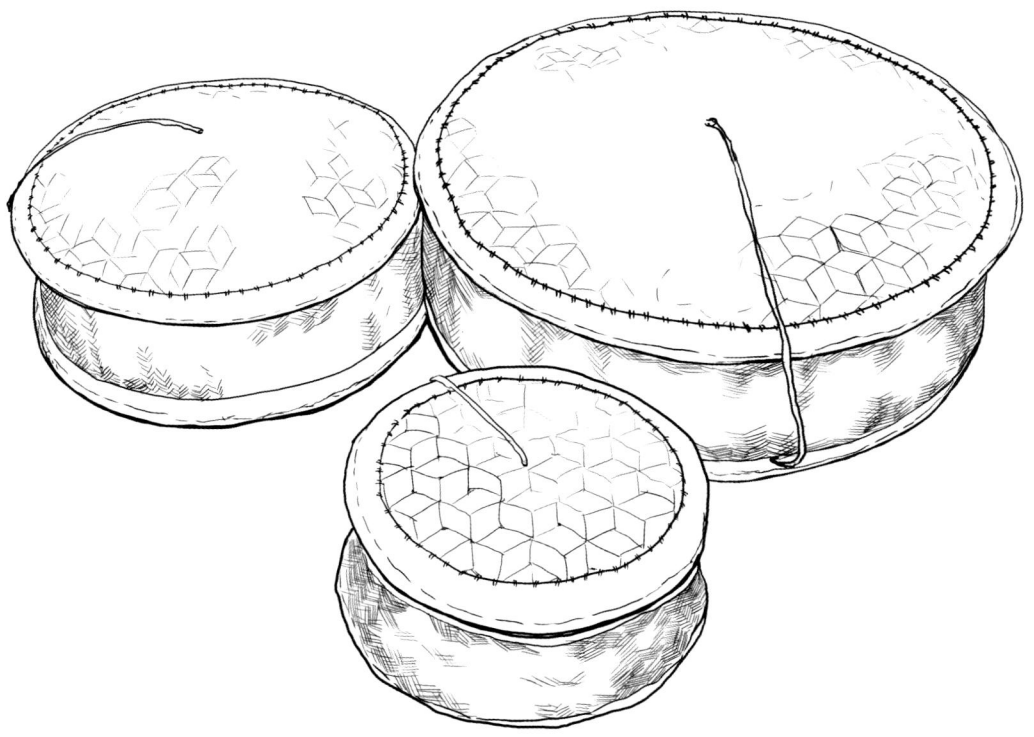

图二　佤族圆饭盒线描图

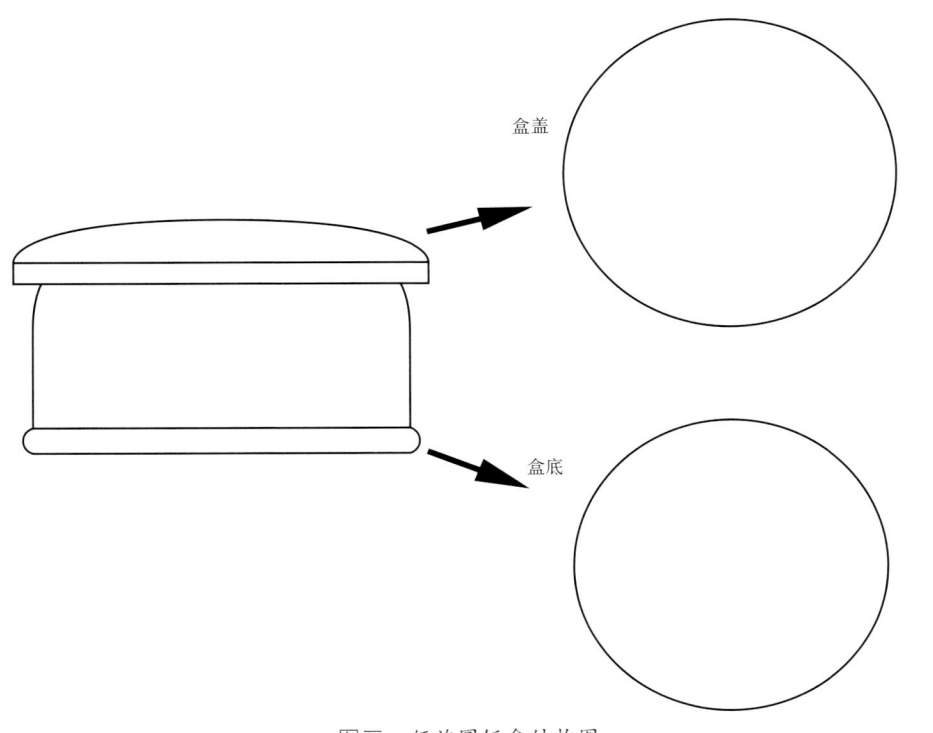

图三　佤族圆饭盒结构图

245

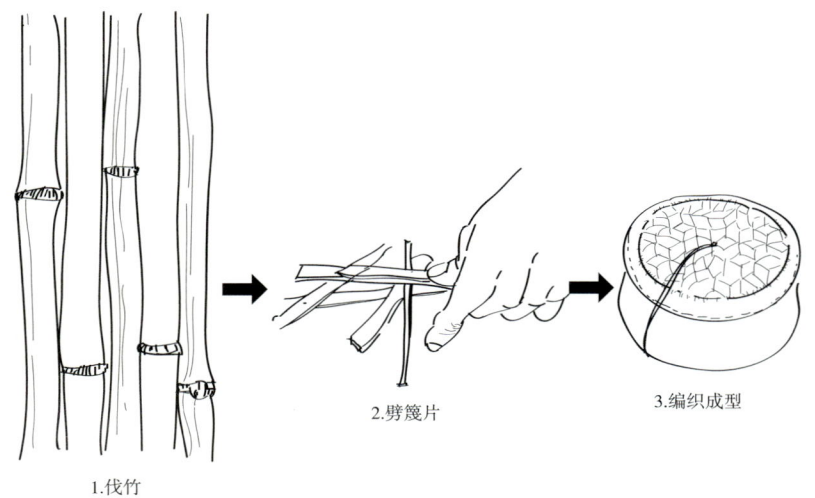

1.伐竹　　2.劈篾片　　3.编织成型

图四　佤族圆饭盒制作流程图

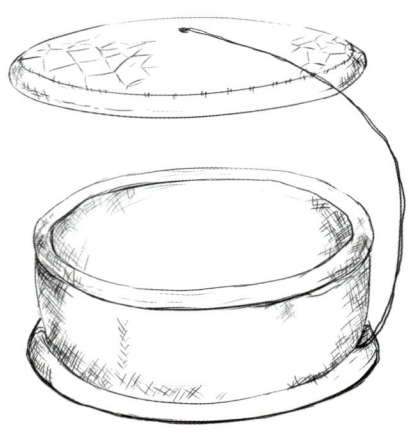

图五　佤族圆饭盒使用情境示意图①

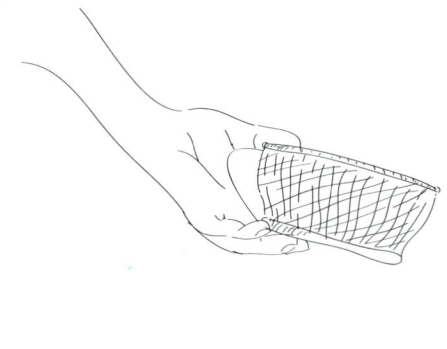

图六　佤族圆饭盒使用情境示意图②

图七　佤族圆饭盒实物图

# 佤族蒸饭桶

图一 佤族蒸饭桶主图

佤族蒸饭桶是佤族人民用来蒸饭的用具，圆筒形，有个配套的尖顶盖子。桶高约40厘米，直径约25厘米，厚度约2厘米，加上盖子总高约60厘米。蒸饭筒是西盟、沧源以及翁丁佤族部落等几乎所有佤族聚居地人民普遍使用的做饭器具。在翁丁部落，有很多家庭至今仍在使用。

桶身是木制的，盖子是篾片编织的。之所以选择这两种材质，是因为木制桶身隔热效果好，可以保温。而篾片编制的盖子透气性好，做出的饭松软可口。制作工艺方面，桶身只经过简单的木料加工，盖子是手工编织而成，没有任何装饰点缀，朴实无华。功能方面，主要用来蒸饭做饭，方便实用，比市面上的饭锅做出的米饭更加香软可口。

**图片来源**
图一　刘丽文等　摄影
图二至图六　刘丽文等　制图

图二　佤族蒸饭桶线描图

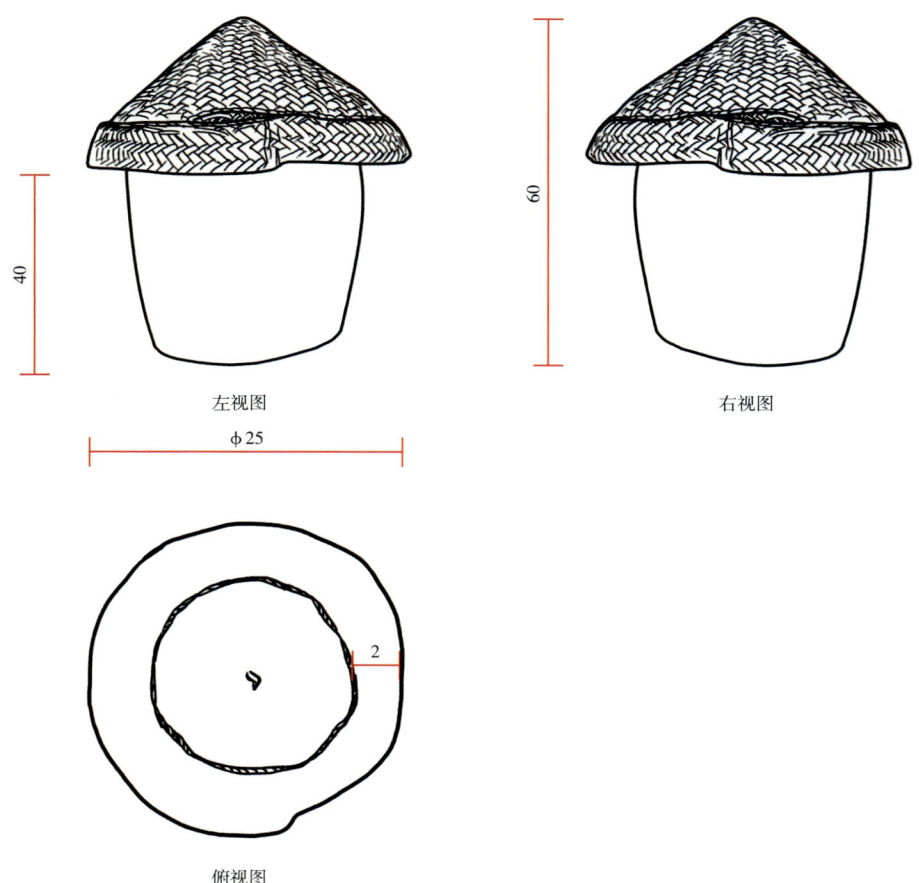

图三　佤族蒸饭桶三视图及尺寸（单位：cm）

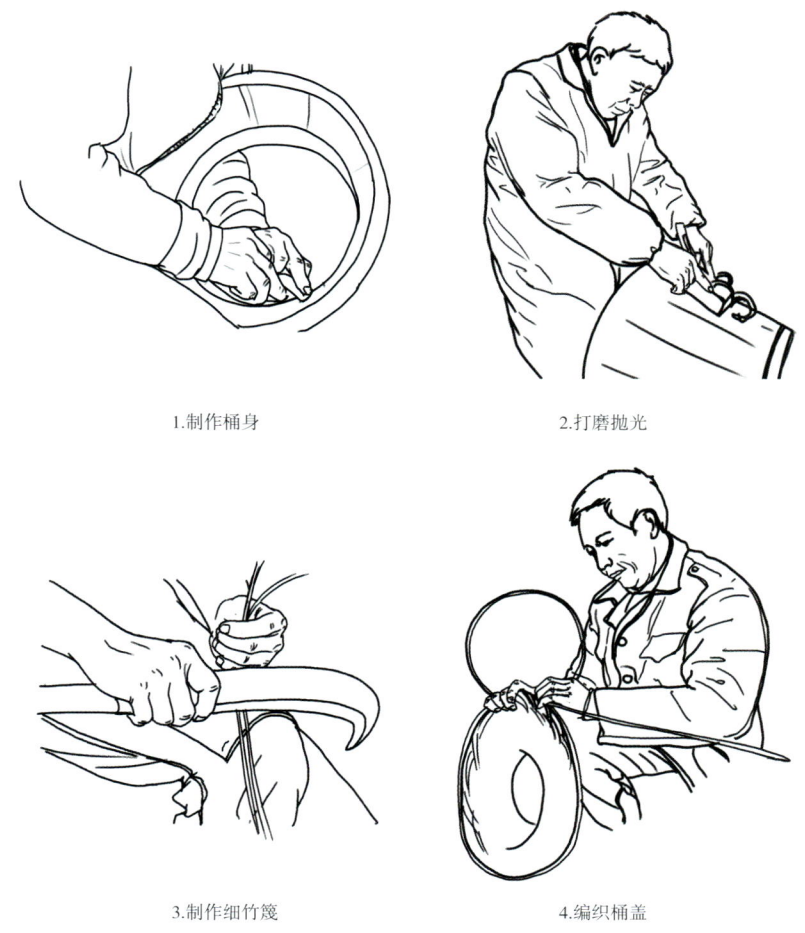

1.制作桶身　　　　　2.打磨抛光

3.制作细竹篾　　　　4.编织桶盖

图四　佤族蒸饭桶制作流程图

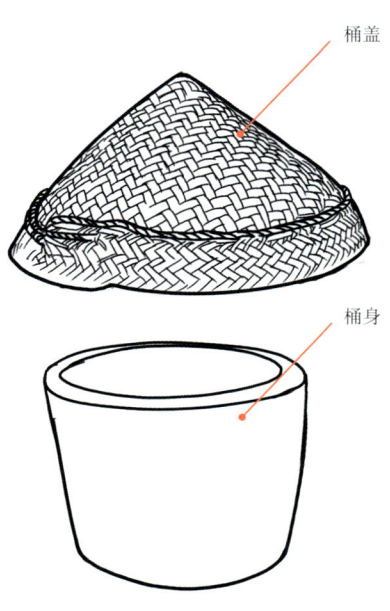

桶盖

桶身

图五　佤族蒸饭桶分解图

图六　佤族蒸饭桶使用情境示意图

# 佤族鸡肉烂饭

图一　佤族鸡肉烂饭主图

西盟佤族传统饮食以红米为主，其次是玉米、小红米、豆、荞等；肉类主要有家养的牛、羊、猪、鸡、狗以及捕获的野兽肉类等；种植的蔬菜主要有青菜、丝瓜、辣椒、黄瓜、南瓜、冬瓜等。种植的蔬菜品种少、数量少，一年中仅够3个月食用，多数月份依靠山野菜作为重要补充。种植的作料主要有姜巴、大蒜、大小芫荽、韭菜、香茅草等。佤族群众除有特殊日子要求外，饮食很少有禁忌，山里的野菜只要能吃，都可以采来食用。

佤族群众每天的主食是吃两餐烂饭，有时也煮干饭，但很少。佤族人家煮饭时用铁锅、铜锅、铝锅、土锅等。火塘上置有石三脚或铁三脚架，经济条件较好的人家使用铁三脚架就可以置锅煮饭，比较方便。佤族人家吃饭时经常使用的木碗很有特色，佤语称为"木拉"，使用时不烫手，有条件的人家使用陶制的碗，但很少。佤族人家吃饭时很少使用筷子，绝大多数人用手抓饭吃。煮的汤菜也很简单，汤菜只放一些盐巴、辣椒、酸竹笋之类的调料。平时煮饭时会掺入大米、肉、各种蔬菜，与盐巴、辣椒一起煮，煮熟即可食用。这样的饮食营养平衡丰富，有利于身体健康。佤族人经常用于接待客人的饮食种类丰富，主要有水酒、鸡肉、牛苦肠烂饭、牛肉烂饭、狗香肠烂饭、猪肉香肠烂饭、野兽肉烂饭等。佤族人家吃饭实行分餐制，无论大人小孩都要平均分配，每个人都有自己的碗筷，用餐后自己负责清洗，平时自己负责管理。饭菜煮熟后，由煮饭者平均分给每一个人，自己的饭菜吃不完可以让给别人吃，也可以留到下一顿继续食用。小孩的饭菜吃不了可以由其母亲代吃，其他人不经过父母允许不能吃，否则就不公平。若个别人不够吃可以提出，有剩余可以加餐。

鸡肉烂饭是佤族人民的重要传统饮食之一，也被经常用于招待客人之用。佤语称鸡肉烂饭为"不勒内爱"。煮鸡肉烂饭招待客人用的鸡有严格要求，不能用白毛鸡煮烂饭接待客人。佤族传统习俗普遍认为用白毛鸡煮饭接待客人是要与客人断绝关系，是对客人的不尊重。白毛鸡只能留给自己家人食用，不能送人，更不能送给亲戚朋友，尤其不能用于接待客人。佤族人家杀鸡时不用烫开水拔毛而是用火烧毛，边烧毛边拔毛，鸡毛烧完后，鸡皮被烘烤得红红的，把内脏取出来以后不能用清水清洗，用清水冲洗会把甜味和香味洗走，煮出来的鸡肉烂饭香味不够、甜性不足。佤族人家煮鸡肉烂饭有以下几种煮法：

第一种煮法是把鸡肉一小块一小块地砍开，鸡头连鸡脖子不能砍断，鸡肝不能切开，鸡肚和鸡肠清洗干净后不能切断，鸡肠清洗干净后把鸡肝、鸡肚捆绑起来，然后把米、鸡肉、酸竹笋、蔬菜、调料一起煮，烂饭煮熟后把鸡头、鸡肚、鸡肠单独取出。烂饭煮熟后配上已经泡好的水酒即可食用。吃鸡肉烂饭时实行分餐制，用碗分别盛上鸡肉烂饭接待客人，鸡头连鸡脖、鸡肚、鸡肝和鸡肠献给长辈和职位最高的客人食用，同时还可以配上一些香辣的调料，味道更好。

第二种煮法是把鸡毛烧干净之后，将内脏取出，把整只鸡和调料放入锅中煮一段时间，煮熟后取出鸡肉，然后放入大米、蔬菜再煮。鸡肉晾凉后，用刀砍成小块，鸡头连鸡脖不能砍断，鸡肚鸡肠不能切断，鸡肝不能切开，用准备好的姜、辣椒、蒜、香料、芝麻、芫荽、韭菜等调料一起舂碎搅拌入鸡肉里，这就是佤族的凉拌鸡肉。用泡好的水酒接待客人，鸡头连鸡脖、鸡肚、鸡肠和鸡肝献给年长和职位最高的客人食用，主要有几层意思：一是表示对客人的尊敬；二是主人对客人表示信任；三是主人表示愿意与客人交朋友保持交往等。通过这种接待方式，主人已经把客人当做知心朋友，愿意与客人交朋友，友好往来，同时，也希望以后得到客人的帮助和支持。

游客到了西盟佤山旅游观光，吃不到佤族的鸡肉烂饭等于没有到过西盟佤山，喝不到佤族水酒等于没有了解佤族的风土人情。

**图片来源**
图一至图十一　温馨　摄影

图二　杀鸡烧鸡毛

图三　饭和鸡肉

图四　煮饭

图五　捞出鸡肉晾凉

图六　需要舂捣的调料

图七　舂作料

图八 把碎鸡肉拌入米饭

图九 各种作料

图十　凉拌鸡肉块

图十一　食用情境图

# 佤族烤苦茶

图一　佤族烤苦茶主图

佤族人喜欢喝浓茶，浓茶也称苦茶，佤语称为"赫拉"或者"热拉"。

作为佤族人民一种独特的饮食文化习俗，苦茶的烤制有一番讲究。首先要用到火塘，喝茶之前先把茶叶放入炒锅里，置于火塘上慢火用手不断翻炒，一直等到颜色发暗发青，并发出清香味。另外，若有放置了很长时间的茶叶，放在炒锅里在火塘上炒一炒，可以去除霉味，使茶叶变脆。炒完将茶叶取出倒入茶罐里，装入冷水放在火塘上煮沸。有的还会在茶水煮沸时，将烧红的木炭加入陶罐中，据说，这样可以让口味更独特，浓郁苦涩。然后继续煮一会儿，倒入茶具即可饮用。

这种烤制的苦茶汤汁醇厚浓郁，香苦味浓，舒乏解渴，提神醒脑。

佤族烤苦茶是佤族人民经常用于接待客人的传统饮品之一。一般由佤族家庭妇女负责烤制，并在苦茶制作完成之后，负责依次分发给在座的客人或长者。平时，佤族人下田归来，身心俱疲，烤制一碗苦茶，即可消暑解乏，缓解疲劳。由于佤乡气候湿热，多饮苦茶有利于身体健康，排除湿热，强身健体。但佤族苦茶味道特别，其苦味非常厚重，外人第一次喝很难适应。

**图片来源**
图一至图十　刘丽文等　摄影

图二　烤茶叶

图三　将烤好的茶叶倒入茶缸

图四　往茶缸里面加水

图五　煮茶

图六　茶汤

图八　给客人敬茶

图七　再次加水煮茶

图九　常用的端茶桌

图十　弃之不用的烤茶罐

# 佤族水酒

图一 佤族水酒主图

　　水酒是佤族人民的传统饮品之一，佤语称水酒为"布来"，喝水酒佤族称为"喏布来"。凡节庆、待客、议事、祭祀，都要"泡酒"，相互敬饮，有"无酒不成礼"之说。

　　佤族人酿制水酒的历史悠久，源远流长。水酒主要用小红米酿制而成，也可以与其他谷物一起混合酿制，比如谷子、玉米、高粱、荞子、小麦等，佤族群众普遍认为用其他谷物混合酿制的水酒味道不正、香味不浓。人们普遍使用小红米酿制，他们认为用小红米酿制的水酒才是真正的佤族水酒。

　　佤族民间传说，在司岗里时期，有一位佤族祖先名叫安木拐，他在安排族人的生活时，把食用剩下的小红米饭用树叶包好装入竹筒里，留到下一顿继续食用。有一次忘记取用了，过了10天以后，取出来香味扑鼻，食用后令人精神振奋。后来，为了让更多的族人都能分享自己的发明成果，他把水与小红米一起泡开，大家共同饮用，就成了现在的佤族水酒。

　　佤族水酒酿制过程非常讲究。酿制之前，要认真做好各种准备，先把小红米晒干去皮，用清洗干净的铁锅把小红米煮熟，在簸箕或者竹篾笆上晾晒半天，再将自制的佤族土酒药拌入小红米中。最后，将其装入准备好的土坛罐、竹筒或竹箩中。盛入水酒的这些容器要提前清洗干净并在太阳底下暴晒几天，才能保证水酒的质量。封存一个月或更长一些时间更好，分几次取出水酒，装入小竹筒或者小罐子，用生水与水酒一起泡开半小时左右即可饮用。水酒的泡制可用大小不同的竹筒或者土罐子，泡水酒的数量视人数的多少而定，两人以上才能泡水酒，一个人不能泡，否则会被认为是吃独食，是不良习惯。比如举行盛大活动时参加人数比较多，就要用一个或数个大竹筒同时泡，人数少时使用小竹筒或者小罐子。泡水酒时把水酒盛入竹筒或者罐子里，然后将生水注入小红米酒中，泡上半个小时后用细竹管吸出饮用。水酒酒精度很低，一般在10度左右。水酒营养丰富，男女老幼都可以饮用，一般佤族妇女生小孩子期间都要饮用准备好的上等水酒。

佤族人喝水酒前先要滴三滴，意思是：第一滴水酒敬天，祈求得到上天的护佑；第二滴水酒敬地；第三滴水酒敬老祖宗，希望得到祖先们的保护。佤族人家喝水酒除了敬天敬地敬老祖宗之外，还有找朋友、交朋友之意。客人在佤族人家喝的水酒越多主人越高兴。喝水酒场面热闹、气氛热烈，边喝边唱歌跳舞，甚至会通宵达旦歌舞不停，体现了佤族人民热情好客的性格特点。

佤族水酒土酒药配方主要有：大力王2.5公斤、紫毛通2.5公斤、毛木通2.5公斤、大麻格塔2.5公斤、椒子树0.5公斤、姜巴1公斤、桃子皮2两、花椒2.5公斤、槟榔1公斤、小米辣椒1公斤、大米15公斤左右。

**图片来源**
图一至图六　温馨　摄影

图二　煮熟的红米饭

图三　加生水

图四　插导管

图五　密封放置半个小时

图六　用导管取出水酒

# 第四章 佤族传统生活用具

# 佤族独弦琴

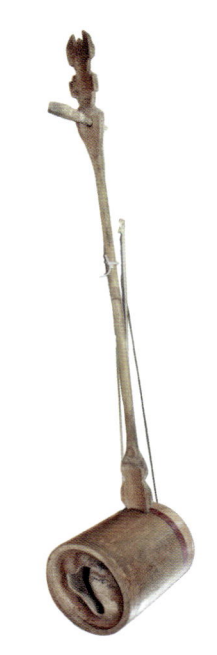

图一 佤族独弦琴主图

独弦琴是佤族古老的民间乐器，佤语称为"叮管堆""西筝""叮大"等（"叮"，佤语意为琴，"管堆"意为孤儿，"西筝"意为颤抖的琴）。又译作"适振""士争"，也称"窖"或"振"，流行于云南省西盟佤族自治县和沧源县等地。

独弦琴是佤族人民在音乐上的一项创举，作为佤族唯一的弓弦乐器，它只用竹筒和单弦便可演奏出美妙的声音。它的外形与二胡相似，规格大小不一。琴杆竹制，多使用弹性大的竹条制作，呈扁方形柱状体，全长80~110厘米。琴头平顶无饰，琴杆上方开有三个圆形弦轴孔，其中一孔置入一轴。弦轴木制或用细竹竿制成，视其弦的长度变化而改变弦轴的插孔位置。琴杆中部原来不设千斤，现已增设千斤，下端插入琴筒并外露系弦。琴筒竹制，呈圆筒形，多用大龙竹制作，筒前口蒙以一层干笋叶为面，筒后端敞口。张一条琴弦，故汉语称其为独弦琴，原多用柔韧的牛草或藤皮捻制而成，现改用尼龙弦或丝弦。琴弓用金竹或竹篾条制杆，两端拴以棕丝或马尾而成，弓长40厘米。演奏空弦时常颤动琴杆，发出的颤音尤具特色。

独弦琴的设计制作精细，采用的材料虽然常见，但是要求很高。独弦琴作为佤族古老的民间乐器，在造物方面，有其独特的设计思考。在材质方面，选用当地盛产的竹子，同时也有着"丝竹之音"高雅的审美追求。在外观上，没有任何装饰纹样，竹材料以及其他棕毛或者牛筋草，有着原始纯天然的美感。在音质上，独弦琴悠扬婉转，传达出朴素、和谐、舒畅的美感。

**图片来源**

图一至图六　张瑾婷　摄影、制图

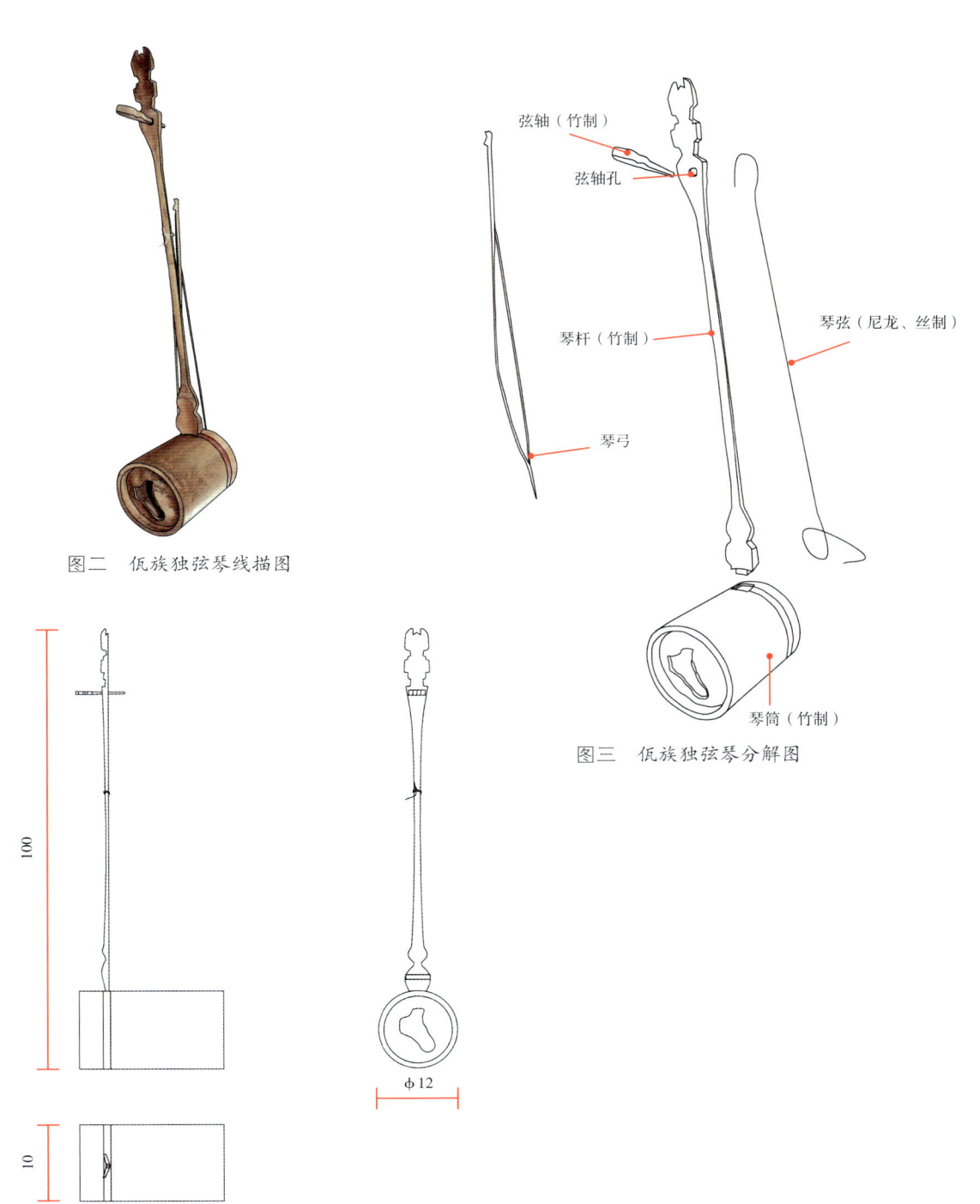

图二　佤族独弦琴线描图

图三　佤族独弦琴分解图

图四　佤族独弦琴三视图及尺寸（单位：cm）

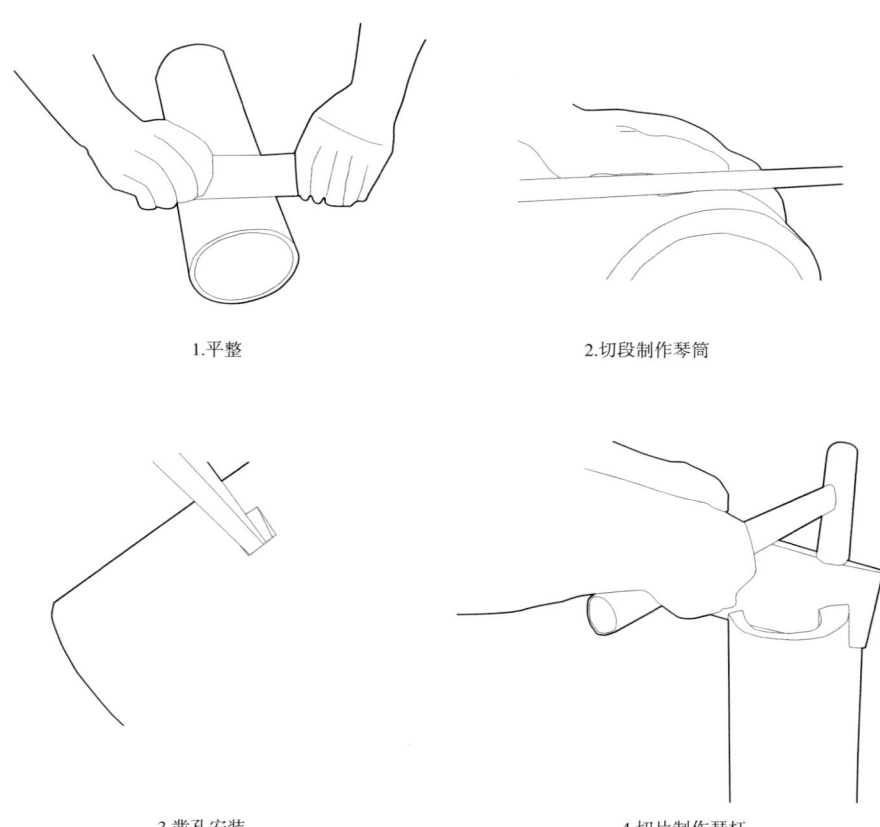

1. 平整
2. 切段制作琴筒
3. 凿孔安装
4. 切片制作琴杆

图五　佤族独弦琴制作流程图

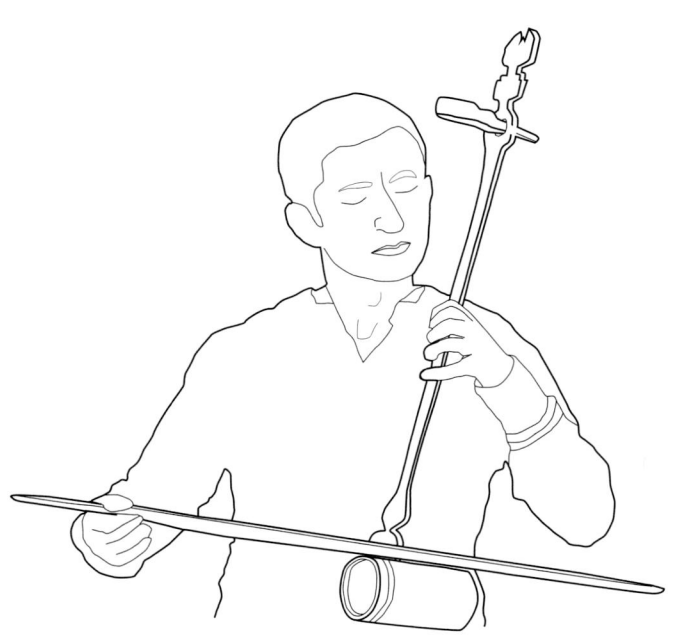

图六　佤族独弦琴使用情境示意图

# 佤族酒杯笛

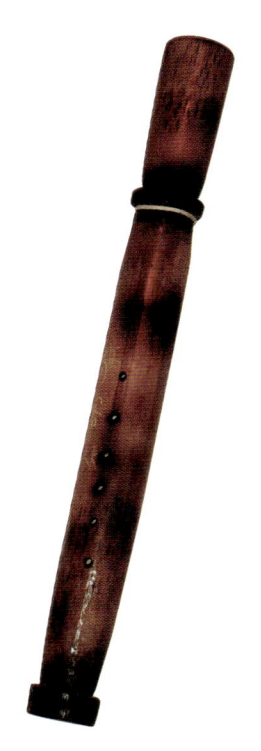

图一　佤族酒杯笛主图

　　酒杯笛又称"拜罗不来"，是佤族古老的竖吹乐器。酒杯笛由竹子制成，中空，内嵌簧片，长度在20厘米左右。顶端为吹口，下端为6个按音孔，吹奏者吹奏时双手蒙放音孔发出声音。

　　"拜罗不来"是在佤族敬客、迎客时吹奏的乐器，其音色圆润、柔美，可以独奏、合奏或伴奏，亦可以边喝酒边吹奏。部落友好往来时，吹奏"拜罗不来"迎接，祝酒词：祝朋友、来宾们幸福、平安、吉祥。

"拜罗不来"流行于云南省西盟佤族自治县和沧源县等地。

　　"拜罗不来"属于典型的气鸣乐器，靠吹奏者吐出的气流在吹管内共振而发声，"拜罗不来"多以竹子手工制成。古朴的佤族乐器见证了人类乐器发展的稚拙阶段，为研究古代音乐史提供了很好的素材。

**图片来源**
图一　张瑾婷　摄影
图二至图五　温馨　制图

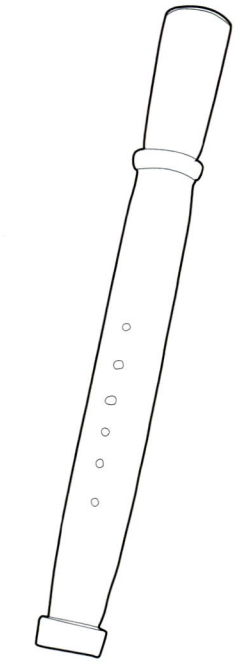

图二 佤族酒杯笛透视图

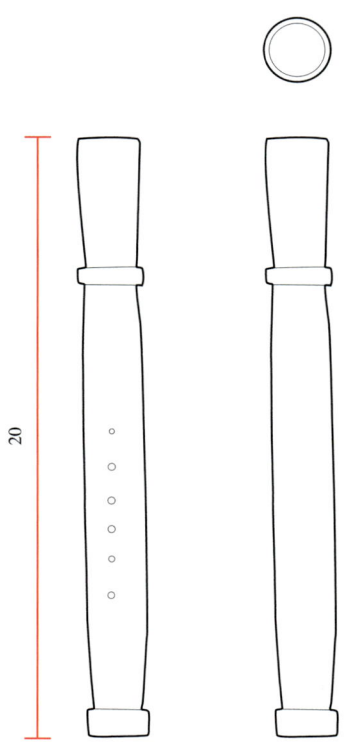

图三 佤族酒杯笛尺寸图（单位：cm）

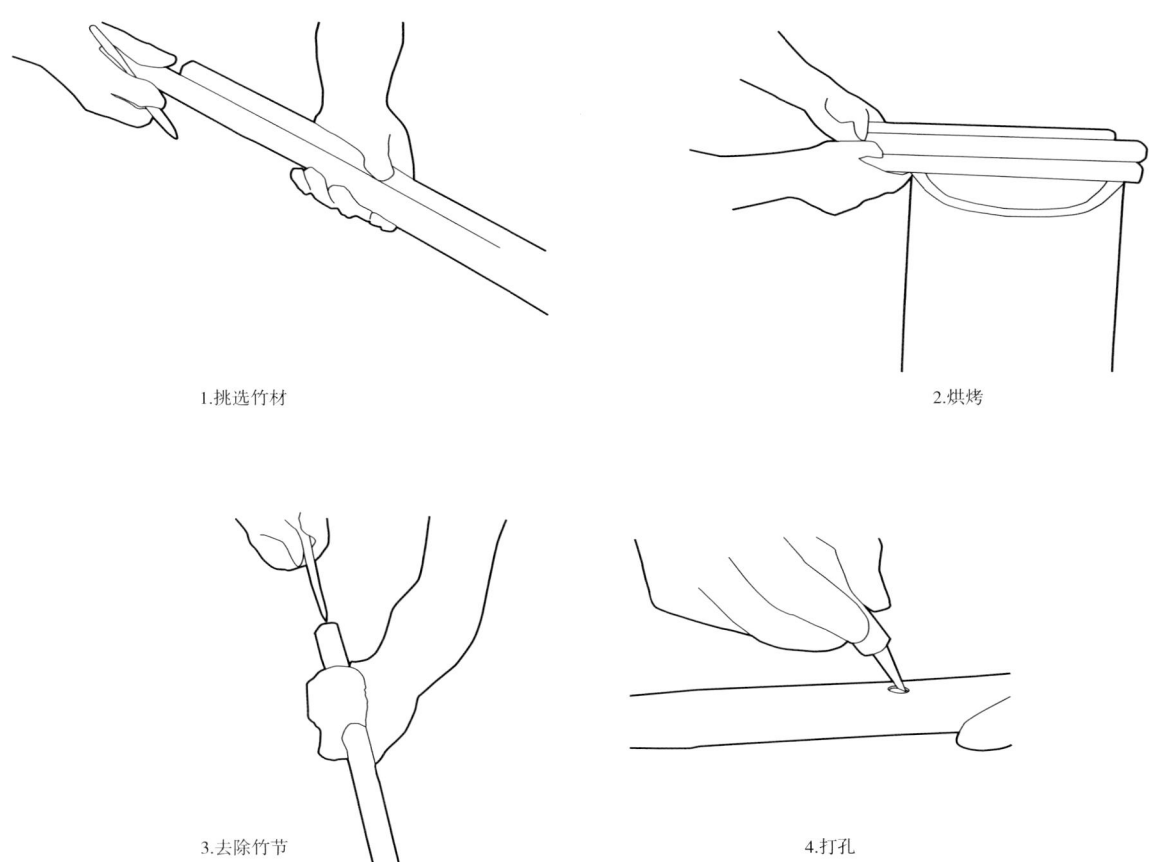

1.挑选竹材　　　　　　　　　　2.烘烤

3.去除竹节　　　　　　　　　　4.打孔

图四　佤族酒杯笛制作流程图

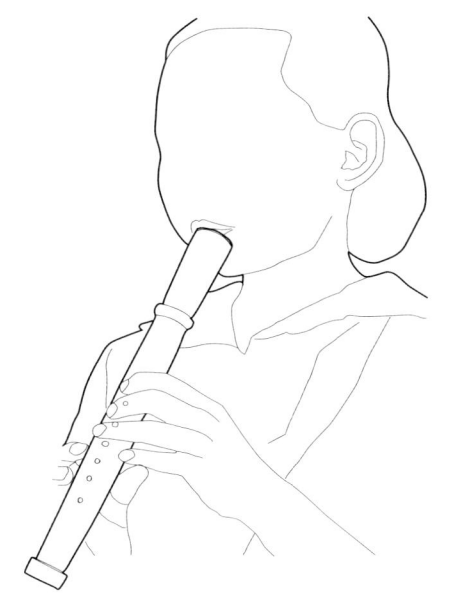

图五　佤族酒杯笛吹奏情境示意图

# 佤族芦笙

图一　佤族芦笙主图

芦笙，佤族吹奏乐器，长约40厘米，高约40厘米。佤族芦笙由竹节和葫芦组成，中间用胶管连接，保证了气密性，使其音色更加细腻悠扬，其中一只葫芦上开5个按孔，四周都用一圈自制的胶抹匀，便于吹奏时用手将其密封，使音色更美。而每根竹节下端的孔用来控制曲调，吹奏时，嘴巴含住上端的竹节，手指放在开口处，根据指法与吹法的配合便可吹奏出优美的音乐。

芦笙采用最普通的竹木制作工艺，经过切削、打磨、抛光处理等，保留了材质本身的质感和颜色。葫芦的黄褐色，以及竹节的浅木色，并未多作修饰，自然纯朴。由于芦笙使用的材料是竹子和葫芦，所以音质悠扬清脆，听来非常舒畅。一般有重大节日的时候，佤乡人民会有专门的乐师来吹奏芦笙。吹奏时，身体随音乐节奏自然摇摆，体现了佤乡人民热情奔放的浪漫情怀。芦笙使用时间久了，葫芦和竹节都会因为氧化而颜色加深，更显厚重浓郁。由于平日演奏时不断地摩挲，会使芦笙表面泛起一层亮光，看起来更加温润古朴。

这种纯手工制作的乐器，年岁越久，越显珍贵，也就越让人爱不释手。这正是佤乡纯天然设计的魅力所在。

**图片来源**
图一、图六、图七　张瑾婷　摄影
图二至图五　温馨　制图

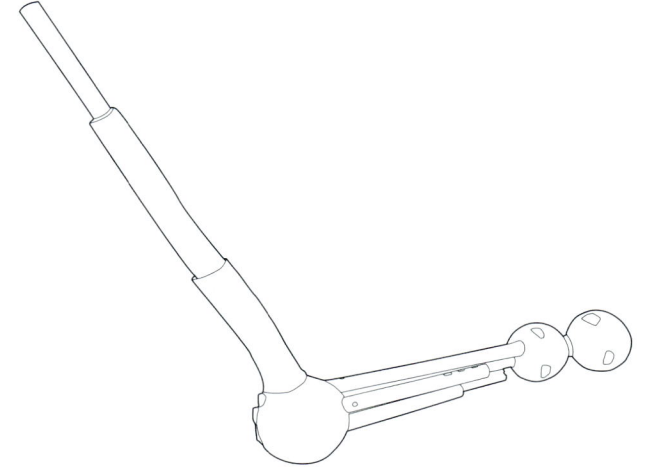

图二 佤族芦笙线描图

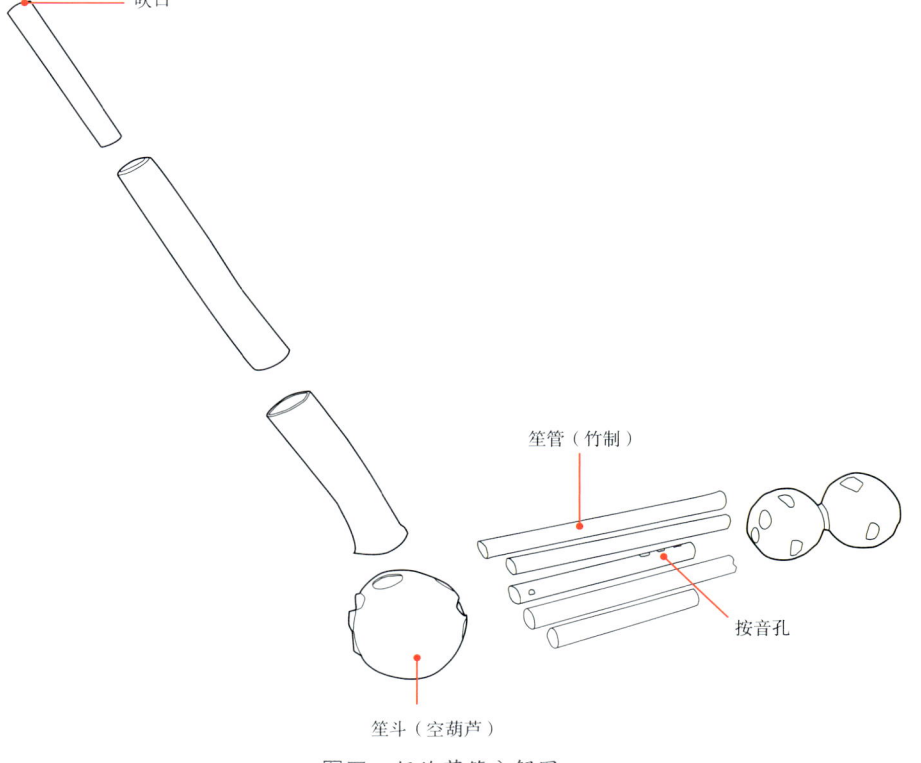

图三 佤族芦笙分解图

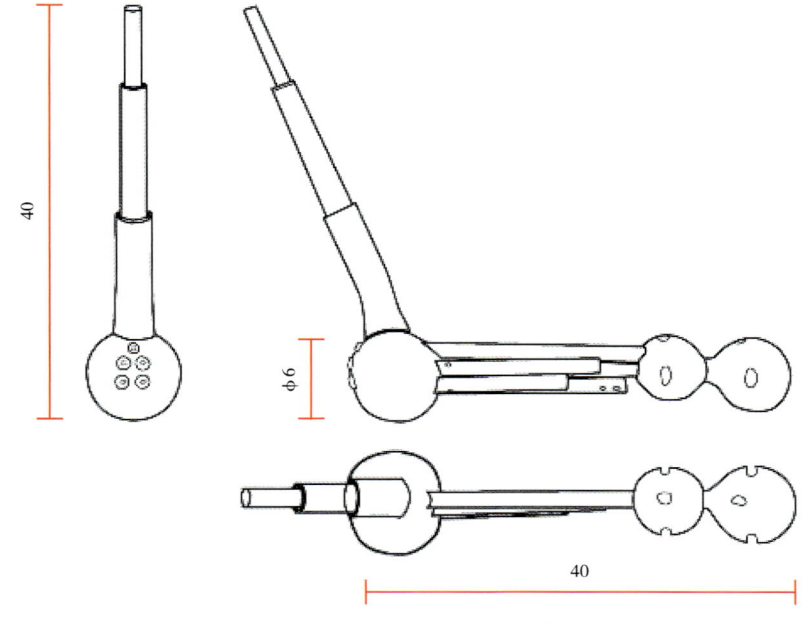

图四 佤族芦笙三视图及尺寸（单位：cm）

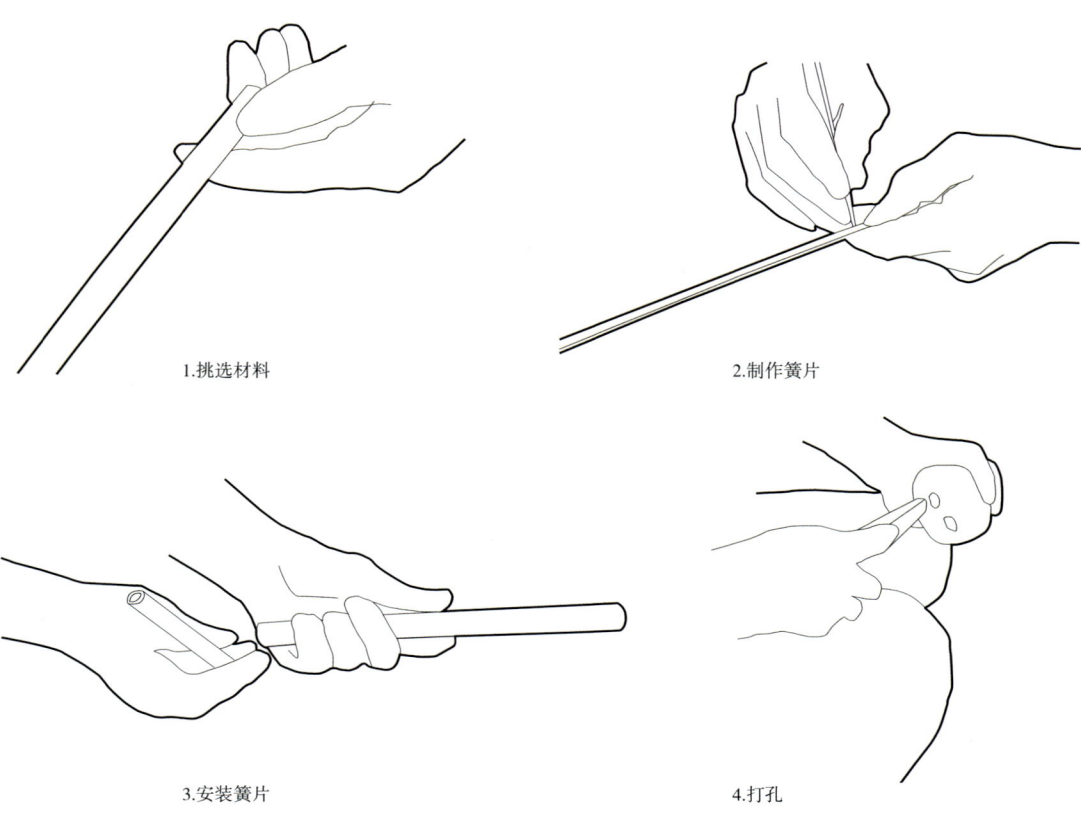

1.挑选材料　　　　2.制作簧片

3.安装簧片　　　　4.打孔

图五 佤族芦笙制作流程图

图六 佤族芦笙局部照

图七 佤族芦笙吹奏照

# 佤族"得"

图一　佤族"得"主图

　　"得"是滇西南西盟地区佤族特有的一种古老气鸣乐器，能演奏出十分优美的民间音乐。"得"多用细长的黄牛角尖或马鹿角制作而成，长约15厘米。管子中段嵌置舌形簧片，削去牛角尖端开出小孔，管身开按音孔，两手持按管子两端口演奏。本来"得"是佤族人民在狩猎时吹奏的乐器，现在一般用于演奏表演。

　　"得"用牛角、鹿角等制成，由于手工制作者不同，所以不同乐器尺寸和大小会有区别。其通体中空，演奏者通过两手蒙放两端音孔而发出声音。"得"的旋律受形制的限制，音域较窄，难以演奏完整的音阶，只能发三音或四音列，而且由于各方面的原因音高不稳，呈现出古朴的原始特征。

　　"得"体现出人类原始时期乐器的设计特征，对研究早期人类音乐史有着很重要的意义。

**图片来源**
图一　张瑾婷　摄影
图二至图四　温馨　制图

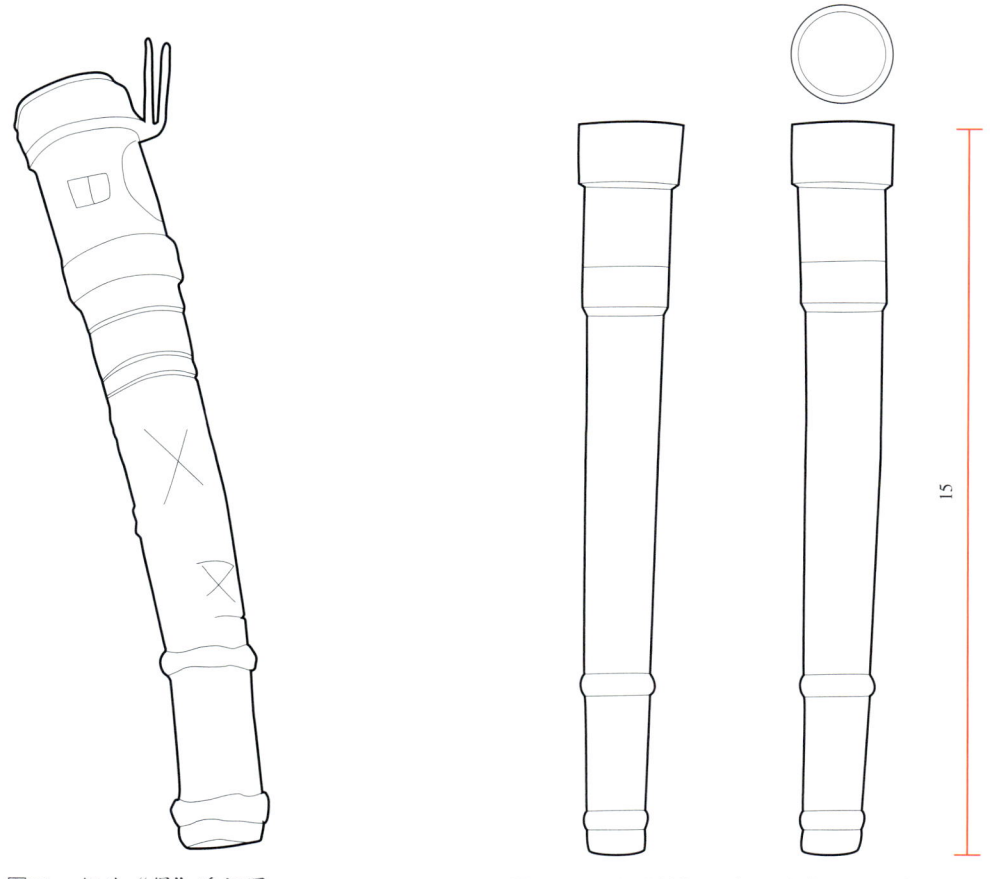

图二 佤族"得"透视图

图三 佤族"得"尺寸图（单位：cm）

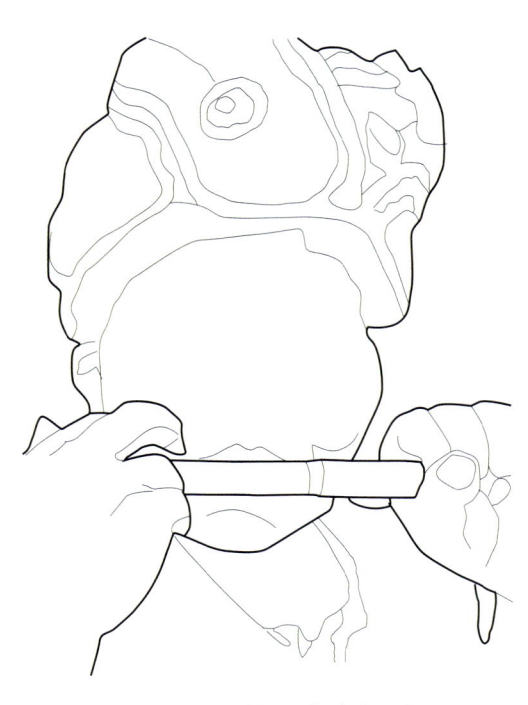

图四 佤族"得"吹奏情境示意图

# 佤族水葫芦笛

图一　佤族水葫芦笛主图

水葫芦笛是佤族吹奏乐器，形制大致统一，用葫芦制成。外部包裹一层十字花纹或者菱形花纹的竹篾，中部开孔，便于奏乐者对不同声音的把握和控制。吹奏时，里面加水，并以加水的多少对声音的高低和音质进行调节。主要流行于云南西盟佤族自治县部分村寨。

制作时，将葫芦表面经过磨削工艺打磨光滑平整，上下通透，利用材料本身的色泽进行抛光处理即可成型。为了美观，会在表面添加各种装饰图案，以简单的几何纹为主，如交叉的线条或者波浪线条，整体具有工艺美和装饰美。

水葫芦笛外面有一层编织的保护罩，用竹篾编制而成，纹路细腻紧凑，材质结实耐用。大多数只有一根背带，使用时，斜挎腰间或者直接挂在胸前。背带有的用细篾丝编织而成，有的则先用麻绳编成粗绳，然后再用宽篾条编织而成。

佤族乐器的设计都有自然质朴的特点，一般采用佤乡当地盛产的竹木或者葫芦做材料，具有鲜明的地方特色。这种纯手工制作的乐器，年岁越久，越显珍贵，也就越让人爱不释手，这正是佤乡纯天然设计的魅力所在。

**图片来源**
图一　张瑾婷　摄影
图二至图五　温馨　制图

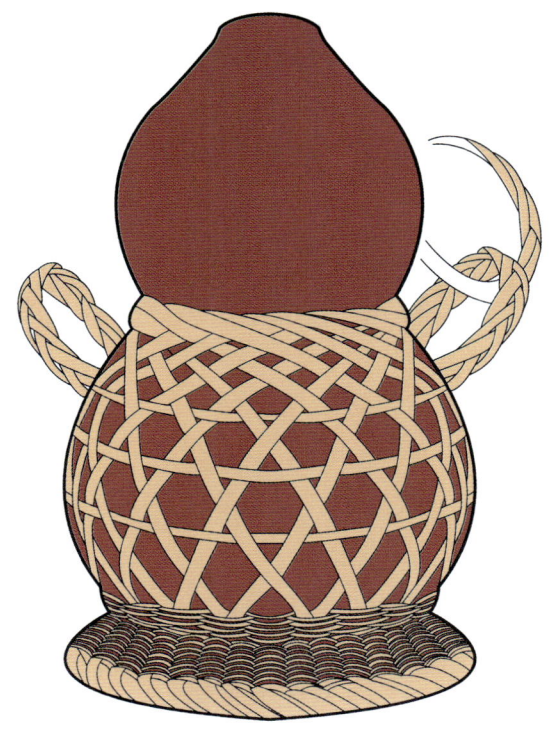

图二　佤族水葫芦笛复原图

图三　佤族水葫芦笛结构图

第四章　佤族传统生活用具

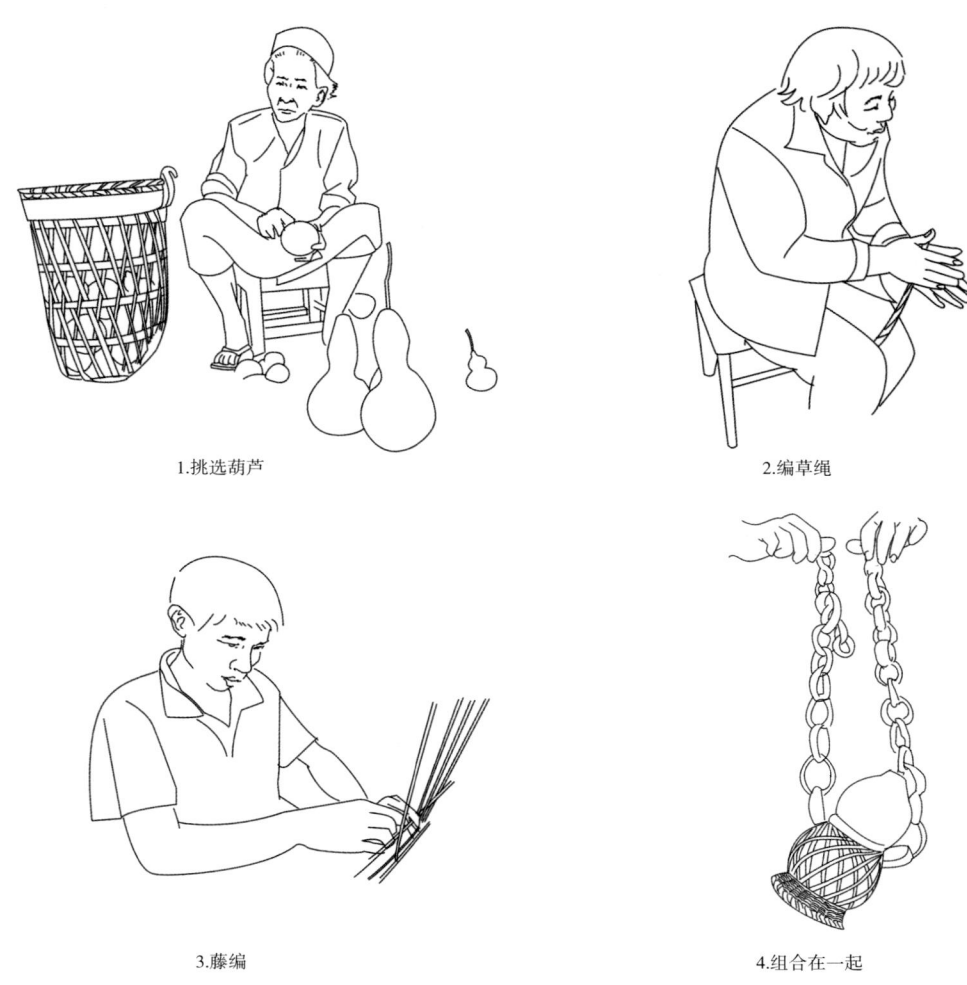

1.挑选葫芦　　2.编草绳
3.藤编　　4.组合在一起

图四　佤族水葫芦笛制作流程图

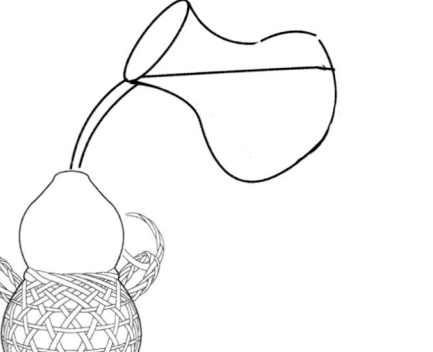

1.注水　　2.吹奏

图五　佤族水葫芦笛吹奏示意图

# 佤族水牛号角

图一 佤族水牛号角主图

水牛号角的佤语音为"啵融嘎拉"。佤族自古就有牛崇拜的传统，在木鼓、服饰中常见牛头纹样。号角从前是在发生火灾、战争时才会吹响，后来逐渐演变为一种乐器。吹奏时，角用绳带挂肩，右手扶持角的腰部，左手持吹嘴木管，喇叭口朝向身后，吹气发音，音色低沉、厚重。

水牛号角取水牛角为材，规格大小不一。制作时，首先将牛角的尖角锯平，在锯口中心钻孔，让锯口与角的内腔相贯通，外镶铜箍，并在角的两端钻孔，之后将肩带装配到牛角之上，以方便吹奏时将牛角背在肩上。

"啵融嘎拉"并不是佤族特有的乐器，在苗族等其他民族中也有类似的设计。虽然随着现代工业的发展和渗透，人们对于乐器有了更多的选择，对于音乐审美的层次也逐渐提高，但水牛号角低沉、厚重的声音仍然在历史长河中深深回响，不可磨灭。

**图片来源**
图一 张瑾婷 摄影
图二至图六 温馨 制图

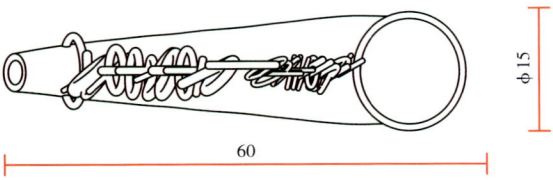

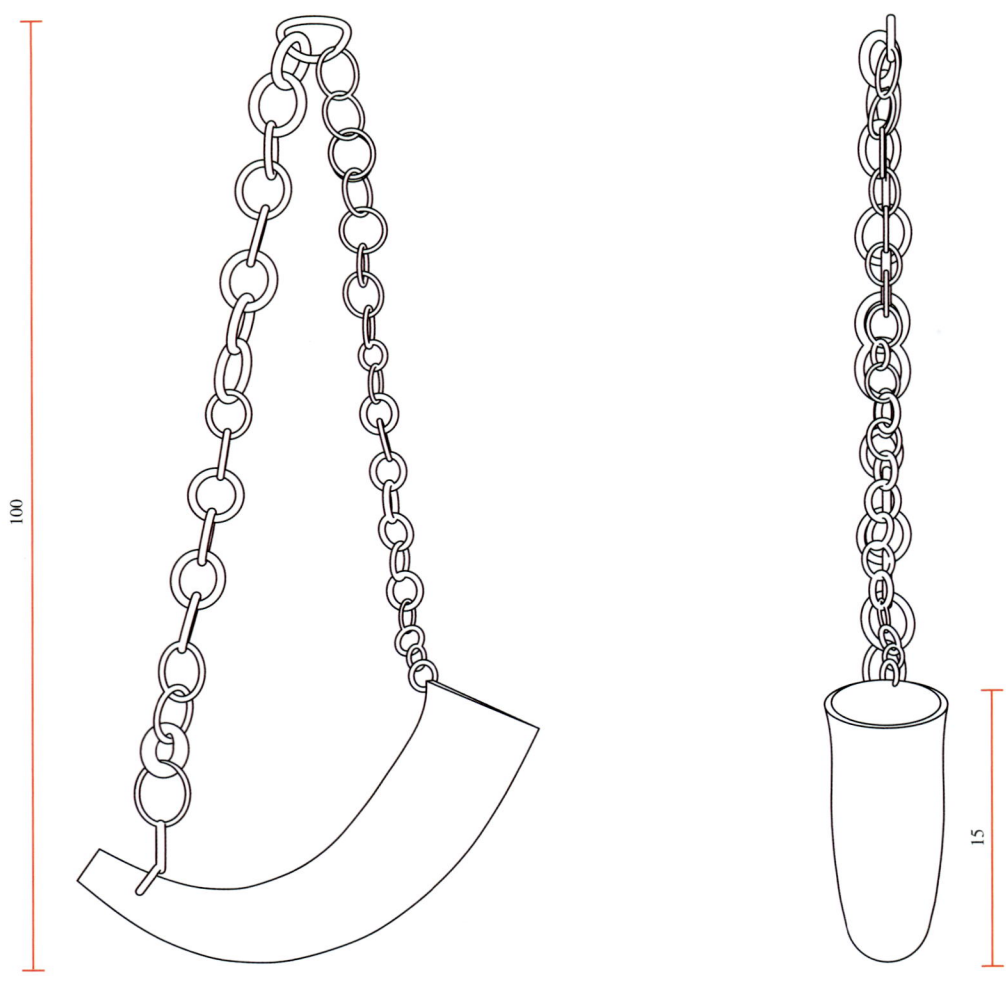

图二　佤族水牛号角三视图及尺寸（单位：cm）

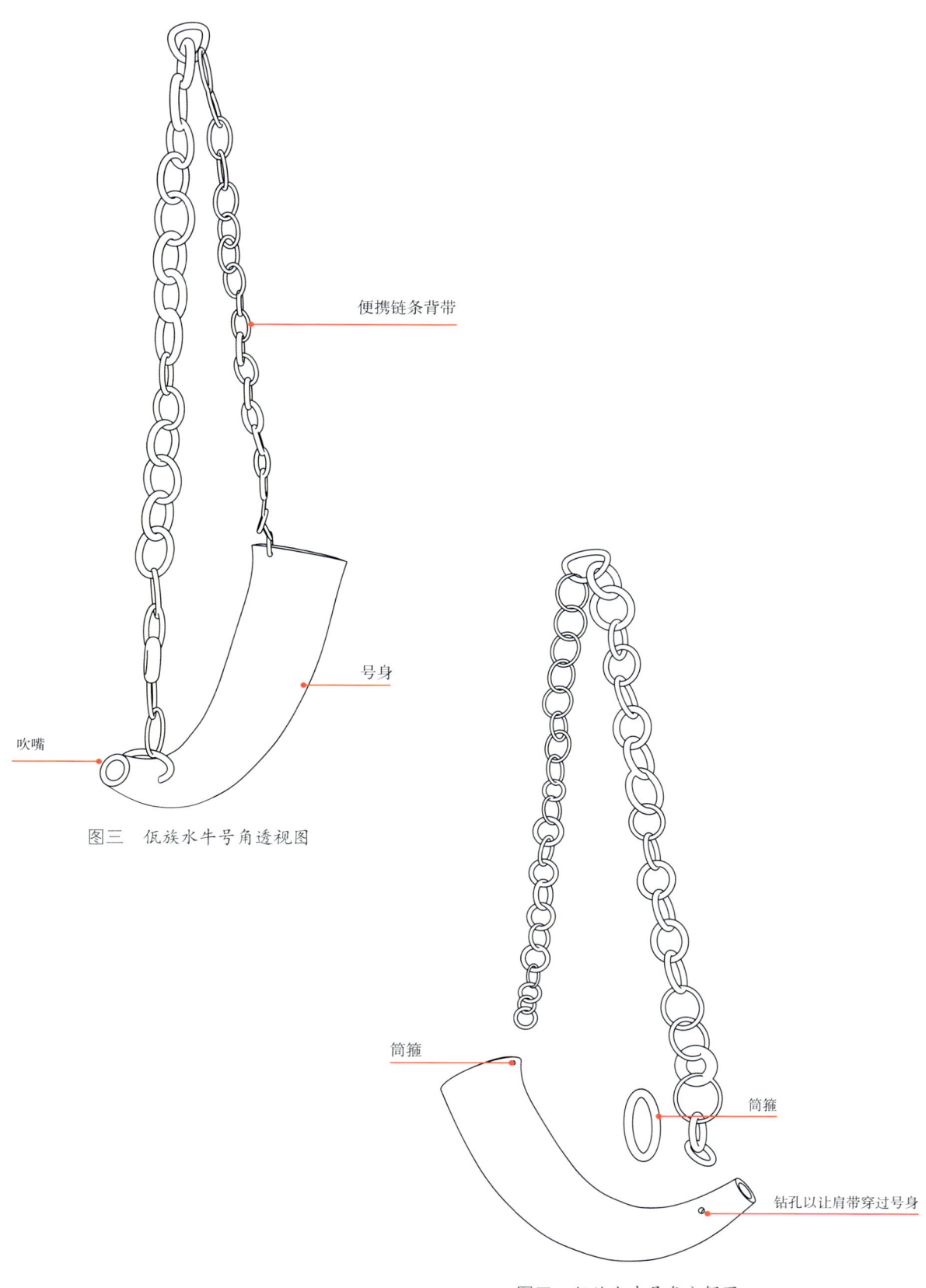

图三 佤族水牛号角透视图

图四 佤族水牛号角分解图

281

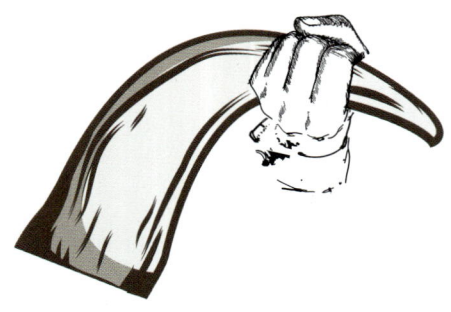
1.取水牛角为材

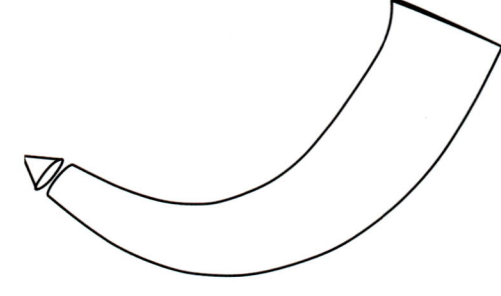
2.锯下牛角尖

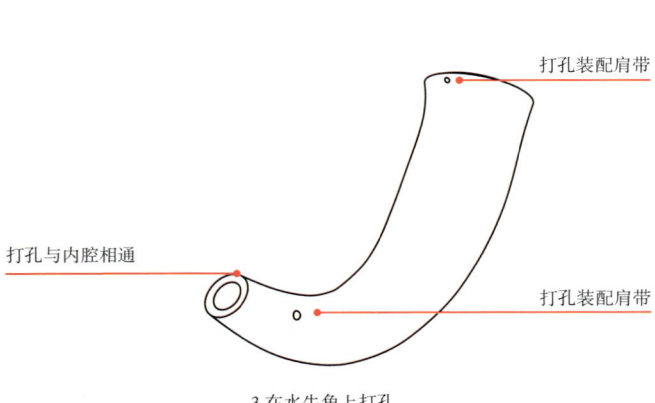
打孔装配肩带
打孔与内腔相通
打孔装配肩带
3.在水牛角上打孔

4.装配肩带

图五　佤族水牛号角制作流程图

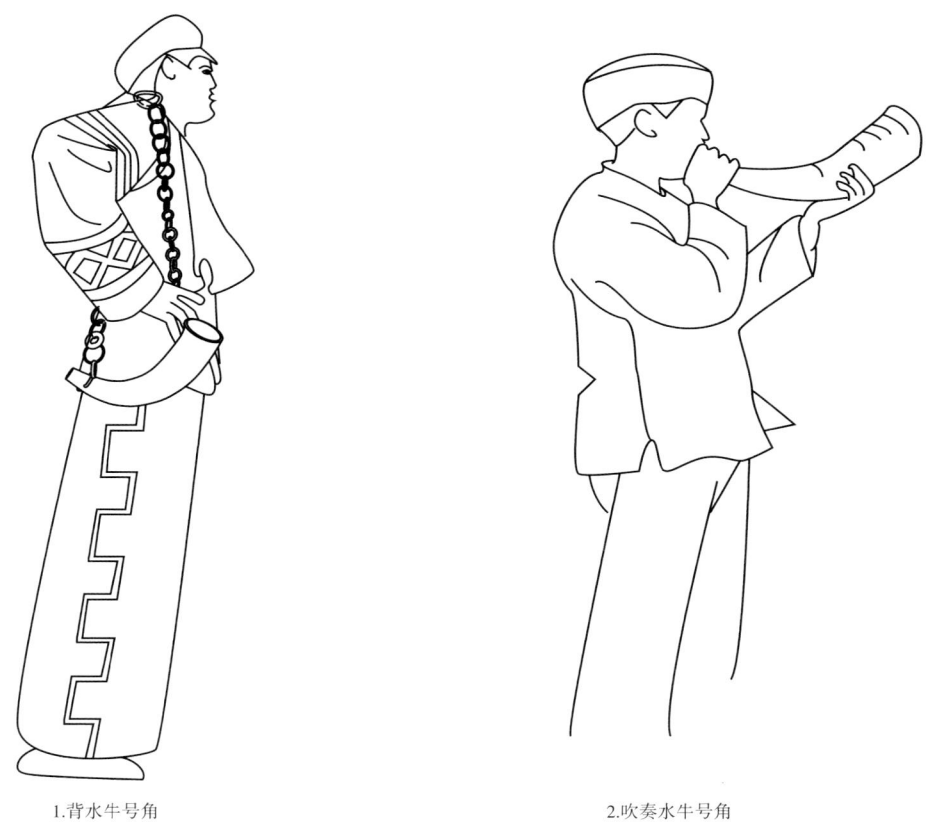

1.背水牛号角　　　　　　　　　　　　2.吹奏水牛号角

3.吹水牛号角（近景）

图六　佤族水牛号角使用情境示意图

第四章　佤族传统生活用具

# 佤族短笛

图一　佤族短笛主图

　　佤族短笛，也称"口笛"，吹奏乐器，流行于云南西盟佤族自治县部分村寨。短笛有多种式样，一般管长约16厘米，中间设一圆形吹孔，横吹，以嘴唇控制气流量，音色质朴动听。

　　佤笛一般为竹制，取自一小段细竹节，经过磨削工艺打磨光滑平整，上下通透，利用竹材料本身的色泽进行抛光处理即可成型。有的为了美观，会在表面添加各种装饰图案，以简单的几何纹为主，如交叉的线条或者波浪线条，使短笛具有简洁的秩序感和装饰美。短笛的吹奏不需要复杂的技巧，很多青年男女都会使用。吹奏时，两手握住短笛两侧，使笛子平放，便于空气顺畅流通，然后对准吹孔进行吹奏。

　　另一种佤族短笛结构上与这种略有不同，除了一个方形吹孔外，另开四个按孔。同样也是用一节细竹节，经过各种磨削工艺和抛光处理做成。音色高亢明亮，给人振奋之感。吹奏时，用右手拇指堵住左端筒孔，右手食指和中指按上两孔，左手食指、中指按下两孔，右手中指快速开闭产生颤音。

　　由于佤族短笛的制作简单，形制小巧，易于吹奏，许多佤族人民都会吹。每逢喝酒聊天，或者聚众吃饭，兴致上来，一边吹吹打打地伴奏，一边歌舞助兴，深得佤族人民喜爱。

**图片来源**
图一、图六　张瑾婷　摄影
图二至图五　温馨　制图

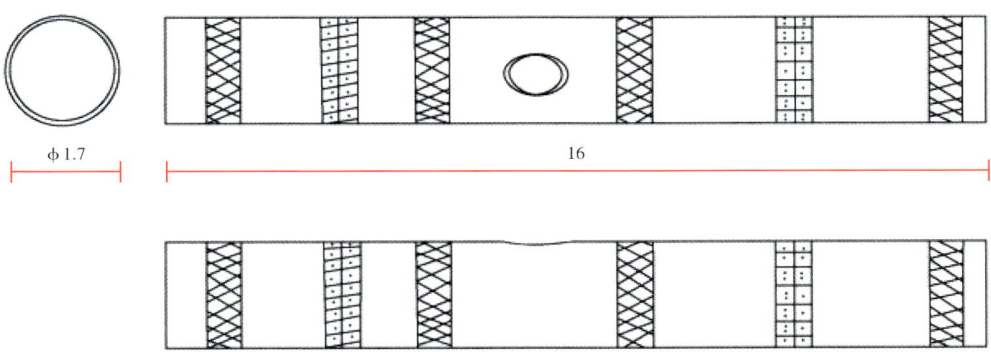

图二 佤族短笛三视图及尺寸（单位：cm）

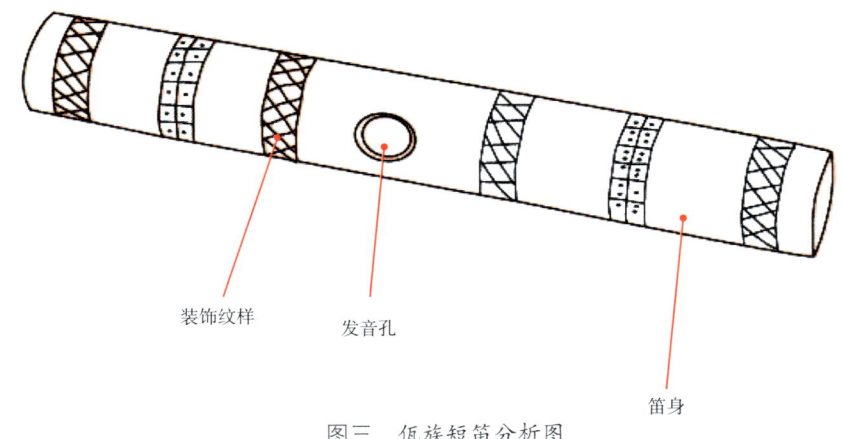

装饰纹样　　发音孔　　　　　笛身

图三　佤族短笛分析图

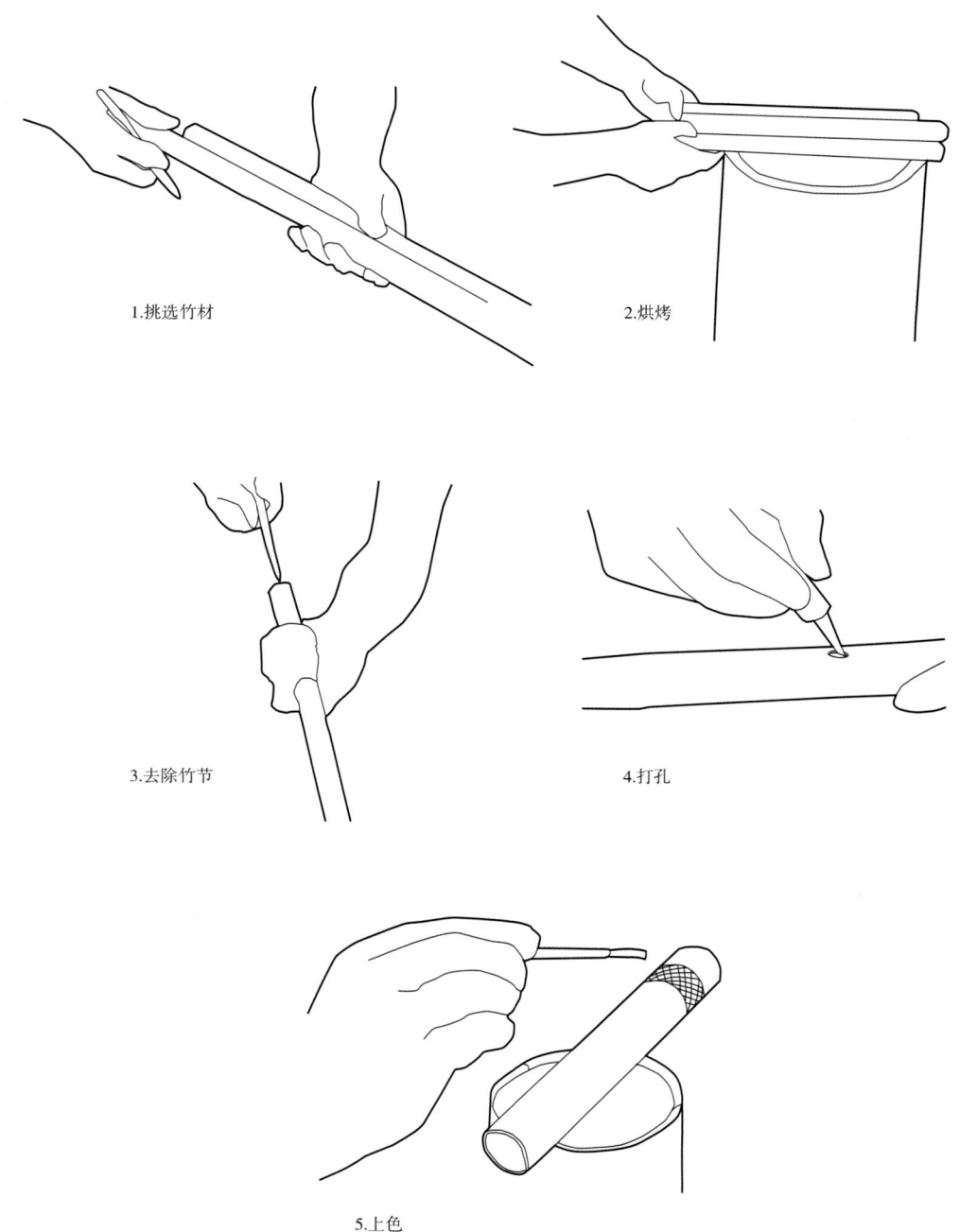

图四 佤族短笛制作流程图

图五　佤族短笛使用情境示意图

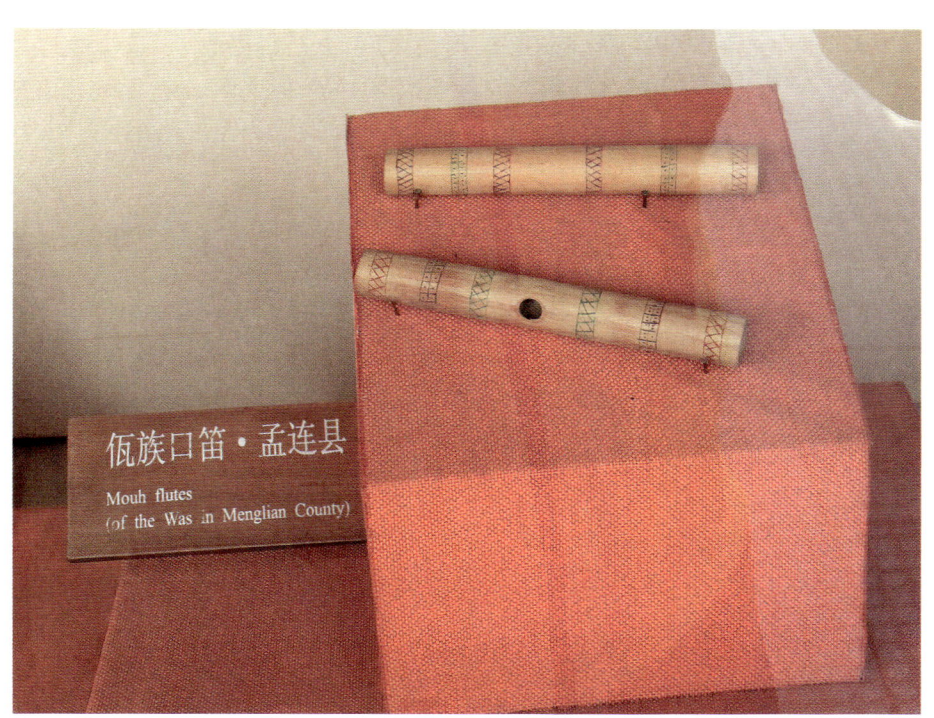

图六　佤族短笛实物图

# 佤族儿童排箫

图一　佤族儿童排箫主图

佤族排箫，佤语称为"拜布拢阿里斯"，又称七管箫，是佤族一种供儿童吹奏玩乐的乐器。它由并排的7根竹管制成，长度在20厘米左右，每根竹管顶端为吹口，演奏者靠吹奏不同的竹管来发出不同的声音。"拜布拢阿里斯"流行于我国云南省西盟佤族自治县和沧源县等地。

佤族排箫属于典型的气鸣乐器，靠吹奏者吐出的气流在不同的吹管内共振而发出不同的声音。器身选用竹子，七根竹管一字排开，器物本身不加装饰与修饰，整体朴素而原始。图中所示案例由于使用年代久远，表面被打磨得十分光滑。

排箫的七个管身被佤族人形象地比喻为一个家庭中的不同成员，传达出佤族人民渴望家庭和睦、繁荣昌盛的美好心愿。

**图片来源**
图一　张瑾婷　摄影
图二至图六　温馨　制图

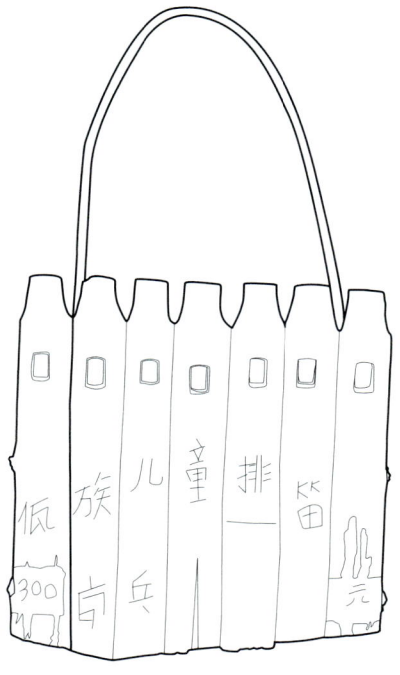

图二 佤族儿童排箫透视图

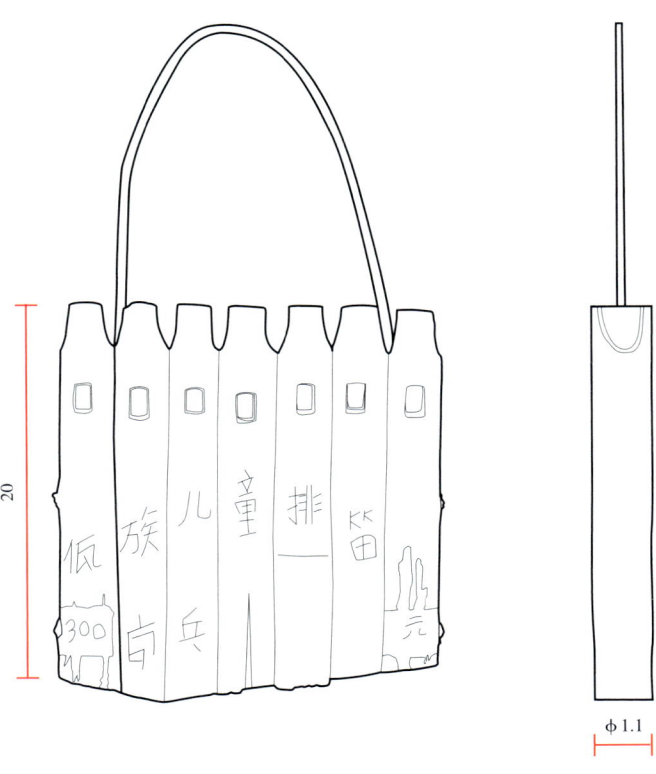

图三 佤族儿童排箫尺寸图（单位：cm）

第四章 佤族传统生活用具

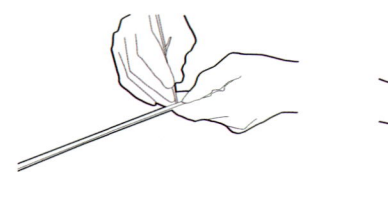 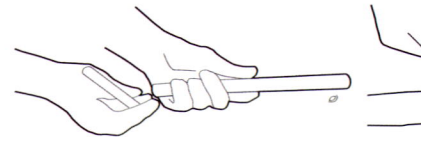 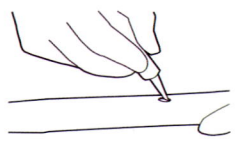 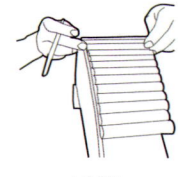

1.制作簧片　　　　　　2.安装簧片　　　　　　3.打孔　　　　　　4.组装

图四　佤族儿童排箫制作流程图

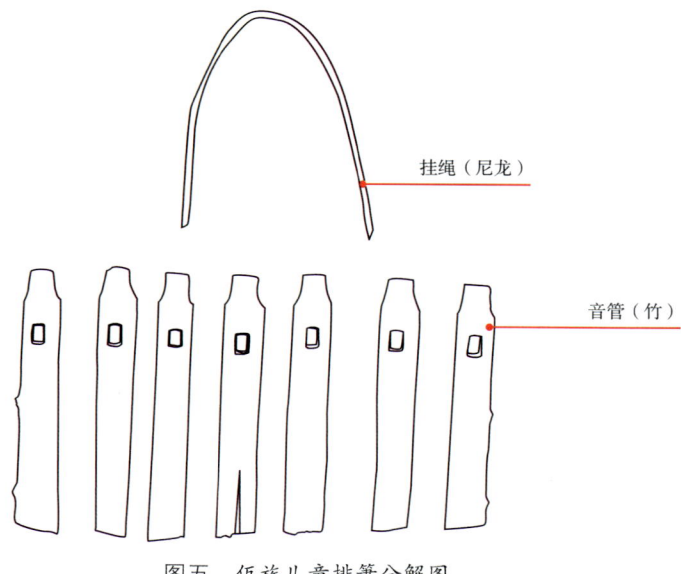

挂绳（尼龙）

音管（竹）

图五　佤族儿童排箫分解图

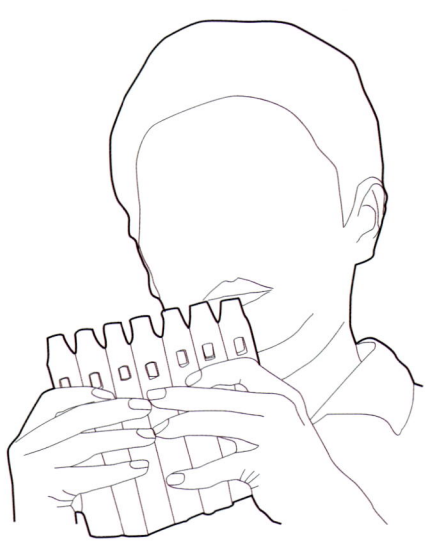

图六　佤族儿童排箫吹奏情境示意图

# 佤族竹琴

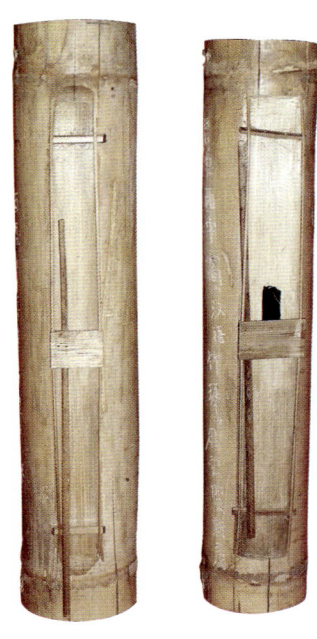

图一　佤族竹琴主图

　　竹琴的设计制作是佤族音乐文化中的一个闪光点，它使民族音乐以多样化演奏的方式得以传承和发扬。竹琴巧夺天工的设计和制作，也是佤族人民集体智慧的体现。

　　佤族竹琴流行于云南省西盟佤族自治县和沧源县等地。琴杆竹制，多使用弹性大的竹条制作，呈扁方形柱状体，琴头平顶无饰，琴筒呈圆筒形，多用大龙竹制作。竹琴设计制作要求精细，采用的竹制材料虽然常见，但是要求很高。在外观上，丝毫不见任何装饰或者纹样，有着原始纯天然的美感。

　　竹琴是佤族人民的智慧结晶，其悠扬婉转的音质就是最好的证明。

**图片来源**
图一　张瑾婷　摄影
图二至图五　温馨　制图

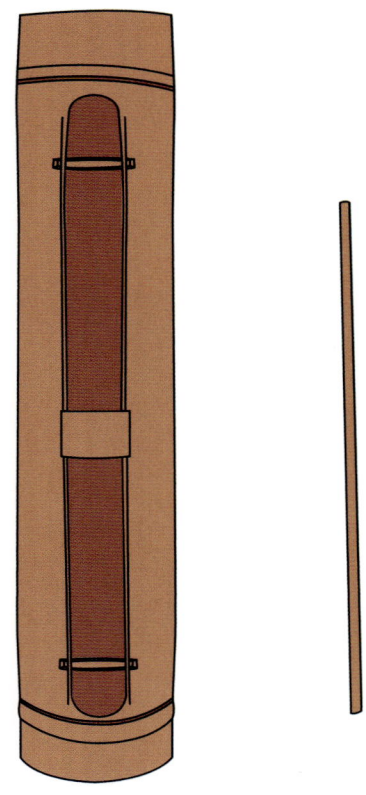

图二　佤族竹琴还原图①

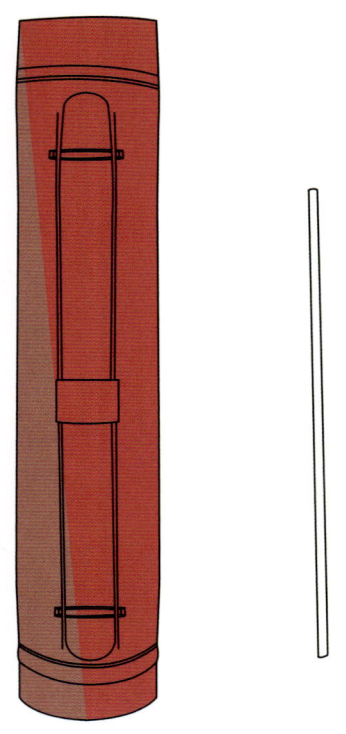

图三　佤族竹琴还原图②

1.伐竹

2.切割竹子

3.把竹子劈开后，再削成竹篾

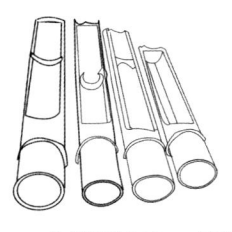
4.将削好的竹子一一放平

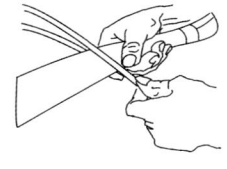
5.削竹子

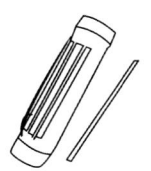
6.合并在一起

图四 佤族竹琴制作流程图

图五 佤族竹琴使用情境示意图

# 佤族木鼓

图一　佤族木鼓主图

　　佤族的木鼓崇拜源于母系氏族公社时期的生殖崇拜，进入父系氏族公社以后，逐渐演化为村寨的标志。木鼓，佤语称"克罗克"，是佤族的传统祭祀工具、乐器和报警器具。一般以红毛树、花桃树或麻栗树树段为原料，将其腹部按一定形状掏空制成。大小不一，分公鼓、母鼓两种。公鼓的音频偏低，音色粗重。母鼓音频较高，音色清脆。多成对存放在村寨中的木鼓房中。在佤族《司岗里》史诗传说中有记述：在佤族先民进入农耕时代以前，就制作了法器木鼓。在过去的山寨和部落重大活动中，如战争、节庆时，木鼓也作警号、信号、号令和乐器之用。现在作为佤族特色的旅游观赏品，游客可以自己动手敲击木鼓，感受其浑厚而深沉的音色之美。

　　佤族木鼓长150~220厘米，直径50~80厘米，通常有一条长约110厘米、宽仅5厘米左右的槽，在槽的中段两侧留一对"蜂巢"，"蜂巢"左右和下端的边缘镂空，使"蜂巢"呈悬空状态。在槽口下约10厘米"蜂巢"的两侧，又留下凸突的木鼓舌，呈半圆形，"蜂巢"和木鼓舌的共振和阻隔产生共鸣，发出浑厚、深沉有力的声音。由于雕凿深浅、厚薄的变化，用鼓槌（是一根两头稍大、中间小的木棒，敲鼓时垂直冲击）敲击，能敲打出不同音色的美妙音响。木鼓的形式和制作都比较特别。在手工工具十分简陋的情况下，要在一条宽3~5厘米、长110厘米的狭窄槽中，把完整的圆木雕空，并要在其内部留下"蜂巢"和木鼓舌是十分困难的。但这种程式化的形制却一直没有改变，一代又一代地延续下来。

拉木鼓是制作木鼓活动中的重要过程，从砍树、拉木鼓到木鼓凿成大概需要3个月时间，从9月份开始到11月份结束。其过程为：由寨主占卜选定主砍木鼓的人家，选吉日选树砍树，全寨人除有禁忌的人以外都要上山拉木鼓树，男的带刀、枪、弩，妇女带午饭。拉木鼓时一人在木鼓树上指挥，其他人边拉边舞边合唱。第一天把木鼓树拉到半路，第二天再拉回寨子。拉回的木鼓树待干燥后择吉日请木匠凿木鼓，木鼓凿成由主砍人家选毛色金黄的黄牛剽牛祭木鼓，全寨人同吃同欢庆，敲起木鼓通宵打歌，最后将木鼓送入木鼓房。

随着佤族社会的不断发展，木鼓也被不断赋予了新的内涵，形成独具特色的木鼓文化。它象征着佤族原始宗教中的主体神木依吉，同时又是佤族生存繁衍的崇拜物，既是"生"的象征和心灵的守护屏障，也凝聚着佤族的历史文化发展轨迹。

**图片来源**
图一、图八　张瑾婷　摄影
图二至图七、图九至图十　温馨　制图

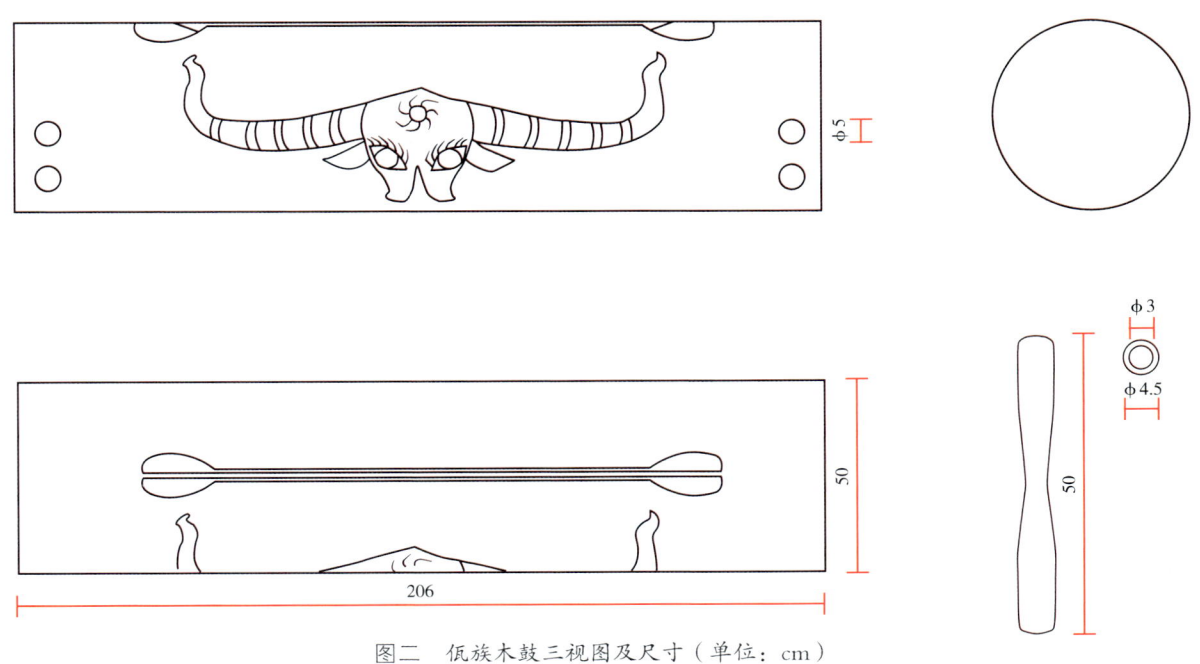

图二　佤族木鼓三视图及尺寸（单位：cm）

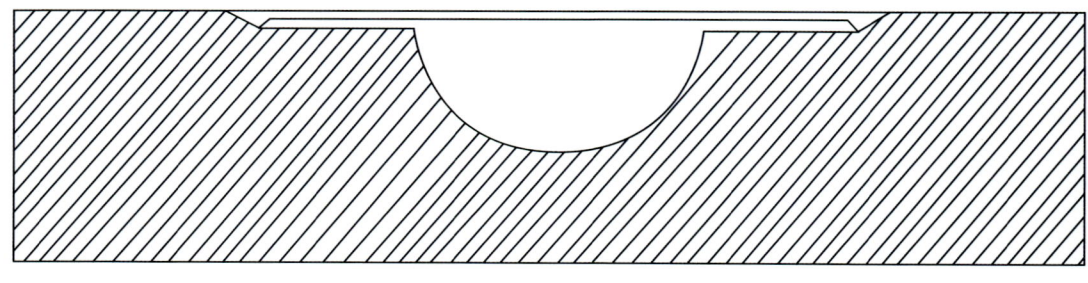

纵剖面图

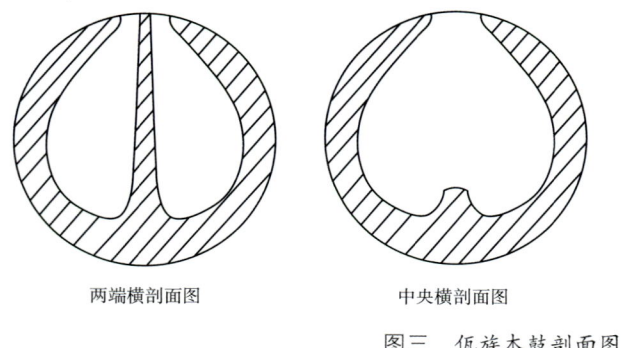

两端横剖面图　　中央横剖面图

实木部分

空心部分

图三　佤族木鼓剖面图

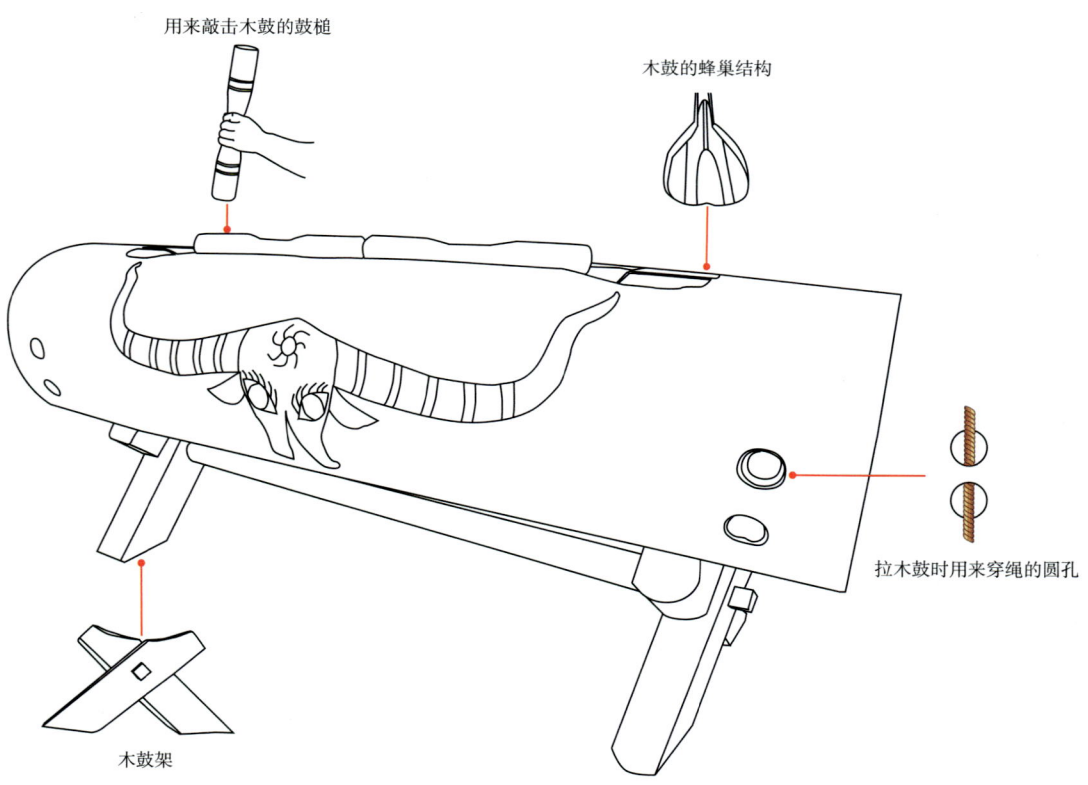

用来敲击木鼓的鼓槌

木鼓的蜂巢结构

拉木鼓时用来穿绳的圆孔

木鼓架

图四　佤族木鼓分解图

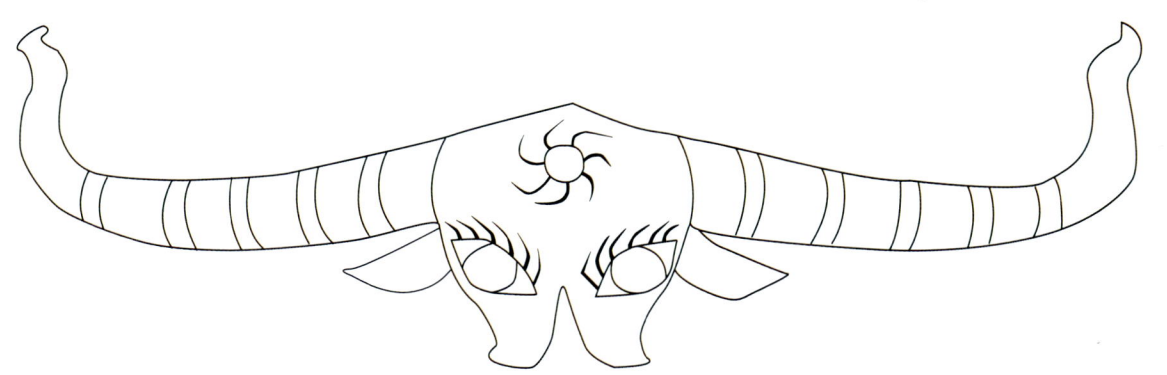

图五　佤族木鼓中牛图腾装饰图案

1.砍树

2.祭祀

3.拉木鼓

图六　佤族木鼓制作流程图

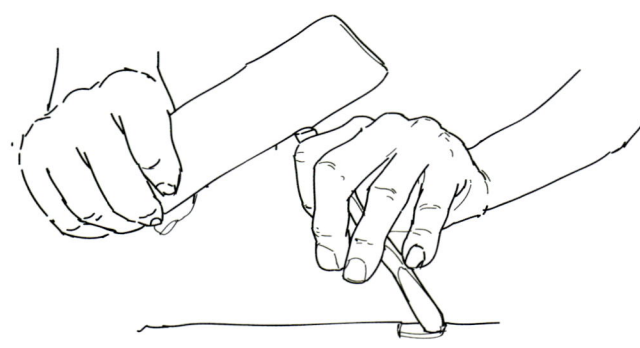

图七　佤族木鼓制作工艺图

图八　佤族木鼓使用情境图

图九　佤族木鼓使用情境线描图

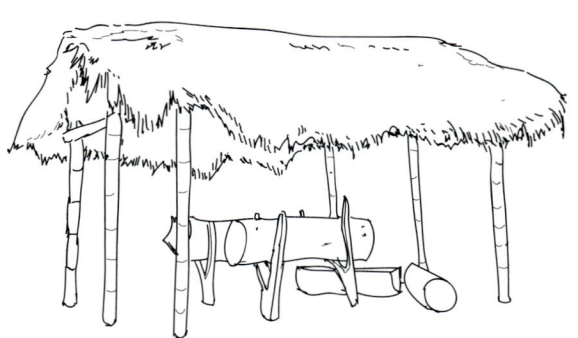

图十　佤族木鼓房线描图

# 佤族饮水筒和打水瓢

图一　佤族饮水筒主图

　　佤族打水用具，除了较小型的舀水瓢之外，还有比较大型的饮水筒和打水瓢。这些常用打水器具与佤族人民的日常生活息息相关。

　　饮水筒较大型，管状，长度120～150厘米，直径20厘米左右。佤乡人民一般用饮水筒从山上把水扛下来，作日常饮用。而取水瓢相对较小，也是管状，长度大约40厘米，直径15厘米左右，主要用来灌水、打水等。云南省西盟地区和翁丁地区的佤族人民一般都用这种样式的取水用具，有的至今还能看到，在院子里竖着三五个饮水筒，里面都是清澈的山泉水。

　　饮水筒选用佤山盛产的粗壮大龙竹，将竹节打通，上端削掉部分竹材即成。长短粗细大小根据家庭情况或者劳动力的承受程度而有所不同。使用时，一般是家庭男劳力将饮水筒扛在肩上（一般缺口的一头略微向上倾斜），去山里取水，然后再扛回来。取水瓢也是用竹节做成，只是样式比较细小，便于手握把持。使用时，手拿竹管中段，将其平放在水面上灌水即可。

　　从设计学角度分析，饮水筒和打水瓢没有精密复杂的结构和制作精良的材质。而形制和使用方式也是根据佤族人民的具体需求而制，解决生活中的具体问题。这种实用功能的追求，与佤族人民质朴的生活作风是密切联系在一起的。

**图片来源**

饮水筒

图一　刘丽文　摄影

图二至图五　姜晨菡　制图

打水瓢

图一、图五　刘丽文　摄影

图二至图四　姜晨菡　制图

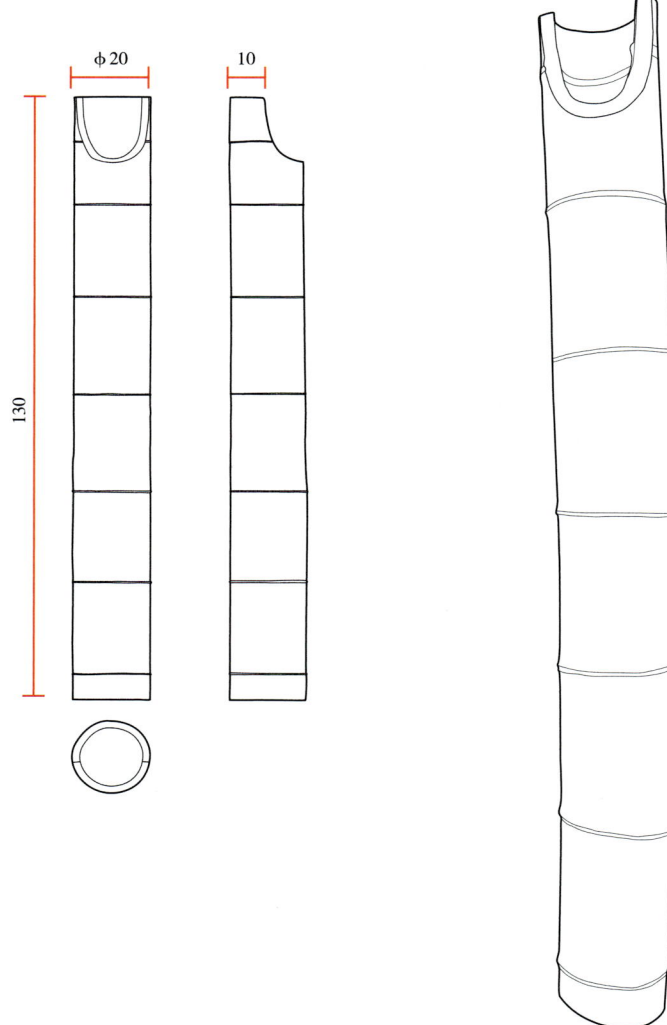

图二　佤族饮水筒三视图及尺寸（单位：cm）

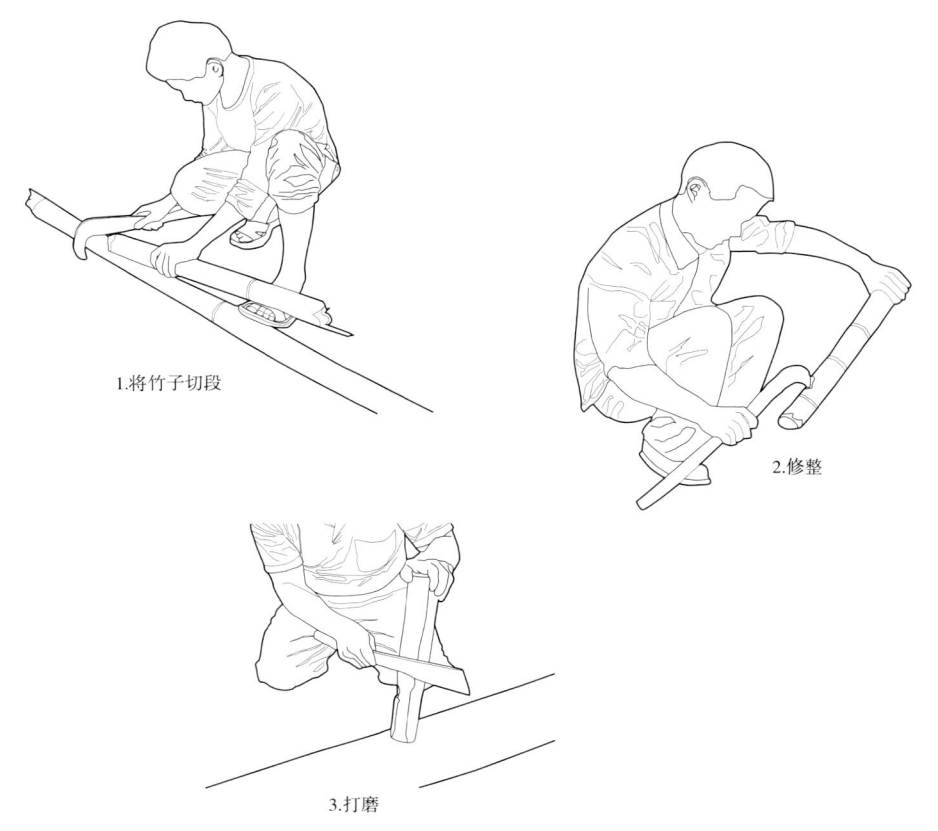

1. 将竹子切段

2. 修整

3. 打磨

图三 佤族饮水筒制作流程图

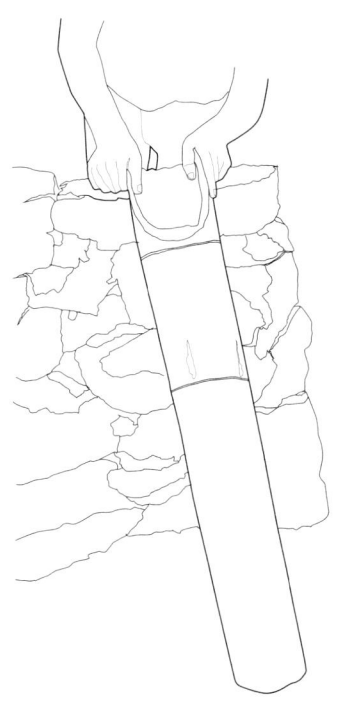

图四 佤族饮水筒使用情境示意图

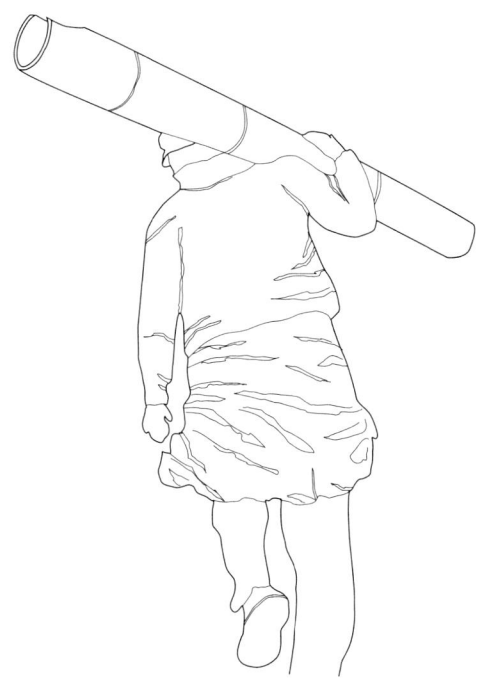

图五 佤族饮水筒操作示意图

第四章 佤族传统生活用具

图一 佤族打水瓢主图

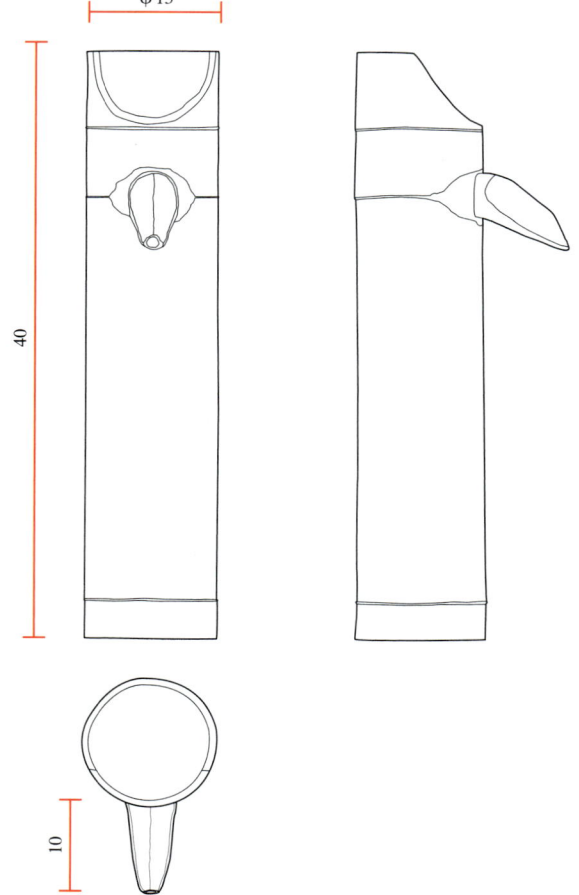

图二 佤族打水瓢三视图及尺寸（单位：cm）

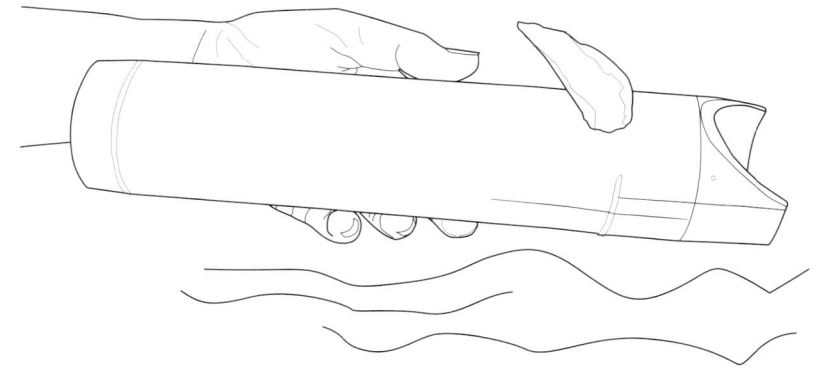

图三 佤族打水瓢操作分析图

图四 佤族打水瓢使用情境示意图

图五 佤族打水瓢实物图

303

# 佤族背篓

图一　佤族背篓主图

佤族背篓式样简单，款式单一，高约60厘米，上口呈方形，下底为略小的方形，桶状。生产力水平落后的时代，佤族人民搬运东西普遍使用背篓，但随着社会的发展，城镇化建设加快，住在镇上的居民几乎都不再用背篓了，仅山区村落里的居民还在使用。

佤族背篓主要采用竹篾编制而成，纹路细腻紧实，结实耐用。大多数只有一根背带，使用时，斜挎或者直接挂在前额。背带有的用细篾丝编织而成，有的则先用麻绳编成粗绳，然后再用宽篾条编织而成。背篓的设计以及制作完全是为了背负重物长途跋涉的需要，所以没有过多的装饰和点缀，外观上也没有让人眼前一亮的元素。由于背篓设计之初就是为了尽可能多的背负物品，所以也没有变化多样的造型可供选择，尺寸大概一致，造型单一。另外，背篓的水桶状造型并不符合人类工效学的原理，周身也没有符合人体脊柱曲线而设置的弯曲度。

佤乡道路崎岖狭窄多险，挑担不方便，佤乡人民便与背篓结下了不解之缘，无论上山下田，都要背个背篓。像背篓这种极度功能化、完全无点缀、没有任何装饰色彩的器物设计，是根植于较低生产力水平和佤族人民单纯质朴、低调实用生活态度基础之上的选择。

**图片来源**
图一、图五　刘丽文　摄影
图二至图四　姜晨菡　制图

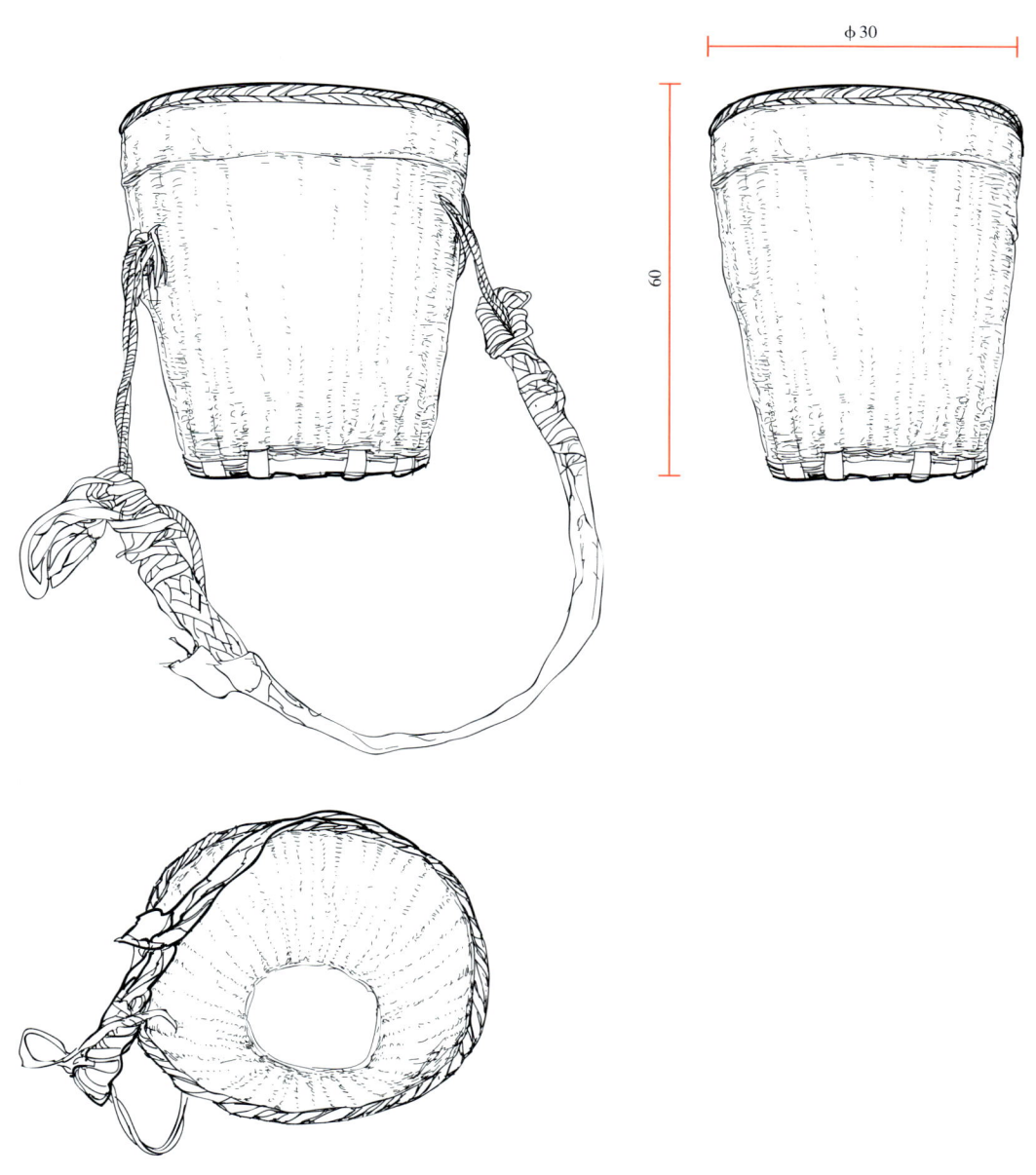

图二　佤族背篓三视图及尺寸（单位：cm）

第四章　佤族传统生活用具

305

细竹篾编织

斜跨在肩部

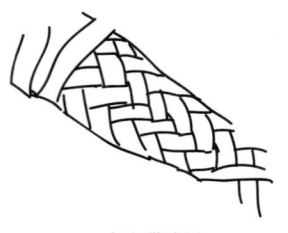
打包带编织

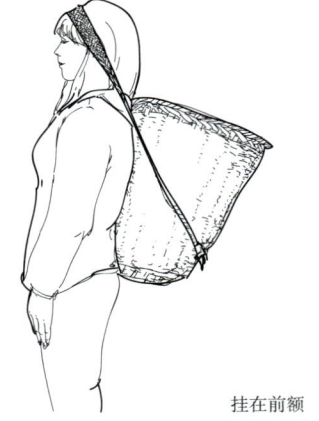
挂在前额

图三　佤族背篓工艺分析图　　　　图四　佤族背篓使用方式示意图

图五　佤族背篓使用情境图

# 佤族锅股

图一　佤族锅股主图

佤族民居中都有火塘。由于火塘的存在，佤族人民做饭时就要用锅股来做锅的支撑。而他们先前用的大多都是尖底锅，直接放置难以平衡，于是佤族人民利用自己的聪明才智，用身边常见的材料发明了锅股。

佤族锅股是专门用来放置锅子的垫圈，一般放置在地上，是用拇指粗的藤条相互缠绕编制而成，大小不定，尺寸不一，圆形。使用时，只需把尖底锅放在锅股上面即可保持锅的稳定。缠绕的藤条之间有突起和空隙，这些突起和空隙围绕一周，便可形成牢固的支撑。

锅股的制作原理很简单，使用起来非常实用而且方便，所以一般佤族人家都会自己在家里动手制作锅股。不过，随着经济的发展，人们已不再使用尖底锅，而是使用便于平放的平底锅和铝锅，锅股也就成了一件摆设。

**图片来源**
图一　刘丽文　摄影
图二至图四　姜晨菌　制图

第四章　佤族传统生活用具

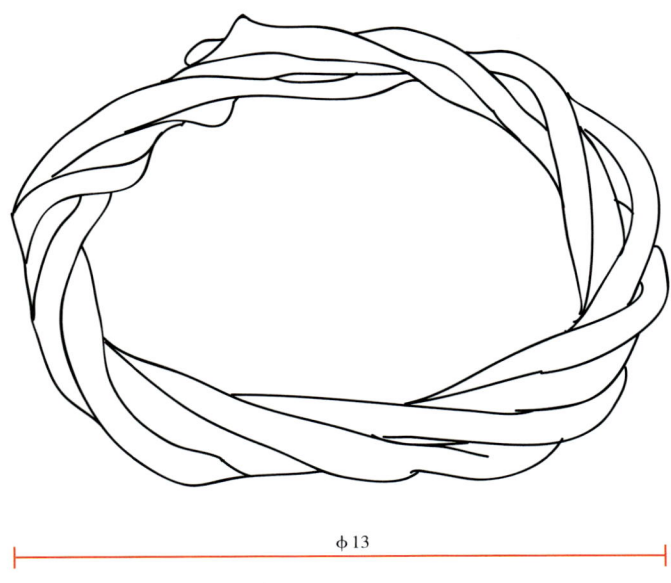

图二　佤族锅股尺寸图（单位：cm）

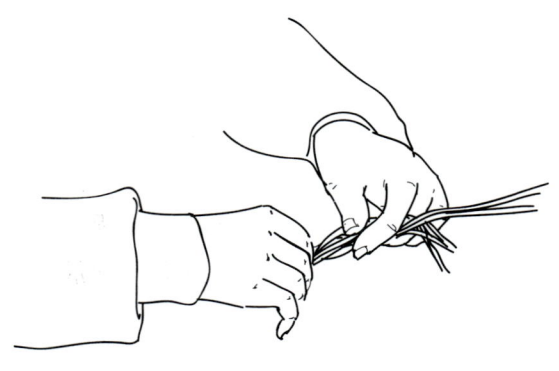

藤编工艺

图三　佤族锅股工艺分析图

图四　佤族锅股使用情境示意图

# 佤族砍刀

图一 佤族砍刀主图

佤族人民世世代代从事刀耕火种的农业生产和狩猎活动。漫长岁月中，砍刀成为他们日常生活的必备物品。

佤族日常用的砍刀比长刀短很多，造型有所不同。砍刀的刀身平直，没有刀尖，齐头，只是宽平地伸展出去，小巧，但是却很锋利，不用的时候，一般都藏于刀套之内，以免伤人。佤族民居中用的很多木板，几乎都是用砍刀劈成的。砍刀的刀身用铁做成，刀柄用竹节做成，刀柄和刀身的连接处有一段铁质的金属箍固定连接。整体造型简洁，没有复杂的结构。刀套是木质的，一侧中间开口，使得刀背暴露在外面。刀套上有两个孔，巧妙地选择了悬挂时不会倾斜的两个远重心点，便于穿绳悬挂。

砍刀的设计非常讲究，要考虑很多方面的因素，轻重适宜，长度适中，便于携带。刀身宽度不一，较宽的可以作为挖掘工具。

**图片来源**
图一 刘丽文 摄影
图二至图五 姜晨菡 制图

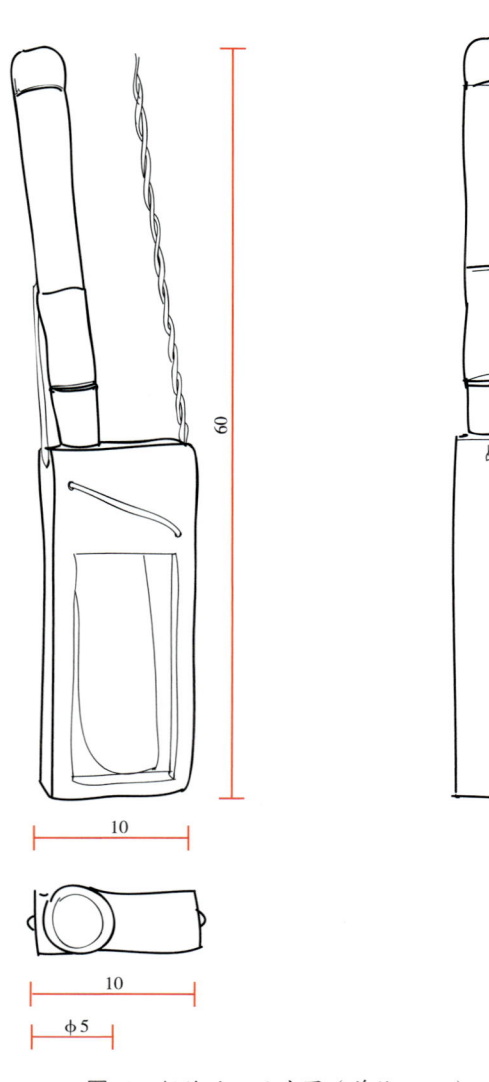

图二　佤族砍刀尺寸图（单位：cm）

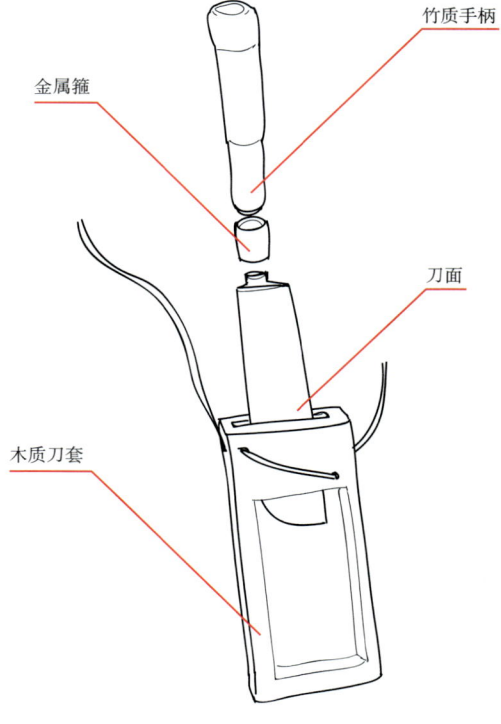

图三　佤族砍刀分解图

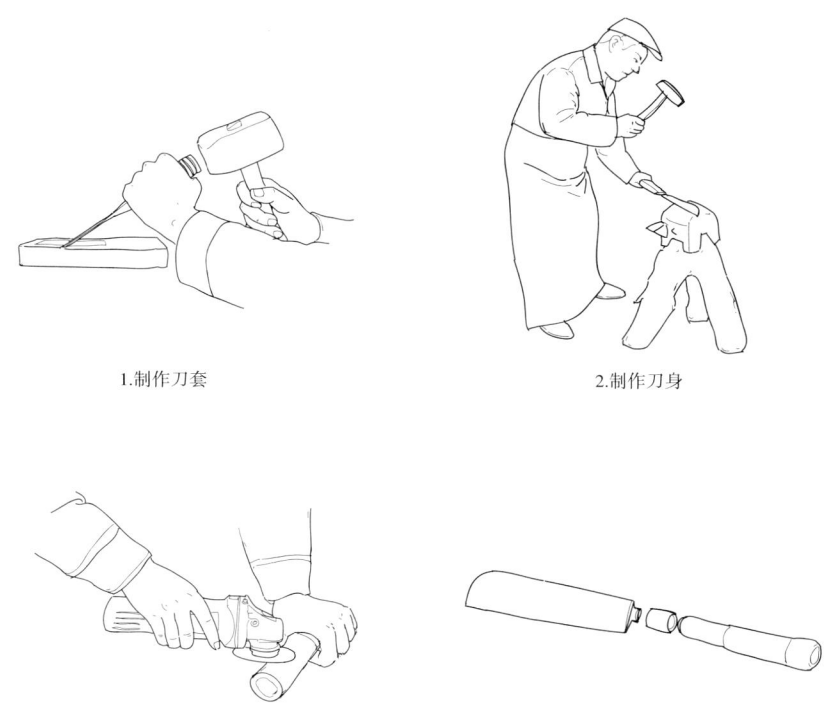

1. 制作刀套　　　　　　　　　2. 制作刀身

3. 制作刀柄　　　　　　　　　4. 将各部分连接起来

图四　佤族砍刀制作流程图

图五　佤族砍刀使用情境示意图

第四章　佤族传统生活用具

# 佤族砍斧

图一　佤族砍斧主图

佤族砍斧由斧头、手柄以及平衡木构成，长约90厘米，在形态上与其他民族使用的斧头基本相同，只是在斧头后端有一段加长的平衡杆，与斧柄长度大致相同。这是云南西盟佤族自从冶铁工艺成熟后，一直以来常用的一种生活器具，很多佤族家里都有一把砍斧。

一般佤族家庭里用的砍斧都是自己动手加工而成，制作工艺没那么讲究，因此砍斧的形制也就没有严格的标准。砍斧的斧柄采用当地盛产的红毛树或者其他树木的木材砍削切割而成。使用时完全靠人手臂的力量挥动斧头砍伐木材或者竹子。有经验的佤族人使用斧头时会很灵活轻便，他们会根据斧头后面加长的平衡杆调整自己的力度大小和用力的方位，所以使用起来并不觉得费劲。但若是缺乏经验的使用者，可能会因为无法熟练驾驭平衡杆与斧头的相互作用，而显得难用且不好掌控。

**图片来源**
图一　刘丽文　摄影
图二至图七　姜晨菡　制图

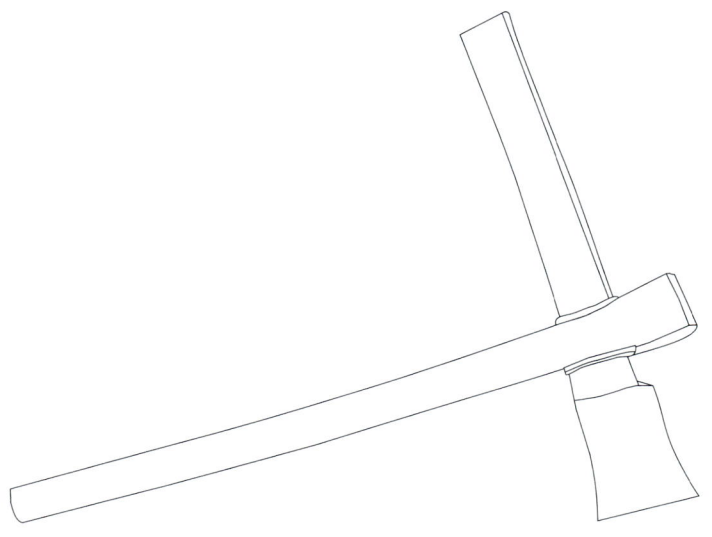

图二　佤族砍斧线描图

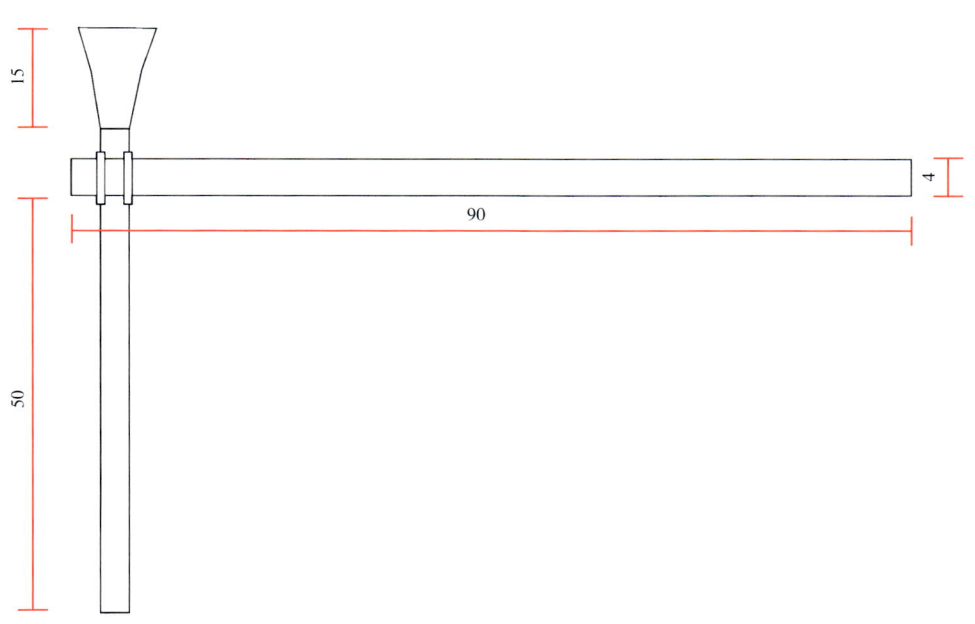

图三　佤族砍斧尺寸图（单位：cm）

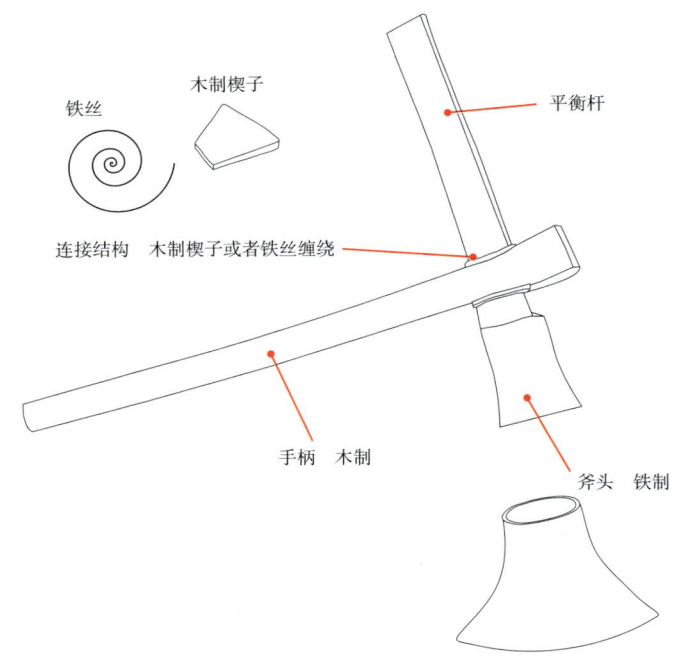

图四 佤族砍斧分解图

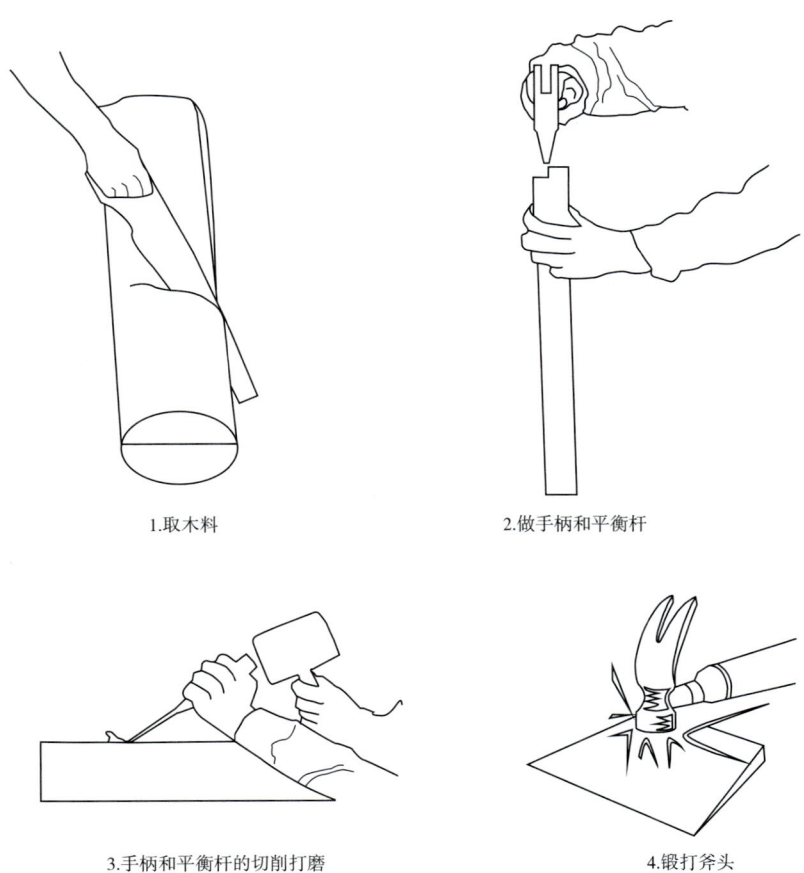

图五 佤族砍斧制作流程图

图六　佤族砍斧操作分析图①

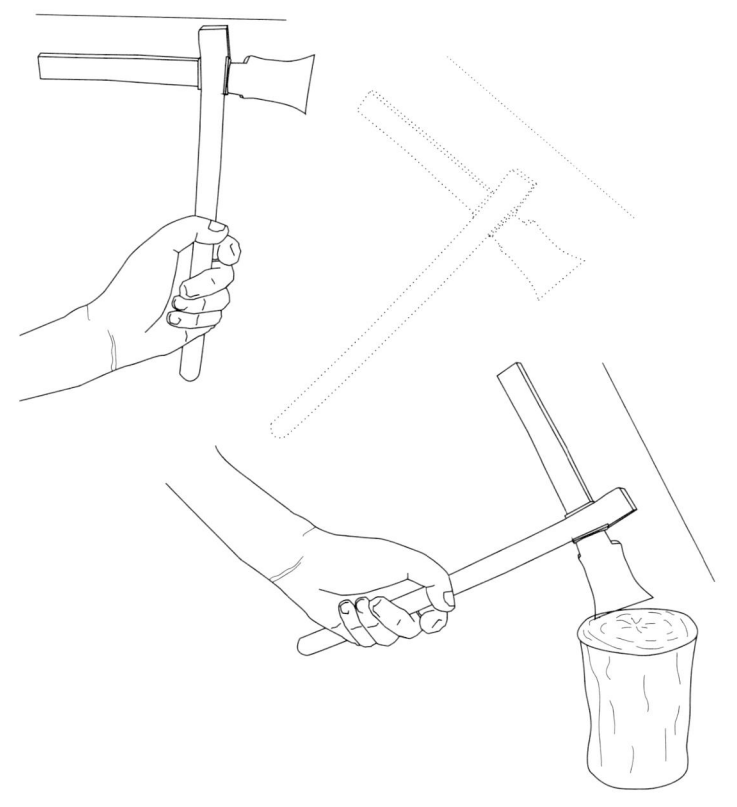

图七　佤族砍斧操作分析图②

# 佤族量米箩

图一　佤族量米箩主图

佤族量米箩，圆筒形，底部是三角形支座，高约50厘米，上端口直径35～40厘米。量米箩主要用来装粮食，是储存用具。此案例采集自翁丁佤寨。量米箩的尺寸大小不一而足，此案例选取的是小量米箩，一般比较富庶的家庭里才会用到大量米箩。

量米箩作为一件日常生活所用容器，在佤族聚居地有着广泛的使用，很多家庭不止一个。

量米箩底部的三角形扁平支架是木质，用钉子固定；而上部的量米箩整个身体都是用竹片或者篾片手工编制而成，采用十字纹、菱形纹或者三角纹路，最上端再用藤条编织边缘，便于两手握住搬动。作为一件储存容器，量米箩圆筒形的形态满足了最大的容量需求，设计科学。

为了密封性，很多量米箩都有专门配备的盖子，而使用竹篾材料，通风透气，避免了湿热环境下粮食或食物发霉或者生虫，兼具良好的散热功能，延长了储存时间。

量米箩功能性与实用性齐备，是一件非常优秀的造物设计。

**图片来源**
图一、图六　刘丽文　摄影
图二至图五　姜晨菡　制图

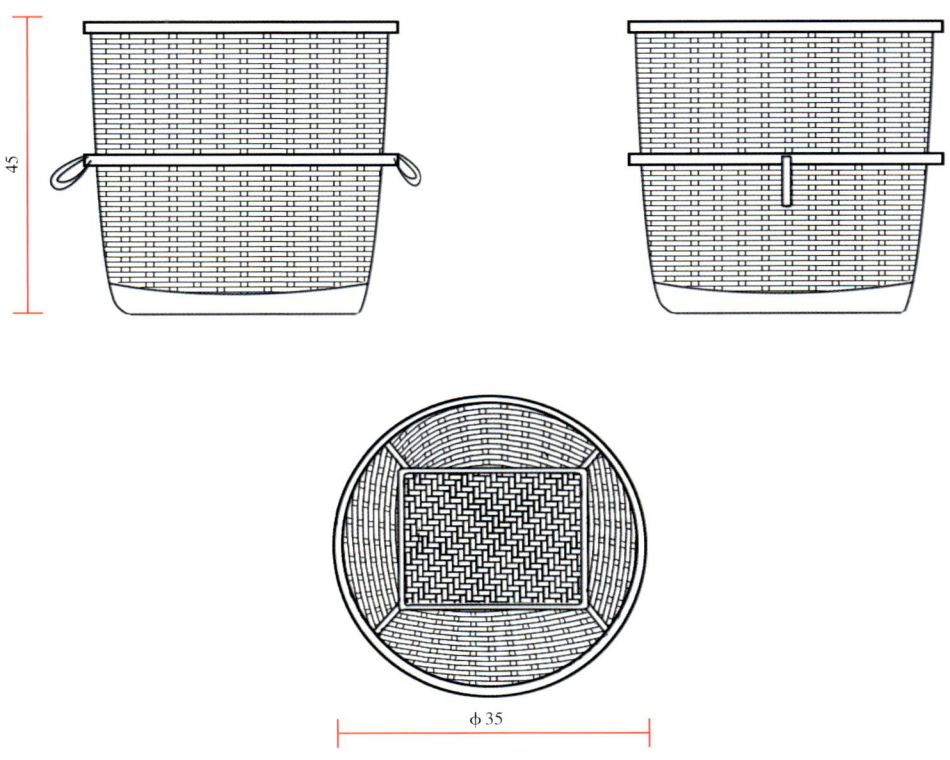

图二 佤族量米箩三视图及尺寸（单位：cm）

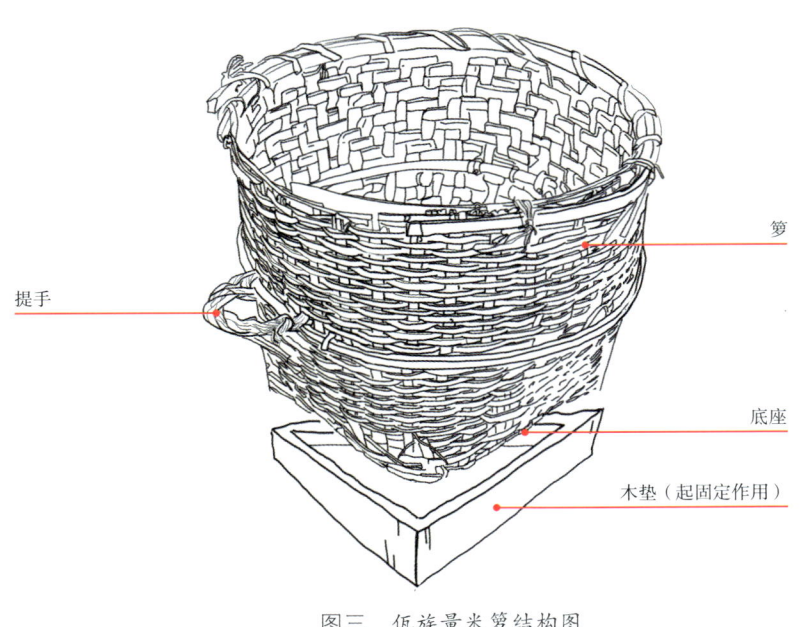

图三 佤族量米箩结构图

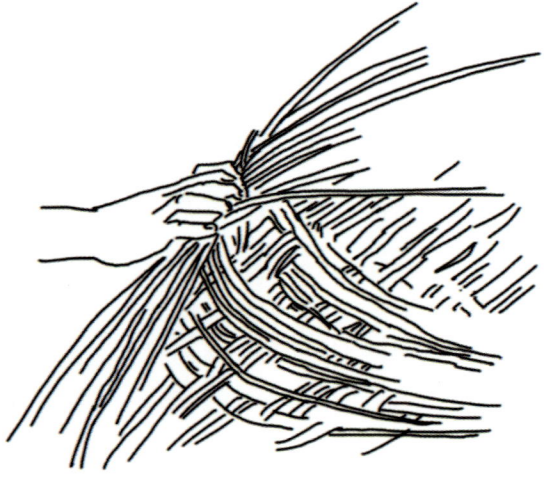

1.筛选材料

2.编织

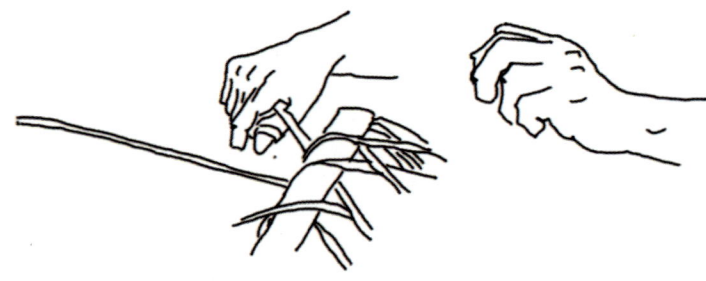

3.固定

图四 佤族量米箩制作流程图

图五　佤族量米箩使用情境示意图

图六　佤族量米箩实物图

第四章　佤族传统生活用具

319

# 佤族木枕

图一　佤族木枕主图

佤族木枕是佤族人民的床上用品。由于佤乡生活条件原始，床上用品也很简陋，枕头就是木制的，非常自然简单。木枕形制类似小凳子，高约15厘米，长40厘米左右，宽20厘米，有四只鞋形腿，底部中空。

木枕头用木头制作，就地取材，方便易得。采用简单的木料切削加工工艺，纯手工打造，对木工的手艺有较高要求。枕头的设计做成四四方方的形状，形态朴实。

如今，大山里的佤族人也都有了时尚松软的枕头，这些年代久远又不甚好用的木枕头也就被弃置一旁了。但佤族木枕头的造物设计是根植于特定历史条件下佤族人民的基本需要，由此带来的民族文化记忆仍是有历史意义的。

**图片来源**
图一、图六　刘丽文　摄影
图二至图五　姜晨菡　制图

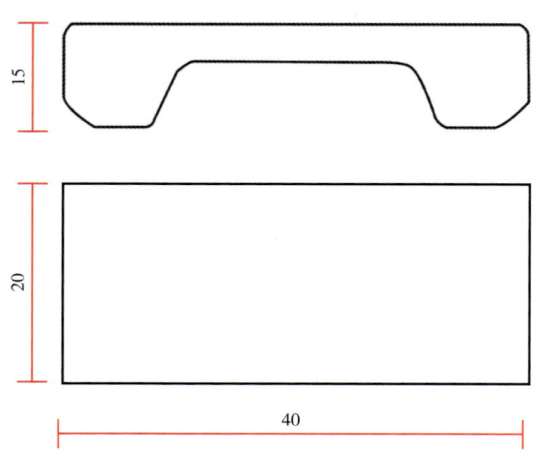

图二　佤族木枕三视图及尺寸（单位：cm）

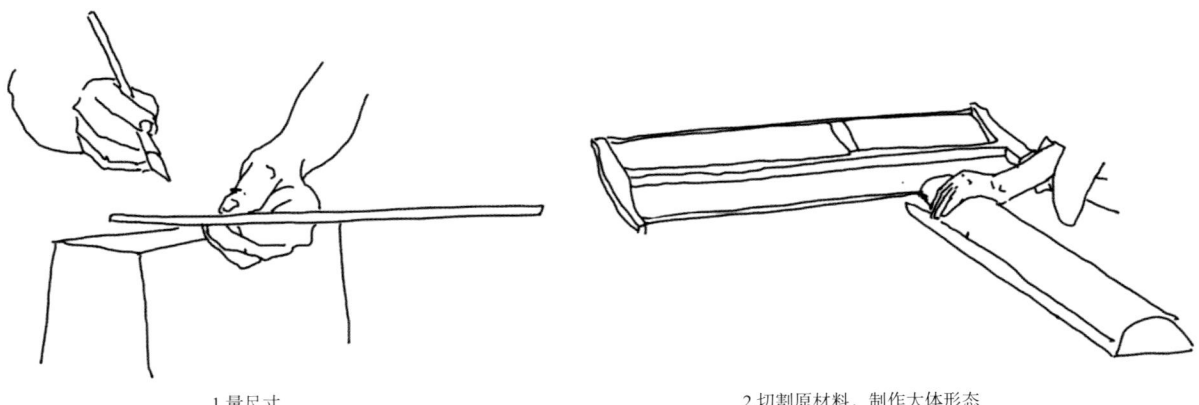

1.量尺寸　　　　　　　　　　　2.切割原材料，制作大体形态

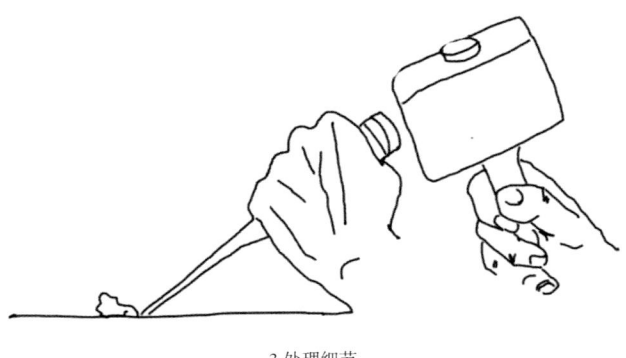

3.处理细节

图三　佤族木枕制作流程图

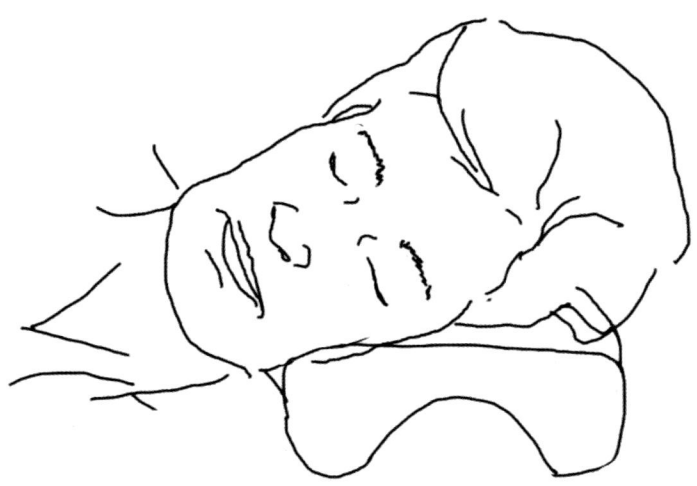

图四　佤族木枕使用方式示意图

第四章　佤族传统生活用具

321

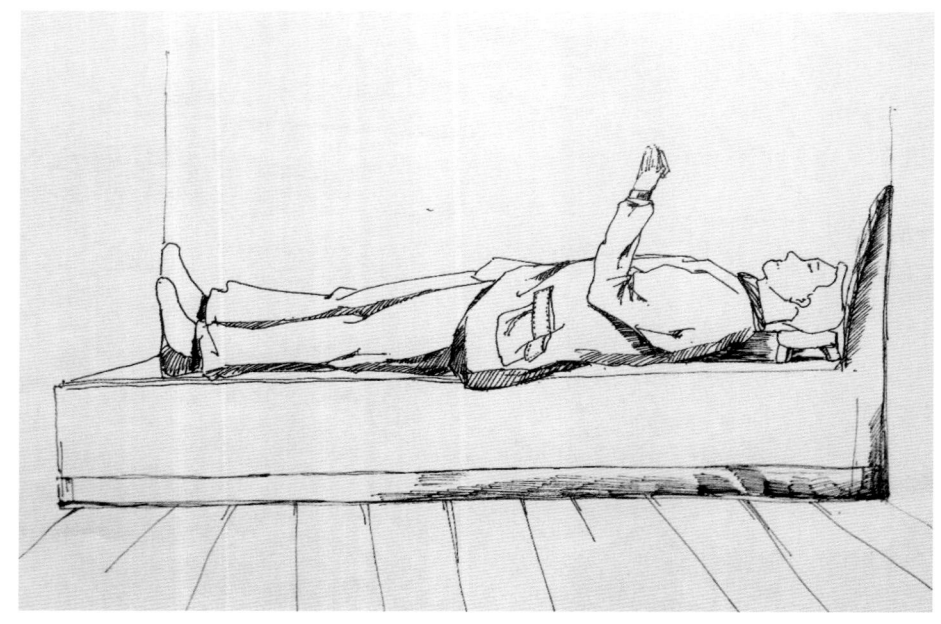

图五　佤族木枕使用情境示意图

图六　佤族木枕实物图

# 佤族木脸盆

图一 佤族木脸盆主图

佤族木脸盆，椭圆形，木质，厚重，长约40厘米，有手柄供握持，高度约15厘米。木脸盆是翁丁佤族部落一直到中华人民共和国成立初期都在使用的洗漱用具。

木脸盆采用木头制作，只经过简单的木料切削工艺加工，一派古朴自然的风韵。一般只有富庶的人家才会有简单的几何纹样，比如菱形纹、波浪纹等装饰，普通家庭的木脸盆都是没有装饰的。

由于材料的限制，木材遇水易腐烂，木质脸盆如今已少有人使用。而且佤族山泉水非常富足，如今村村寨寨、家家户户都已接通自来水管道，即接即用，木脸盆似乎也完成了它的历史使命。

**图片来源**
图一 刘丽文 摄影
图二至图五 姜晨菡 制图

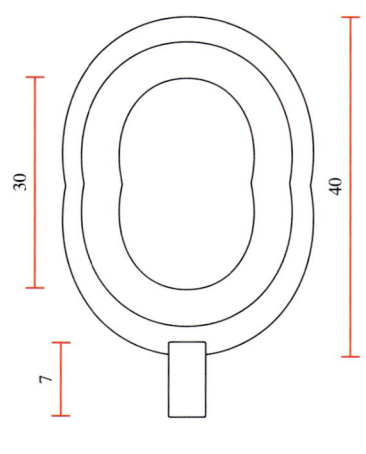

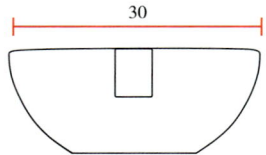

图二　佤族木脸盆三视图及尺寸（单位：cm）

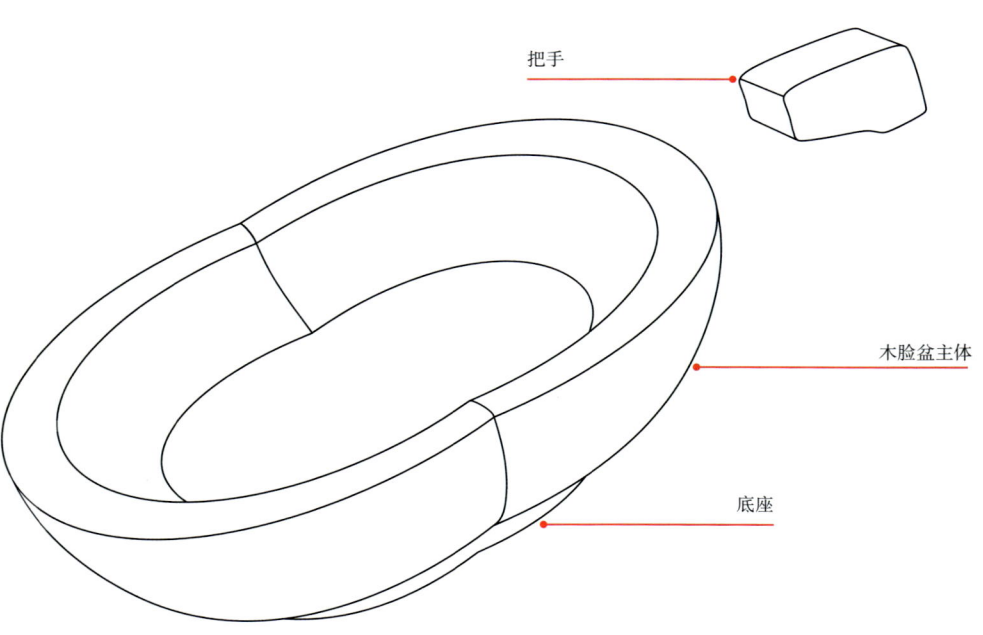

图三　佤族木脸盆分解图

 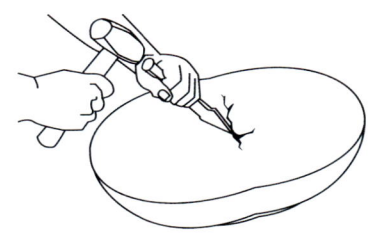 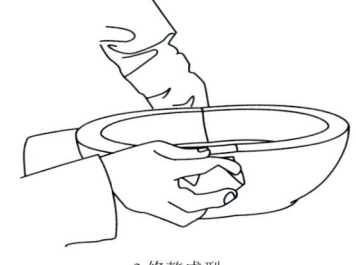

1. 取材　　　　　2. 用工具将木材制成脸盆的形状　　　　　3. 修整成型

图四　佤族木脸盆制作流程图

图五　佤族木脸盆使用情境示意图

第四章　佤族传统生活用具

# 佤族长刀

图一　佤族长刀主图

佤族长刀在佤族人生活中扮演生产工具、生活用品、礼器等角色，从一个侧面反映出佤族社会的发展是一部征战的历史、与大自然作斗争的历史，也是一部永不屈服的民族发展史。长刀是佤族人民生活必须的用具，出门砍柴、上山开路、夜里防身，或者平时制作工具，都离不开长刀。在佤族人家，几乎家家户户都有长刀，甚至小孩子出门也会随身佩戴，目的是在放学回家的路上，顺带砍柴，方便烧火做饭用。

佤族长刀形制简单，刀身长约60厘米，刀柄长15~20厘米。铁做的刀身，竹做的刀柄和刀鞘，刀鞘或者刀柄上有彩色的璎珞缠绕。一般刀鞘上还会有麻线或者其他线绳编制的图案或者结扣，色彩或红或黄，淡雅美观。平日佩戴时，刀鞘上都绑有背带，直接背在肩上，一手扶着刀身就可以出门。

从设计角度讲，长刀的制作非常讲究，刀身的长短与使用者的身高匹配。更有许多佤族青年男子喜欢跳长刀舞，一队人，或四五个，或七八个人，手持长刀，穿着色彩鲜艳的民族服饰，在佤族木鼓激越的鼓点伴奏下，挥舞长刀，激情昂扬，表现出佤族人民能歌善舞、热情好客的性格特点。

**图片来源**

图一、图二　倪成　摄影
图三至图七　王凯　制图

图二　佤族长刀

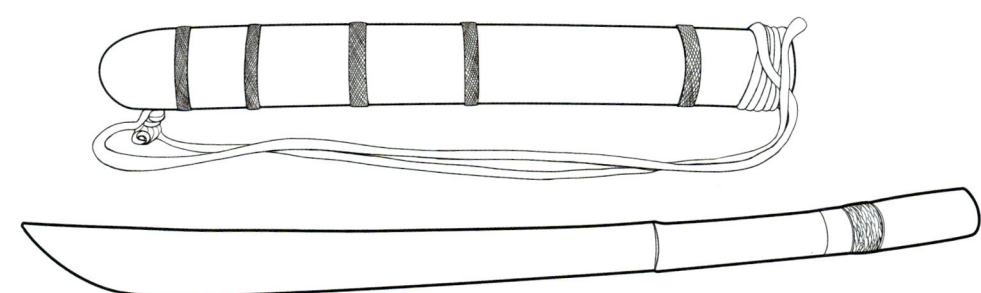

图三　佤族长刀线描图

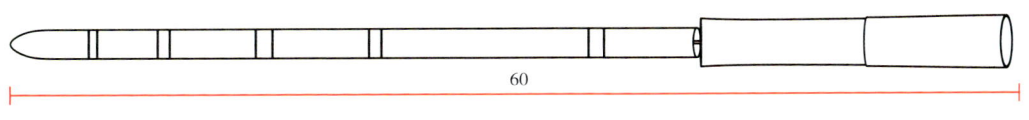

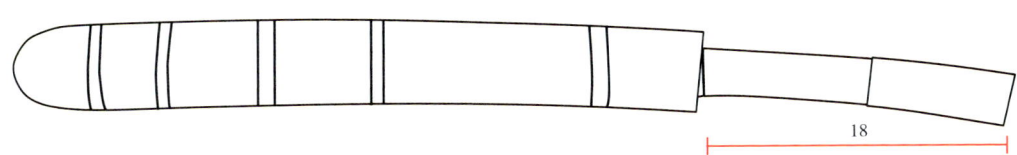

图四　佤族长刀尺寸图（单位：cm）

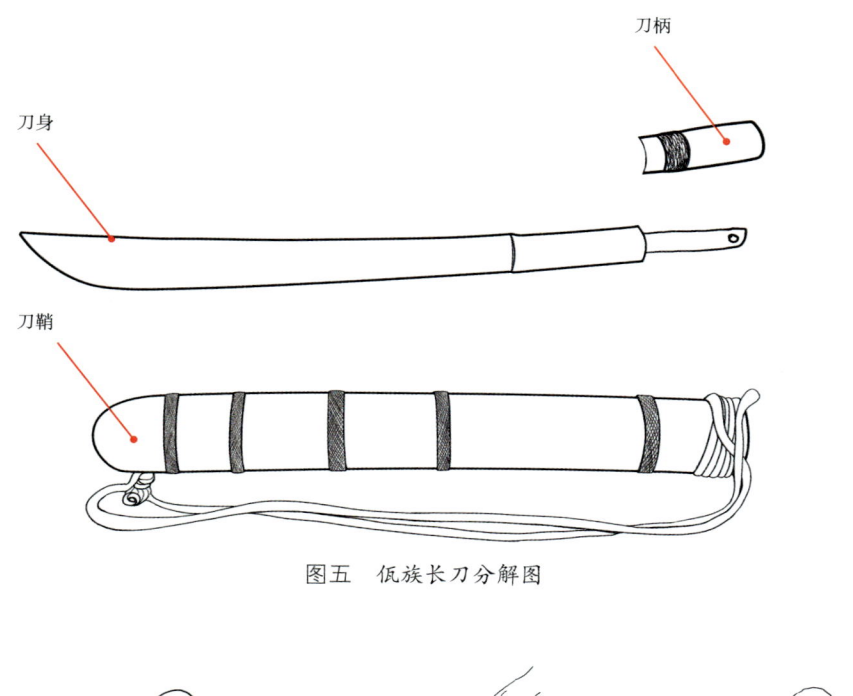

图五　佤族长刀分解图

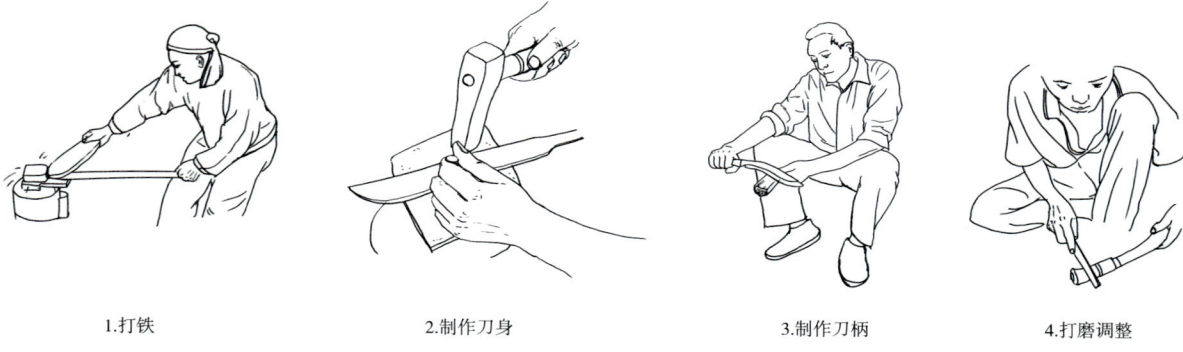

1.打铁　　　　　2.制作刀身　　　　　3.制作刀柄　　　　　4.打磨调整

图六　佤族长刀制作流程图

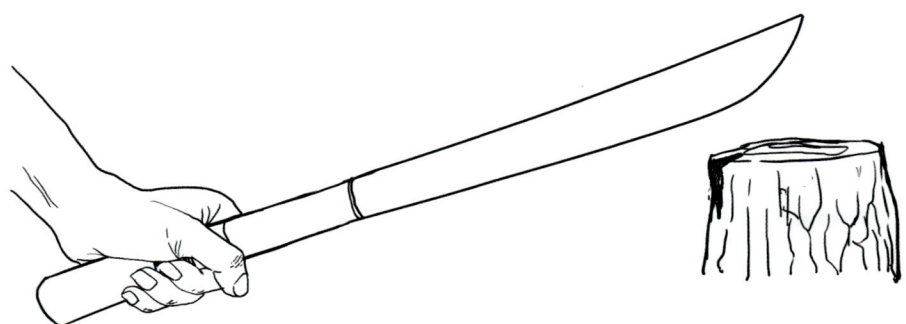

图七　佤族长刀使用情境示意图

# 佤族水烟筒

图一　佤族水烟筒主图

佤族水烟筒，俗称大碌竹，长约70厘米，直径7厘米。竹筒中部插一小铜管或小竹管，是点烟丝的地方，竹筒内装着水，上部开口处用于吸烟。水烟筒是通过筒里的清水，用嘴吸而产生负压，使烟气通过水吸入口中的。吸食时发出"咕……咕"的声音，据说这样能减少烟的有害成分。烟筒内如果盛白糖水，吸出的烟有甜隽之味，盛甘草薄荷水，则可以清热解渴。

制作时，采用一般的竹木加工工艺，用铁条弄穿竹节，竹子中间开个小孔，斜插上一根手指大小的小竹筒作为烟嘴，灌进半筒清水，便成了水烟筒。抽烟时，将一小撮烟丝按在烟嘴上，对着烟丝点火，同时将嘴巴贴在水烟筒上端筒口猛吸，烟经过清水的过滤，去掉部分尼古丁和杂质，不会因吸烟过多而喉咙痛、肝火盛。

在设计方面，水烟筒完全参考了佤族人习惯的蹲坐方式，当人蹲着或者坐在小木凳上时，水烟筒的高度正好符合人体低下头时下巴的位置，如果偏高或者偏矮，还可以把水烟筒略作倾斜，使用起来非常方便。如今市面上也有专门出售水烟筒的商家店铺，也是竹材质，大部分都没有装饰纹样，也有些在外部包一层铝箔纸，色泽光亮。

佤乡处于山区，山岭高，湿气重，蚊虫多，易染瘴疠，吸烟可以驱赶蚊虫，预防瘴疠之疾。

**图片来源**

图一、图六　倪成　摄影
图二至图五　王凯　制图

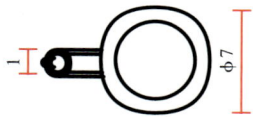

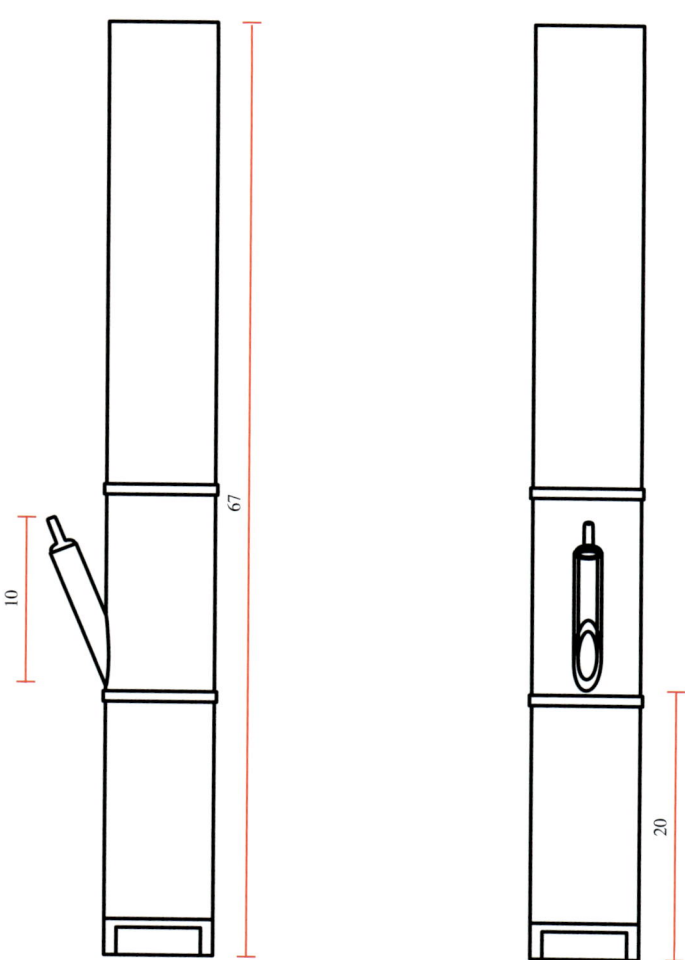

图二　佤族水烟筒三视图及尺寸（单位：cm）

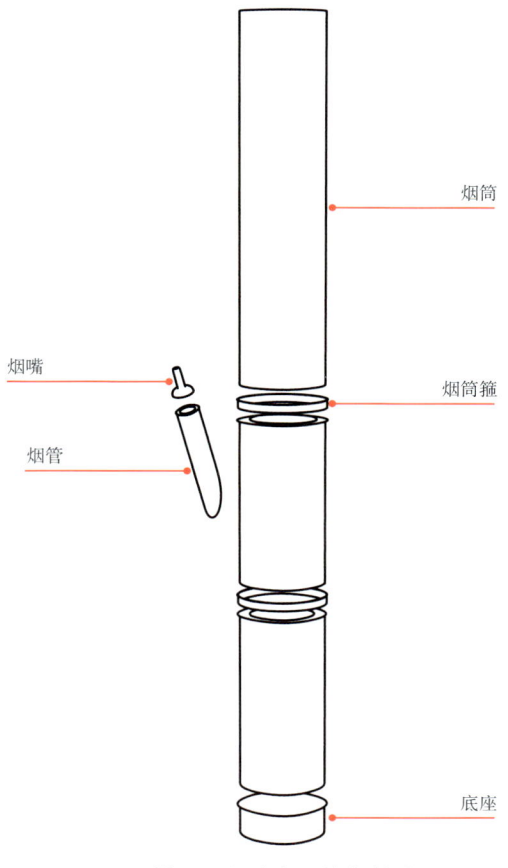

图三 佤族水烟筒分解图

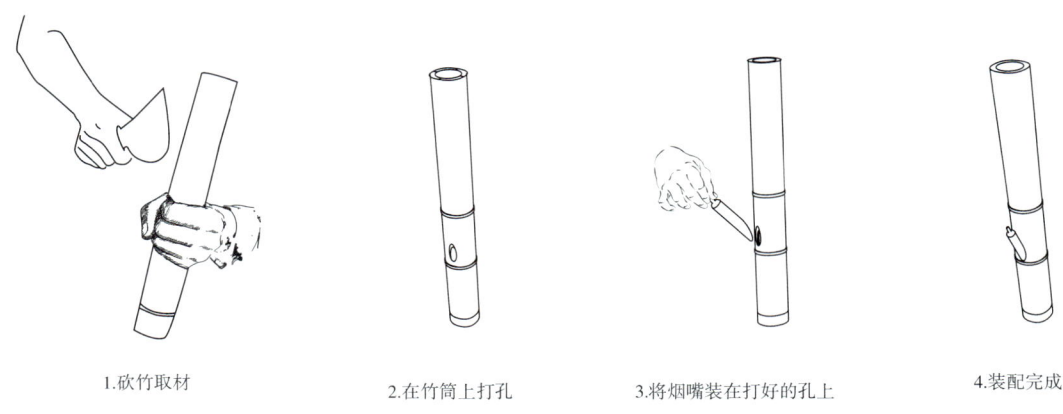

1.砍竹取材　　2.在竹筒上打孔　　3.将烟嘴装在打好的孔上　　4.装配完成

图四 佤族水烟筒制作流程图

第四章 佤族传统生活用具

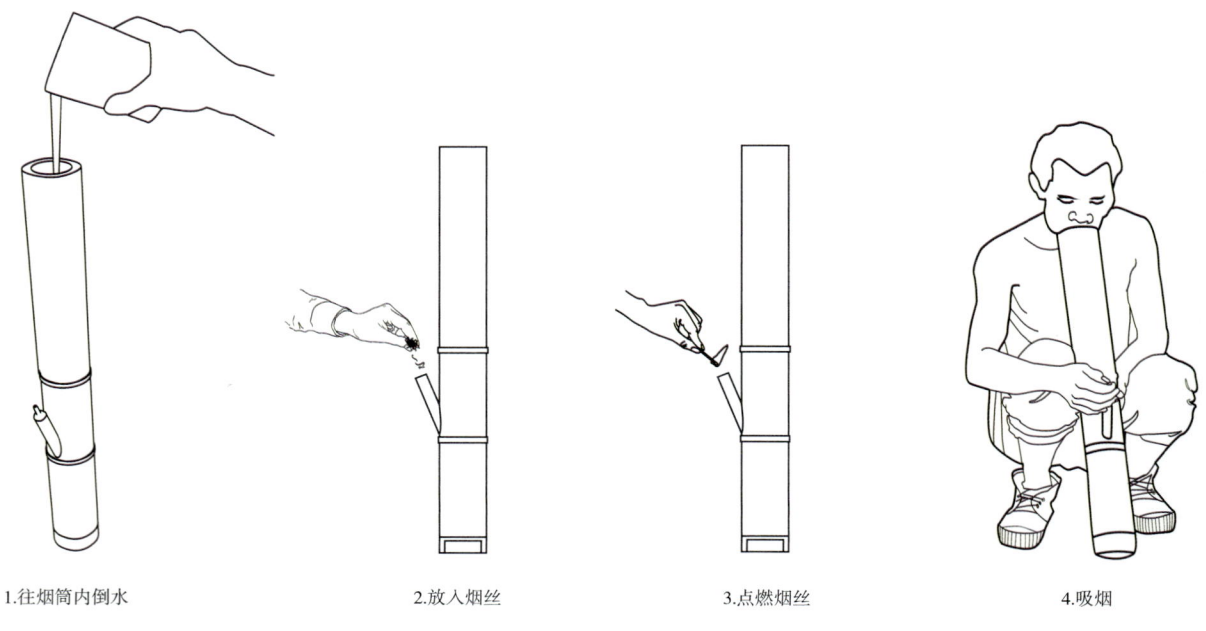

1.往烟筒内倒水　　2.放入烟丝　　3.点燃烟丝　　4.吸烟

图五　佤族水烟筒使用流程图

图六　佤族水烟筒使用情境图

# 佤族烟锅

图一　佤族烟锅主图

　　烟锅作为佤族人生活中最为常用的器物，是吸旱烟的必要用具。

　　佤族烟锅的烟杆部分用竹节制成，竹子特有的结构给人一种骨感硬朗的感觉，烟嘴部分大多用黄铜制成，结实耐用，而且在色彩上与烟杆协调一致，产生和谐的美感。烟斗部分则是用木头凿制而成，三者连接在一起组成了一个烟锅。同时，几乎每一个烟锅都有一个配套的小钩子（通烟杆），铁制，用来捣烟灰，不用的时候就用麻绳或者一小段铁链挂在烟斗旁边。烟锅的形态大体一致，不过由于每个人的使用习惯不同，烟锅尺寸大小有差异，与之相应，烟杆的长短也不一致。一般，烟锅外部几乎没有装饰纹样或者其他装饰性色彩。

　　佤族每个成年男女都有自己的烟盒、烟袋和烟锅。这些物品随身携带，亲戚朋友相见时互相赠送烟草，甚至用烟草作为社交礼物，是友好的象征。佤族烟锅是佤族妇女喜爱的物品，也是佤族青年男女谈情说爱的绝好信物。青年男女一边劳动一边调笑说唱，在小伙子们的频频进攻下，姑娘们就会满脸羞涩地把自己抽的烟锅递给自己中意的小伙子使用。"有借有还"，一来二去，随着烟锅传递次数的不断增加，姑娘和小伙子的感情也不断加深，由此演变成一场生动的"串姑娘"（谈恋爱）活动。因此，在日常交往中，对自己最亲近或是最为知心的人，阿佤人就会把自己的烟锅借给他抽上几口，以示彼此亲密无间的关系。阿佤小伙去串姑娘，当彼此之间感到情投意合的时候，小伙子就会故意去抢姑娘的烟锅以试探姑娘对自己的感情。如果姑娘只是象征性地抢一下就让小伙子抽了，证明姑娘对自己有意；如果感情有了进一步发展，姑娘还会主动为小伙子装烟，这时男女双方离"包格莱"（恋人）就只有一步之遥了。

**图片来源**
图一、图八　倪成　摄影
图二至图七　王凯　制图

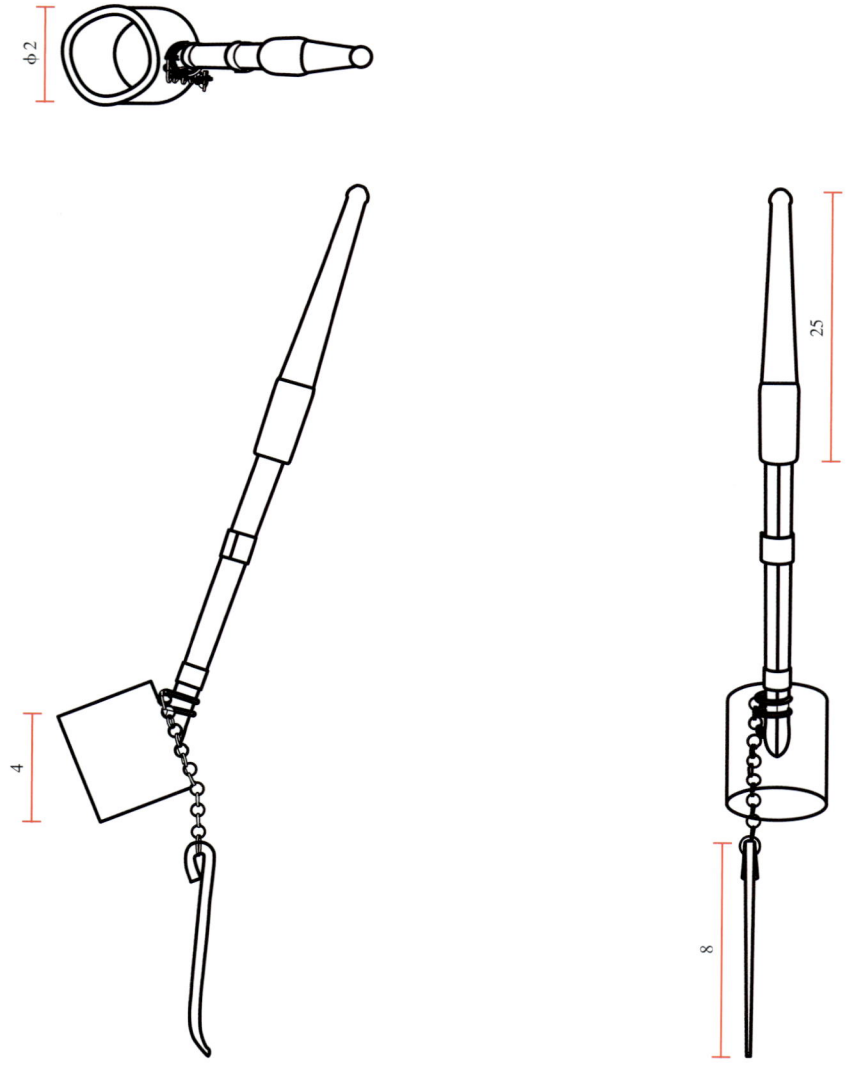

图二　佤族烟锅三视图及尺寸①（单位：cm）

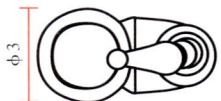
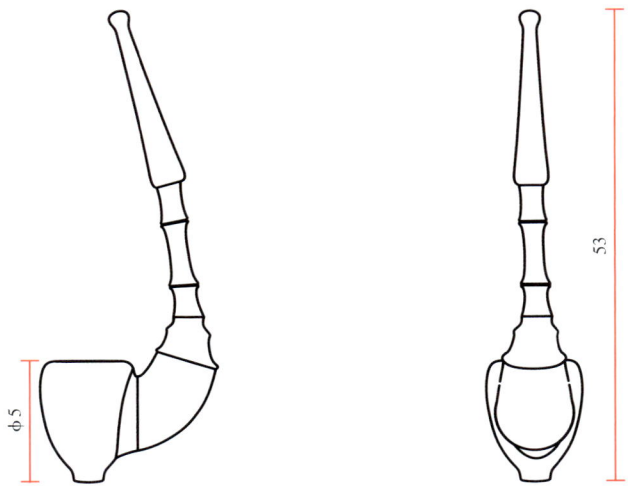

图三　佤族烟锅三视图及尺寸②（单位：cm）

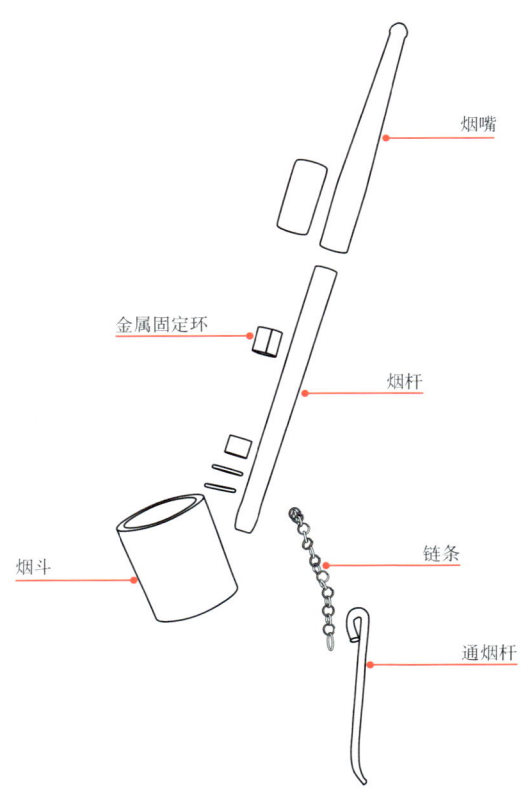

图四　佤族烟锅分解图①

第四章　佤族传统生活用具

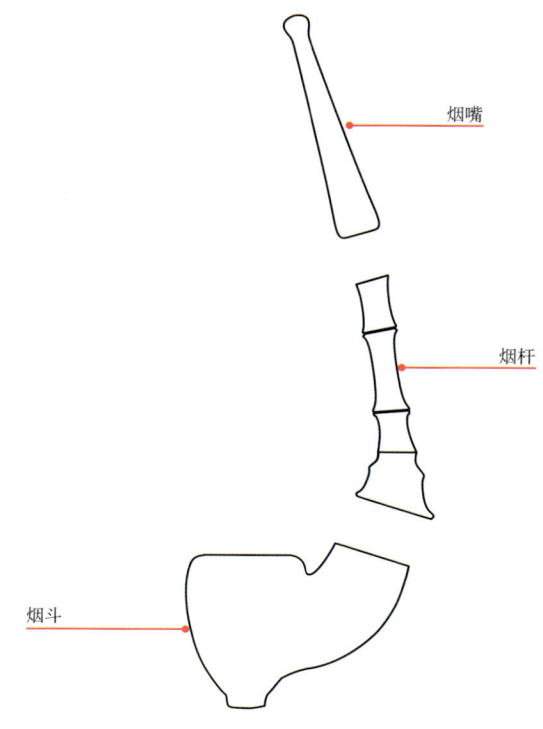

图五　佤族烟锅分解图②

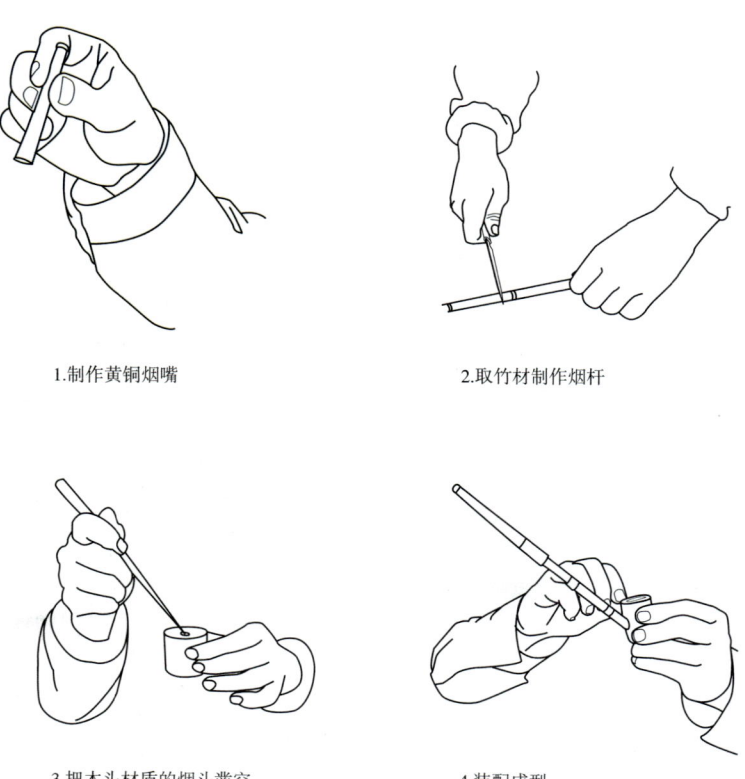

1. 制作黄铜烟嘴

2. 取竹材制作烟杆

3. 把木头材质的烟斗凿空

4. 装配成型

图六　佤族烟锅制作流程图

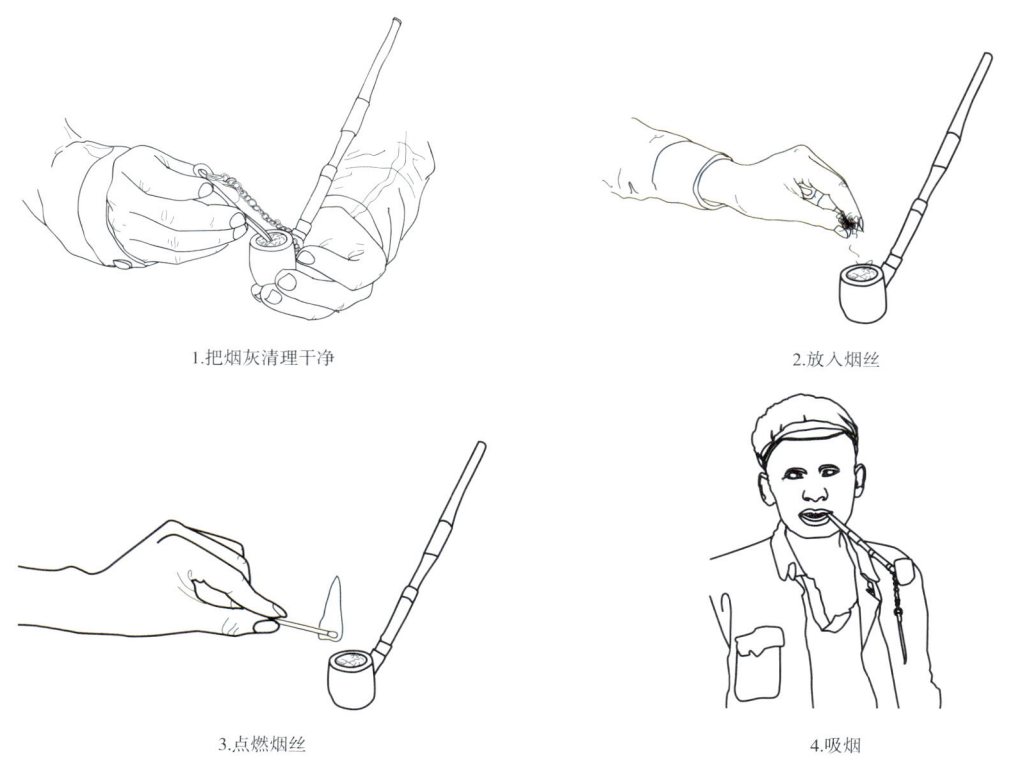

1. 把烟灰清理干净
2. 放入烟丝
3. 点燃烟丝
4. 吸烟

图七 佤族烟锅使用流程图

图八 佤族烟锅使用情境图

第四章 佤族传统生活用具

# 第五章 佤族传统生产工具

# 佤族锄头

图一　佤族锄头主图

从洪荒时代到开垦土地，一直到当代，锄头在佤族人民生产生活中占据重要地位。作为一种基本农具，它的形制与汉族及其他少数民族所使用的农具并没有太大的区别，由锄柄和锄头两部分构成，整体长度130～140厘米。

在佤族人民生产种植过程中，锄头主要用来锄地、松土、锄草等，甚至可用到从播种到收割的方方面面。制作工艺简单，手柄是普通木质，经过打磨、去掉尖刺便可成型。锄头部分是铁质，采用锻打工艺。佤族人中，几乎每个成年男子都会打铁，而且技术较好。最后将锄头与手柄组装在一起。

**图片来源**
图一　倪成　摄影
图二至图五　王凯　制图

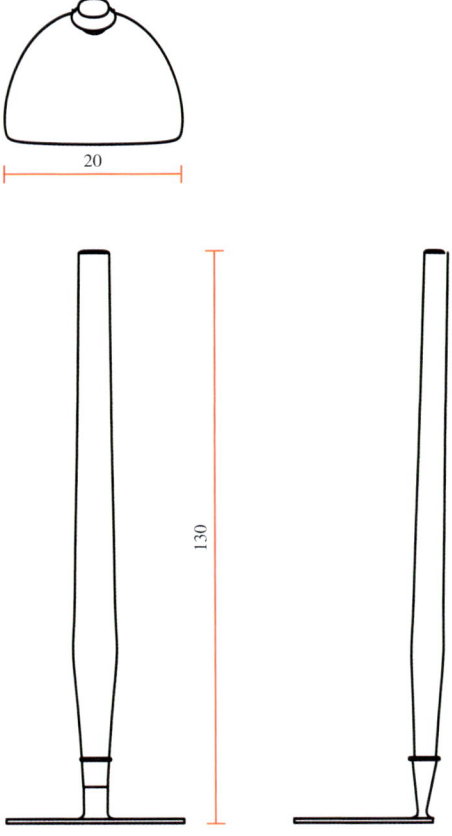

图二　佤族锄头三视图及尺寸（单位：cm）

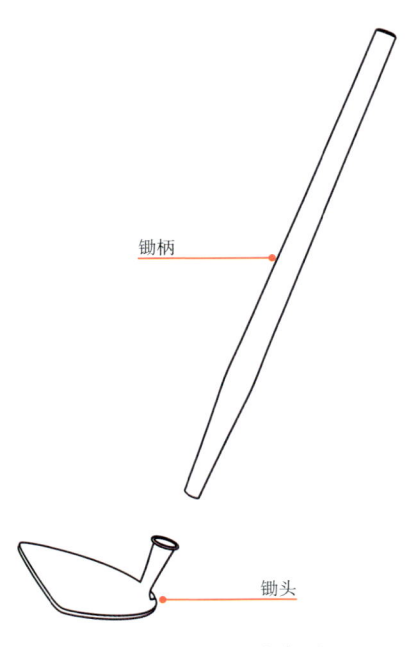

图三　佤族锄头分解图

第五章　佤族传统生产工具

341

1.制作锄柄　　　　2.打制锄头　　　　3.组装成型

图四　佤族锄头制作流程图

图五　佤族锄头使用情境示意图

# 佤族打谷棍

图一　佤族打谷棍主图

此案例采集自翁丁佤寨。佤族打谷棍形状细长，一端呈90度角弯曲，略厚重。打谷棍的使用主要在秋季收割后，用来敲打谷物秸秆，使谷粒从秸秆上脱落，是秋收不可或缺的重要工具。

佤族打谷棍，大部分采用竹材，尺寸有大有小，长90~140厘米不等，竹子采用热压弯技术，将一端弯成90度，形态细长。使用时，两手握着笔直的一端，双手用力举起，将弯曲的一端拍打在成堆的谷物上面，反反复复，直到谷粒脱落。

**图片来源**

图一、图六　刘丽文　摄影
图二至图五　潘舒婷　制图

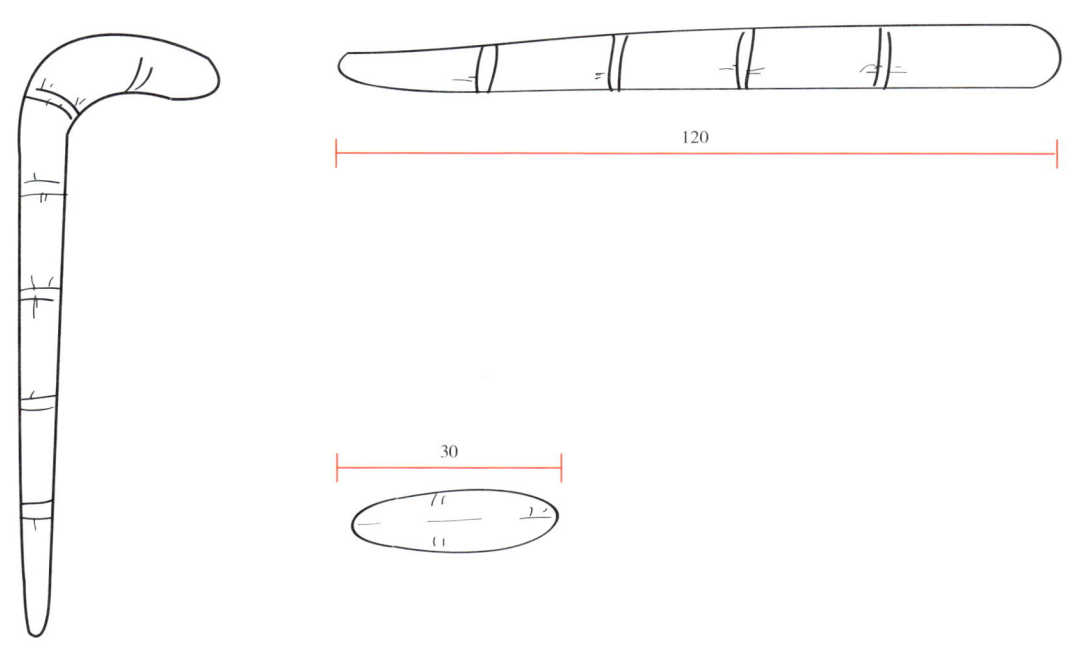

图二　佤族打谷棍三视图及尺寸（单位：cm）

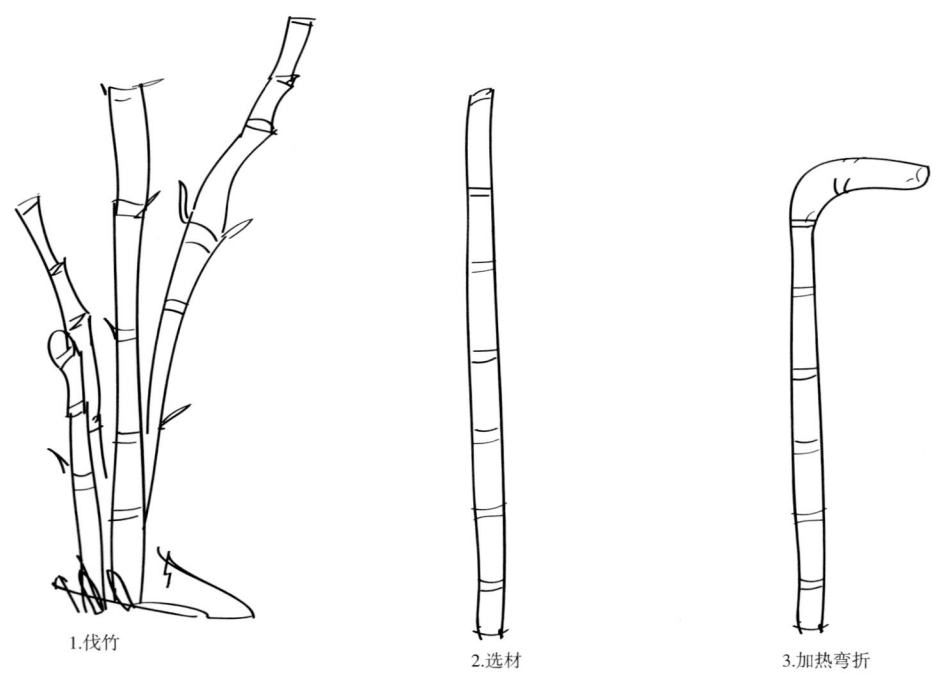

1. 伐竹　　2. 选材　　3. 加热弯折

图三　佤族打谷棍制作流程图

图四　佤族打谷棍使用情境示意图①

图五　佤族打谷棍使用情境示意图②

图六　佤族打谷棍实物图

# 佤族耙犁

图一　佤族耙犁主图

佤族人生活在山区半山区，主要为山地，佤族耙犁就是为了适应这种劳作方式而产生的。

耙犁是支架结构，后端有两排齿状结构。耙犁尺寸大小略有不同，长度约120厘米，宽度约70厘米，隆起部位最高可达30厘米。耙犁在阿佤人播种耕作时所起的作用至关重要，主要用来翻地、松土，为播种做准备，至今仍是佤族人民劳作时必备的农具。

佤族的农业生产工具铁木并用，都是自己手工制作。而耙犁全部使用木材，用刀具砍制出支架结构，再将小木块切削成楔子的形状，利用榫卯结构在后部制作成齿状突起。使用时，需借助畜力，比如水牛，将耙犁齿状结构朝下，支架用绳子固定在牛鞍上，把牛鞍套在牛身上，然后人站在后端齿状结构的背上，用鞭子抽打水牛前进，耙犁经过的地方，便被翻出一层新土，从而为播种做好准备。

**图片来源**
图一　刘丽文　摄影
图二至图六　潘舒婷　制图

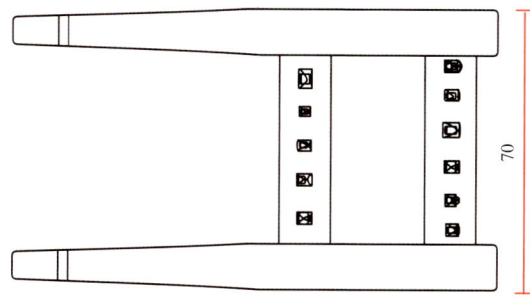
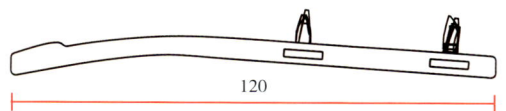
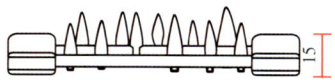

图二　佤族耙犁三视图及尺寸（单位：cm）

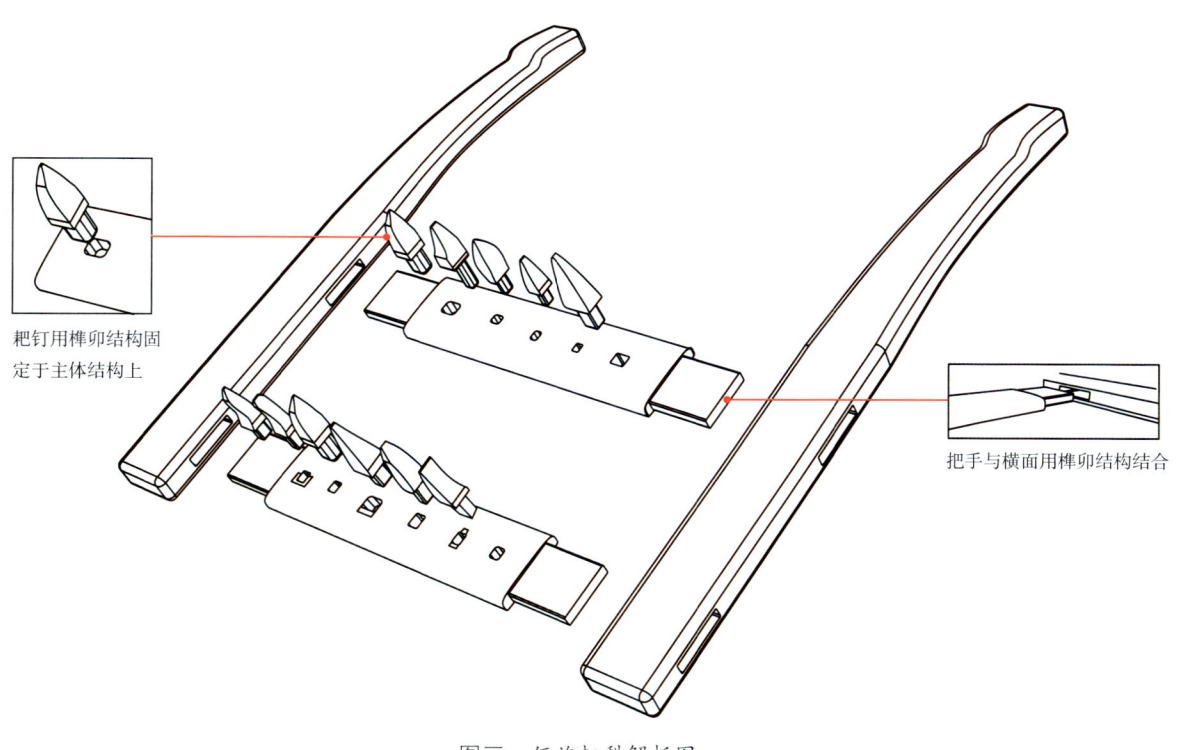

耙钉用榫卯结构固定于主体结构上

把手与横面用榫卯结构结合

图三　佤族耙犁解析图

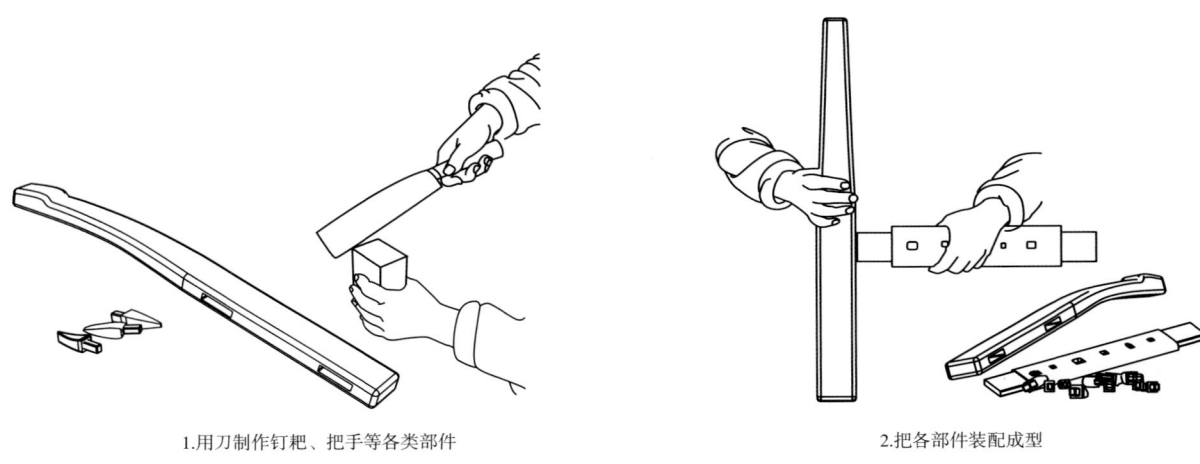

1.用刀制作钉耙、把手等各类部件　　　　　　　　2.把各部件装配成型

图四　佤族耙犁制作流程图

1.给牛套上绳子　　　　　　　　2.站于脚耙之上开始耕作

图五　佤族耙犁使用流程图

图六　佤族耙犁使用情境示意图

# 佤族抓耙

图一　佤族抓耙主图

此案例采集自云南省澜沧县雪林乡一户佤族人家。佤族抓耙，是手握类农具，与锄头类似。这种类型的抓耙在佤族聚居地家家户户都有两三个。抓耙形制与锄头相同，唯一不同的就是抓耙的头不是铁质的，而是木制的，并且有两种类型：一类是平木板形，另一类是锯齿形。抓耙的整体尺寸以及使用方式均与锄头相似，主要用来耙地、耙草等，在佤族聚居地有着极为广泛的用途。

抓耙的主要材质是木制，木制的手柄、木制的耙头。无论是锯齿形耙头还是平木板形耙头，都是阿佤人自己手工制作，结构简单、形态简洁。抓耙主要用于开春播种之前的准备工作，比如将杂草耙在一起堆成堆，然后烧掉。或者秋后粮食收获完毕，晾晒的时候，用来耙粮食、翻晒。

**图片来源**
图一、图八　刘丽文　摄影
图二至图七　潘舒婷　制图

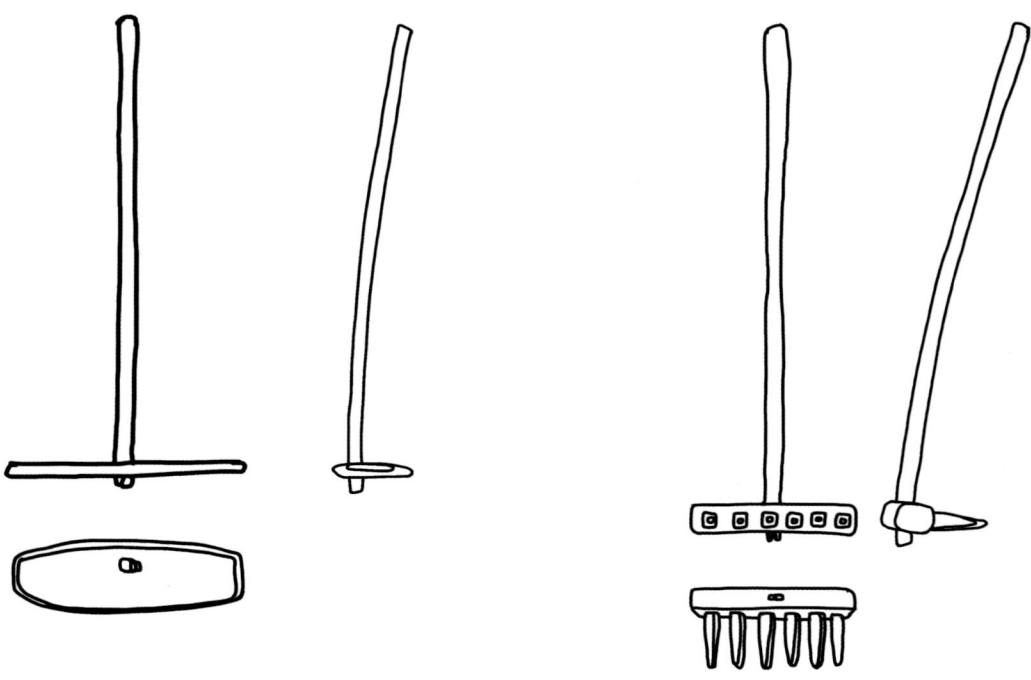

图二　佤族抓耙三视图

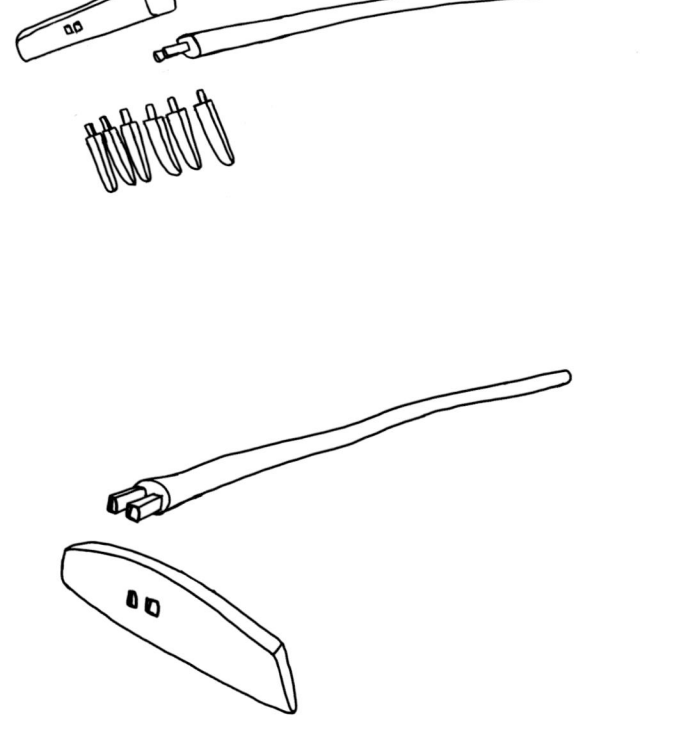

图三　佤族抓耙解析图

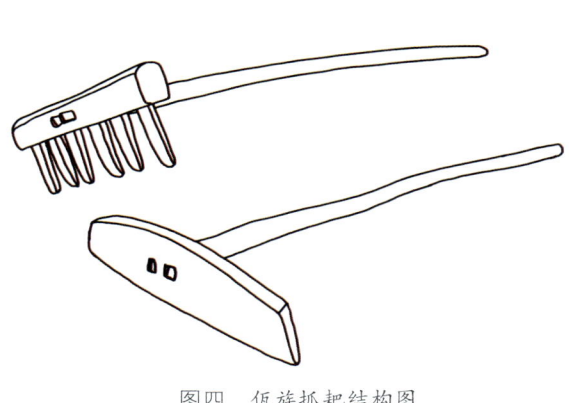

图四　佤族抓耙结构图　　　　　　图五　佤族抓耙制作方式图

图六　佤族抓耙使用情境示意图①

图七　佤族抓耙使用情境示意图②　　　　图八　佤族抓耙使用实景图

第五章　佤族传统生产工具

351

# 佤族犁

图一　佤族犁主图

佤族的山地多半是山坡上开的梯田，耕作时不施肥。以其耕作方法的不同分为两类：一类是"刀耕火种"地，也叫"懒火地"；一类是人挖或者牛犁的地，也叫"犁挖地"。犁就是用来犁地、挖地、耕作时要用到的农具。

佤族人农耕种植中常用的犁是木制，通过手工切削磨制而成，形态流畅，有和谐的动感。犁主要在春天使用，使用时需要两人配合，或人畜配合。一人在后面扶住两个手柄，掌握方向和力度，前面一人（或一畜）用力拉动，使得地面出现三四寸深的沟壑，用以播撒种子或者灌溉。除此之外，犁还被用来挖小水渠进行梯田灌溉。

**图片来源**
图一、图七　刘丽文　摄影
图二至图六　潘舒婷　制图

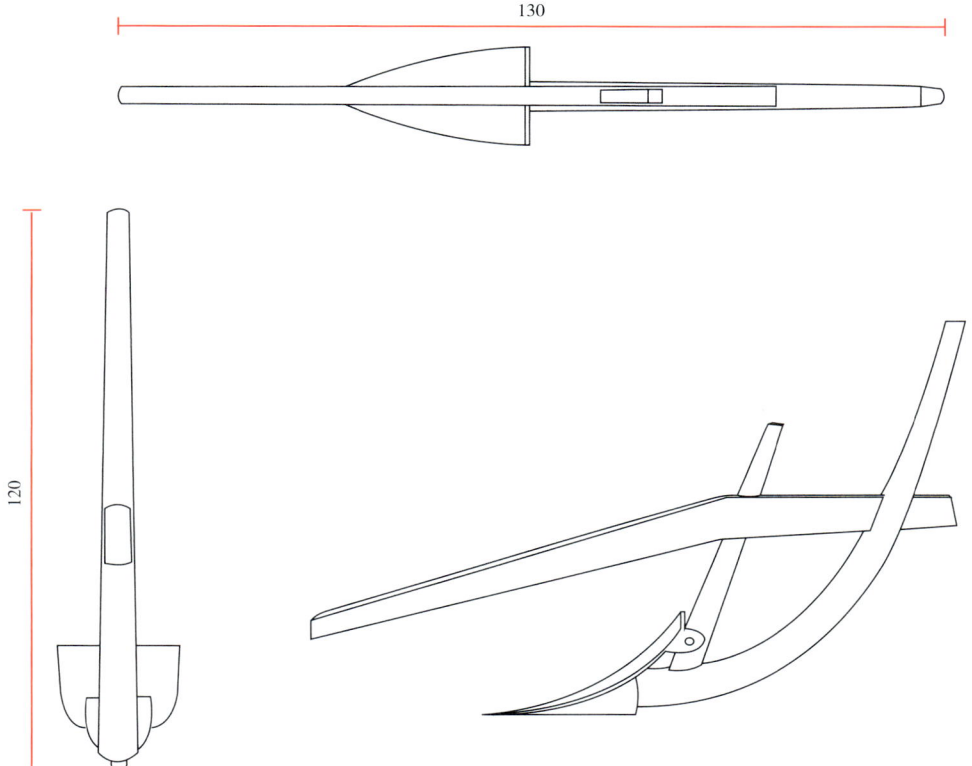

图二　佤族犁三视图及尺寸（单位：cm）

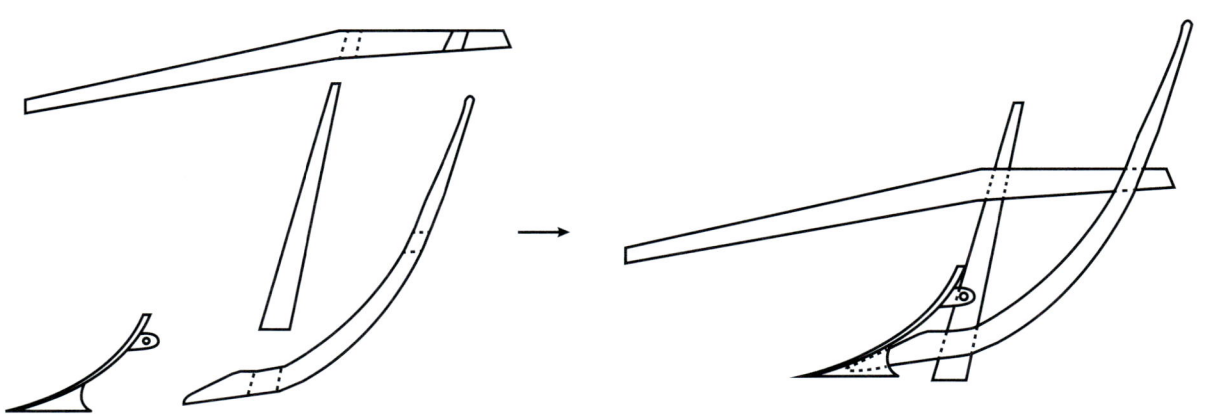

图三　佤族犁分解图

第五章　佤族传统生产工具

图四 佤族犁制作工艺图①

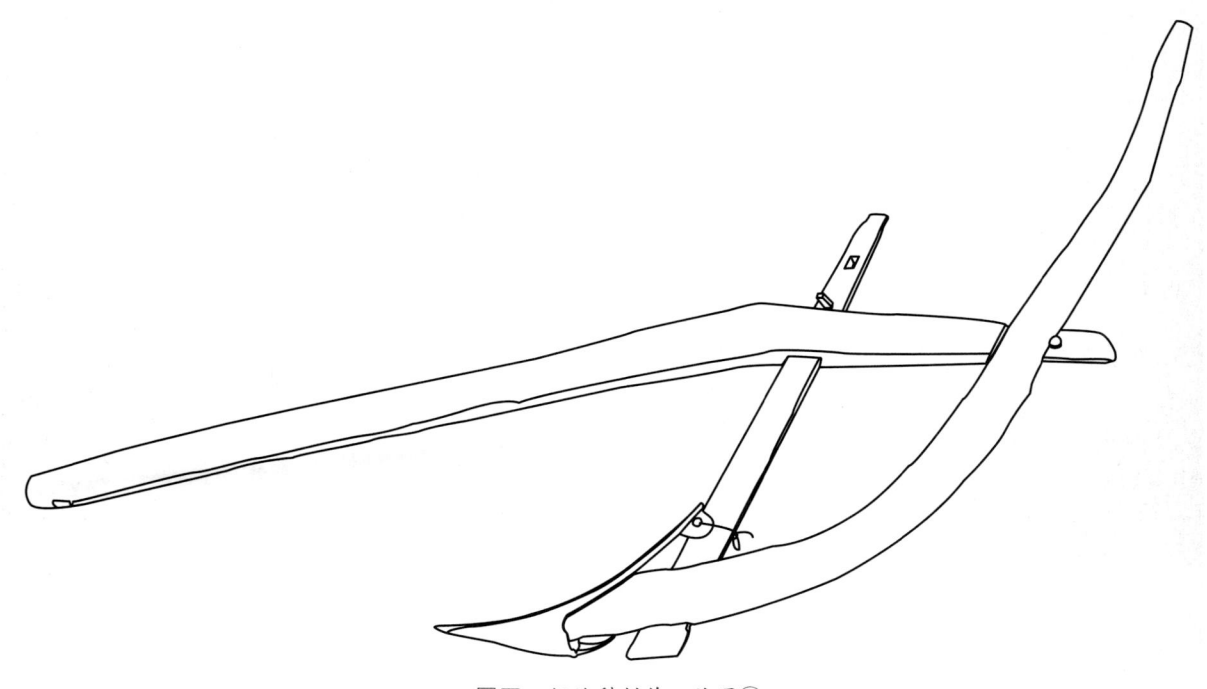

图五 佤族犁制作工艺图②

图六　佤族犁使用情境示意图

图七　佤族犁实物图

# 佤族簸箕

图一　佤族簸箕主图

　　簸箕，佤族日常生产用具，基本形态是圆盘形，扁平底，边缘略高，直径60～120厘米，在沧源佤族聚居地和西盟佤族聚居地都有使用。簸箕作为一款实用功能比较强的物品，一直延续使用至今。簸箕可以用来晾晒粮食，或者通过颠簸的方式使谷皮和粮食分开，从而得到干净纯粹的谷粒。

　　簸箕主要采用常见的竹篾和竹条等自然材料，通过烘烤等方式使之变得柔软后编制而成。竹篾和竹片材质，通风散热性能良好，免得谷物被放置发霉。制作工艺方面，通过传统的手工编织工艺，如十字编织或者菱形编织。形态方面，扁平，底部略有凹陷，底面圆形，面积大，可以更好地摊开晾晒粮食。使用方式方面，由于簸箕四周边缘略高，佤族妇女用来颠簸粮食时便于抓握，然后上下颠簸，或者倾斜颠簸，使得粮食在簸箕中不断运动，谷皮飘起，落在地上，簸箕中只剩下干净的谷粒。

　　簸箕的设计与制造完全根植于日常生产方式的需要。佤族生产方式落后，各种谷物没有专门剥皮去壳的生产设备，只能依靠人力操作。而且，佤族人民种植面积小，粮食收获也较少，所以簸箕这种简单实用的工具在生活中有着广泛应用。

**图片来源**
图一、图七　刘丽文　摄影
图二至图六　潘舒婷　制图

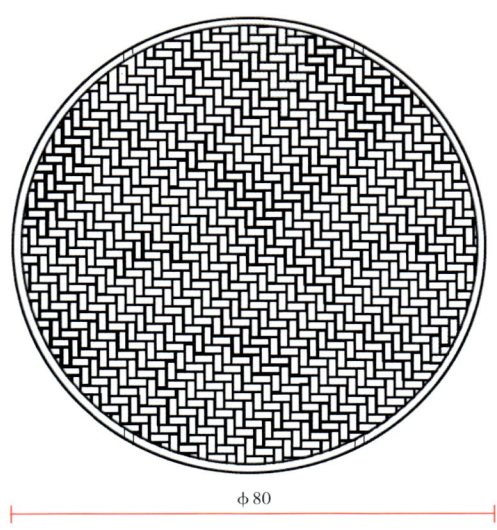

图二　佤族簸箕三视图及尺寸（单位：cm）

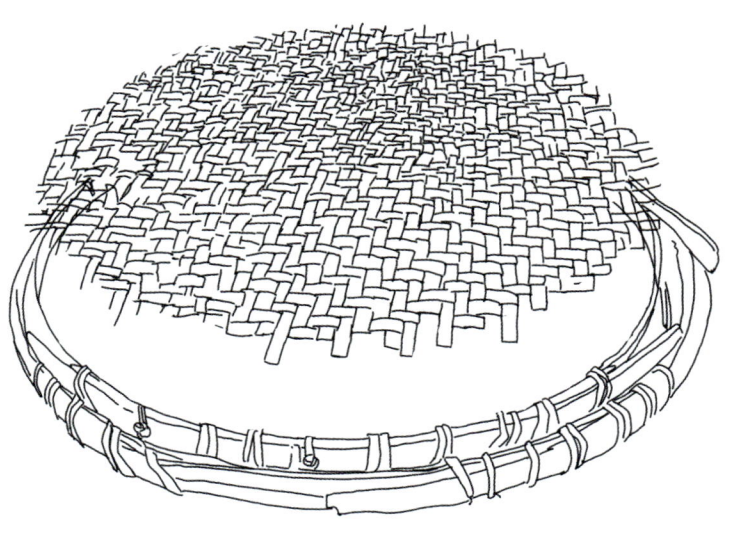

图三　佤族簸箕结构图

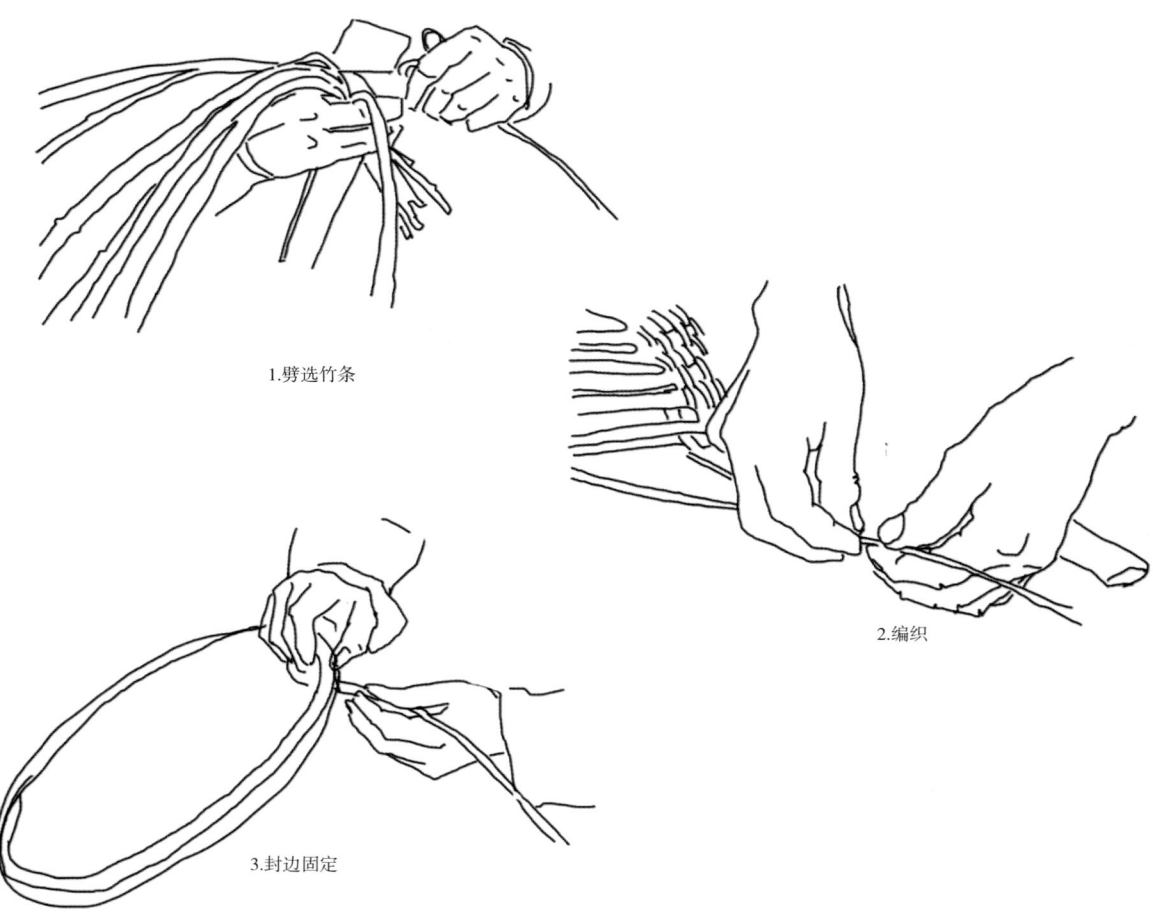

1.劈选竹条

2.编织

3.封边固定

图四 佤族簸箕制作流程图

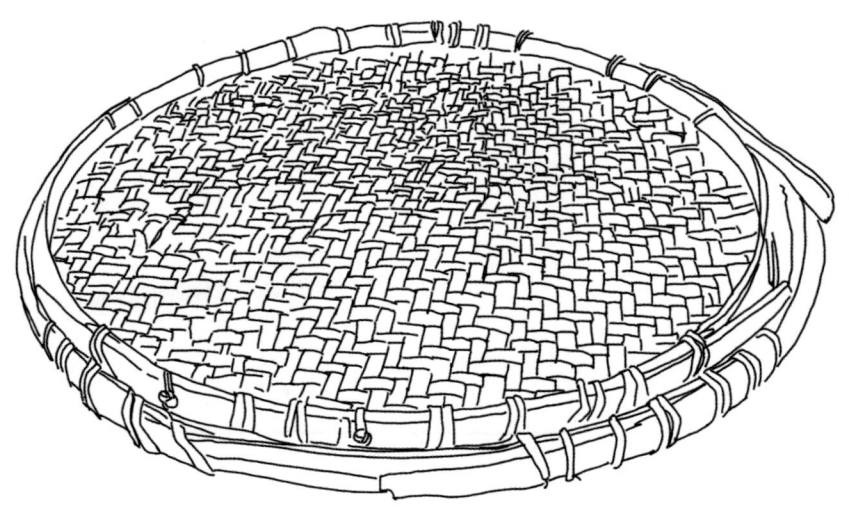

图五 佤族簸箕使用情境示意图①

图六　佤族簸箕使用情境示意图②

图七　佤族簸箕实物图

# 佤族捕鸟器

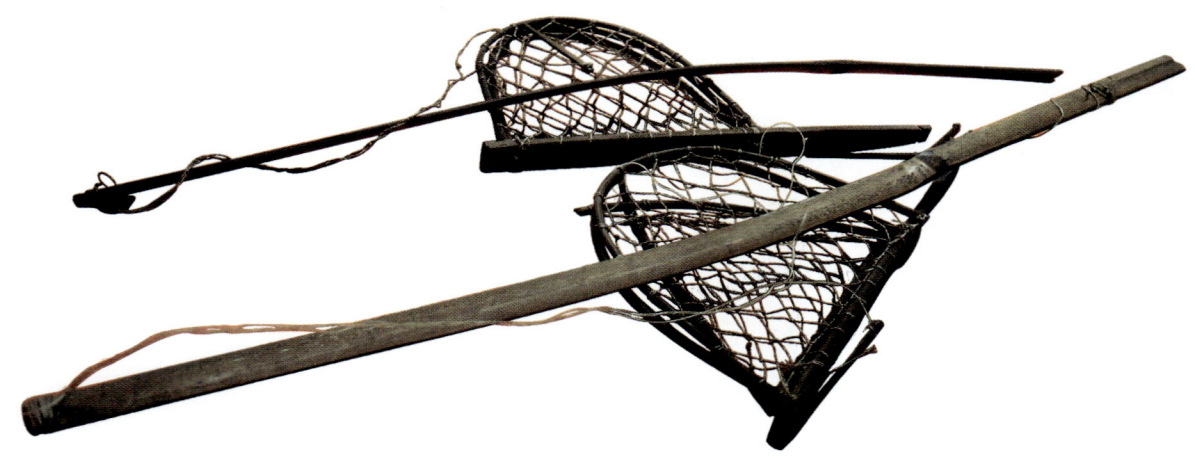

图一　佤族捕鸟器主图

佤族捕鸟器由牵引线、网兜、支架和拉杆等几个部分组成，广泛应用于沧源及西盟佤族聚居区。中华人民共和国成立前，佤族人民生活水平低下，多靠捕鱼打猎维持生计。如今，随着经济发展和社会进步，佤族人民的生产生活方式发生了很大变化，很多聚居地的捕鸟器已经弃之不用。

佤族捕鸟器主要拉杆或支架材质都是竹子。网兜采用麻绳或者皮绳编制成菱形或者三角形的纹路，再辅之以铁丝和支架固定，用牵引线与拉杆连接即可。使用时，人隐藏在隐蔽处，待鸟儿去吃饵料，用拉杆操控牵引线进而控制网兜，将鸟儿困在里面。

**图片来源**
图一　刘丽文　摄影
图二至图六　潘舒婷　制图

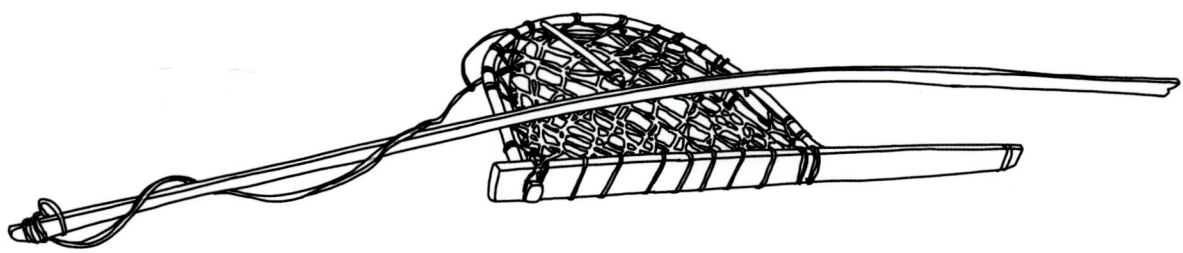

图二　佤族捕鸟器结构图

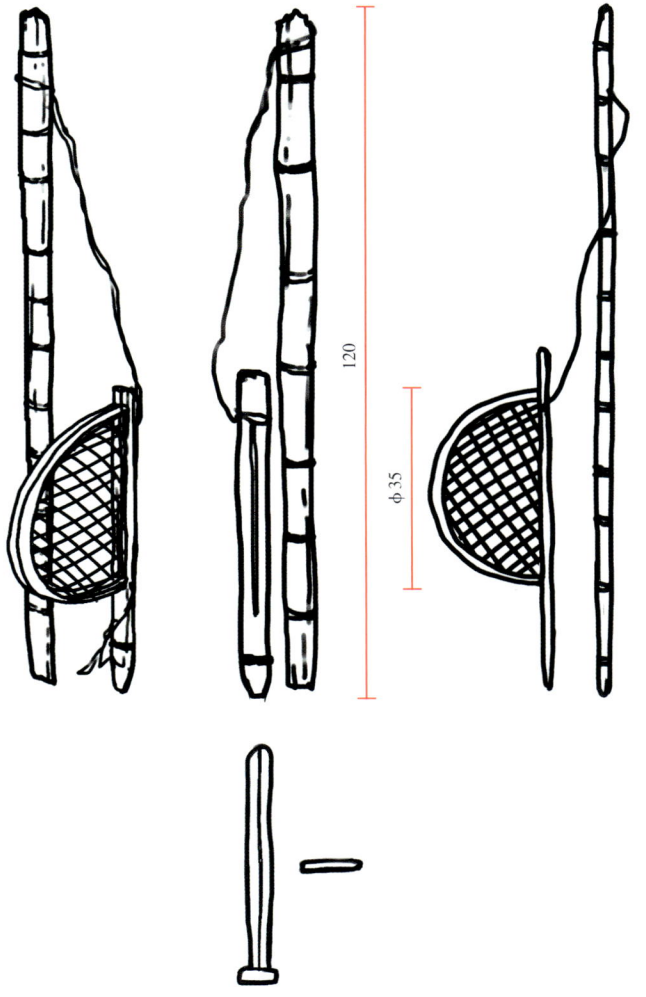

图三　佤族捕鸟器三视图及尺寸（单位：cm）

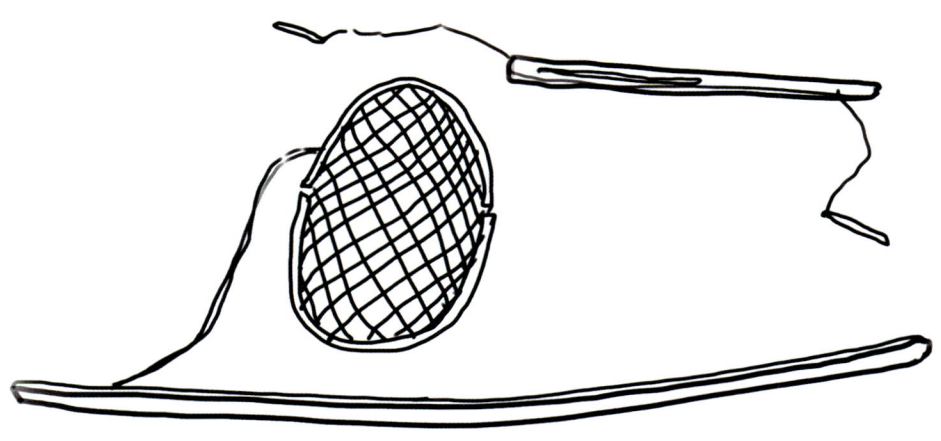

图四　佤族捕鸟器解析图

1.用竹子制作拉杆和支架　　2.编制网兜

图五　佤族捕鸟器制作流程图

图六　佤族捕鸟器使用情境示意图

# 佤族木榔头

图一　佤族木榔头主图

佤族木榔头也称木槌，基本形态是长方形，有一定厚度，同时有可供把持的手柄。本案例的木榔头采集于澜沧县雪林乡佤族聚居地。木榔头是佤族人家家户户必备的小工具，作用相当于锤子，主要用来修理家具器物，或者协助手工制作。

制作时，用刀裁切木材，一体成型，为了避免棱角过于尖锐，更加便于使用，可以稍加打磨。因为是木制的，所以容易磨损，再加上阿佤山区气候湿热，经常下雨，木榔头的损坏就更加严重。一般一个木榔头用到三五年，便会因为过度磨损而被淘汰。

**图片来源**
图一、图六、图七　倪成　摄影
图二至图五　王凯　制图

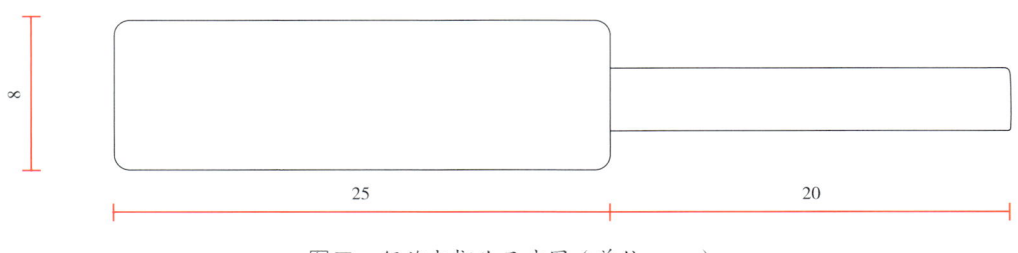

图二　佤族木榔头尺寸图（单位：cm）

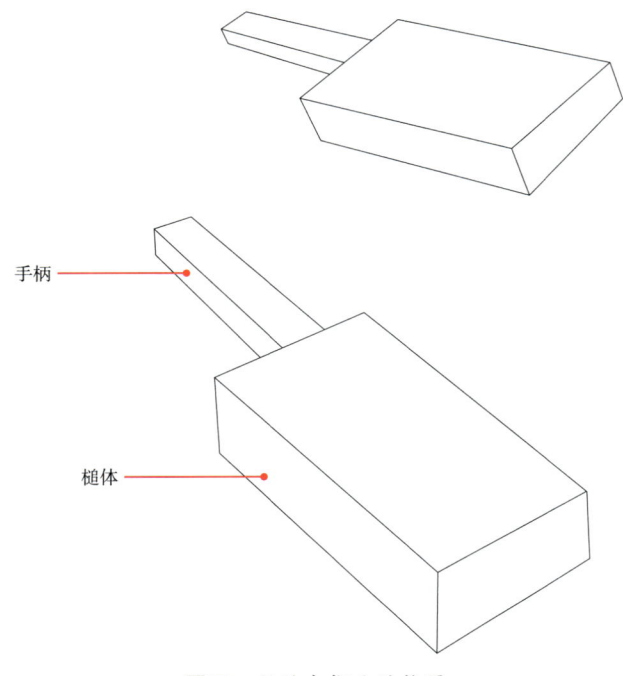

图三 佤族木榔头结构图

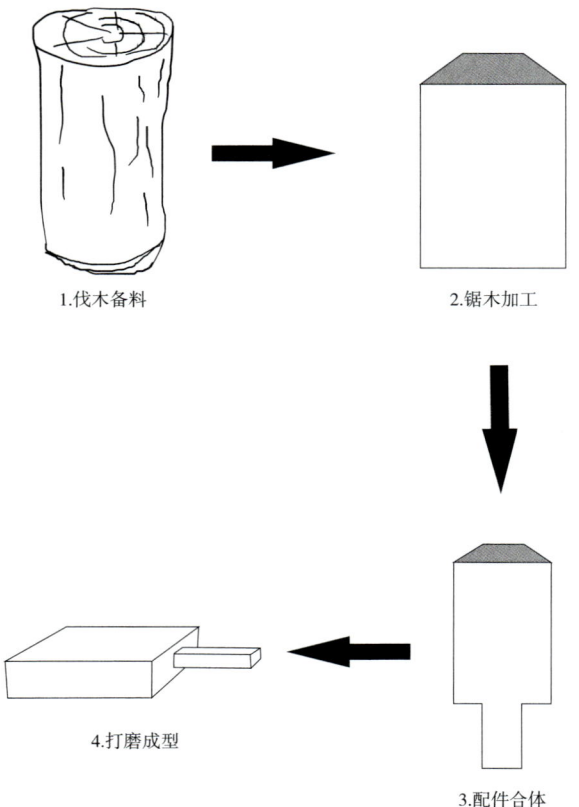

图四 佤族木榔头制作流程图

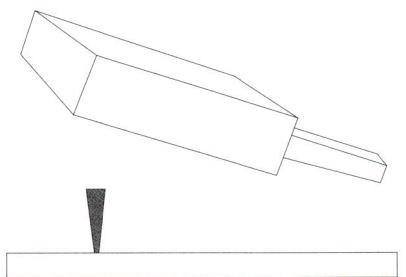

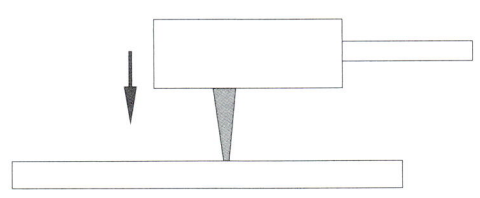

图五 佤族木榔头使用方式示意图

图六 佤族木榔头使用情境图

图七 佤族木榔头实物图

# 佤族石磨

图一　佤族石磨主图

此案例采集自翁丁佤寨。石磨在佤族人民的生活中有着重要作用，基本形态是圆柱形，分上下两部分，石磨直径50厘米左右，高度40厘米左右，有手柄，握住可以旋转。石磨的主要用途就是通过旋转研磨，对粮食进行粉碎加工。

石磨的材质是石头，佤族聚居地多是山地、坝子等，石材和竹木材料一样简便易得。通过将石料简易加工，将不规则的石头打磨成两片圆柱体，凿孔，穿入木制手柄。

使用时，利用人手臂的力量带动装置进行转动，将粮食从上面的小孔里慢慢放入，然后两手握住木制手柄，用力旋转，粮食在上下两片石柱的研磨下慢慢变成粉末并溢出，然后在石磨底下放置好簸箕或者其他扁口容器即可。使用完毕，将上半部分石柱移开，用笤帚把粮食粉末扫干净，整个粮食加工过程就算完成了。

**图片来源**

图一、图八　倪成　摄影
图二至图七　王凯　制图

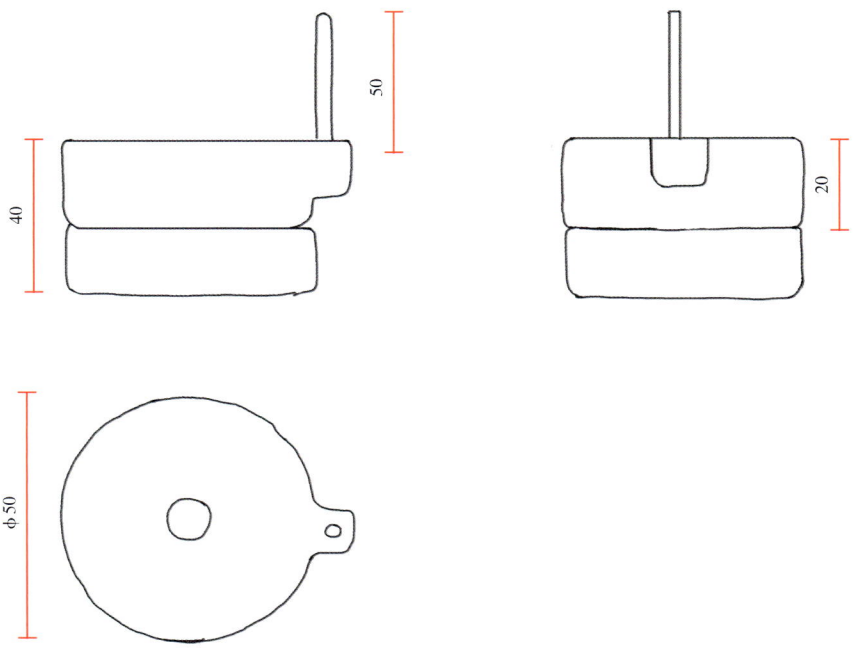

图二　佤族石磨三视图及尺寸（单位：cm）

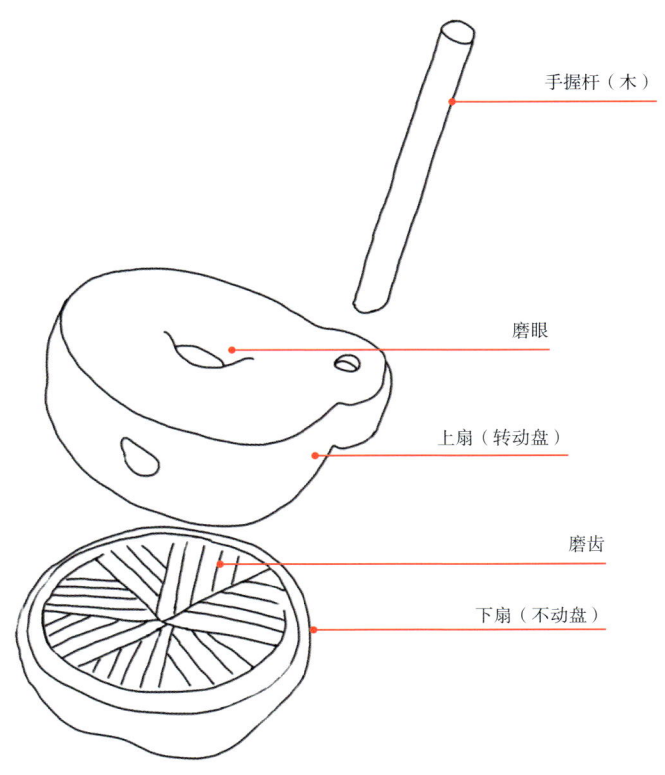

图三　佤族石磨解析图

1. 凿出形状

2. 凿出磨齿，合并

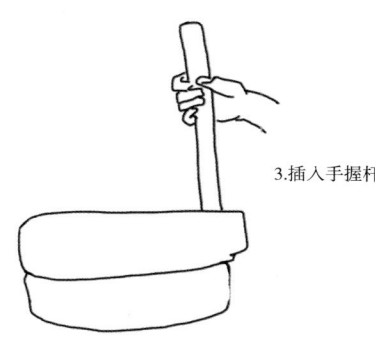

3. 插入手握杆

图四　佤族石磨制作流程图

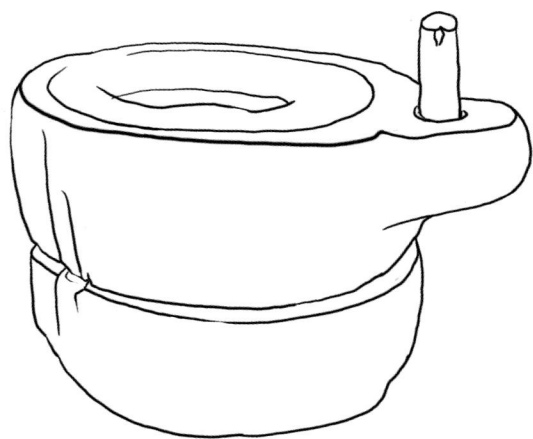

图五　佤族石磨线描图

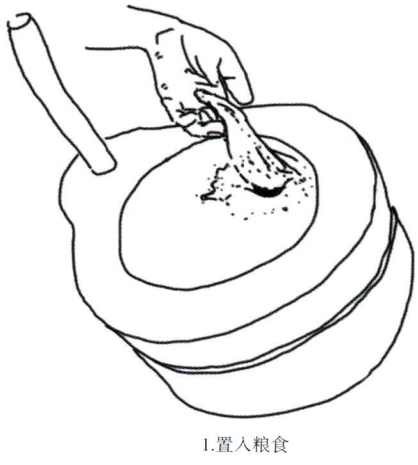
1.置入粮食

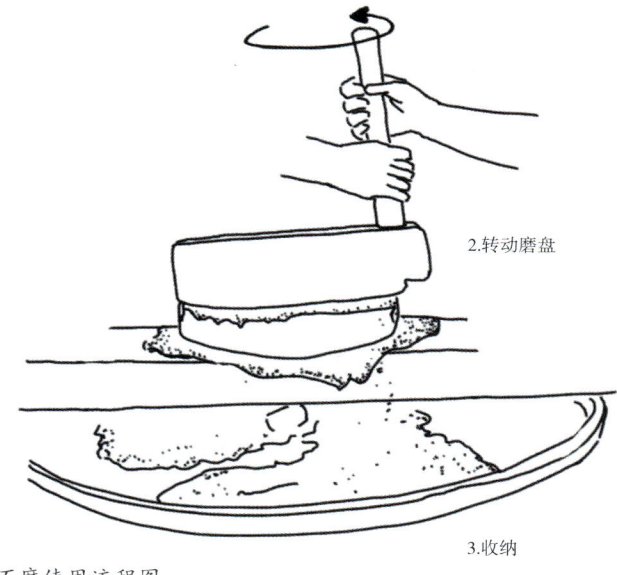
2.转动磨盘

3.收纳

图六　佤族石磨使用流程图

图七　佤族石磨使用情境示意图

图八　佤族石磨实物图

# 佤族踏碓

图一　佤族踏碓主图

云雾缭绕的翁丁佤族村寨，村民们世世代代生活在深山里。因为远离湖泊河流，村民的生产和生活用水就全靠山谷中流下来的山泉水，佤族人民还创造了竹筒传水的运输方法：砍开一半的大竹筒被连接在一起，一端架在水流处，另一端沿着地势和道路，像小桥一样，运送到每家每户。

史书记载，汉代，我国人民就发明了一种叫做水碓（duì）的舂米工具。水碓的动力机械是一个大的立式水轮，轮上装有若干板叶，转轴上装有一些彼此错开的拨板，拨板是用来拨动碓杆的。每个碓用柱子架起一根木杆，杆的一端装一块圆锥形石头，下面的石臼里放上准备加工的稻谷，流水冲击水轮使它转动，轴上的拨板臼拨动碓杆的梢，使碓头一起一落地进行舂米。值得注意的是，立式水轮在这里得到最恰当最经济的应用，正如在水磨中常常应用卧式水轮一样。利用水碓，可以日夜加工粮食。凡是溪流江河的岸边都可以设置水碓，还可根据水势大小设置多个水碓。

佤族人民在社会发展的历史进程中，靠着智慧和经验，还发明了一种类似水碓一样的舂米工具——用杠杆原理制成的踏碓。在重臂的一端装上一个石舂子头,力臂一端靠水流的重力驱动。先将谷子倒进石臼,抬起重臂,水流冲动力臂的凹槽,凹槽里面水到达一定重力,撑起重臂,上下起落把石臼中的谷壳与米粒慢慢分离。舂到一定程度,谷壳与米粒完全分离,用筛子筛掉谷糠,没有舂干净的稻谷重新放进石臼,直到谷全部舂成米粒。最后一道工序是将舂成的米除掉残留的糠屑。

**图片来源**

图一至图六　林露怡　摄影
图七、图十至图十二　丁稳　林露怡　摄影、制图
图八至图九　孙繁飞　林露怡　摄影

图二　佤族水源地及舂米房

图三　竹筒传水及水源地全景图

图四　翁丁村舂米房近景图

图五　翁丁村水力舂米图①

图六　翁丁村水力舂米图②

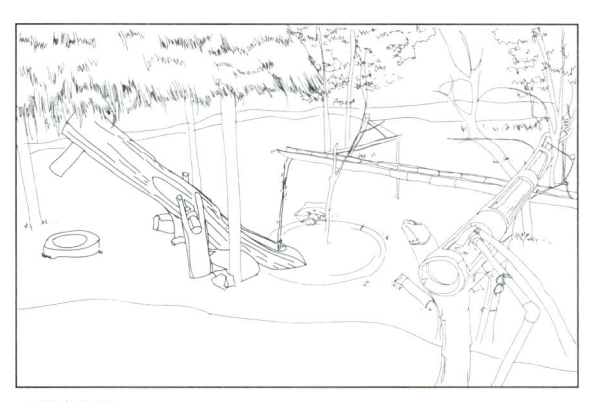

1.蓄水起碓

2.水满自溢

3.溢后冲碓

4.冲后复起

图七　翁丁村水力舂米过程示意图

第五章　佤族传统生产工具

图八　踏碓近景图

图九　竹筒传水场景图①

图十　竹筒传水场景图②

图十一　竹筒传水场景图③

图十二　竹筒传水场景图④

# 第六章 佤族传统手工艺

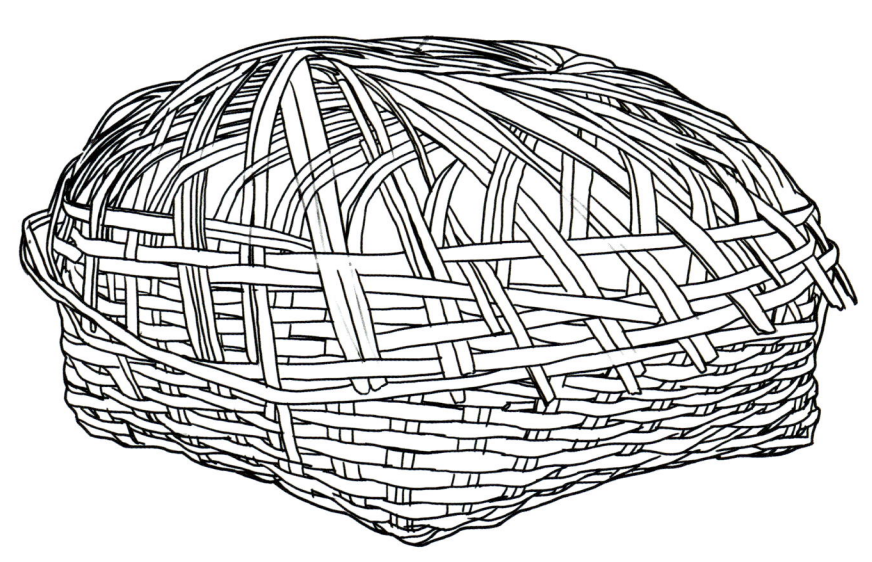

# 佤族供桌

图一　佤族供桌主图

　　此案例取材于云南省澜沧县雪林乡佤族村寨。供桌有圆形和方形两种，上面是有边缘的桌面，下部组成闭合的空间，起到固定支撑作用的同时，还可以将小的牲畜关在里面。供桌大小不一，有20厘米见方的，也有80厘米见方的。佤族供桌是一般佤族人民日常生活中常用的小型家具，在佤族聚居区非常常见。

　　佤族供桌用当地分布面积最广的丛生竹——龙竹的竹篾制作。龙竹光滑坚硬、纹理通直、硬度大、韧性强，比起其他竹类更加经久耐用。用龙竹竹篾制作的供桌质地坚硬，承重能力强，非常实用。供桌是纯手工编织，有十字纹或者菱形纹，由技巧娴熟的手工艺者编织而成，上部卷起的边缘用铁丝缠绕固定。使用时，桌面可以用来承载物品，而下部的空间还可以豢养鸡鸭等小的牲畜。

　　供桌在佤族人民的日常生活中十分重要，一家人围坐在一起，饮酒喝茶吃饭，在其造物文化体系中有着重要价值。

**图片来源**
图一　刘丽文　摄影
图二至图六　张瑾婷　制图

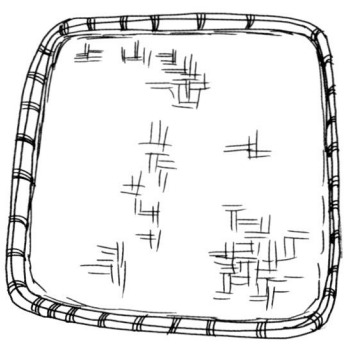
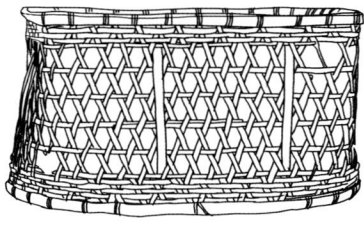
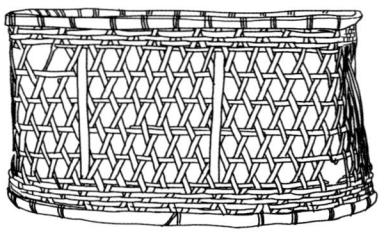

图二　佤族供桌三视图

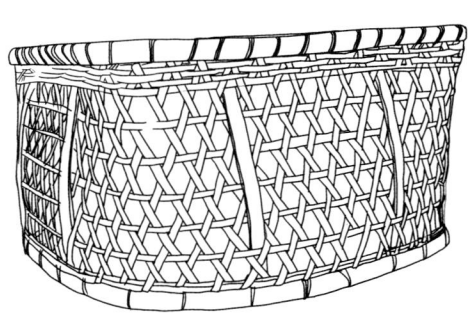

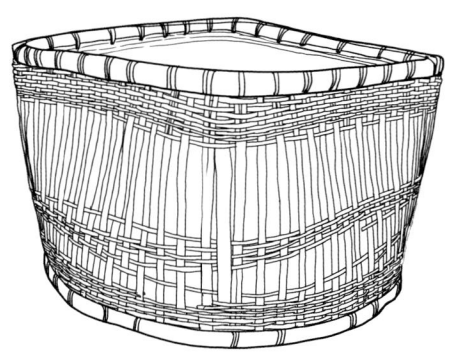

图三　佤族供桌透视图

图四　佤族供桌制作流程图

第六章　佤族传统手工艺

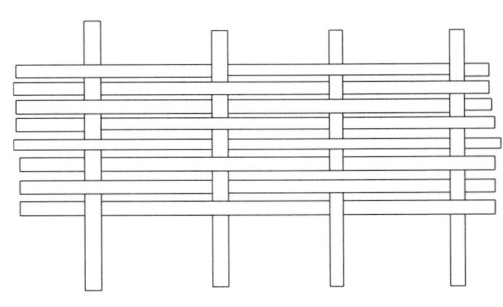

图五　佤族供桌常用编织方式图

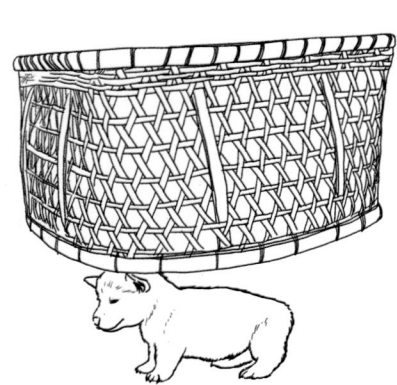
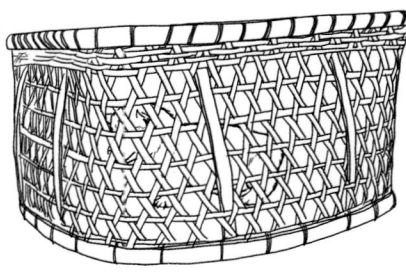
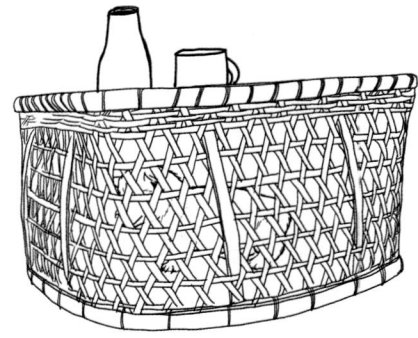

图六　佤族供桌使用情境示意图

# 佤族鸡笼

图一　佤族鸡笼主图

佤族鸡笼的基本形态是椭圆形，上端开口，底部平稳，高约40厘米，开口直径20厘米，中间凸出部分直径45厘米。在沧源、西盟、翁丁等佤族聚居地，至今仍普遍使用。鸡笼主要用来养鸡，白天把鸡放出去觅食，晚上把它们关进去。

鸡笼都是用藤条和篾条编制的，下半部分用藤条编织成一个略带方形的筐子。上半部分用篾条旋转着编织成旋涡的形状，篾条相互交错穿插，形成或菱形或方形的镂空图案，这样，可以保持通风透气，使家禽容易呼吸。鸡笼制作工艺虽然不复杂，但要结实耐用，全依赖于制作者娴熟的手工艺技巧。

佤族人民的许多器物设计都是根植于自己的日常需求。随着生产方式的改变、生产力的提升，许多器物已经有了很大变化，传统的手工制品已然不再流行，但是鸡笼始终是一个必备的存在。

**图片来源**
图一、图八　刘丽文　摄影
图二至图七　温馨　制图

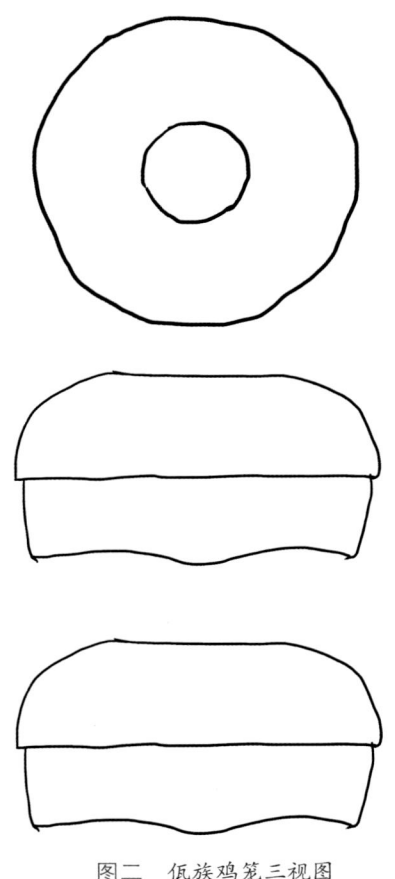

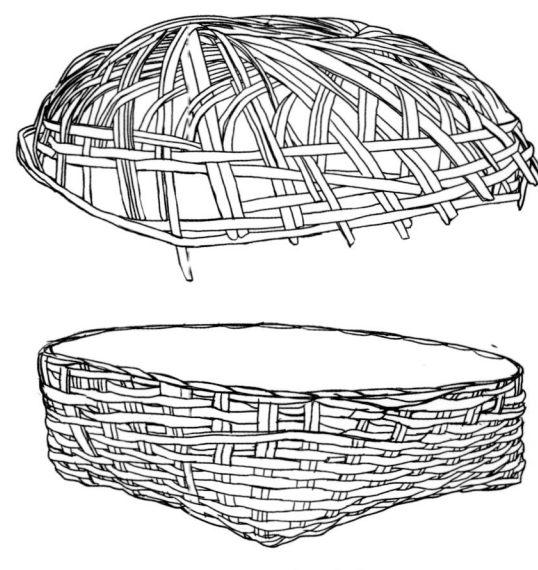

图三　佤族鸡笼解析图

图二　佤族鸡笼三视图

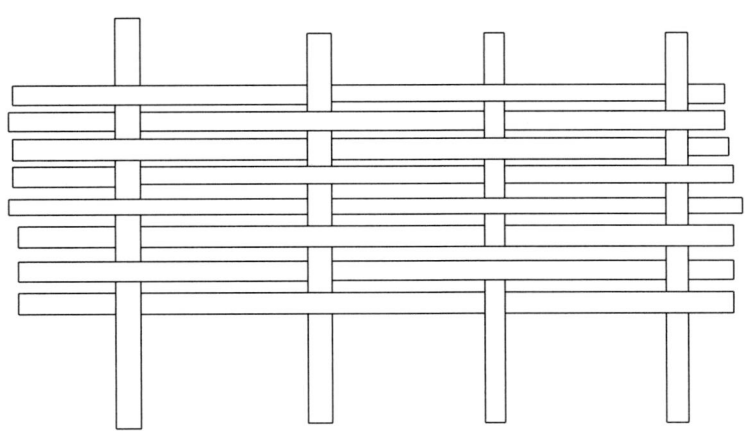

图四　佤族鸡笼常用编织方式图

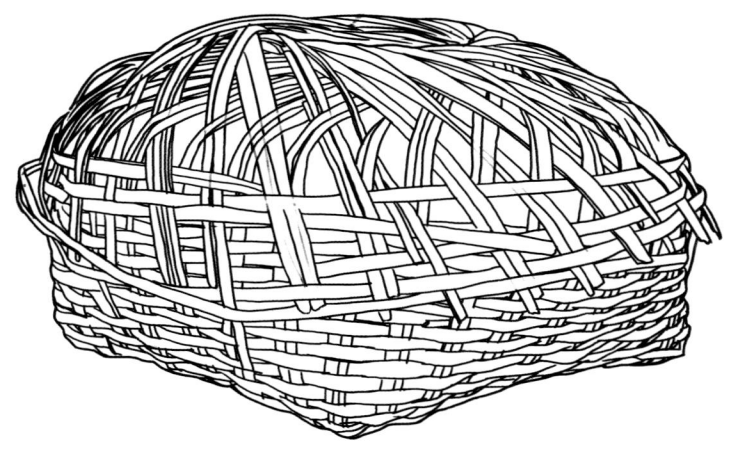

图五　佤族鸡笼透视图

图六　佤族鸡笼制作流程图

第六章　佤族传统手工艺

381

图七　佤族鸡笼使用情境示意图

图八　佤族鸡笼实物图

# 佤族织锦

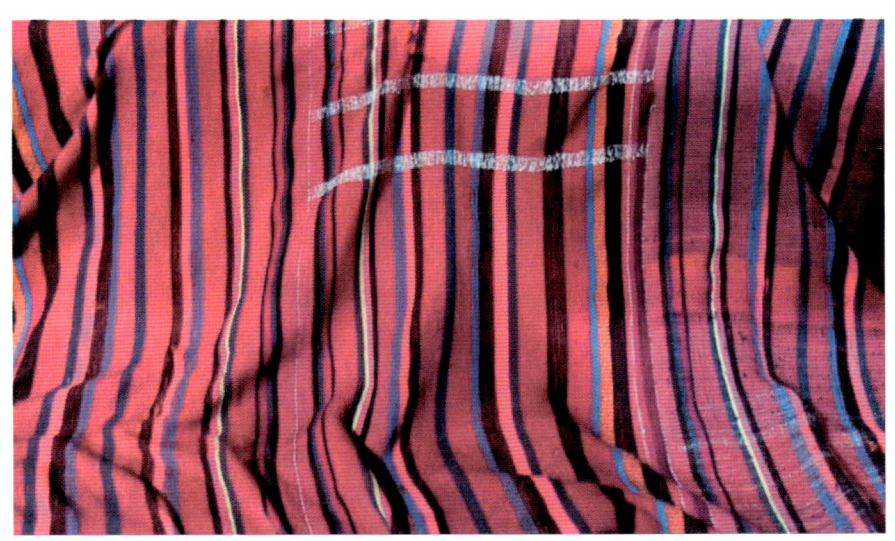

图一　佤族织锦主图

佤族纺织工艺历史悠久，是佤族手工艺体系中的重要部分。佤族手工艺以性别分工，男女分别从事不同的技艺。男子使刀弄斧，掌握竹、木等材料的雕刻制作工艺，能起房盖屋，制作平时使用的工具、农具等。女子则纺织印染布料，制作各种饮食等。佤族人民手工技艺的传承都是口口相传，儿童时期就从父母等长辈那里学来，是安身立命的基础。

佤族的纺织技术主要由佤族独特的织布机完成。这种织布机构造简单，可以随身携带，使用时将织布机固定在操作者的腰上，一人即可独立完成织布过程。由于织布机较小，所以佤族织锦门幅较窄，一般为45～50厘米，具体情况根据制作物品的尺寸和操作者的舒适度决定。佤族织锦的染料用当地生长的一种蓝靛草来染蓝色，如将蓝线放入麻栗树皮水中可染成黑色，红色染料是使用虫胶制作。佤族织锦的色彩大多以红黑色为主，按不同的配色可分为全黑、全红、红黑两色和红黑色配以其他颜色。

如今，随着外界与佤族的交流渐渐密切，佤族织锦作为佤族纺织工艺中的瑰宝也渐渐被人们熟知并广受欢迎。

**图片来源**
图一、图十至图十二　倪成　摄影
图二至图九　王凯　制图

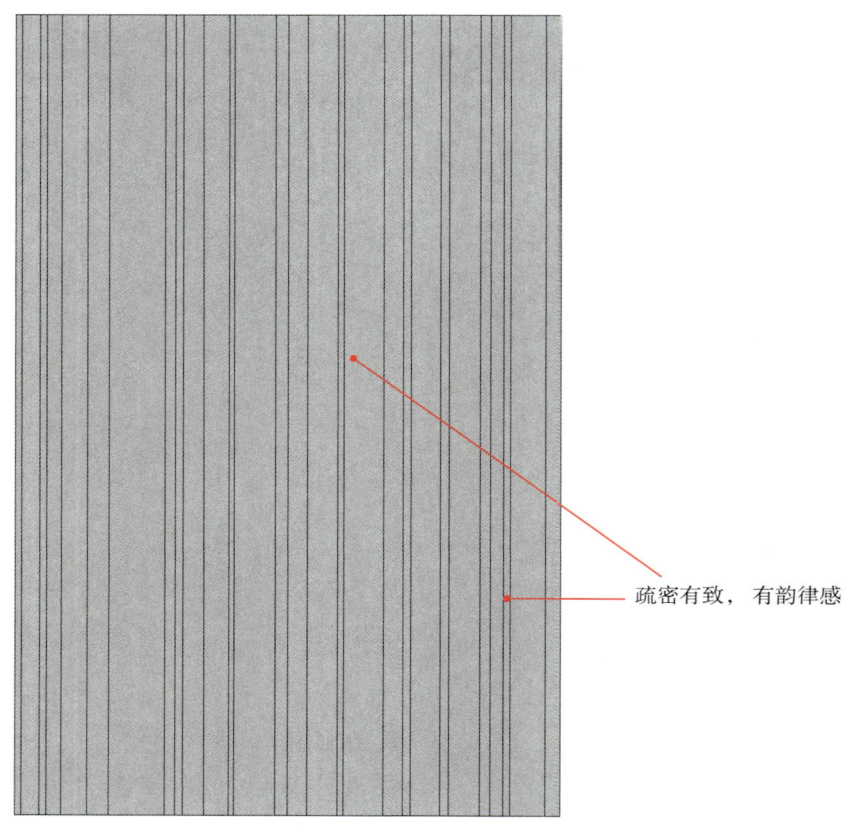

疏密有致，有韵律感

织品基本形态是长条形，用不同的色块分割，并有疏密之分，同时有色彩上的跳跃感

图二　佤族织锦造型分析图

图三　佤族织锦织品纹样分析图①

图四　佤族织锦织品纹样分析图②

中国少数民族设计全集·佤族

图五 佤族织锦设色效果图

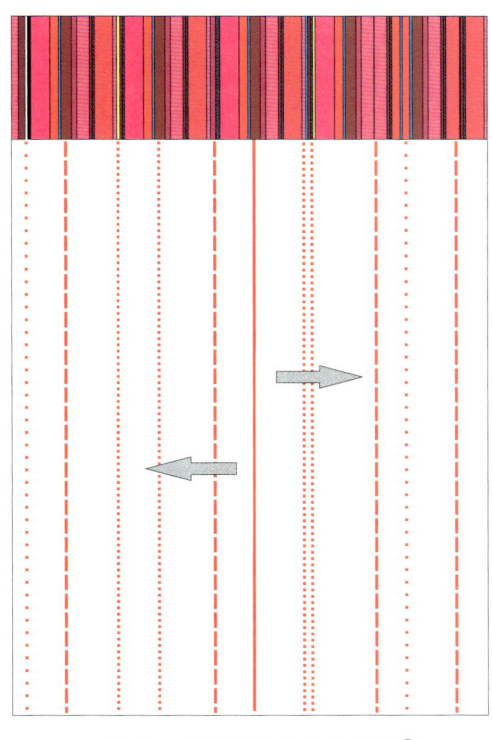

图六 佤族织锦构成分析图①

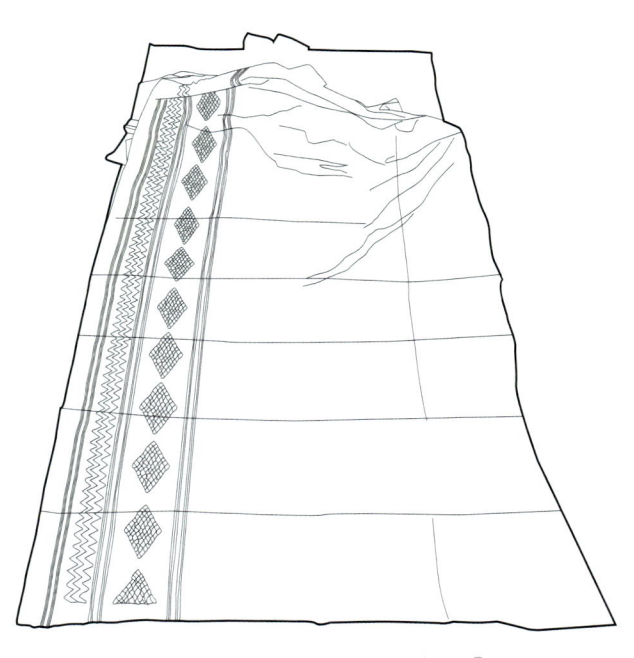

图七 佤族织锦构成分析图②

第六章 佤族传统手工艺

图八　佤族织锦尺寸图（单位：cm）

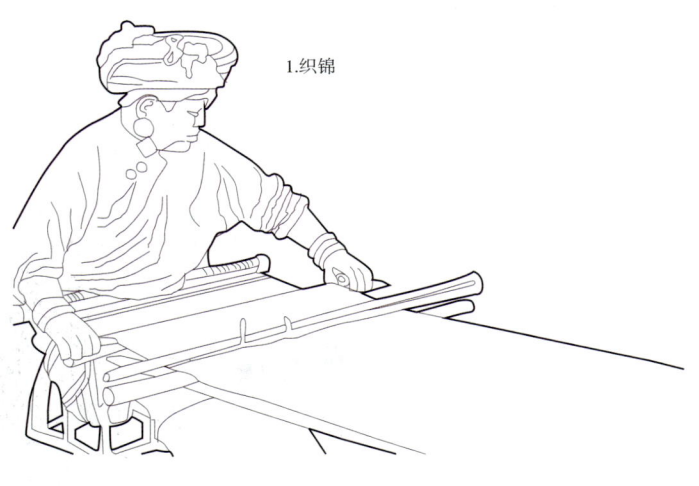

1.织锦

2.缝制织锦上的纹样

图九　佤族织锦制作流程图

图十　佤族织锦使用情境图

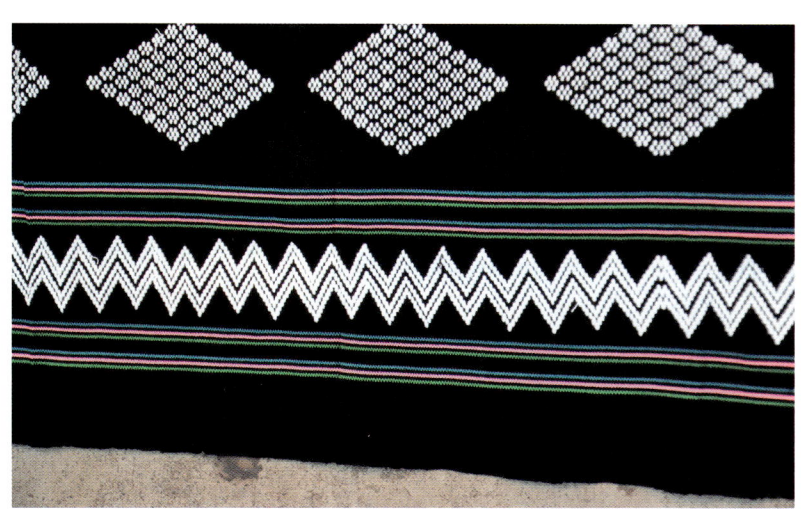

图十一　佤族织锦实物图①

图十二　佤族织锦实物图②

# 第七章 佤族传统民俗和宗教造像

# 佤族打洛部落祭祀服

图一　佤族打洛部落祭祀服主图

打洛部落祭祀服，高56厘米，宽55厘米。该服装正面装饰有图腾纹饰：左肩月牙，右肩太阳；左胸牛头，右胸鹰纹。

整体服饰形制类似于"打洛部落头人常服"，只是在肩腋处转折细节略为生硬，不如头人服饰那么大气优雅。

**图片来源**
图一　闫铭砚等　摄影
图二至图七　丁稳　林露怡　制图

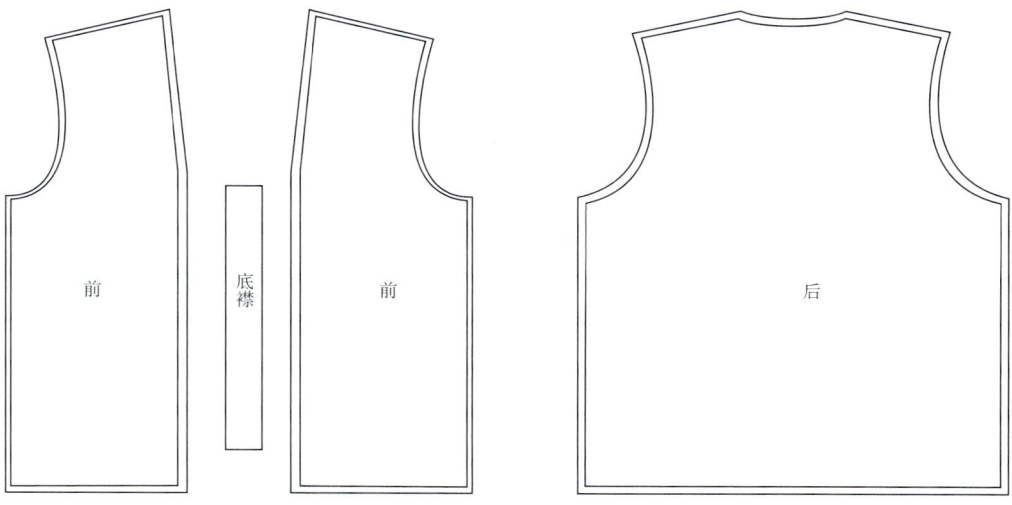

图二　佤族打洛部落祭祀服开片图

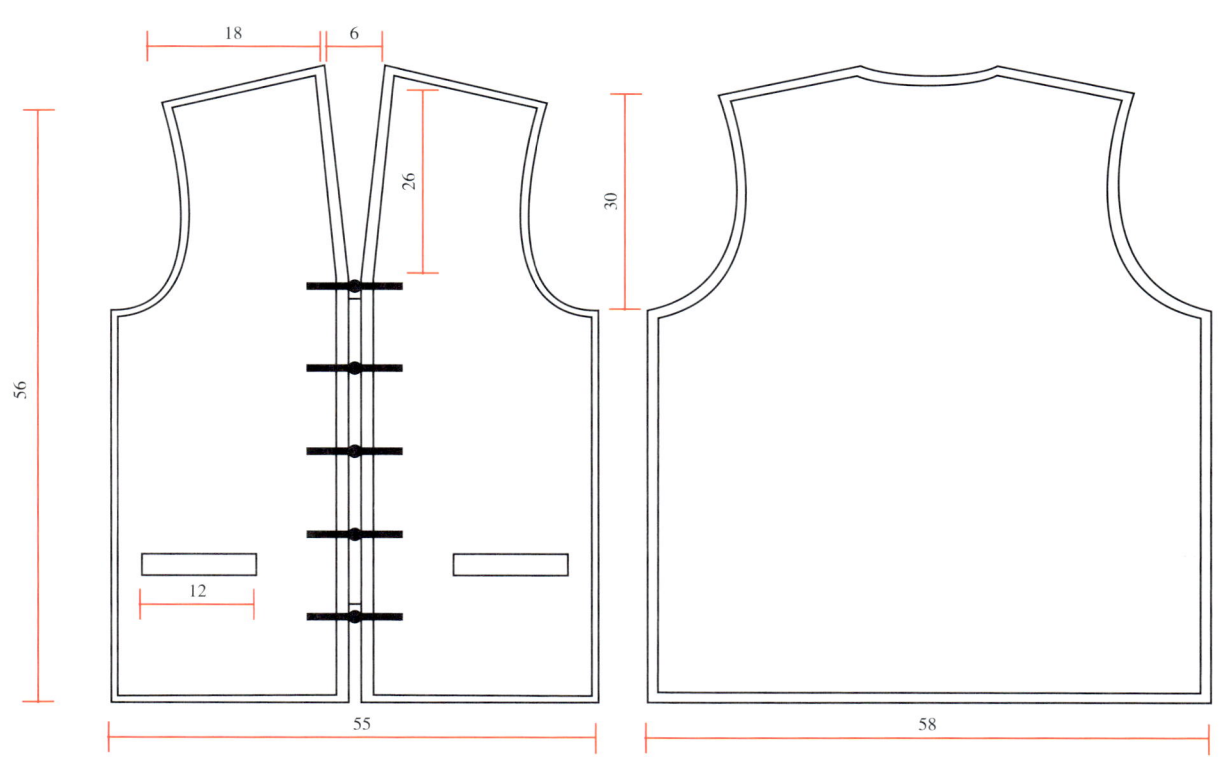

图三　佤族打洛部落祭祀服尺寸图（单位：cm）

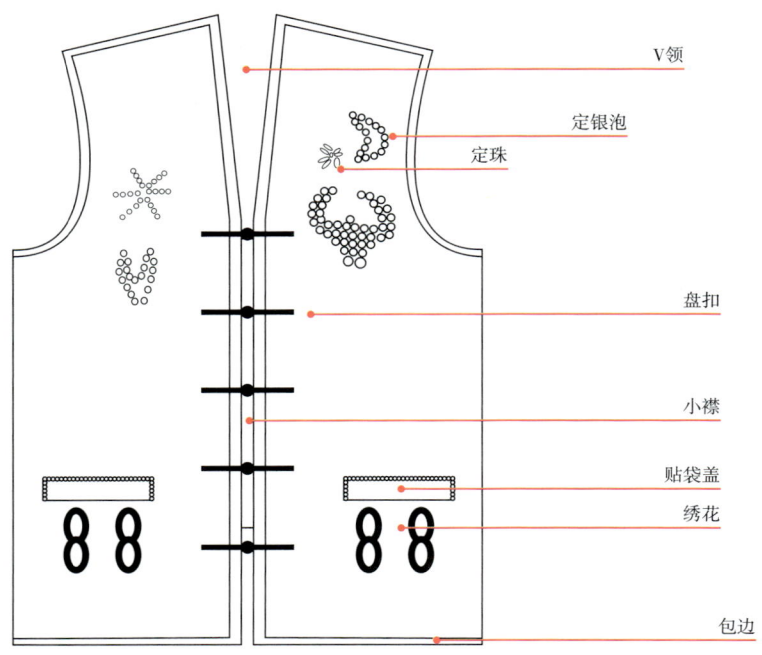

图四 佤族打洛部落祭祀服局部分析图

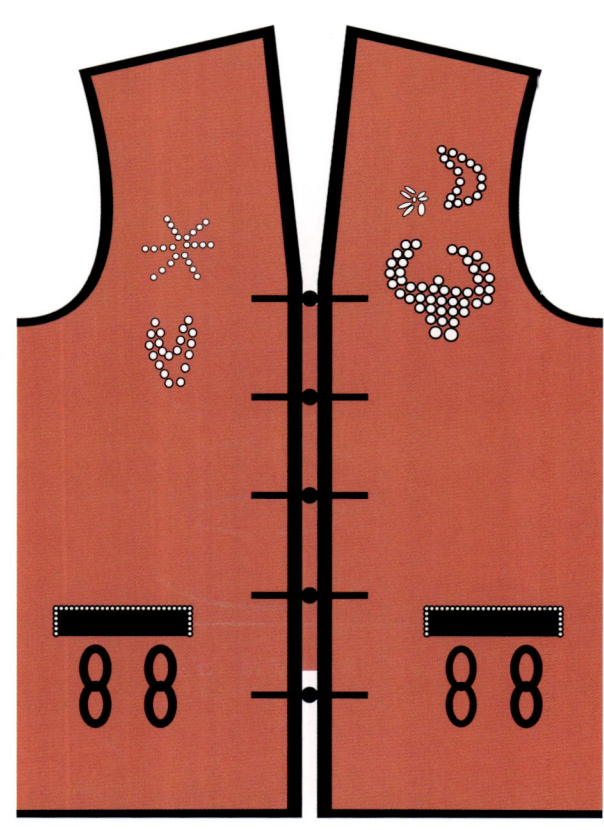

图五 佤族打洛部落祭祀服复原图

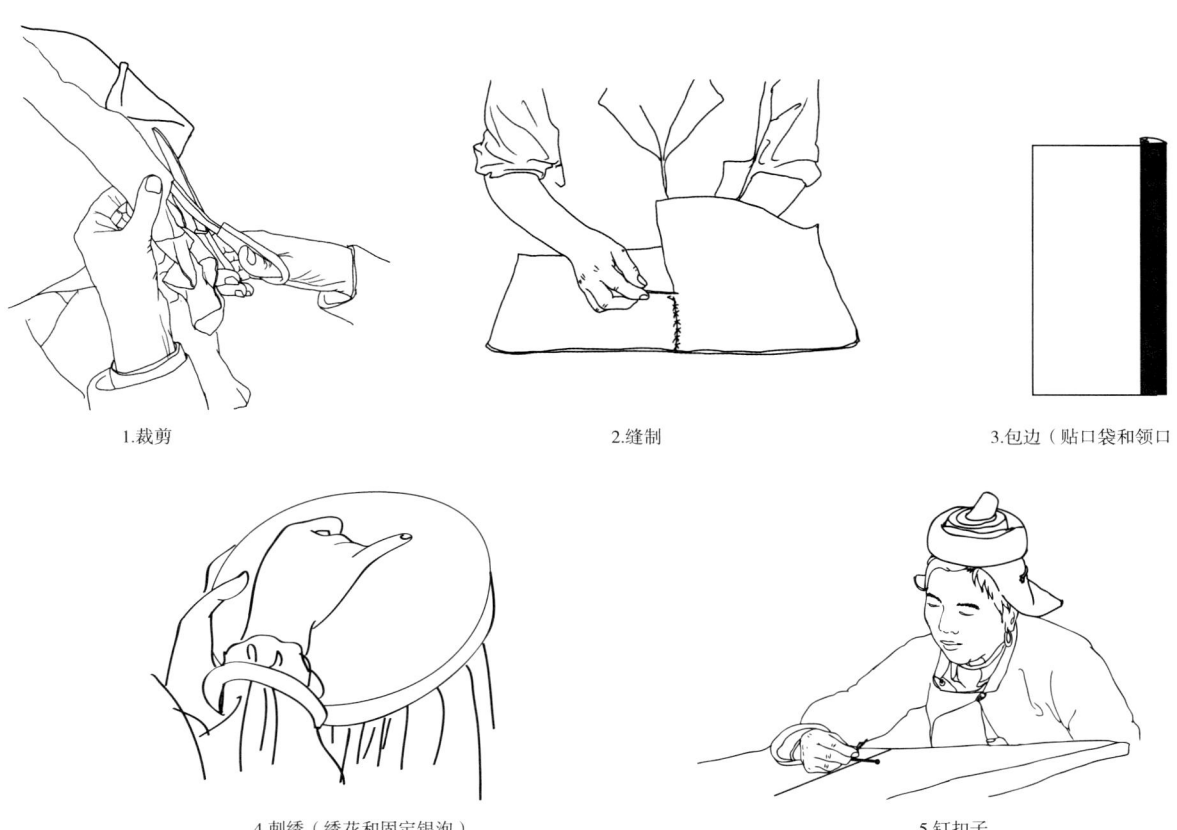

1.裁剪　　　　　　　　2.缝制　　　　　　　　3.包边（贴口袋和领口）

4.刺绣（绣花和固定银泡）　　　　　5.钉扣子

图六　佤族打洛部落祭祀服工艺分析图

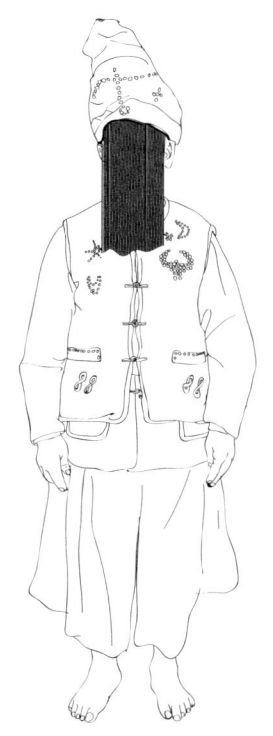

图七　佤族打洛部落祭祀服穿戴效果示意图

# 佤族诺门祭祀服

图一　佤族诺门祭祀服主图

佤族诺门祭祀服，高56厘米，宽55厘米，前襟垂下流苏，长达60厘米，配合尖顶帽一顶，下着裙裤。整体服饰稳重中不乏生动，尤其是前摆流苏，便于祭祀作法时整理造型之用。

**图片来源**
图一　闫铭砚　摄影
图二至图七　温馨　制图

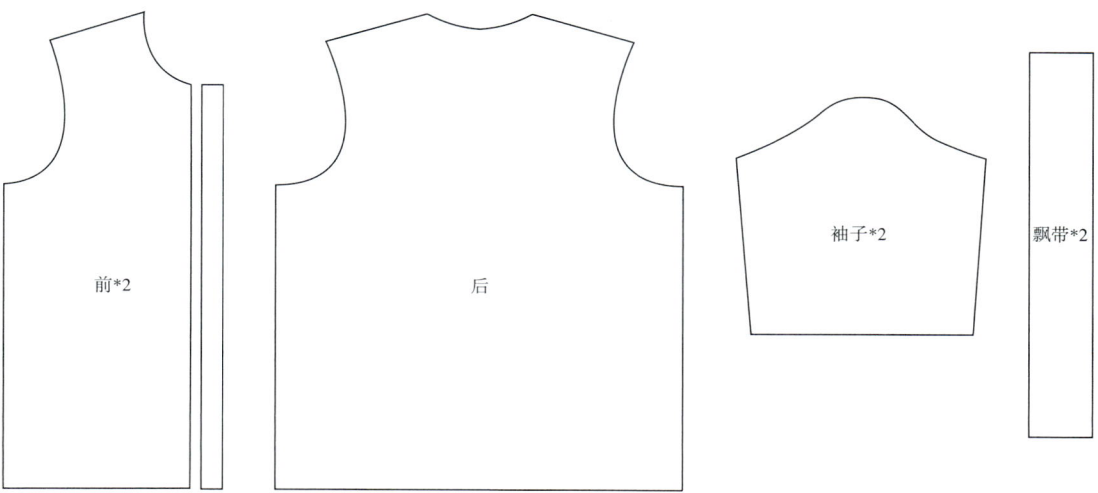

图二 佤族诺门祭祀服开片图

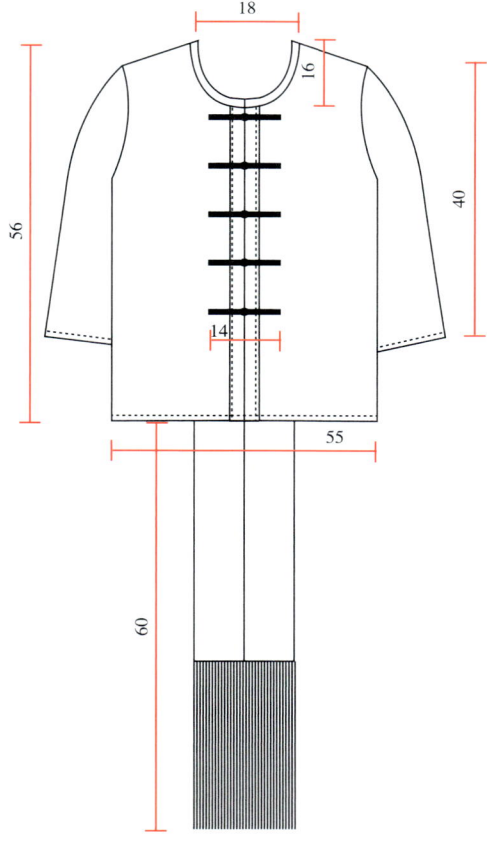

图三 佤族诺门祭祀服尺寸图（单位：cm）

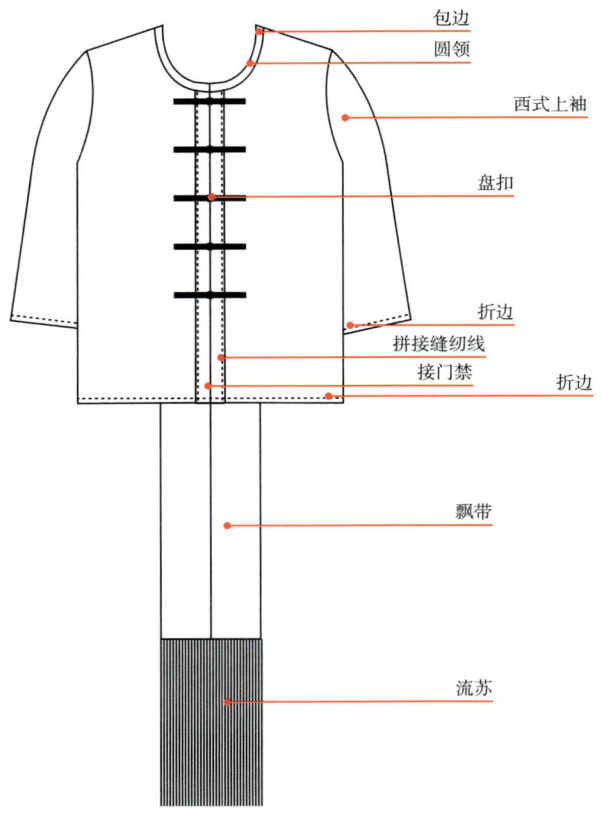

图四　佤族诺门祭祀服局部分析图

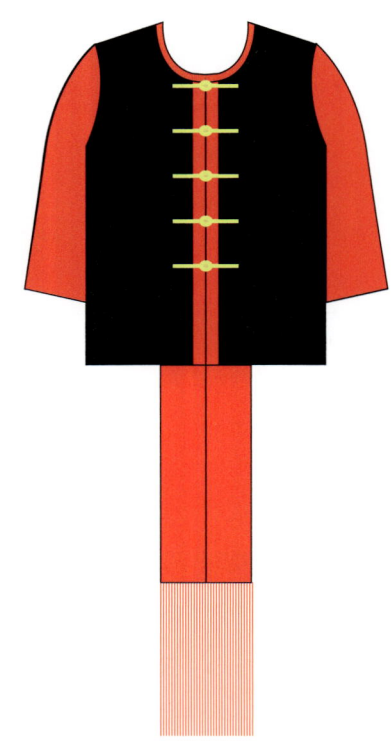

图五　佤族诺门祭祀服复原图

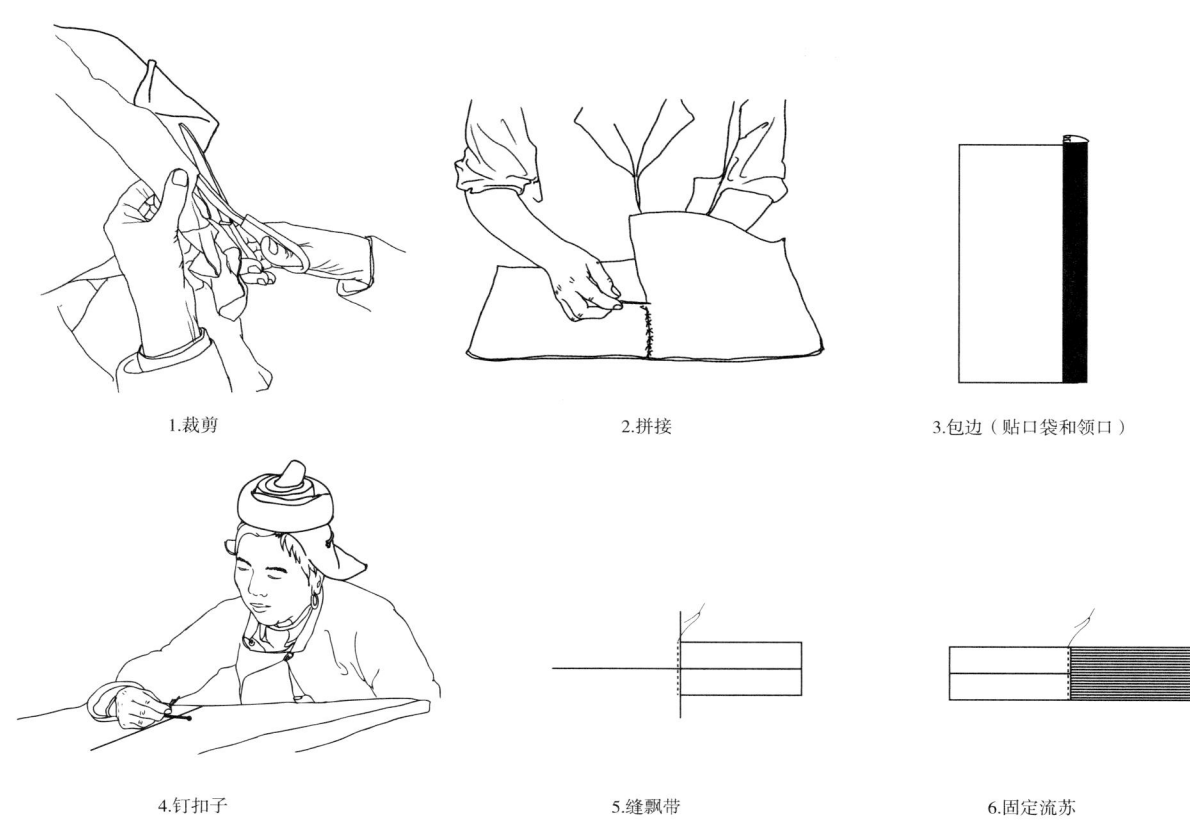

1.裁剪　　　　　　　2.拼接　　　　　　　3.包边（贴口袋和领口）

4.钉扣子　　　　　　5.缝飘带　　　　　　6.固定流苏

图六　佤族诺门祭祀服工艺分析图

图七　佤族诺门祭祀服穿戴效果示意图

第七章　佤族传统民俗和宗教造像

397

# 佤族祭祀服装（白色）

图一　佤族祭祀服装（白色）主图

　　本案例为打洛部落大祭司司拉对歪的祭祀服。白色上衣，黑色门襟领子，黑色盘扣，绣有红色线性装饰，宽大威严，具有很强的仪式感。

　　少数民族服饰作为民族文化的重要组成部分，是非语言文化交流的载体之一，在传统文化的保持和传承方面起着重要作用。祭祀服装作为少数民族服装特殊的一类，其实用功能不仅体现为保暖，更体现为祭祀活动的重要道具。本款佤族祭祀服装选用当地产的棉麻材质，用染料染色，手工缝制。宽大的整体造型、极强的民族符号都是它的突出特点。

**图片来源**
图一　闫铭砚　摄影
图二至图六　温馨　制图

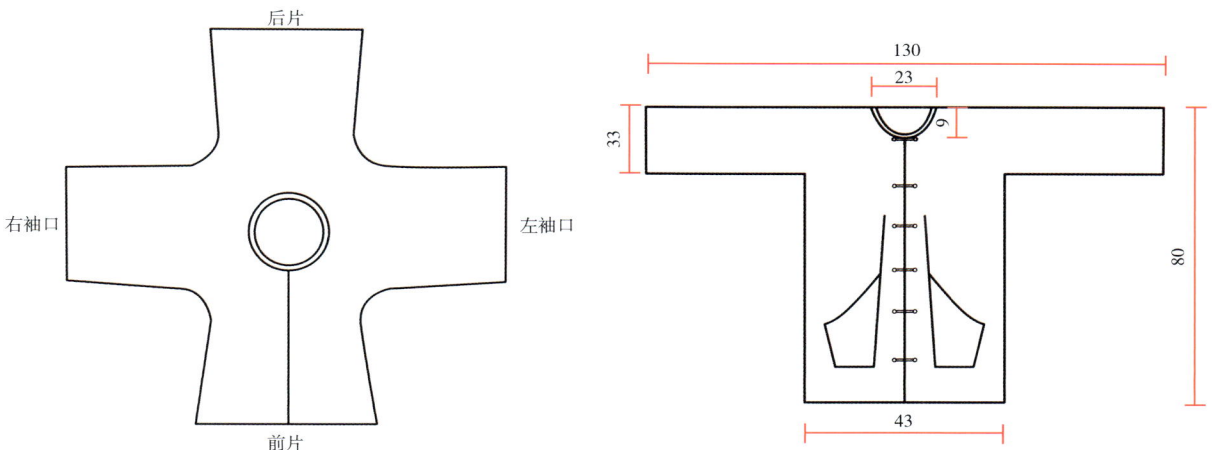

图二　佤族祭祀服装（白色）开片图　　　　图三　佤族祭祀服装（白色）尺寸图（单位：cm）

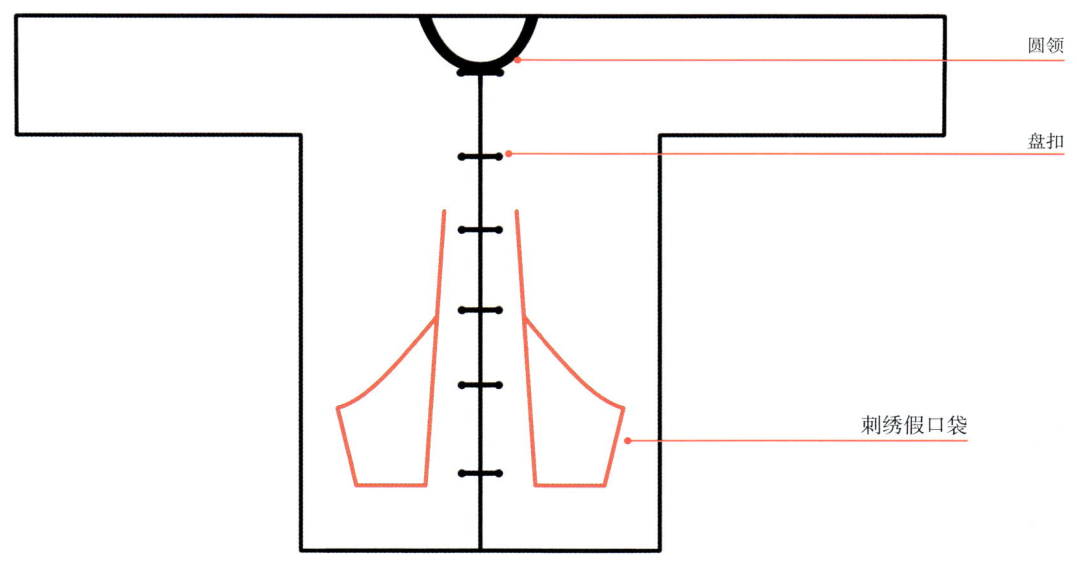

图四　佤族祭祀服装（白色）局部分析图

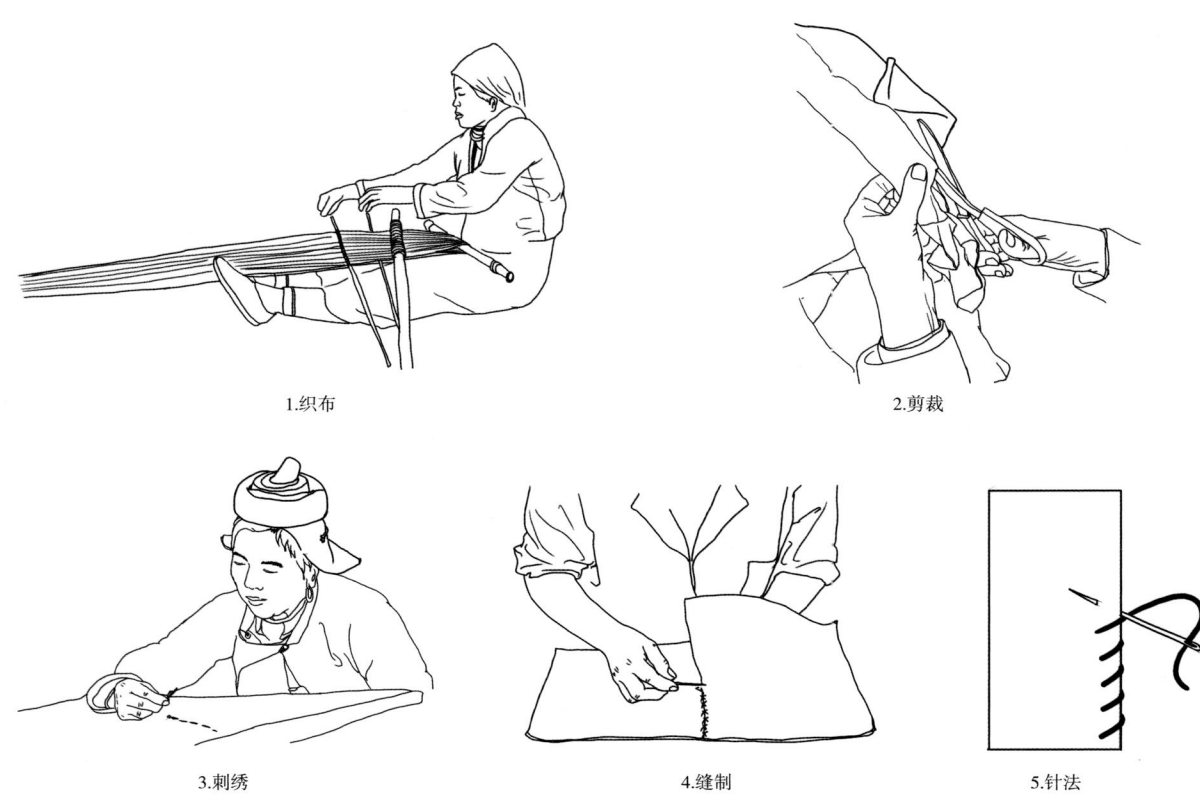

1.织布　　2.剪裁　　3.刺绣　　4.缝制　　5.针法

图五　佤族祭祀服装（白色）工艺分析图

图六　佤族祭祀服装（白色）穿戴效果示意图

# 佤族祭祀服装（普蓝）

图一　佤族祭祀服装（普蓝）主图

本案例是打洛部落布拆的祭祀服，采集自云南佤族祭祀用服装。普蓝色上衣，长80厘米左右，衣服上有白色包边，前衣处有日月装饰。佤族祭祀服选用当地产的棉麻材质，用染料染色，手工缝制。其造型宽大，具有极强的民族特色。

服饰上的图案纹样不单有装饰美化作用，还隐含了特定的信仰崇拜，通过服饰可以解读其所蕴涵的深厚文化内涵。

**图片来源**
图一　闫铭砚　摄影
图二至图七　温馨　姜飘飘等　制图

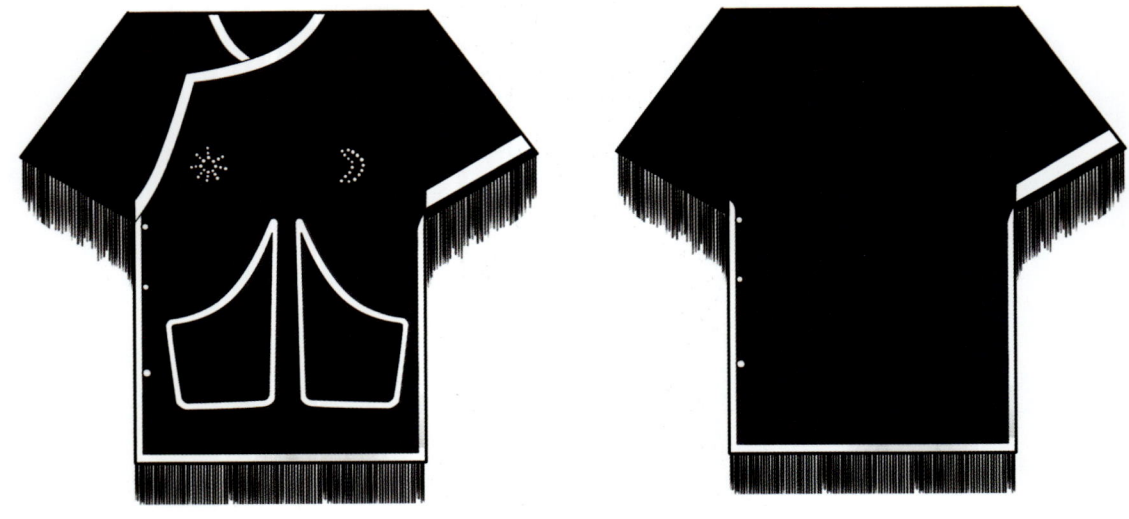

图二　佤族祭祀服装（普蓝）复原图

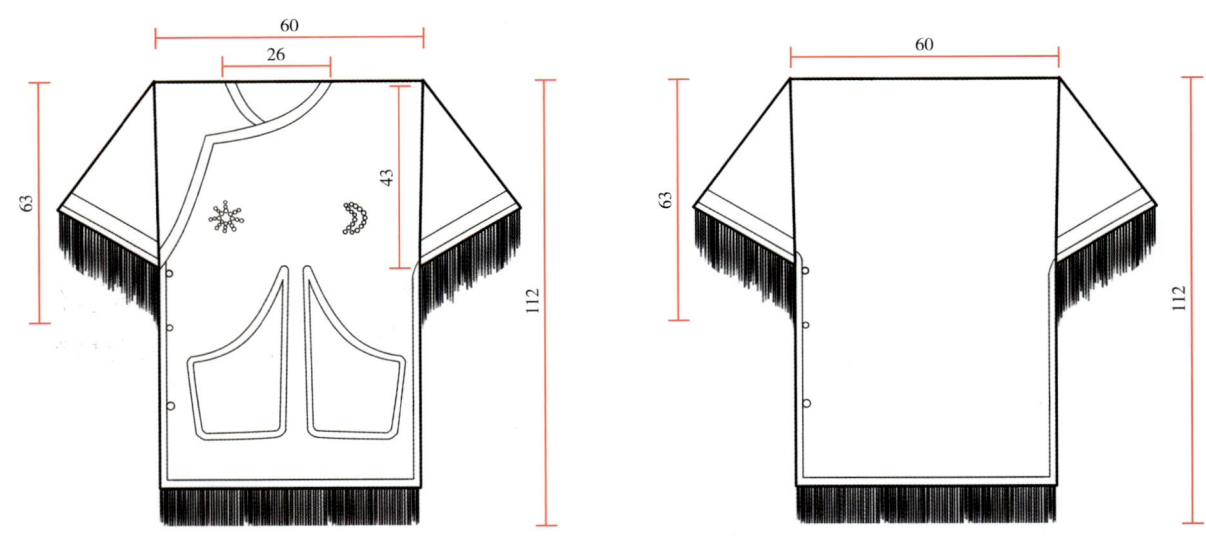

图三　佤族祭祀服装（普蓝）尺寸图（单位：cm）

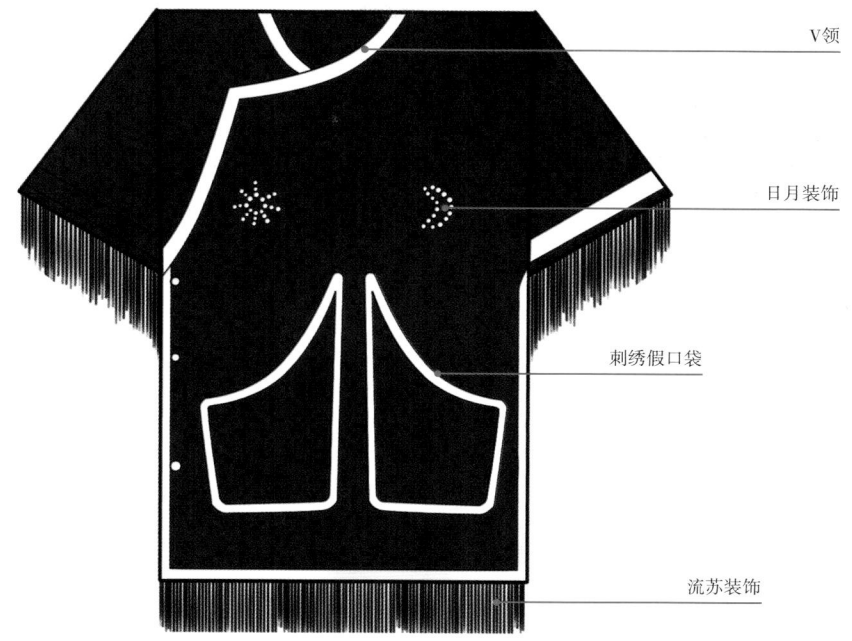

图四 佤族祭祀服装(普蓝)局部分析图

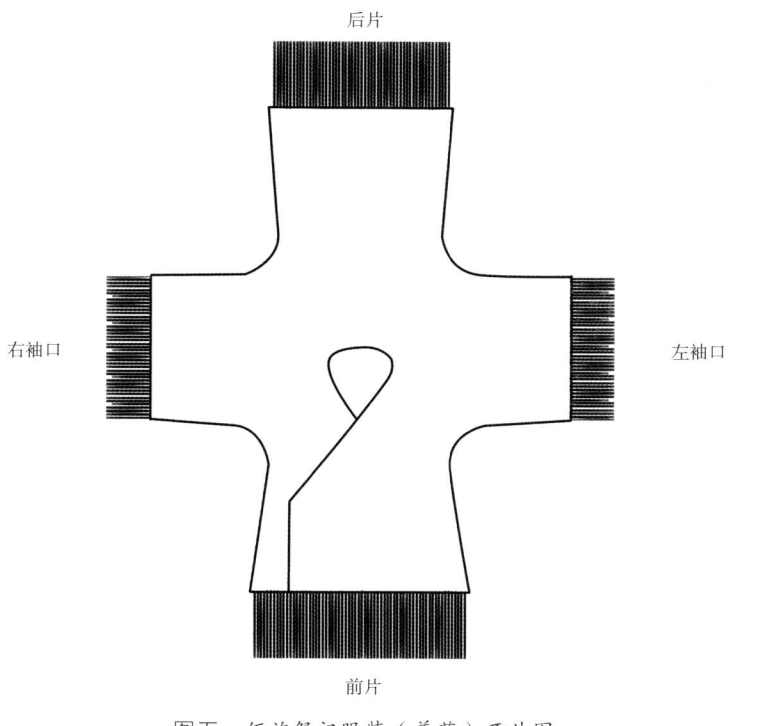

图五 佤族祭祀服装(普蓝)开片图

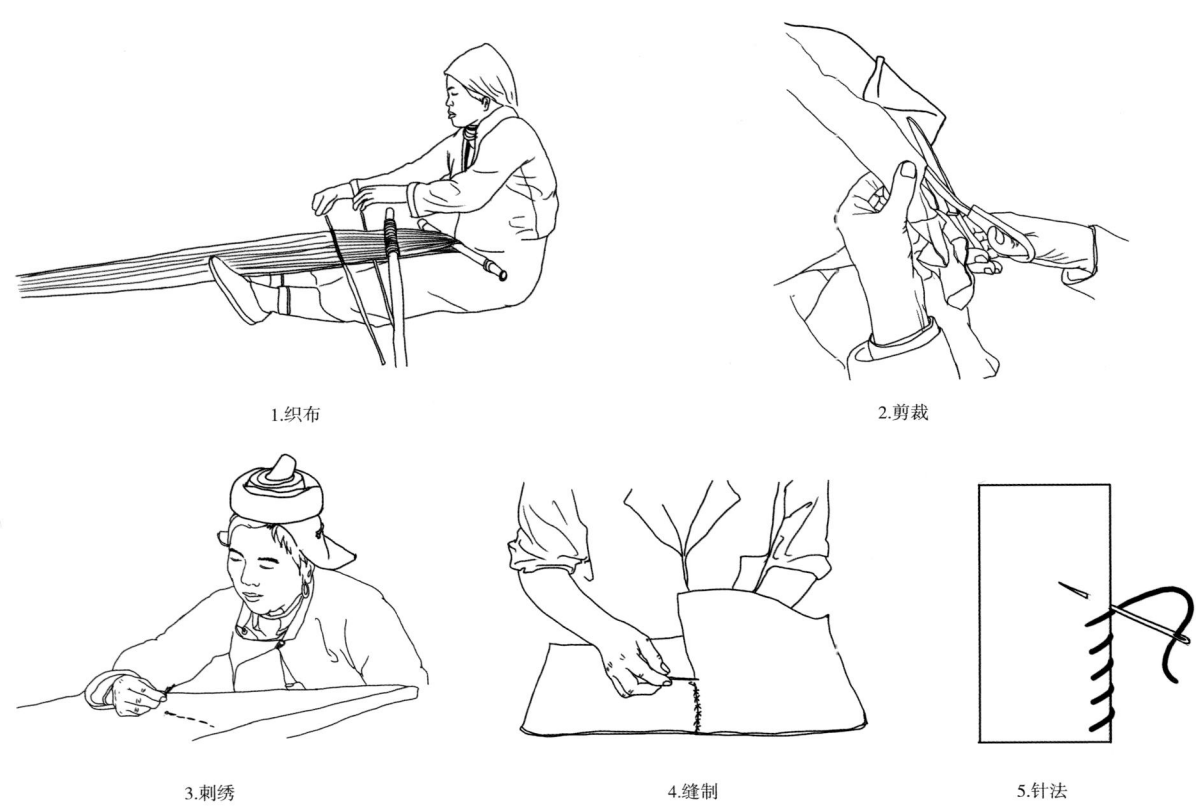

1.织布　　2.剪裁　　3.刺绣　　4.缝制　　5.针法

图六　佤族祭祀服装（普蓝）工艺分析图

图七　佤族祭祀服装（普蓝）穿戴效果示意图

# 佤族打洛部落布拆祭祀服装头巾

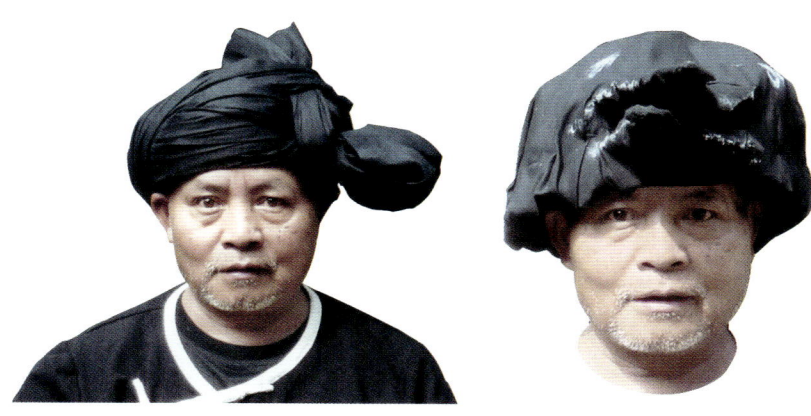

图一 佤族打洛部落布拆祭祀服装头巾主图

本案例采集自云南佤族祭祀用头巾。打洛部落布拆的祭祀头巾形态多样，尺寸一般为通高100厘米×通长400厘米，颜色以普蓝、白色为主，皆为纯色无花纹装饰，按照祭祀需要扎成不同式样，如乌鸦帽、白鹅帽等。

祭祀服装作为少数民族服装特殊的一类，其实用性不仅体现在作为普通服装的保暖功能上，更体现在作为祭祀活动重要道具的功能上。佤族祭祀头巾选用当地产的棉麻材质，用染料染色，最后手工缝制。宽大的整体造型、极强的民族符号都是它的特点所在。

**图片来源**
图一 闫铭砚 摄影
图二至图六 李婷 制图

图二 佤族打洛部落布拆祭祀服装头巾复原图

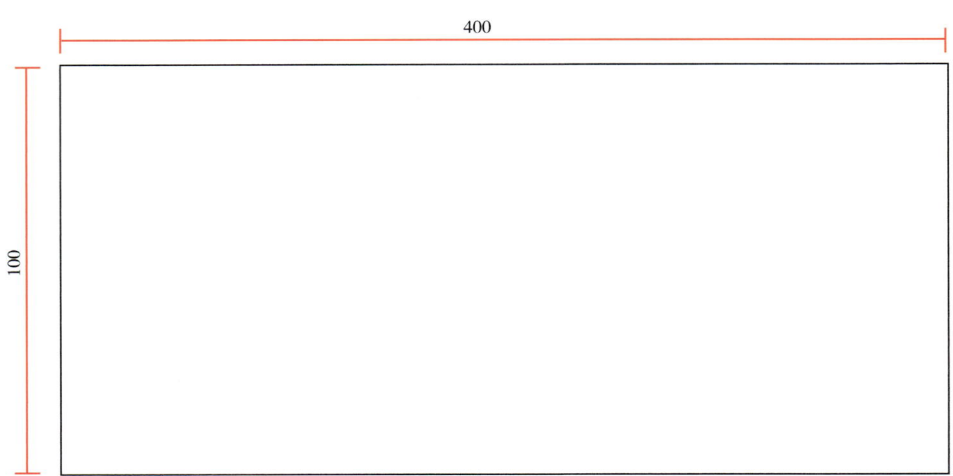

图三 佤族打洛部落布拆祭祀服装头巾尺寸图(单位:cm)

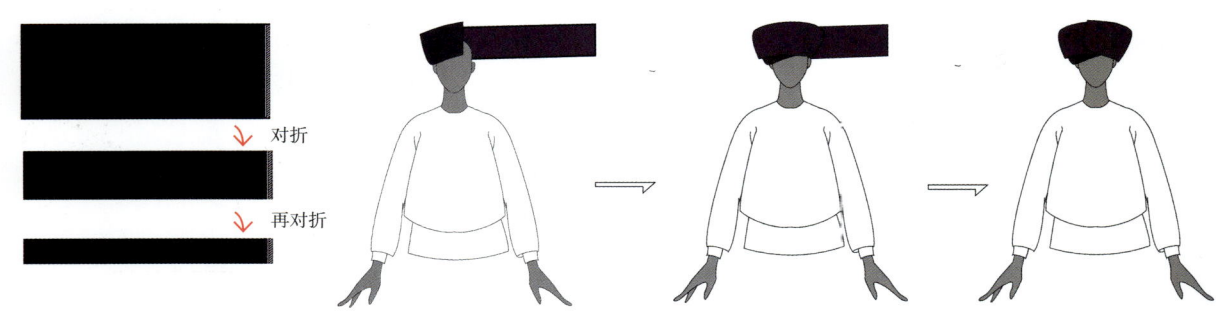

图四 佤族打洛部落布拆祭祀服装头巾佩戴操作示意图

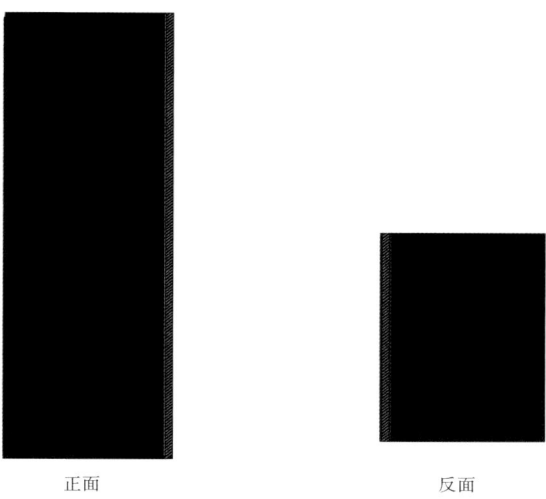

正面　　　　　　　反面

图五　佤族打洛部落布拆祭祀服装头巾局部分析图

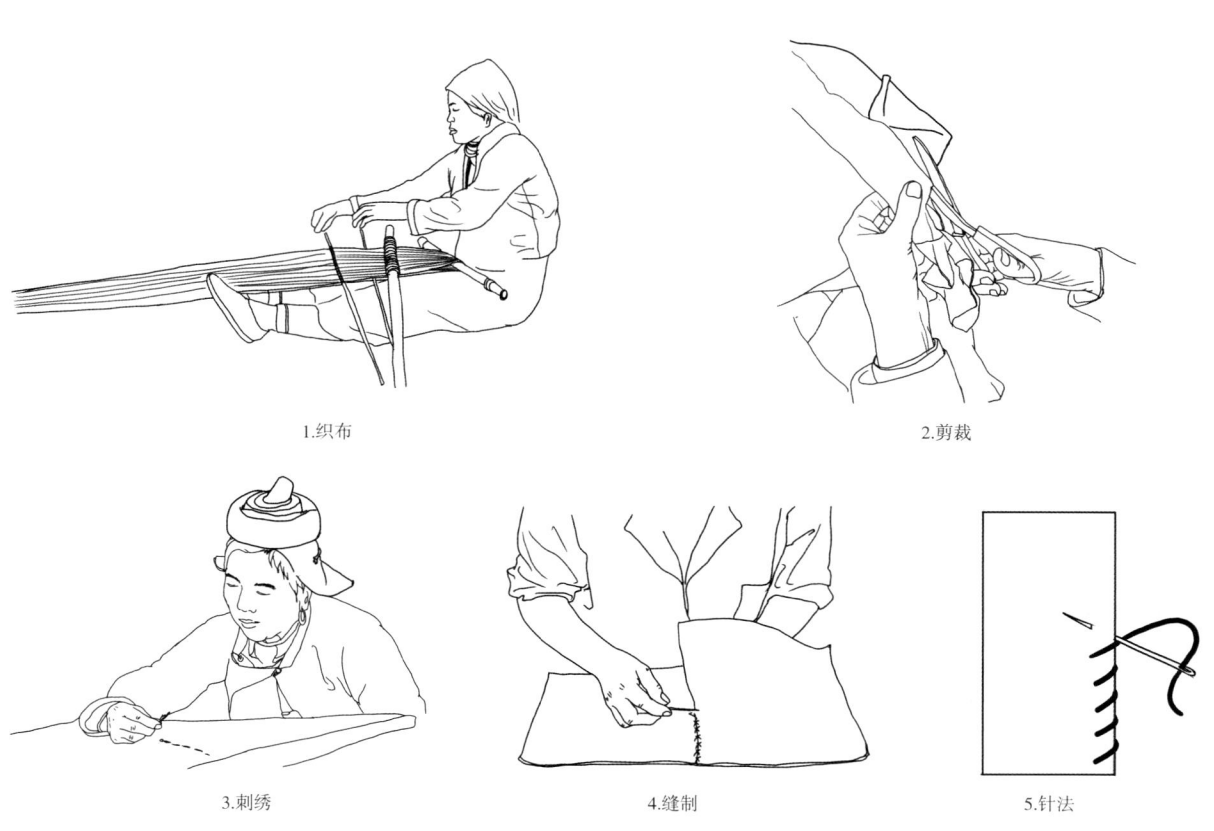

1.织布　　　2.剪裁

3.刺绣　　　4.缝制　　　5.针法

图六　佤族打洛部落布拆祭祀服装头巾工艺分析图

# 佤族祭祀用酿酒

图一 佤族祭祀用酿酒主图

佤族酿酒使用的器具和原料绝大多数是当地盛产的竹子，整根竹子都有用途。先利用竹干中空有节的特点，截取竹筒。竹子底部粗壮，制作成储酒罐，高60～80厘米，直径为20～35厘米。竹子顶端细的部分会制作成吸酒管，长度根据需要而定。竹竿粗细适宜的部分则被制成日常便携的酒筒，一般为高30～40厘米，直径10～15厘米。

佤族民众在酿酒的时候，首先把做好的酒料放入储酒罐竹筒中，然后放置于仓库中待酒酿成熟。在需要取用的时候，拿吸酒管用嘴吸一口气，利用虹吸原理让酒从大的储酒罐竹筒中倒流到日常携带的小竹筒中以便日常享用。佤族会在重要祭祀节日到来前大量使用竹筒酿酒器，为节日储存用酒。在祭祀活动当天，由佤族壮年男性从仓库中搬到祭祀现场。

**图片来源**
图一至图五　温馨　制图

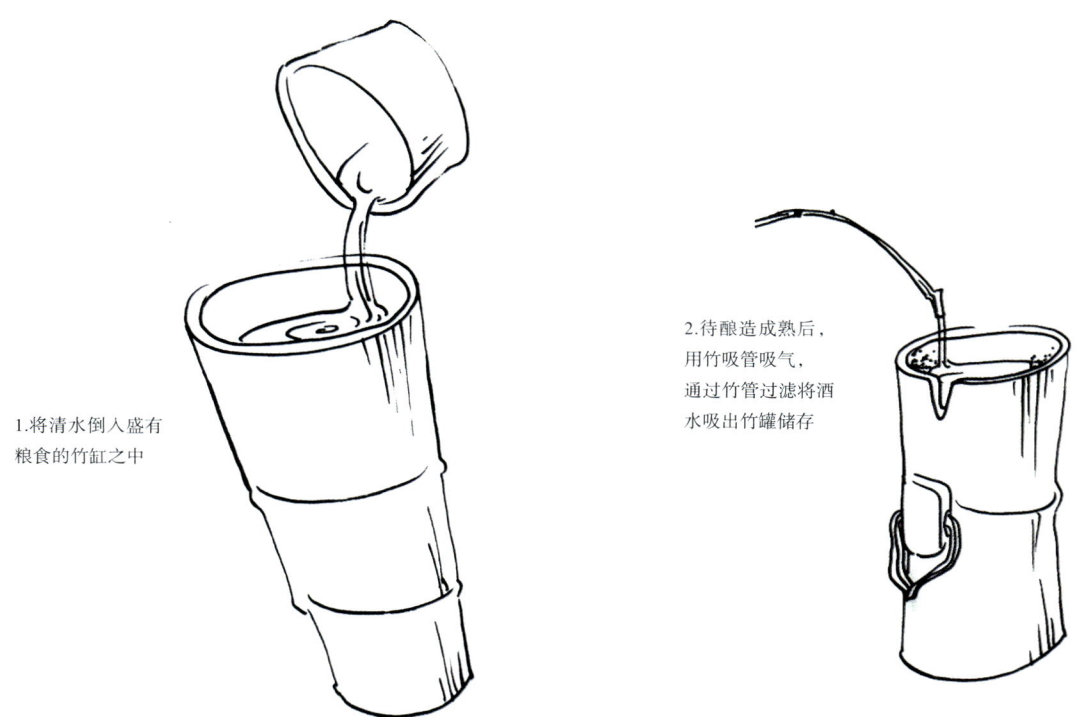

1.将清水倒入盛有粮食的竹缸之中

2.待酿造成熟后，用竹吸管吸气，通过竹管过滤将酒水吸出竹罐储存

图二　佤族祭祀用酿酒过程

图三　佤族祭祀用酿酒竹管

图四　佤族祭祀用酿酒竹罐尺寸图（单位：cm）

图五　佤族祭祀用酿酒竹缸尺寸图（单位：cm）

第七章　佤族传统民俗和宗教造像

# 佤族祭祀标枪

图一 佤族祭祀标枪主图

标枪起源于远古狩猎时代，是一种捕猎工具。枪杆竹制的多，木制的少，而不以铁制。制作时将竹子或木头的两端打磨削尖，中间部分体量轻便，两头铁镞极为尖锐，可直刺也可抛掷。

随着时代的发展，标枪已从实际生产工具演变为祭祀用具。佤族先民祭祀时作为杀猪工具用。使用时，由达召比（又称"召比"或"召毕"，指村寨里德高望重的长者）手持标枪，口中念念有词，念毕将标枪尖从左侧对准心脏位置刺入5公分左右，控制力度让血喷涌而出而不至立即就死，待到祭祀过程结束，才开肠破肚，直至心肺取出猪才停止呼吸。老人说，这是为了让神知道献祭的是活猪。将肝取出来后要马上送给达召比，达召比接过猪肝擦干水分开始认真看卦，通过猪肝的颜色、厚薄、大小、细腻程度以及是否有斑块等判断当年全寨的吉凶祸福。

**图片来源**
图一　张瑾婷　摄影
图二至图五　温馨　制图

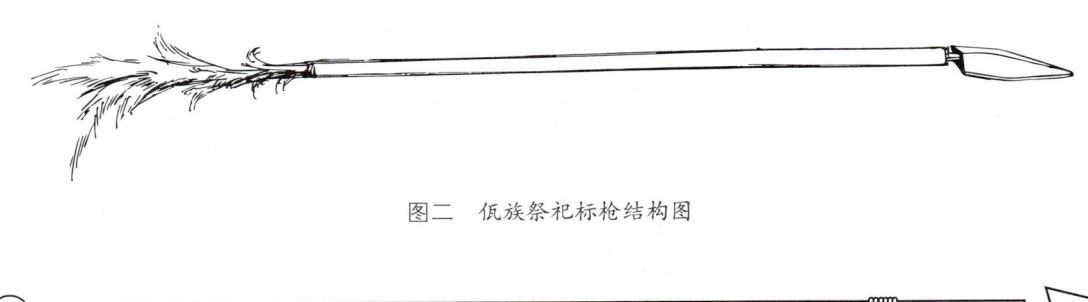

图二 佤族祭祀标枪结构图

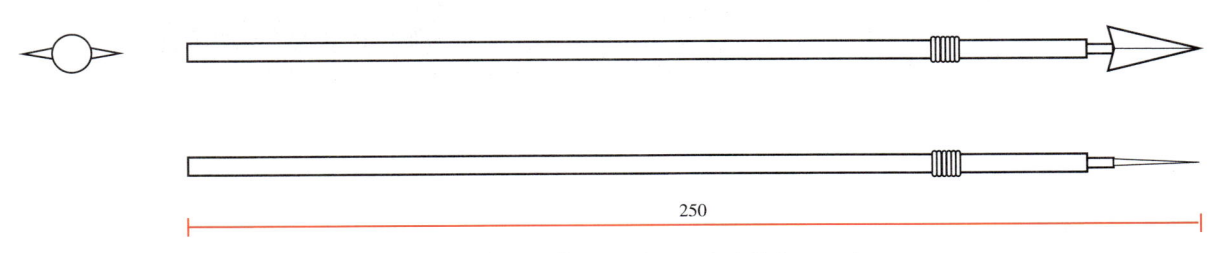

图三 佤族祭祀标枪三视图及尺寸（单位：cm）

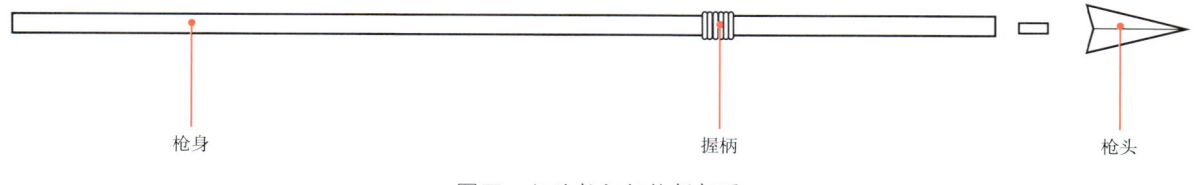

图四　佤族祭祀标枪解析图

图五　佤族祭祀标枪使用场景示意图

# 佤族牛头纹样装饰

图一　佤族牛头纹样装饰主图

　　牛是许多民族崇拜的动物，在人类文明的历史进程中，牛成为农耕文明生产力的重要组成部分，是人们劳动的帮手和主要肉食。在佤族文化中，牛与木鼓一起成为佤族文化体系的两大支柱。

　　在佤族人生活中，牛的角色是不可代替的。作为图腾，其意义不仅仅是宗教的象征和民族的标志，乃至在佤族文化中也撑起了一片天地。剽牛是佤族祭祀中的重要活动内容。如果剽牛，那就意味着此祭祀级别很高。如果用猪、鸡等作为祭品，那就是低级别或小型的祭祀活动。

　　在举行重大宗教活动时，所用之牛要严格挑选，要求壮实，牛角宽长，毛色鲜亮，最重要的是"心"好。所谓"心"是指牛身上的毛旋形状。在佤族的宗教观里，牛既是祭品，又是神的一部分，应受到供奉。因此，佤族民居的屋檐下都挂有数量不等的牛头骨，其意义之一就是对牛神的崇敬。同时，佤族的牛崇拜还有更加深刻的内涵，在依靠农耕种植为主的阿佤山，牛对于农业生产有至关重要的作用，无论春天播种还是秋天的收获，都需要牛来拉车、耕地、起垄、翻坡等等。由于牛有强大的生殖力，佤族崇拜牛、祭祀牛。希望借助牛来祈求丰收，不只是农业生产的丰产，还有对自身和物种繁衍的希冀。

　　阿佤人的牛崇拜也体现在其装饰纹样上，最为突出的就是雕刻或绘画于木鼓上的牛头装饰纹样。纹样的造型有眼睛、额头纹、牛角、牛耳等，形象清晰逼真。而在佤族村寨里，也时常见到房屋墙壁上绘有牛头纹样，可见，佤族的牛崇拜是深入佤族民族文化心理层的图腾崇拜。

**图片来源**
图一　刘丽文　摄影
图二至图七　温馨　张瑾婷等　制图

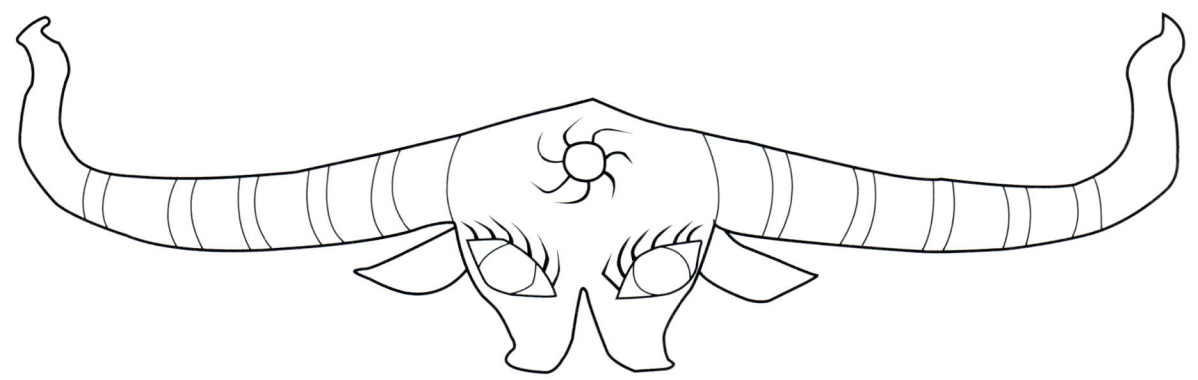

图二　佤族牛头纹样装饰线描图

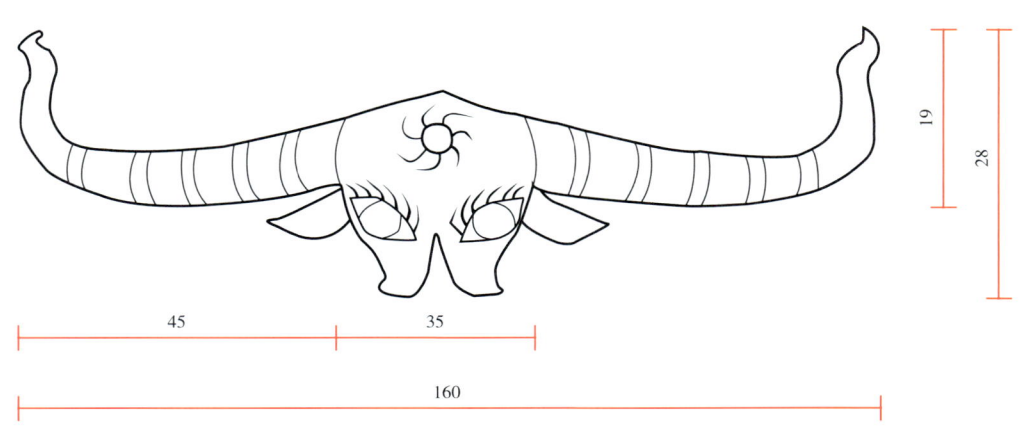

图三　佤族牛头纹样装饰尺寸图（单位：cm）

图四 佤族牛头纹样装饰配色方案图

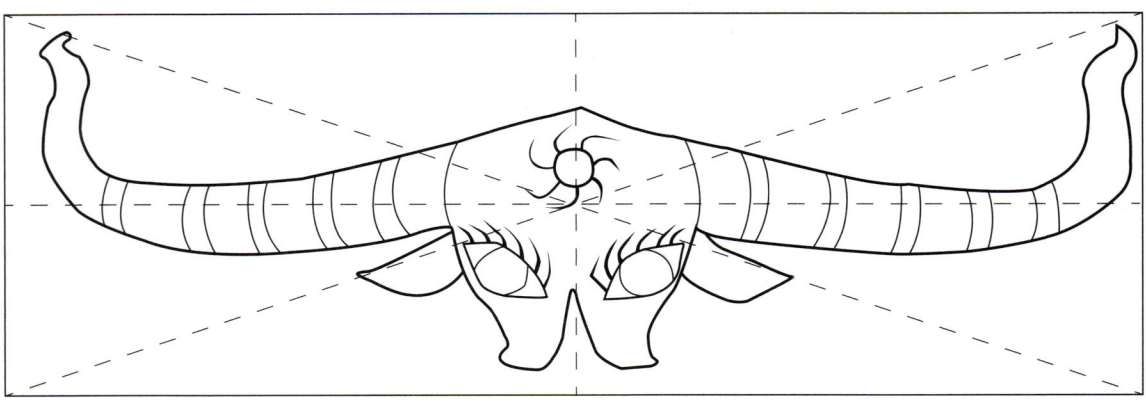

图五 佤族牛头纹样装饰对称图

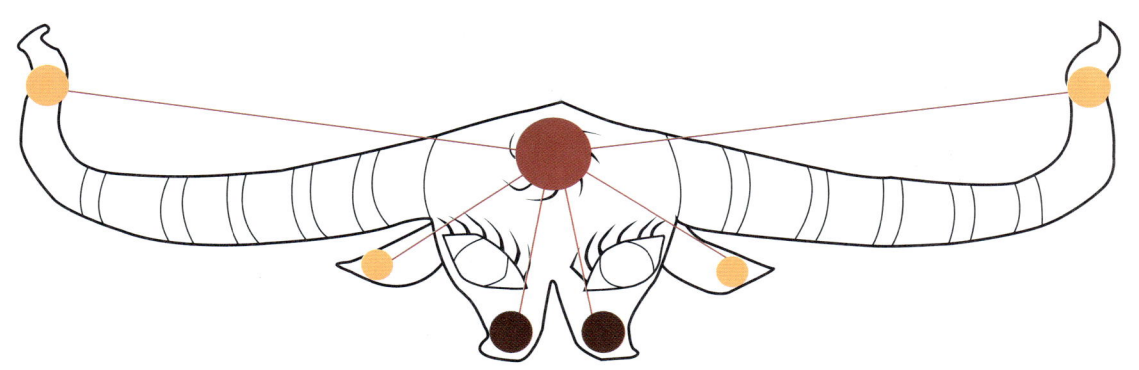

图六 佤族牛头纹样装饰中心控制分析图

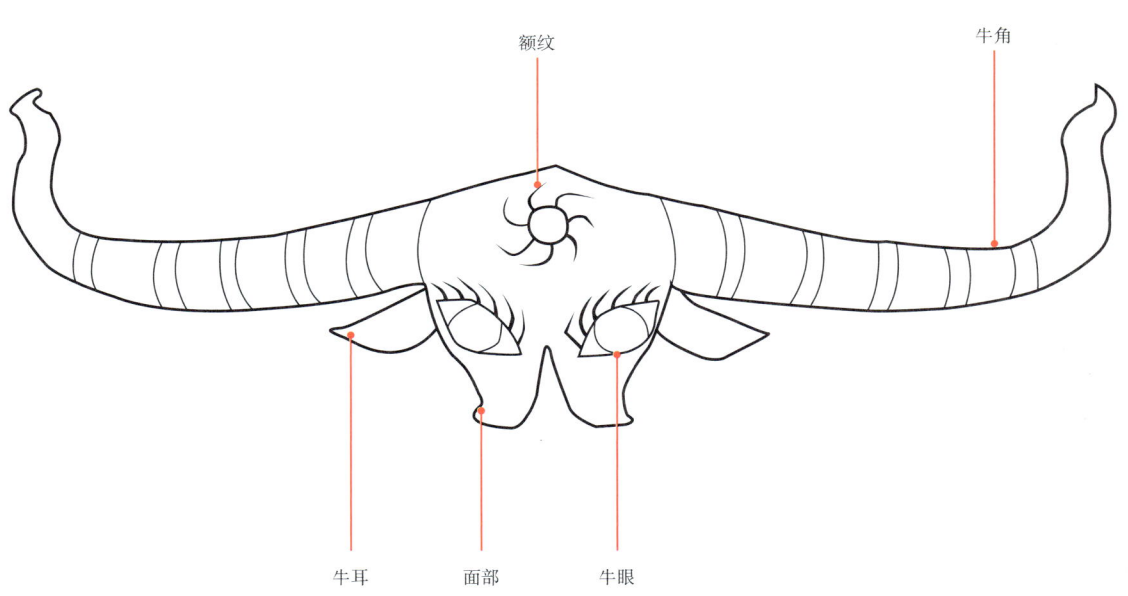

图七 佤族牛头纹样装饰构成图

# 声 明

　　本书编写时收入的个别图片，因条件所限，未能同相关著作权人取得联系，获得授权，敬请谅解。请相关著作权人及时与编者联系，以便奉上稿酬。谢谢！